REITs:
中国实践

韩志峰 张 峥 等著

人民出版社

作 者 名 单

主要作者

　　韩志峰　张　峥

主要参与作者（按姓氏笔画排序）

　　牛耘诗　王艺军　朱元伟　闫云松　李文峥

　　李泽正　李　曾　杨　默　周　磊　赵天旸

　　徐成彬　盛　磊

2020 年中国引入 REITs 制度，并于 2021 年成功实现首批 REITs 上市，这对中国乃至全球 REITs 发展均具有里程碑式意义。过去三十年间，REITs 在规模、覆盖范围和影响力上均取得显著增长。如今全球已有 40 多个国家和地区上市了逾千只 REITs 产品，这些建立 REITs 立法与制度的国家和地区 GDP 总量占全球 85% 以上，覆盖人口达 50 亿。

当各国致力于创建、升级和维护我们生活、工作与休闲的建成环境时，REITs 正日益成为高效配置不动产资本的核心工具——它既能强化市场纪律，又能推动不动产权益的社会化共享。中国基于 REITs 的不动产实践路径与经验，将为全球相关参与者提供重要研究范本。《REITs：中国实践》系统记录了这一全球重要经济体如何将 REITs 引入不动产投资领域。该书对中国政策制定者、监管机构、REITs 管理人和投资者共同构建的全新 REITs 体系进行了深度剖析，必将成为中外业界极具价值的研究文献。

——美国国家REITs协会Nareit首席执行官

Steven A. Wechsler

首批 9 只中国基础设施公募 REITs 产品成功募集 300 亿元人民币,其试点范围严格限定于特定区域的基础设施及产业资产。首批发行的热烈反响之后,中国监管部门相继颁布新规,不仅取消了地域限制,更将符合国家经济发展目标的资产类型扩展至可再生能源、保障性住房及消费基础设施等领域,此举实质上重新定义了中国公募 REITs 框架中"核心基础设施"的内涵。

展望未来,公募 REITs 将深刻变革中国不动产资产投资格局,并进一步深化资本市场发展。毫无疑问,公募 REITs 代表着该地区不动产资产投资的重大战略机遇。鉴于中国基础设施存量深厚的证券化潜能,我们有充分理由相信,中国公募 REITs 市场终将超越美国,成为全球最大的 REITs 市场。虽然万事开头难,但最关键的一步永远是下一步的跨越。

本书深入阐释了推动中国公募 REITs 实现跨越式发展的前瞻性思维和政治决心,通过全交易周期的典型案例分析,为读者提供极具价值的实务洞见。本书不仅将成为从业者的重要参考指南,更是对那些正在并将持续塑造中国 REITs 未来发展格局的远见卓识政策的最佳诠释。

——亚太房协 APREA 首席执行官

Sigrid G. Zialcita

序　一

中国公募 REITs：1462 天的盛开

2025 年 6 月 21 日，夏至时节，万物并秀。

2021 年的今日，中国公募 REITs 试点破土萌芽，历经 1462 个昼夜流转，已从一粒金融创新的种子，生长成一片生机勃勃的森林。这片承载着中国投融资体制改革希冀的热土，已在发行数量上成长为全球第二大公募 REITs 市场，正逐步唤醒百万亿沉睡的存量资产，见证着资本与实体的深情相拥。当世界金融版图因中国 REITs 的崛起而悄然演进时，我们回望来路，既为这片新生的森林经风历雨日渐繁茂而欣慰，更为其根植于中国特色土壤的生命力而振奋。

四年之前，公募 REITs 在中国尚是新生事物，以基础设施项目开局更是无先例可循，前行之路荆棘丛生，困难重重。从既要保障资产质量、防范合规风险，到又要保持合理进度、推动市场建设；从既要保证基础设施的公共属性，到又要满足合理投资回报的市场诉求；从国资转让问题的创新解决，到会计权益记账的艰难确认；从资产估值的合理确定，到税务处理的合规适用；从二级市场波动的积极应对，到投资者教育的有效开展；从资产类型的不断拓宽，到市场规则的逐步完善……面对这层层障碍、道道险关，有关各方秉承"找出路、避风险"的原则，守正创新、披荆斩棘，一次次关山飞渡、跨越天堑，将一个个"不可能"变为"可能"，这才迎来今日中国公募 REITs 市场的 66 朵鲜花盛开。

四年再回首，实践给出的答案远比当初想象的更精彩。66 个已上市公募 REITs 项目，每个项目都与时代同频共振：或与国家战略高度契合，或对民生福祉深度关切，或将改革创新深入推进。产业园 REITs 见证着"双循环"战

1

略下的智造升级，高速公路 REITs 承载着汽车大国的梦想，清洁能源 REITs 点亮碳中和之路，仓储 REITs 演绎物流强国的资本叙事，保障性租赁住房 REITs 书写"住有所居"的民生答卷，消费基础设施 REITs 托举熙熙攘攘的市井繁华，原水水利 REITs 以一泓清泉滋润人间，此外还有供热管网 REITs 的城市温度、农贸市场 REITs 的烟火气息……而最新获批的数据中心 REITs，则预示着新质生产力与金融工具的深度耦合。这些鲜活的案例，既是对"中国 REITs 道路"理论构想的现实呼应，更是中国特色 REITs 制度优越性的立体呈现。

春华秋实，岁物丰成。历经四个寒暑的风雨淬炼，中国公募 REITs 市场正在画出几近完美的成熟度曲线。原始权益人从观望试探到主动拥抱，从最初将 REITs 视为"融资工具"到主动建立资产孵化平台培育合格资产，借 REITs 实现轻装上阵，为未来发展引入活水之源。基金管理人"摸着石头过河"，从初期重点关注规模增长、费用收取到日益重视长期主动管理和稳定运营，纷纷组建起涵盖项目管理、行业经营的专业团队，与券商投行协同提升全链条服务能力。中介机构从学习借鉴国际经验到创新本土服务模式，根据监管规则，结合项目实际，提供更为精准的法律合规、财务审计、资产评估等服务。投资者从雾里看花到理性认知，逐渐形成价值投资和配置持仓理念，长期资金日益成为市场主力，机构投资者对底层资产抽丝剥茧、穷原竟委的剖析已可比肩行业专家——这场多方共舞的改革实践，正在重塑中国资本市场的生态格局。

中国公募 REITs 的生命力，根植于服务实体经济的初心，成长于制度创新的沃土。四年间，管理部门与市场各方紧密合作，监管框架日臻完善，配套制度持续迭代，夯实了公募 REITs 市场行稳致远的基石。对投资管理合规性的要求彰显中国特色，"公募基金+ABS"的架构设计蕴含创新智慧。明确国资转让规则极大提升国企发行效率，出台 REITs 税收文件精准传递政策支持信号，确认 REITs 权益属性充分激发市场投资活力。当高速公路 REITs 在车流量波动中保持稳定派息，始知"强制分红"机制设计的真意；当消费基础设施 REITs 通过资产焕新实现估值跃升，乃懂"主动管理"赋予金融工具的重塑力量。信息披露指引、扩募规则的不断完善，见证着中国资本市场制度创新的独特韵律；弱化收益率硬性要求、实行常态化发行机制，更谱写了中国公募 REITs 市场化发展的新篇章。制度创新与市场需求的桴鼓相应，不断为公募 REITs 注入源头活水。

1462 个日夜的实践，中国公募 REITs 不仅验证了"资产上市"路径的可行性，更成为践行金融向实、金融为民理念的试金石。1800 亿元的发行规模，撬动了万亿级基建投资，形成存量资产与新增投资的良性循环，在服务国家战略与发展资本市场之间架起金色桥梁，金融活水终成实体甘霖。200 多亿元的分红回报，超 5% 的平均年度分红水平，让普通投资者得以共享国家高质量发展的红利，成为居民财产性收入的新渠道，犹如春日暖阳温暖着投资者的心田。超百亿元的财政税收，数万个工作岗位的支撑，是对国家民生托底、就业促进的有力保障。民营企业积极参与，外资项目纷至沓来，已成鼓励民间投资、吸引外商投资的创新举措。中证 REITs 全收益指数于 2025 年初冲破千点，年内全收益指数涨幅超 11%，二级市场的舞步从青涩走向成熟，这条具有中国特色的资产证券化之路，正在成为全球 REITs 市场不可忽视的东方样本。

本书的酝酿和写作，恰逢中国 REITs 从试点探索转向高质量发展的重要转折点。相较于四年前《REITs：中国道路》的理论构建，此次我们更聚焦实践真知：通过 30 多个典型案例的庖丁解牛，揭示资产筛选、方案设计的"中国标准"；借助近百个项目的实战经验，总结资产合规、收益预测、估值定价的"本土逻辑"；跟踪推荐审核、定价发行、市场交易、运营管理的全流程，提炼制度优化的"实践智慧"。创作团队中，既有监管规则的设计者，也有市场一线的操盘手；既有默默深耕的投资人，也有造诣深厚的理论家……他们在市场起伏中经历的考验，在项目攻坚中体会的辛酸，在艰难前行中积累的灼见，在深刻思考中凝结的真知，构成了本书最珍贵的实践底色。

中国公募 REITs 的实践之路，从来不是简单复制他国经验的"跟随者游戏"，而是立足国情、守正创新的"开拓者征程"。本书试图以多维视角解读中国公募 REITs 的成长密码。既有对试点历程的深情回眸，也有对制度设计的条分缕析；既呈现市场博弈的生动场景，也探讨价值发现的独特路径。在案例剖析中感受改革温度，在数据推演中把握市场脉搏，在制度比较中彰显中国道路，在国际视野中展望未来前景。尽管我们已竭尽所能，但相较中国公募

3

REITs 的星辰大海，本书仍不过是管窥蠡测之作，如果其中的一些浅显之见能够为读者提供哪怕一点点的帮助和借鉴，我们也将深感欣慰。

1462 天，中国公募 REITs 破土而出，从无到有、从弱到强，如今已枝繁叶茂。但相较国外 60 多年的发展历史、万亿美元级的市场规模，中国公募 REITs 仍处少年。未来的年轮里，愿所有中国公募 REITs 市场的参与者，用智慧浇灌理想，用实干诠释担当，继续以实践为笔，以躬行为尺，以初心为墨，以民生为卷，共同谱就中国公募 REITs 的壮美篇章。

路虽远，行则将至；事虽难，做则可成。

是为序。

韩志峰

2025 年 6 月 21 日于北京

序 二

扎根中国大地的 REITs 实践录

中国公募 REITs 市场的诞生与发展，是金融供给侧结构性改革与国家战略深度融合的产物。自 2020 年试点启航以来，这一市场已从制度破冰的探索期迈入提质增效的发展期，在盘活存量资产、优化资本结构、服务实体经济转型升级中展现出独特价值。《REITs：中国实践》一书，正是基于这一历史性实践的全景式记录与前瞻性思考。

公募 REITs 市场的政策设计、产品上市和制度迭代，是"提出问题→科学研究→创新实践→总结经验→再提出问题→再研究再实践"的过程。中国公募 REITs 市场建设需要考虑在现有体制下，经济增长、高质量发展、风险管控等各方面的权衡取舍，关乎地方政府行为模式、金融政策、房地产政策的协调一致，涉及资产类型、产品架构、估值定价、治理机制、管理人能力建设、税收制度、国资转让、扩募机制、杠杆率等技术问题，其复杂性不言而喻。

选择哪些资产类型作为突破口？如何把握产品创新与法规适配的关系？如何发挥政府引导与市场主导的双重作用？如何实现试点节奏与长期发展的有机结合？如何处理风险防控与市场活力的对立统一？如何让制度完善与市场实践相协调？我们精准识别了这些关键性问题，并制定了发展原则，提出了解决方案。这既非对海外经验的机械复制，亦非对既有理论的简单验证，而是直面中国不动产资产的特殊性、资本市场的阶段性与经济治理的复杂性所进行的原创性探索。《REITs：中国实践》来源于中国公募 REITs 的理论思考与实践创新，是对中国公募 REITs 市场建设的经验总结，更指导了中国公募 REITs 的伟大实践。

作为中国资本市场改革的重要创新，REITs 既承载着高质量发展的时代使命，也面临着制度创新、市场扩容和监管优化的挑战。《REITs：中国实践》凝练了市场创新的方法论，阐释了中国 REITs 市场建设的未来发展方向。其意义不只在于对过往进行梳理概括，更在于为未来提供启发与指引。

中国 REITs 试点阶段选择"公募基金＋ABS"的产品架构，它适配了现有制度框架，通过公募基金解决 ABS 公募化难题，并避免了公募基金投资未上市公司股权存在的障碍。然而，这一安排也存在治理结构复杂、权责边界模糊、产融协同不足的现实争议。REITs 市场发展对这项创新金融工具的法律地位、治理结构、配套政策体系等提出了更高要求。未来的制度跃迁，不仅在于厘清 REITs 的法律定位与组织形态，更在于产业、地方、金融、国资、税务等各方面建立与之配套的政策支持体系，构建中国特色的 REITs 制度生态。

值得关注的是，中国 REITs 始终与国家战略同频共振。在"双碳"目标下，能源 REITs 为清洁电力资产提供资本循环通道；在"租购并举"政策导向中，保障性租赁住房 REITs 破解民生领域融资困境；在新质生产力培育进程中，数据中心与智慧基建 REITs 成为数字经济的资本引擎。这种政策驱动与市场逻辑的深度耦合，使得中国 REITs 创新呈现出强大的生命力。如何有效发挥 REITs 市场配置资源的功能，更好地服务国家重大战略，将成为市场建设永恒的命题。

四年间，中国 REITs 产品数量规模跃居亚洲第一，底层资产从首批 9 单试点扩展至能源、交通、物流、租赁住房、消费基础设施、养老设施等 10 余个领域。但相较于百万亿级的存量不动产资产，当前千亿级的 REITs 市值仅仅是一个起步。如何建立市场化扩募机制，破解"优质资产供给依赖原始权益人"的瓶颈？如何进一步发展私募 REITs 与 Pre-REITs 市场，通过建立分层准入标准与流动性支持机制来吸引产业资本与长期资金？市场扩容的深层逻辑，在于通过多层次 REITs 市场建设来构建不动产投资全生命周期的资本循环。

作为兼具股债属性的金融产品，REITs 的定价机制始终是市场关注的焦点。试点阶段出现过价格过度波动、交易同质化和流动性不足等问题。定价机制的优化须在制度设计、投资生态和技术创新三个方面协同突破，构建更具韧性、效率与透明度的定价体系。值得特别关注的是，中国 REITs 正在催生价值评估新范式。传统估值模型难以完全捕捉基础设施资产的公共属性与政策外溢效应，而 ESG 评价体系的引入为价值发现提供了新维度。

当前我国已形成覆盖多领域的境内 REITs 市场，凭借万亿级不动产存量、多样化的资产类型以及较高的市场估值，具备国际化发展潜力。一方面，可以探索在中国香港组建独立、专业的国际化 REITs 交易平台，全面加强与境内平台合作，优先推动"一带一路"境外资产赴港发行，同步完善跨境投资机制。另一方面，吸引国际资本参与境内 REITs 市场，为存量资产注入外资活力。目的是形成以境内 REITs 市场为中枢，具有全球竞争力的 REITs 市场，提升我国在全球金融体系中的影响力。

《REITs：中国实践》用平实的笔触还原了市场从无到有的建设逻辑。书中既有对政策演变脉络的清晰梳理，也有对典型案例的深度剖析；既客观呈现了每一项创新突破，也坦诚探讨了每一个现实挑战。作者团队将政策制定者、学术研究者和市场参与者的集体智慧凝结成册，希望读者有所收获！

当 REITs 市场从"破土而出"走向"茁壮成长"，唯有坚守金融服务实体的初心，尊重市场规律的客观性，为创新提供容错空间，才能让这次不动产领域的金融创新，真正成长为支撑中国式现代化的参天巨木。

张　峥

2025 年 6 月 15 日于燕园

目　录

实悟篇

展望篇

附 录

相关政策文件清单

1. 2020 年 4 月 24 日　《中国证监会　国家发展改革委关于推进基础设施领域不动产投资信托基金（REITs）试点相关工作的通知》（证监发〔2020〕40 号）简称"2020 年 40 号文件"

2. 2020 年 7 月 31 日　《国家发展改革委办公厅关于做好基础设施领域不动产投资信托基金（REITs）试点项目申报工作的通知》（发改办投资〔2020〕586 号，已废止）简称"2020 年 586 号文件"

3. 2020 年 8 月 6 日　中国证监会《公开募集基础设施证券投资基金指引（试行）》（证监会公告〔2020〕54 号）简称"《基础设施基金指引》"

4. 2021 年 6 月 29 日　《国家发展改革委关于进一步做好基础设施领域不动产投资信托基金（REITs）试点工作的通知》（发改投资〔2021〕958 号）简称"2021 年 958 号文件"

5. 2021 年 11 月 10 日　《中国银保监会办公厅关于保险资金投资公开募集基础设施证券投资基金有关事项的通知》（银保监办发〔2021〕120 号）

6. 2022 年 1 月 29 日　《财政部　税务总局关于基础设施领域不动产投资信托基金（REITs）试点税收政策的公告》（财政部　税务总局公告 2022 年第 3 号）简称"2022 年 3 号公告"

7. 2022 年 5 月 16 日　《国务院国资委关于企业国有资产交易流转有关事项的通知》（国资发产权规〔2022〕39 号）

8. 2022 年 5 月 25 日　《国务院办公厅关于进一步盘活存量资产扩大有效投资的意见》（国办发〔2022〕19 号）简称"2022 年 19 号文件"

9. 2022 年 7 月 7 日　《国家发展改革委办公厅关于做好基础设施领域不动

产投资信托基金（REITs）新购入项目申报推荐有关工作的通知》（发改办投资〔2022〕617号）

10.2023年3月1日 《国家发展改革委关于规范高效做好基础设施领域不动产投资信托基金（REITs）项目申报推荐工作的通知》（发改投资〔2023〕236号）简称"2023年236号文件"

11.2023年3月7日 《中国证监会关于进一步推进基础设施领域不动产投资信托基金（REITs）常态化发行相关工作的通知》（证监发〔2023〕17号）

12.2023年9月10日 《国家金融监督管理总局关于优化保险公司偿付能力监管标准的通知》

13.2024年2月8日 中国证监会《监管规则适用指引——会计类第4号》简称"会计类第4号指引"

14.2024年7月6日 《国家发展改革委关于全面推动基础设施领域不动产投资信托基金（REITs）项目常态化发行的通知》（发改投资〔2024〕1014号）简称"2024年1014号文件"

15.2024年7月30日 《国家发展改革委办公厅关于印发〈基础设施领域不动产投资信托基金（REITs）项目申报材料格式文本（2024年版）〉的通知》（发改办投资〔2024〕662号）

序章　中国公募 REITs 试点为什么能成功

2020 年 4 月 24 日，中国公募 REITs 试点文件——《关于推进基础设施领域不动产投资信托基金（REITs）试点相关工作的通知》（证监发〔2020〕40号，简称"2020 年 40 号文件"）对外发布。2025 年 2 月 28 日，上市 REITs 产品数量达到 63 只，发行规模 1734.38 亿元，从上市产品数量上看，仅次于美国，中国成为全球第二、亚洲第一的 REITs 市场。四年多的时间，中国公募 REITs 走过了不平凡的历程，探索出了一条具有中国特色的 REITs 发展道路。

第一节　正确选择推进路径

一、以基础设施作为突破口至关重要

2018 年之前，国内 REITs 的探索一直以商业地产为主，历经多年未果；2018 年 6 月 21 日之后，在国家发展改革委投资司[1]和中国证监会债券监管部[2]共同推动下，最终获得成功。可以说，以基础设施作为突破口，是中国公募 REITs 试点取得成功的"关键一招"。

（一）以基础设施作为突破口是主动选择

我国在 REITs 探索过程中，之所以长期以商业地产为主要方向，大致有以下两方面原因：其一，美国作为 REITs 的开山鼻祖，确实是先从商业地产领域开始推行 REITs 的。英文"real estate"在我国长期被译为"房地产"，香港就

---

[1]　全称为国家发展改革委固定资产投资司。

[2]　2023 年 3 月以后更名为中国证监会债券监管司，简称为中国证监会债券部或债券司。

把 REITs 翻译为房地产投资信托基金，这在一定程度上限制了人们的思维；这个词其实还有另外一种译法，即"不动产"，其含义要比"房地产"广泛许多。其二，国内最早关注和研究 REITs 的，基本都是房地产领域的政策制定者、理论研究者或从业者，因此率先尝试在商业地产领域发行 REITs 是极其自然的。21 世纪初以来，我国房地产进入迅猛发展阶段，许多房地产开发企业也有着较为强烈的权益融资需求。

国家发展改革委投资司和中国证监会债券部经过全面深入研究后认为，中国推进公募 REITs，既要符合 REITs 市场发展的一般规律，更要体现中国特色，不必循规蹈矩、亦步亦趋地照搬其他 REITs 市场的做法，完全可以在基础设施领域先行先试。

具体来讲，一是应该把"real estate"理解为广义的"不动产"，而不是狭义的"房地产"，这样它就天然地包含了基础设施；二是许多基础设施项目运营成熟、现金流稳定，完全符合发行 REITs 的基本要求；三是美日等国的 REITs 市场中也包含了大量基础设施资产，涉及能源、交通、通信、数据中心、仓储物流等，为我国提供了很好的借鉴。

因此，中国以基础设施为切入点开展 REITs 试点工作，是深思熟虑、认真权衡后的主动选择，不是一时兴起的冲动，更不是误打误撞的幸运与偶然。

（二）以基础设施作为突破口符合国家战略

基础设施具有基础性、公共性、先导性等特点，对于经济和社会发展具有极其重要的作用。加强基础设施建设，可以为实体经济发展提供支撑作用，夯实经济发展基础、推动产业结构优化、保护生态环境、促进区域协调发展，还能直接促进投资与经济增长。加强基础设施建设，可以增加公共服务设施，提高生活质量、改善社会福利、加强公共安全、促进社会交流，从而不断满足人民群众日益增长的美好生活需要。另外，大力加强新型基础设施建设，有利于提升科技创新能力、助力产业转型升级、培育新经济增长点、增强国家综合竞争力。

因此，我国多年来一直积极鼓励基础设施投资建设，支持基础设施投融资改革创新，2021 年 12 月召开的中央经济工作会议更是提出要"适度超前开展基础设施投资"。在此背景下，以基础设施为突破口，探索 REITs 等金融工具的创新应用，符合国家战略和政策要求。

（三）以基础设施作为突破口，有效规避了房地产行业风险

在我国房地产行业迅猛发展时期，部分城市的房价上涨过快，投机炒作行为严重，并带来一系列的民生保障问题。2016 年中央经济工作会议明确提出要坚持"房住不炒"，2020 年 8 月出台房地产企业融资的"三道红线"等调控政策。如果以商业地产作为切入点推进 REITs 试点，则面临极强的政策风险，很可能因与有关调控要求相悖而胎死腹中。

许多房地产企业采取高杠杆、高周转、高负债的"三高"运营模式，资金链绷得很紧，抵御风险能力很弱，一旦供需形势变化，现金流出现问题，极易发生债务违约和爆雷。近几年许多房地产头部企业陷入经营困境乃至轰然倒下，已充分证明了这一点。另外，随着电商经济发展、人们消费习惯改变和经济下行压力加大，许多传统商业地产的租金水平下调、空置率上升，收益下滑趋势明显。如果先以这些商业地产发行 REITs，当前的二级市场很可能一片凋敝。

因此，我国以基础设施资产作为突破口开展 REITs 试点，有效回避了近几年房地产行业的大幅波动，是非常理性的。

好的开始是成功的一半。没有基础设施 REITs 的突破，就不可能有中国公募 REITs 的今天。就如同如果没有当初的"农村包围城市"，就不可能有后来的星火燎原。

二、"公募基金+ABS"模式搭建成功之桥

我国公募 REITs 试点以基础设施为突破口，解决了资产选择问题；而"公募基金+ABS"则解决了产品模式问题。两者相辅相成，缺一不可，共同构筑了我国公募 REITs 试点的成功路径。

（一）"公募基金+ABS"产品结构是最佳现实选择

REITs 是公开募集和上市交易的证券化产品，但在 2020 年决定开展公募 REITs 试点时，我国公开资本市场上并不存在这样一种专门的金融产品，且依

据有关法律法规也难以在短期内设立。因此，要想尽快开展试点，就必须找到一种合理可行的产品模式。当时曾先后探讨过公司型REITs、公募基金直接投资项目公司股权、资产支持证券（ABS）公募化三种模式，而"公募基金+ABS"最终成为最佳选择。

公司型REITs在美国较为通用，但在我国受到的争议最为激烈，在法律限制、审核标准、管理体制、税法适用等方面存在一系列难题，因而最先被否定。公募基金直接投资于项目公司股权，受到《中华人民共和国证券投资基金法》（以下简称《证券投资基金法》）关于公募基金投资范围的限制，需要对《证券投资基金法》进行修改，工作难度大，时间周期长。ABS为私募类型的结构化产品，与REITs产品的匹配度较低，体系化建设及优化调整的工作很多。

而"公募基金+ABS"的产品结构，一方面通过由ABS持有项目公司全部股权解决了《证券投资基金法》对于公募基金投资范围的限制问题，另一方面通过公募基金解决了ABS不能公开发行的难题，有效结合了公募基金和ABS的各自优势，是当时法律体系和市场框架下的最佳现实选择。该产品结构不需要修改法律法规，避免了立法流程长、时间久和不确定性问题。此外，该结构要求基金管理人和资产支持证券管理人属于同一实控人，较好解决了多层结构下可能存在的管理冲突问题。

（二）"公募基金+ABS"模式经受住了实践考验

"公募基金+ABS"的特殊结构，在试点初期曾引发了市场的较多疑虑。一是担心由于产品的层级较多、链条较长，可能导致耗时较多、费用较高。二是担心这一特殊的治理结构可能带来不同的利益冲突，导致管理上责权利不清，形成更高的代理成本。三是担心公募基金公司管理实体资产的专业能力不足，其人力配置、制度体系、投资标准、风控要求等不能匹配REITs管理实体资产的需要。

这些疑虑或担心，有其一定的合理性。但随着试点的逐步深入，"公募基金+ABS"的结构运行整体平稳，未出现重大风险隐患，市场接受程度不断提升。首先，REITs发行和存续期管理总体有序，未发生因基金管理人与ABS管理人合作欠佳而影响申报发行或存续管理的事件。其次，多层架构下并不存在投资者个人所得税的双重征税问题，还可通过 ABS 与项目公司之间构建股债结构而合理安排税务便利，因此未对投资人收益造成重大不利影响。最后，多层结构使得券商、券商资管、基金公司、基金子公司等都有可能参与公募 REITs 试点，分享政策红利，较好调动了各方积极性，共同推动了市场发展。

我国公募 REITs 试点采取"公募基金+ABS"的产品结构，就如同红军长征途中的飞夺泸定桥、强渡安顺场，跳出了重重围堵，打开了胜利通道，成为试点成功的一个重要因素。

三、试点的推出恰逢其时

经过改革开放以来多年的投资建设，我国基础设施资产类型丰富、存量规模巨大，为公募 REITs 发行提供了良好的潜在资产供给，是中国公募 REITs 市场建设的基本保障。但在经济高速增长时期，投资人对投资收益率的要求较高，而许多基础设施虽然收益较为稳定，但回报率相对较低，难以符合投资人的选择标准。

2017 年 10 月，党的十九大报告指出，"我国经济已由高速增长阶段转向高质量发展阶段"[①]。伴随这一转变，投资收益率也从高速增长时期的持续上升转为相对稳定，并呈现出逐渐下行的趋势。以五年期国债利率为例，2017 年底的发行利率为 4.22%，而 2024 年 10 月已降至 2.25%。公募 REITs 试点恰在此时推出，很好地满足了资管行业对于中低风险中高收益金融产品的投资渴求。伴随着无风险利率的下行，以基础设施为底层资产的 REITs 产品逐渐在收益率上具备了比较优势，成为保险、银行、基金等主流投资机构理想的资产配置目标。

此外，我国许多长期从事不动产（包含基础设施）投资与建设的企业，发展过程中过多利用了债务扩张，导致资产负债率过高，严重影响了企业的正常运营。东方园林、华夏幸福、万科等著名企业，都曾在不同时期面临负债率过高、现金流紧张的相同压力。而一旦成功发行 REITs，企业可以在短时期内

---

① 《习近平著作选读》第二卷，人民出版社 2023 年版，第 24 页。

有效降低负债，构建可持续、更健康的资本结构。因此，许多企业发行 REITs 的意愿较为强烈。

综上所述，2020 年以后，在底层资产、投资配置、企业意愿等方面，我国均已具备较为良好的推进公募 REITs 市场建设的客观条件。

四、两部门联合推动、优势互补是重要保障

REITs 是金融与产业、资本市场与实体经济结合最为密切的一种金融产品。试点过程中，国家发展改革委和中国证监会充分发挥各自所长，通力合作，优势互补，亦成为试点成功的关键。

（一）通力合作，推动试点文件出台

2016 年底、2017 年初，国家发展改革委投资司和中国证监会债券部共同推动了 PPP 项目资产证券化工作，取得良好成效，由此打下了双方合作的坚实基础。2018 年 6 月 21 日，国家发展改革委投资司和中国证监会债券部共同召开基础设施 REITs 座谈会，拉开了中国公募 REITs 试点的序幕。2019 年 2—4 月，国家发展改革委投资司和中国证监会债券部联合开展了基础设施 REITs 调研工作；同年 5 月，两家联合成立起草小组，开始试点文件起草工作。2020 年 4 月 30 日，两家同时在各自部门的官网上公开发布《中国证监会　国家发展改革委关于推进基础设施领域不动产投资信托基金（REITs）试点相关工作的通知》，正式启动了中国公募 REITs 试点。

（二）密切配合，保障试点工作顺利开展

试点过程中，无论是重大政策制定、重点问题解决，还是项目审核把关，国家发展改革委投资司和中国证监会债券部都加强沟通、协调配合，齐心协力保障试点工作顺利推进。

在申报审核上，采取了"国家发展改革委推荐、中国证监会审批注册"的合作模式，充分发挥了各自在实体经济和资本市场方面的专业优势。国家发展改革委侧重于从国家重大战略、宏观调控、产业政策、投资管理制度，以及鼓励回收资金用于再投资等方面进行把关审核。中国证监会主要对参与主体履职要求、产品注册、投资运作、份额发售、信息披露等予以规范，强化过程监管，把关项目注册审批等。两部门分工明确，优势互补，为 REITs 项目申报发行打下了制度基础。

在重大政策制定上，两单位也是密切沟通、节奏一致。例如，2023 年初，为了将 REITs 发行范围扩展到消费基础设施项目领域，经协商沟通，国家发展改革委起草了《国家发展改革委关于规范高效做好基础设施领域不动产投资信托基金（REITs）项目申报推荐工作的通知》（发改投资〔2023〕236 号，以下简称"2023 年 236 号文件"），中国证监会起草了《中国证监会关于进一步推进基础设施领域不动产投资信托基金（REITs）常态化发行相关工作的通知》（证监发〔2023〕17 号），都明确提出将消费基础设施纳入 REITs 发行范围，相关表述完全一致。

在重点问题解决上，两单位密切协作、建立机制，共同协调解决试点过程中的问题与困难。例如，以开门办公会方式为试点项目提供辅导帮助，两单位相关负责同志共同参与，沪深证券交易所提前介入，既很好地推进了项目前期工作，也为中国证监会、沪深证券交易所的后期审核打下基础，推动了不少 REITs 项目顺利开展。2024 年共有 29 只 REITs 产品挂牌上市，数量为此前三年上市家数之和，两单位共同召开的开门办公会在其中发挥了重要作用。

第二节　全力推进市场建设

公募 REITs 试点政策于 2020 年 4 月 30 日对社会公布后，许多原始权益人、基金管理人、券商、中介机构等群情振奋，迫切希望能快速、大规模地推动公募 REITs 发行。REITs 在海外已发展约 60 年时间，但在中国还是新鲜事物，肯定有一个探索落地的过程。如果只注重发行数量和推进速度，从一开始就狂飙突进，而忽视了市场体系建设，很可能在短暂的狂欢之后陷入泥潭。因此，合理把握试点节奏、全力推进市场建设，是十分关键和必要的。

一、小步快走，蹄疾步稳

我国公募 REITs 试点整体采用了"小步快走，蹄疾步稳"的推进策略。

小步前行、步伐沉稳，可以让社会各界对 REITs 有一个充分了解、认知和熟悉的过程，可以给 REITs 市场体系建设留下更为充裕的时间，同时避免因不完善而遭受严重伤害。提高步频、快步前行，可以迅速提升 REITs 的社会关注度、增强其影响力，可以在快速前进中解决发展中的问题，可以更好满足业内各方的期待。

跑步中有一种"小低高"训练方法，指的是小步幅、低心率、高步频，非常适合初跑者，能帮助他们更安全、有效地进行跑步锻炼，减少受伤概率，逐步提高跑步能力和身体素质。公募 REITs 试点中的"小步快走，蹄疾步稳"，与跑步训练中的"小低高"，可谓异曲同工。

"小步快走，蹄疾步稳"的策略，在公募 REITs 项目的发行数量和节奏上，有着鲜明体现。2021 年 6 月 21 日首批 9 只公募 REITs 产品上市，实现了从 0 到 1 的突破，全年共发行 11 只，发行规模 364.13 亿元；2022 年共发行 13 只，发行规模 419.48 亿元；2023 年受二级市场波动影响，发行速度有所放缓，共首发 5 只、扩募 4 只，总发行规模 220.92 亿元。在经过 3 年的孕育和孵化后，市场逐步成熟，2024 年进入快速发展期，全年共发行 29 只，发行规模 659.17 亿元。截至 2025 年 2 月 28 日，共发行 63 只，发行规模 1734.38 亿元，资产类型涉及九大种类，发行主体涵盖国有企业、民营企业和外资企业，发行区域覆盖 18 个省、自治区和直辖市。

"小步快走，蹄疾步稳"的策略，同样鲜明体现在 REITs 发行范围的不断拓宽上。2021 年 6 月 21 日首批 9 只 REITs 项目成功上市后，2021 年 6 月 29 日发布的《国家发展改革委关于进一步做好基础设施领域不动产投资信托基金（REITs）试点工作的通知》（发改投资〔2021〕958 号，以下简称"2021 年 958 号文件"），将试点范围拓展到保障性租赁住房、能源基础设施、新型基础设施、旅游基础设施等。在保障性租赁住房 REITs 于 2022 年 8 月成功首发后，2023 年 3 月，国家发展改革委和中国证监会又分别发布文件，将公募 REITs 发行范围拓展到了百货商场、购物中心、农贸市场等消费基础设施，得到了社会各界广泛好评。2024 年 7 月发布的《国家发展改革委关于全面推动基础设施领域不动产投资信托基金（REITs）项目常态化发行的通知》（发改投资

〔2024〕1014 号，以下简称"2024 年 1014 号文件"），将市场化租赁住房、养老设施纳入 REITs 发行范围。至此，除商业化写字楼、宾馆酒店外，绝大部分适合发行 REITs 的不动产均已纳入发行范围。

在 REITs 发行标准上，同样体现了"小步快走，蹄疾步稳"的策略。以对项目收益水平的要求为例，《国家发展改革委办公厅关于做好基础设施领域不动产投资信托基金（REITs）试点项目申报工作的通知》（发改办投资〔2020〕586 号，已废止，以下简称"2020 年 586 号文件"）规定，"预计未来 3 年净现金流分派率原则上不低于 4%"。《国家发展改革委关于规范高效做好基础设施领域不动产投资信托基金（REITs）项目申报推荐工作的通知》规定，"特许经营权、经营收益权类项目，基金存续期内部收益率（IRR）原则上不低于 5%；非特许经营权、经营收益权类项目，预计未来 3 年每年净现金流分派率原则上不低于 3.8%"。进入常态化发行后，2024 年 1014 号文件作了重大调整，不再对未来收益水平进行明确规定，改由市场自主决策。

在试点过程中，曾有不少人质疑试点速度过慢。而今回头看，仅用了不到 5 年时间就创立了产品发行数量居世界第二位的 REITs 市场，资产类型日益丰富，二级市场平稳向好，制度规则不断完善，社会评价积极正面，这样的速度，还能称为"慢"吗？

二、严把资产质量关

人们通常把发行 REITs 比喻为资产上市。因此，底层资产质量如何，直接关乎 REITs 市场的健康发展乃至生死存亡。如果把不合格的底层资产推向市场、推给投资人，必将给 REITs 市场的良性发展埋下隐患，甚至可能导致 REITs 试点功亏一篑。

资产质量的好坏，涉及多种因素，其中最为核心的有两个方面：一是资产形成依法合规；二是资产运营成熟稳定。

所谓资产形成依法合规，是指在资产形成过程中也就是项目投资建设阶段，必须符合城乡规划、土地管理、环境保护、项目审批核准备案、建筑施工等相关法律法规的规定，依法办理有关审批或许可手续。如果其中一些重要手续缺失，则项目面临较为严重的合规风险，可能影响资产的正常运营。试点过程中曾有一种意见，认为只要完成不动产权登记、持有不动产权属证书，就证明资产依法合规。依据不动产权登记的有关法规，当事人持有不动产权属证书，能够证明其是证书所登记的物权的权利人，并不能证明不动产的形成过程依法合规，两者不能混为一谈。

所谓资产运营成熟稳定，2020 年 40 号文件作了全面而清晰的界定，即具有成熟的经营模式及市场化运营能力，已产生持续、稳定的收益及现金流，投资回报良好，并具有持续经营能力、较好的增长潜力。虽然具体的评判指标和衡量标准在其后一系列的操作性文件中时有调整，但其核心和精髓始终未变。资产运营受到主客观、内外部等多种因素影响，必然会呈现一定波动性，因此所谓成熟稳定也是相对而言，并非绝对的一成不变。

严把资产质量关，并对发现的问题和风险采取多种措施进行弥补和解决，可能拉长了个别项目的申报发行周期，也曾引发一些"管得过严、进度太慢"的议论乃至抱怨。时至今日，回头再看，正是由于严把资产质量关，才保证了 REITs 试点总体平稳，基本没有引发负面舆情，从而为 REITs 市场建设奠定了基础，为市场成长赢得了空间。

三、建立和完善市场规则

没有规矩，不成方圆。REITs 试点过程中，国家发展改革委和中国证监会采取多种方式，尽快建立并不断完善 REITs 市场规则体系，成为试点顺利推进和市场良性发展的有力保障。

一是从国家层面上大力支持 REITs 发展。2021 年 3 月发布的"十四五"规划中，明确提出"推动基础设施领域不动产投资信托基金（REITs）健康发展，有效盘活存量资产，形成存量资产和新增投资的良性循环"。这标志着发展公募 REITs 正式成为国家战略。2022 年 5 月发布的《国务院办公厅关于进一步盘活存量资产扩大有效投资的意见》（国办发〔2022〕19 号，以下简称"2022 年 19 号文件"），提出进一步提高推荐、审核效率，灵活合理确定运营年限、收益集中度等要求，建立健全扩募机制，探索建立多层次基础设施

REITs 市场，研究推进 REITs 相关立法工作等，为 REITs 试点顺利推进指明了方向、奠定了根基。2024 年 4 月发布的《国务院关于加强监管防范风险推动资本市场高质量发展的若干意见》，提出研究制定不动产信托基金管理条例、通过税收政策的调整和完善优化 REITs 发展环境等措施，以进一步促进 REITs 市场高质量发展。

二是国家发展改革委和中国证监会作为主要监管部门，持续建立健全制度体系。国家发展改革委在 2020 年 7 月发布《关于做好 REITs 试点项目申报工作的通知》，2021 年 6 月底印发《关于进一步做好 REITs 试点工作的通知》，2022 年 7 月印发《关于做好 REITs 新购入项目申报推荐有关工作的通知》，2023 年 3 月印发《关于规范高效做好 REITs 项目申报推荐工作的通知》，2024 年 7 月印发《关于全面推动 REITs 项目常态化发行的通知》，频率高、更新快，每年均有系统性文件出台，体现了国家发展改革委对政策的重视程度和务实精神。此外，国家发展改革委还多次发布和完善申报材料的格式文本，对规范报送内容、提高申报质量、提升推荐效率发挥了重要作用。

中国证监会于 2020 年 8 月发布《公开募集基础设施证券投资基金指引（试行）》（以下简称《基础设施基金指引》），明确了基础设施基金的定义、运作模式、投资限制、关联交易管理等，是 REITs 试点的重要政策文件之一。2021 年 1 月，沪深证券交易所分别发布基础设施 REITs 业务办法、审核关注事项、发售业务指引、配套业务规则等多份文件。2022 年 5 月，中国证监会指导沪深证券交易所制定发布《新购入基础设施项目（试行）的规则适用指引》。2023 年 3 月，中国证监会印发《中国证监会关于进一步推进基础设施领域不动产投资信托基金（REITs）常态化发行相关工作的通知》。2024 年 2 月，中国证监会出台《监管规则适用指引——会计类第 4 号》（以下简称"会计类第 4 号指引"），明确了 REITs 的权益属性。中国证券投资基金业协会等也出台了相关配套制度。这些文件共同搭建了 REITs 发行与上市的制度体系。

三是其他相关部门积极出台与 REITs 相关的配套政策文件。2021 年 11 月，银保监会办公厅发布《中国银保监会办公厅关于保险资金投资公开募集基础设施证券投资基金有关事项的通知》，支持保险资金投资公募 REITs。

2022 年 1 月，财政部、国家税务总局印发《财政部　税务总局关于基础设施领域不动产投资信托基金（REITs）试点税收政策的公告》（财政部　税务总局公告 2022 年第 3 号，以下简称"2022 年 3 号公告"）。2022 年 5 月，国务院国资委发布《国务院国资委关于企业国有资产交易流转有关事项的通知》（国资发产权规〔2022〕39 号），明确国家出资企业及其子企业通过发行 REITs 盘活存量资产的要求。2023 年 9 月，金融监管总局发布《国家金融监督管理总局关于优化保险公司偿付能力监管标准的通知》，对于保险公司投资公募REITs 中未穿透的，将风险因子从 0.6 调整为 0.5。这些配套政策有效推动了REITs 市场的全面建设，保障了 REITs 试点顺利推进。

上述 REITs 政策与规则随实践不断修订、完善，反过来又促进了 REITs 市场的健康发展，形成良性互动，充分体现了我国 REITs 市场建设的制度化、法治化进程。

四、积极宣传引导，着力解疑释惑

REITs 是一项创新性工作，涉及面广、专业性强，且不断出现新问题、面临新情况，许多参与方对于如何正确理解政策、合理把握标准、妥善处理问题等不甚了了，难免会走弯路、撞南墙。因此，加强市场培育，做好宣传引导、解疑释惑非常重要。国家发展改革委投资司和中国证监会债券部会同沪深证券交易所等，在政策解读、培训答疑、问题研讨等方面做了大量工作。

试点期间政策更新频度高，加强解读十分重要。国家发展改革委投资司几经探索，逐步形成了"新华社文章+专家解读"的标准模式。即每当有重要政策文件出台时，就邀请新华社专业记者对有关单位或个人进行采访，撰写全景式报道文章，介绍政策出台背景、核心内容、市场影响等，在新华社客户端或新华财经 APP 上发布，起到了很好的宣传引导作用，《REITs 推出支持消费重要举措　消费基础设施可发行 REITs》等多篇重磅文章的直接浏览量都在百万次以上。与此同时，针对政策文件中的一些重点专业问题，组织业内专家从不同角度予以详细解读，满足市场专业参与者的深度需求，也取得良好效果。

国家发展改革委投资司还多次组织专业培训，针对项目推进中的共性问题进行答疑，参加人员包括地方发展改革委、原始权益人、基金管理人等。例如，2023 年 3 月，投资司组织召开基础设施 REITs 培训会，邀请 60 余家金融机构、118 名业务骨干参会，集中回复了 60 多个共性问题，并进行现场答疑，为市场提供业务指导。会后又对相关问题进行整理，形成书面答疑材料，以电子版方式发给各市场机构参考，有效助力市场机构推进项目申报。

国家发展改革委投资司和中国证监会债券部还针对市场热点问题多次召开研讨会，倾听市场呼声，了解市场关切，引导市场预期，适时完善政策。据不完全统计，2020 年 4 月试点政策颁布后至 2024 年底，仅国家发展改革委投资司召开或参加的各类研讨会就有近百场之多。例如，当 2023 年 REITs 二级市场持续震荡下行时，有关方面组织召开系列座谈会，分析二级市场波动原因，寻求解决问题对策，引导投资人正确看待 REITs 投资价值，对于稳定市场信心、健全 REITs 规则体系起到了积极作用。特别是 2023 年 7 月 16 日在北京大学光华管理学院召开高速公路 REITs 投资价值研讨会，一定程度上扭转了关于高速公路 REITs 的负面情绪，7 月 17 日、18 日高速公路 REITs 板块连续两天反弹，并带动了整个 REITs 二级市场的好转。

五、多措并举助推项目落地

加强 REITs 市场建设，关键还是要推动更多项目落地开花、成功上市。成功落地的项目越多，经验积累得就越多，问题暴露得也会更充分，规则也会更快健全和完善。因此，国家发展改革委投资司和中国证监会债券部通力合作，采取多种措施，力推更多项目落地。

国家发展改革委投资司创建的开门办公会制度，是其中最为有力的措施之一。开门办公会的主要特点可以概括为"多方参与、当面沟通、共同研讨、力求实效"。开门办公会由国家发展改革委投资司发起，中国证监会债券部、沪深证券交易所、行业专家等共同参与，每次选择 4—5 个项目，与项目方就推进过程中遇到的疑难问题进行详细交流、深入研讨，并给出很有针对性的意见建议。每个项目均采用当面交流的方式，时间约为 1 小时。这种方式效率高、效果实，凡是参加过的项目都给予了很高评价，受到各方的热烈欢迎，不少地方领导和企业主要负责人都积极参加，甚至有外籍人士专门从美国飞过来参加开门办公会。仅 2023 年一年，就组织开门办公会 18 次，讨论项目 95 个。在积极有效的沟通下，不少项目顺利推进，申报效率和成功概率大幅提升。2024 年 1 月至 2025 年 2 月底发行的 34 个项目中，就有 32 个项目参加过开门办公会，项目辅导成效显著。

开门办公会有助于解决具体项目的具体问题，但有些项目遇到的是行业性的共性问题，对这些共性问题，就要研究找到普适性的解决办法。例如，国补①是新能源行业发行 REITs 的突出共性问题，是能否成功发行的关键制约因素。许多新能源项目的收入中，国补占比在 50% 以上，对经营收入及现金流的影响非常大；国补发放不及时问题较为普遍，许多项目的国补收入账期长，且具有较大不确定性，导致项目的经营现金流非常不稳定，难以满足发行 REITs 的要求。针对国补拖欠问题，国家发展改革委投资司于 2021 年 7 月、2021 年 11 月、2022 年 2 月先后三次召开新能源项目发行 REITs 座谈会，最终提出用保理方式来解决国补延迟支付问题。保理方式在中航京能光伏 REIT 等项目上得到了有效应用，成为后来多个新能源 REITs 项目的共同选择。

第三节　重点解决突出问题

中国公募 REITs 试点过程中，曾面临许多难点问题和重大挑战。如果应对不当，轻则影响试点顺利推进，重则可能导致试点失败。所幸的是，在 REITs 监管部门的努力和担当下，在有关方面的大力支持下，这些问题和挑战均得到了较好解决，这才有了今天 REITs 市场的持续向好。

一、明确 REITs 交易实质

依据中国证监会的《基础设施基金指引》，REITs 要通过资产支持证券和项目公司等载体取得基础设施项目完全所有权或经营权利，这就必然要发生项

---

① 指可再生能源国家补助资金。

目所有权或经营权利的交易行为。如何认定这一交易的性质？是股权交易还是资产交易？在试点初期，这是摆在监管部门和所有 REITs 参与者面前的一个十分严肃且重要的问题。对交易性质的不同认定，将直接决定对 REITs 申报材料、审核重点、把关标准的不同界定，进而对试点路径和走向产生重大甚至是根本性影响。

当时有一种观点认为，REITs 设立时的交易，是原始权益人将项目公司全部股权转让给资产支持证券，REITs 通过持有资产支持证券全部份额进而持有项目公司全部股权，其中并不涉及资产的产权转移，因而这一交易是股权交易而非资产交易。

按照这一观点，监管部门应按照股权交易的有关要求规范申报内容、明确审核重点、设立审核标准。众所周知，我国现行法律法规对股权交易的限制很少，如果采纳这一观点，申报材料和审核内容都将极为简化，企业发行 REITs 将十分快捷。所以，这一观点一经提出，就得到了许多原始权益人和基金管理人的响应，甚至一度成为主流观点。

按照 REITs 职责分工，项目申报材料首先报送给国家发展改革委。因此，如何认定交易性质并进行相应处理，就成为摆在国家发展改革委投资司面前的一道十分棘手但又必须解决的难题。投资司会同有关方面进行了全面深入研究，最终认定，应按照实质重于形式的原则，将这一交易认定为资产交易，并按此开展申报和审核工作。

国家发展改革委投资司之所以作出这一认定，主要基于以下三方面的考虑：首先，发行 REITs 的实质是资产上市，REITs 产品的核心价值来自底层资产及其所带来的稳定现金流，如果将交易认定为股权交易而非资产交易，则与 REITs 的实质相悖，且容易混淆其与企业上市（IPO）的区别。其次，按照《基础设施基金指引》，REITs 持有项目公司全部股权只是手段和方式，最终目的是要取得基础设施项目的完全所有权或经营权利，获取租金、收费等稳定现金流。而且项目公司在发行 REITs 时往往要 SPV 化，除持有资产外并不从事具体业务，更像是一个"虚拟公司"。所谓股权交易的说法，是以持有项目公司全部股权的形式，代替取得项目完全所有权或经营权利的实质，属于偷换概念。最后，如果将这一交易认定为股权交易，则会削弱乃至完全省略对资产本身的审核，企业可能可以借用股权交易的名义规避关于资产转让的各种限制，存在很大风险隐患，不利于维护投资人长期利益和市场建设。另外，如果将其认定为股权交易，还存在税收等方面的合规性风险。

这一观点提出后，遇到了超出预期的不理解乃至反对声音。不少原始权益人、基金管理人和律师等，从各自角度出发，不认同这一观点。为了达成共识、形成合力，国家发展改革委投资司做了大量沟通工作。例如，曾在 2020 年 11 月 18 日晚上 11 点召开电话会议，听取各方意见；11 月 20 日上午又召开座谈会，再次当面沟通。在审核项目时，也结合具体问题和项目单位耐心沟通、深入交流。经过一系列的解释说明工作，各方逐步认可和接受了资产交易这一观点，从而为后续的试点工作打下了良好基础。

今天回头再看，之所以在这一点上一度分歧较大，原因不在业务本身。一些单位和个人之所以不愿接受国家发展改革委投资司的观点，更多的是从规避资产合规性和转让限制角度出发，并不是真的不理解。如果监管部门不能顶住压力、坚持正确方向，而是向错误观点妥协，短时期可能风平浪静、皆大欢喜，但长久来看，必将蕴藏巨大风险。

二、明确国资转让规则

我国公募 REITs 试点以基础设施项目为切入点，要求项目公司股权 100% 全部转让给资产支持证券，最终由 REITs 持有。如果原始权益人是国有企业，根据《企业国有资产交易监督管理办法》（国务院国有资产监督管理委员会、财政部令第 32 号）等政策规定，项目公司股权转让原则上应通过产权市场公开进行，也就是要进场交易。如果进场交易，则不能完全保证由拟议中的资产支持证券获取，可能导致 REITs 设立失败。另外，进场交易的价格可能与基金发行时询价的价格不一致，从而导致发行交易困难。我国基础设施项目大多由国有企业投资建设与运营，如果不能有效解决这一难题，国有企业就很难参与 REITs 试点，试点效果将大打折扣。

针对这一难题，各方积极探索，认识逐渐深入，认为发行 REITs 采用公开询价定价机制，REITs 份额在证券交易所公开挂牌发行，类似于企业 IPO 的定价程序，具有实质的合理性。一是符合《中华人民共和国企业国有资产法》第五十四条"国有资产转让应当遵循等价有偿和公开、公平、公正的原则"的规定，也与国有产权（股权）转让"原则上通过产权市场公开进行"的精神实质完全吻合；二是通过公开询价确定的 REITs 价格能够反映公开市场对底层资产的估值水平及认可度，资产转让价格最终根据 REITs 发行价格确定，可以最大限度地实现国有资产交易价格的公允和合理，避免国有资产流失。

正是基于上述认识，深圳市敢为人先，率先实现了国资转让的实践突破，认为发行 REITs 涉及国资股权转让无须另行履行国有资产交易程序。2020 年 10 月 12 日，深圳市国资委出具《深圳市国资委关于深圳市地铁集团有限公司、深圳市盐田港集团有限公司申请基础设施 REITs 试点的反馈意见》，提出"基础设施 REITs 是通过证券交易所公开发行的金融产品，项目所涉国有资产按照中国证监会公布的《基础设施基金指引（试行）》等证券监管制度要求，遵循等价有偿和公平公正的原则公开规范发行，无须另行履行国有资产交易程序"。随后，湖北、广州等地的国资监管部门也出具了类似的复函，支持本地国有企业参与 REITs 试点。2021 年 5 月 20 日，国务院国资委出具批复文件，原则同意招商局集团以招商蛇口产业园资产参与 REITs 试点，并明确所涉及的产权转让事项可通过相关方直接签署转让协议方式实施。

伴随一年多的市场实践，国务院国资委对基础设施 REITs 进行了大量调查研究，最终于 2022 年 5 月 16 日印发《关于企业国有资产交易流转有关事项的通知》，对既往国有产权交易文件进行了补充和修订。该文件第三条规定，"国家出资企业及其子企业通过发行基础设施 REITs 盘活存量资产，应当做好可行性分析，合理确定交易价格，对后续运营管理责任和风险防范作出安排，涉及国有产权非公开协议转让按规定报同级国有资产监督管理机构批准"。至此，国务院国资委正式明确了国有企业通过发行 REITs 转让国有资产，可与国有企业股票上市一样，适用无须进场交易的要求。

这一国资转让政策的出台，提升了国有企业发行 REITs 的积极性，促进了 REITs 市场建设。截至 2025 年 2 月 28 日，已发行上市的 63 只 REITs 中，有 52

只的原始权益人为国有企业，占比 82.5%。调整和明确国资转让政策的积极作用，得到了充分显现。

三、推动解决税务问题

REITs 试点初期，税务事项一度是业内关注的焦点问题之一。因为在 REITs 的设立、运营、退出等环节，都存在纳税事项，涉及税种较多，税负可能较重，这势必会产生税务成本，进而影响企业发行 REITs 的意愿。当时还有一种说法，即如果中国不能像美国那样首先解决 REITs 的税收问题，中国的 REITs 市场就不可能发展起来。

"想，都是问题；做，才是答案。"国家发展改革委和中国证监会负责 REITs 试点工作的同志选择了先开展 REITs 实践、在实践中再去解决问题的路径，推动首批 9 个 REITs 项目于 2020 年 6 月 21 日顺利挂牌，在这一过程中加强了对 REITs 涉税事项的了解，为相关税收政策的明确创造了有利条件。中国证监会债券部相关同志深入钻研业务，积极主动与财政部税收司进行沟通，详细介绍 REITs 试点情况，耐心反映明确 REITs 税收政策的意见建议，努力争取理解和支持。

精诚所至，金石为开。财政部、国家税务总局经充分调研论证后，于 2022 年 1 月 29 日发布 2022 年 3 号公告，明确了 REITs 试点税收政策。

2022 年 3 号公告的核心内容有两条：一是明确设立 REITs 前，原始权益人向项目公司划转基础设施资产相应取得项目公司股权，适用特殊性税务处理，计税基础以基础设施资产的原计税基础确定，原始权益人和项目公司不确认所得、不征收企业所得税；二是明确 REITs 设立阶段，原始权益人向 REITs 转让项目公司股权实现的资产转让评估价值，当期暂不缴纳企业所得税，允许递延至 REITs 完成募资并支付股权转让价款后缴纳，其中对原始权益人按照战略配售要求自持的 REITs 份额对应的资产转让评估增值，允许递延至实际转让时缴纳企业所得税。

2022 年 3 号公告的内容虽然不长，但对中国 REITs 市场建设起到了关键的促进作用。首先，较大幅度降低了企业发行 REITs 的税收成本。企业所得税是REITs设立环节企业需要缴纳的主要税种之一，而且税率较高，一般企业适用的所得税率为25%。2022年3号公告明确在目标资产入池时不征收企业所得税，在转让项目公司股权时可以递延缴纳所得税，有利于降低企业税负，提高企业发行REITs的积极性。其次，体现了财税主管部门支持REITs发展的态度。目标资产入池时适用特殊性税务处理，本来是限定重组后连续12个月内重组中取得股权支付的原主要股东不得转让所取得的股权，但2022年3号公告突破了这一限制条件。再次，2022年3号公告稳定了原始权益人的预期和信心。企业在决定是否发行REITs时，通常要进行成本收益测算。如果相关税收政策不明确，企业就难以进行精准的成本收益测算，因而也就难以抉择是否发行REITs。2022年3号公告明确税收政策后，企业可以进行精准测算，更好决策是否发行REITs。最后，也是十分重要的一点，业内本来认为REITs税收政策是很难出台的，没想到在首批9个REITs项目挂牌上市后8个月内就能发布，这极大提振了各方参与REITs的积极性。

四、明确权益属性与会计记账处理

人们常说REITs是一种权益融资工具，中国证监会、国家发展改革委关于推行REITs试点的2020年40号文件中也明确提出要"坚持权益导向"。然而，在会计处理上能否真正确认其权益属性，曾经有较大争议。

财政部会计司于2021年4月发布的《金融工具准则实施问答》中提出，"对于发行方仅在清算时才有义务向另一方按比例交付其净资产的金融工具，例如属于有限寿命工具的封闭式基金、理财产品的份额、信托计划等寿命固定的结构化主体的份额，如果满足金融工具列报准则第十六条、第十七条、第十八条的要求，则发行方在其个别财务报表中作为权益工具列报，在企业集团合并财务报表中对应的少数股东权益部分，应当分类为金融负债。上述金融工具对于发行方而言不满足权益工具的定义，对于投资方而言也不属于权益工具投资"。根据这一规定，以四大会计师事务所为代表的部分会计师事务所认为，合并财务报表情况下原始权益人非自持部分的REITs份额须计入负债。

在会计处理上不能真正明确REITs的权益属性，不仅影响了企业发行

REITs 的积极性，还加剧和放大了 REITs 二级市场的波动。2023 年 4 月以后 REITs 二级市场出现较大波动，部分 REITs 价格下跌幅度较大，到达或接近不少机构投资人的止损线，止损压力形成抛盘，导致价格进一步下跌并引发更多投资人破位止损，从而形成持续阴跌或踩踏急跌的局面。不少投资人希望能将其持有的 REITs 份额计入"以公允价值计量且其变动计入其他综合收益"（FVOCI）科目，以减少对当期利润表的影响，从而避免出于短期止损需要而被迫抛盘，形成二级市场的踩踏。

2024 年 2 月 8 日，龙年春节前夕，中国证监会发布了会计类第 4 号指引，对于基础设施 REITs 的相关会计处理和判断进行了明确，提出"如发行人已依照相关规定要求说明前述分配、终止上市和扩募延期安排，且不存在其他可能导致判断为金融负债的约定，则发行人不存在不可避免的支付义务，并表原始权益人在合并财务报表层面应将基础设施 REITs 其他方持有的份额列报为权益。从基础设施 REITs 其他投资方的会计处理角度看，其持有的份额在性质上属于权益工具投资"。这是送给中国 REITs 市场的一份春节大礼。

中国证监会的监管意见明确了 REITs 的权益属性，打消了原始权益人的疑虑，有利于原始权益人在不出表、保留资产控制权的同时增加权益资金、降低资产负债率，将进一步提升原始权益人发行 REITs 的积极性。

机构投资人可以依据中国证监会的监管意见，将其持有的 REITs 份额计入 FVOCI 科目，这将满足部分投资人的投资诉求，从根本上缓和投资机构所面临的短期考核和中长期配置的矛盾，有利于为 REITs 二级市场增加长线增量资金，提升市场活跃度，更好体现 REITs 的长期投资价值。

2024 年，中国 REITs 二级市场一扫上一年的颓势，中证 REITs 全收益指数全年涨幅达到 12.31%。

2022 年 9 月 27 日，在党的二十大即将召开之际，"奋进新时代"主题成就展在北京展览馆开幕。展览紧扣"奋进新时代"这一主题，以党的十八大以来以习近平同志为核心的党中央治国理政为主线，聚焦新时代十年党和国家事业的伟大成就、伟大变革，展现事业发展的新局新貌，揭示变革背后的力量和动能。首批 9 个基础设施 REITs 项目上市，有幸入选中央综合展区的第一单元"经济建设奋楫扬帆谱写高质量发展新篇章"。这是对中国公募 REITs 试点工作的最大肯定，是对所有 REITs 试点工作参与者的最大褒奖。

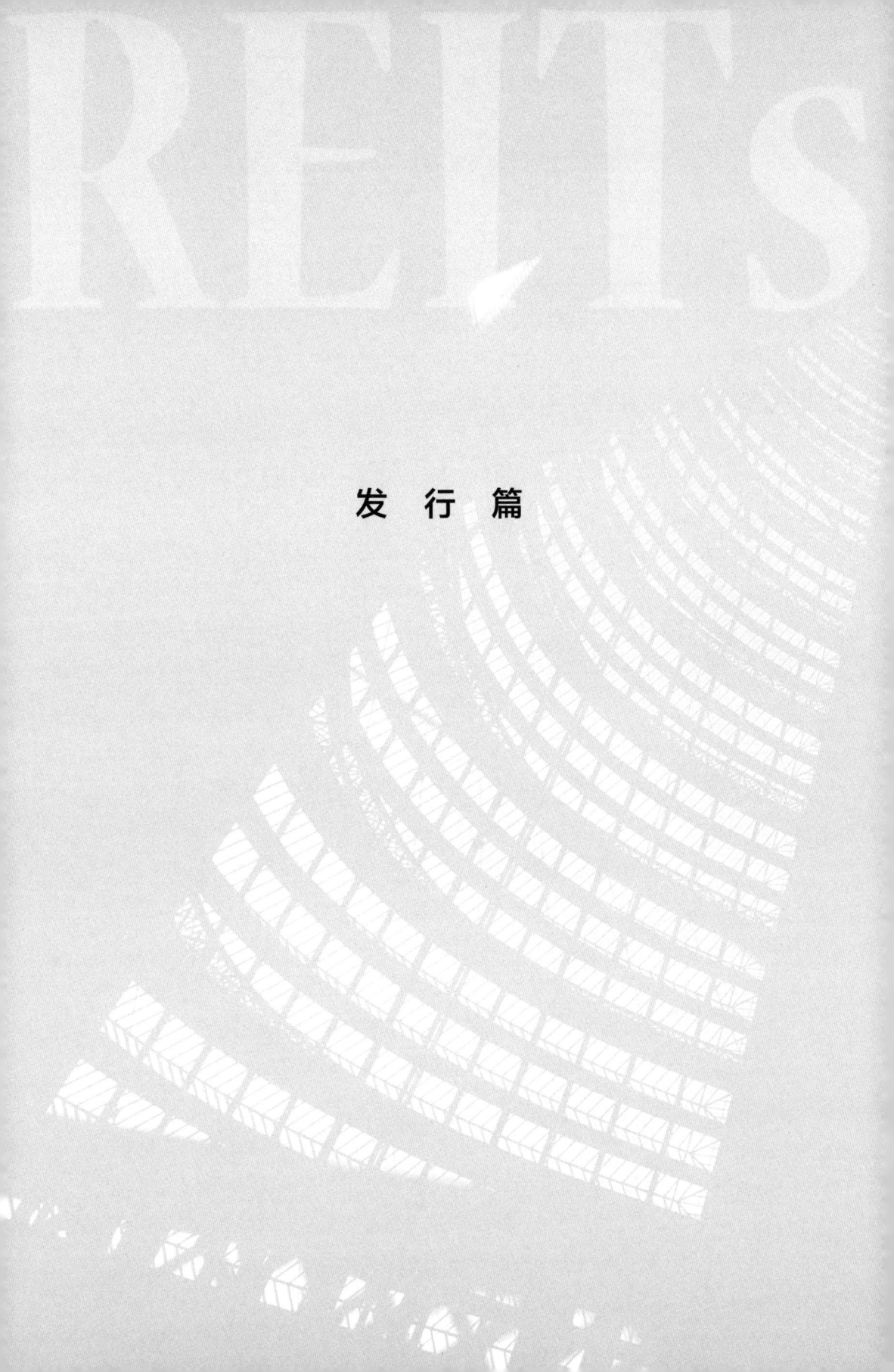

发 行 篇

第一章　中国公募 REITs 发行市场

2020 年 4 月以来，我国公募 REITs 发行取得显著进展。发行环境良好，项目不断丰富，资产质量优良，扩募实现突破，发行市场总体表现平稳，同时呈现出巨大市场潜力。

第一节　首发市场全景

截至 2025 年 2 月 28 日，我国公募 REITs 共计发行 63 个项目，合计首次发行规模达 1683.74 亿元，加上扩募 4 只融资 50.64 亿元，共计规模 1734.38 亿元，规模效应与示范效应日益显著。

一、项目不断丰富

（一）资产类型多元

已发行的 REITs 涉及 9 种类型，且持续丰富。2021 年 6 月 21 日，首批发行上市的 9 只 REITs 涵盖了高速公路、产业园区、仓储物流和生态环保（包括污水处理、垃圾处理）4 类资产。随着发行范围持续扩容，保障性租赁住房、清洁能源、消费基础设施、水利设施、市政设施等资产类别相继加入中国公募 REITs 大家庭，总计 9 类。截至 2025 年 2 月 28 日，各类资产的 REITs 发行数量、发行规模及其占比情况如表 1.1 所示。

表 1.1　各种资产类型 REITs 发行情况（截至 2025 年 2 月 28 日）

资产类型	数量（只）	占比（%）	首发规模（亿元）	占比（%）
产业园区	17	26.98	270.62	16.07
高速公路	13	20.63	687.71	40.84
消费基础设施	8	12.70	213.26	12.67
仓储物流	8	12.70	165.21	9.81
清洁能源	7	11.11	188.95	11.22
保障性租赁住房	6	9.52	94.19	5.59
生态环保	2	3.17	31.88	1.89
水利设施	1	1.59	16.97	1.01
市政设施	1	1.59	14.96	0.89
合计	63	100	1683.74	100

数据来源：根据公开资料整理。

从发行数量来看，产业园区 REITs 最多，有 17 只；其次是高速公路 REITs 13 只；消费基础设施和仓储物流 REITs 分别有 8 只，清洁能源 REITs 有 7 只，保障性租赁住房 REITs 有 6 只。从首次发行规模分析，高速公路 REITs 整体规模最大，发行规模为 687.71 亿元，占比为 40.84%；其次是产业园区 REITs，发行规模为 270.62 亿元，占比为 16.07%。

此外，截至 2025 年 3 月底，已由国家发展改革委推荐给中国证监会、正在证券交易所受理待发行的资产类型有数据中心，正在由国家发展改革委审核的有文旅景区，正在积极推进前期工作、准备申报的有燃煤发电项目等。各大类资产的细分领域更能凸显资产类别的丰富性与多样性，如清洁能源 REITs 涵盖了天然气、光伏、风电、水电等具体类别，消费基础设施 REITs 包含了购物中心、社区商业及农贸市场等。

资产类别的丰富多样，充分展现了公募 REITs 在我国基础设施领域的广泛适用性，有力证明了在基础设施领域率先发行 REITs 的正确性，更预示着我国公募 REITs 具有广阔的发展前景。

（二）发行主体多样

我国公募 REITs 的原始权益人涵盖了国有企业、民营企业、外资企业等不同性质的企业。截至 2025 年 2 月 28 日，地方国有企业发行 41 只 REITs，数量占比为 65%，首次发行规模占比为 62%；中央企业发行 11 只，数量占比为 18%，发行规模占比为 25%；民营企业发行 9 只，数量占比为 14%，发行规模占比为 8%；外资企业发行 2 只，数量占比为 3%，发行规模占比为 5%。具体情况如图 1.1 和图 1.2 所示。

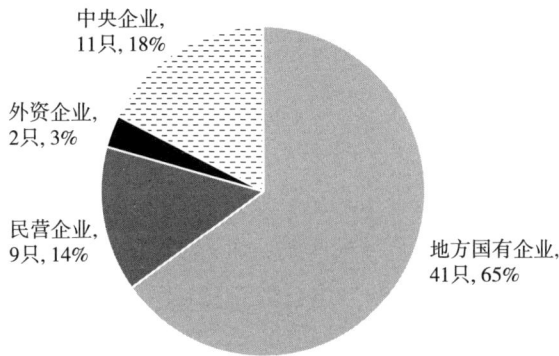

图 1.1　各类企业发行公募 REITs 的数量与占比

数据来源：根据公开资料整理。

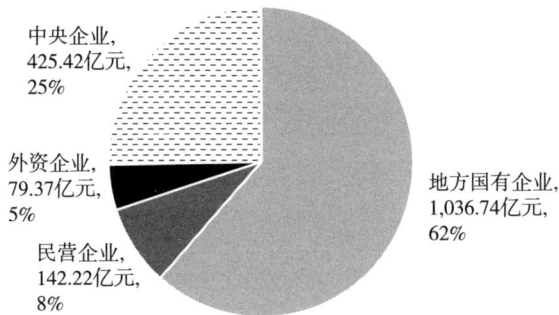

图 1.2　各类企业首次发行 REITs 的规模与占比

数据来源：根据公开资料整理。

国有企业之所以成为我国公募 REITs 市场建设的主体力量，很重要的一个原因，是我国公募 REITs 试点先从基础设施领域突破，而国有企业一直是基础设施投资、建设和运营的主力军。地方国有企业作为先行参与者，对 REITs 市场初期建设发挥了重要作用。2020 年 4 月公募 REITs 试点通知发布后，北京首钢、首创，上海张江，广州交投，深圳盐田港，浙江沪杭甬，苏州工业园等经济发达地区的地方国有企业率先申报，推动了 REITs 市场的良好开局。中央企业则不断提升参与度，博时招商蛇口产业园 REIT、华夏中国交建 REIT 和国金中国铁建高速 REIT 等率先发行，华夏华润商业 REIT、中信建投国家电投新能源 REIT、嘉实中国电建清洁能源 REIT 等后续紧跟，展现出强劲的发展潜力。

民营企业在 REITs 市场呈现快速增长态势。在产业园区与仓储物流等市场化程度较高的行业，民营企业布局较多，国泰君安东久新经济 REIT 和嘉实京东仓储基础设施 REIT 成为首批民营企业 REITs；新能源领域民营企业快速跟上，华夏特变电工新能源 REIT、中信建投明阳智能新能源 REIT 相继发行上市；嘉实物美消费 REIT 则跻身首批消费基础设施 REITs 之列；九州通医药发行首只医药仓储物流 REIT。对于 REITs 市场而言，民营企业在部分资产领域具有市场化程度高、运营能力强等特点，有利于投资人丰富资产组合，寻找更具成长性的 REITs 投资标的。

外资企业发行 REITs 以普洛斯、ESR 易商仓储为代表。普洛斯作为物流行业龙头，以 7 个优质项目参与首批 REITs，成为市场关注焦点，点燃了外资企业以国内资产发行 REITs 的热情。此后，凯德、安博等知名国际企业也积极筹备，均参加过国家发展改革委投资司组织召开的开门办公会。REITs 对稳定外资起到了一定的积极作用。

随着公募 REITs 发行范围的日益拓宽以及发行的常态化，将有更多的民营企业和外资企业加入中国公募 REITs 行列，与国有企业形成多元布局。

（三）区域分布广泛

我国地域辽阔，基础设施项目遍布全国，可发行 REITs 的资产具有区域分布广泛、地方特色鲜明的特点，63 只 REITs 计有 125 项底层资产（含扩募），分布在 18 个省（区、市）。

以 REITs 底层资产所在省（区、市）为单位，从资产数量上看，广东发行 REITs 的资产数量最多，有 23 项，占比 18.40%。其次是上海市，共有 17 项资产。贵州、陕西、新疆各有 1 项资产。具体情况如表 1.2 所示。

表 1.2　各省（区、市）REITs 资产数量、占比与类型（截至 2025 年 2 月 28 日）

省（区、市）	资产数量（项）	占比（%）	资产类型
广　东	23	18.40	产业园区、高速公路、清洁能源、仓储物流、保障性租赁住房、生态环保
上　海	17	13.60	产业园区、仓储物流、保障性租赁住房、消费基础设施
北　京	16	12.80	产业园区、仓储物流、生态环保、保障性租赁住房、消费基础设施
江　苏	15	12.00	产业园区、高速公路、仓储物流、清洁能源
浙　江	8	6.40	产业园区、高速公路、仓储物流、消费基础设施、水利设施
湖　北	8	6.40	产业园区、高速公路、仓储物流、清洁能源、消费基础设施
重　庆	7	5.60	产业园区、高速公路、仓储物流
安　徽	5	4.00	产业园区、高速公路、生态环保
山　东	5	4.00	高速公路、仓储物流、消费基础设施、市政设施
四　川	4	3.20	产业园区、消费基础设施、清洁能源
河　北	3	2.40	高速公路、仓储物流、清洁能源
内蒙古	3	2.40	清洁能源
天　津	3	2.40	产业园区、仓储物流
福　建	3	2.40	保障性租赁住房、消费基础设施
湖　南	2	1.60	高速公路、消费基础设施
贵　州	1	0.80	仓储物流
陕　西	1	0.80	清洁能源
新　疆	1	0.80	清洁能源
合　计	125	100	

数据来源：根据公开资料整理。

　　从发行人主体所在地来看，除了中央企业（共 11 只）之外，共有 15 个省（区、市）的企业发行了 REITs。其中，北京和广东（含深圳 7 只）发行 REITs 的数量最多，截至 2025 年 2 月 28 日均共有 11 只发行，其后为上海（7 只）、江苏（5 只）、浙江（4 只）。这反映出经济发达地区发行 REITs 更为活跃，资产类型亦更丰富。具体情况如表 1.3 所示。

表 1.3　各省（区、市）发行 REITs 数量和资产类型情况（截至 2025 年 2 月 28 日）

省（区、市）	REITs 数量（只）	资产类型
北　京	11	产业园区、生态环保、清洁能源、仓储物流、保障性租赁住房、消费基础设施
广　东	11	产业园区、高速公路、清洁能源、仓储物流、保障性租赁住房、消费基础设施
上　海	7	产业园区、仓储物流、保障性租赁住房、消费基础设施
江　苏	5	产业园区、高速公路、仓储物流
浙　江	4	产业园区、高速公路、水利设施
安　徽	2	产业园区、高速公路
福　建	2	保障性租赁住房、消费基础设施
湖　北	2	产业园区、仓储物流
山　东	2	高速公路、市政设施
河　北	1	高速公路
内蒙古	1	清洁能源
四　川	1	产业园区
天　津	1	产业园区
新　疆	1	清洁能源
重　庆	1	产业园区
中央企业	11	产业园区、清洁能源、高速公路、保障性租赁住房、消费基础设施

数据来源：根据公开资料整理。

已发行 REITs 项目的区域分布呈现以下特点：

一是区域经济强弱有别。试点初期，申报及发行的项目多集中在经济发达地区，首批 9 只 REITs 的资产主要来自北京、上海、广东、浙江、江苏等地，而后开始向全国推广，逐渐拓展到经济相对较弱的省（区、市）。以产业园区为例，首批 REITs 中有上海张江、招商蛇口产业园、苏州产业园等项目，后来在经济相对较弱的天津、重庆等地也有产业园区项目发行，说明在不同发展水平的城市均可以挖掘出符合 REITs 发行条件的资产。

二是地方负债率高低不同。从已发行 REITs 情况来看，初期主要在负债率较低、经济活跃、市场意识强的地区推进，后期则普及到负债率较高的地方，其中还包括负债率偏高、受国家加强债务管理的 12 个重点省（区、市），如天津、内蒙古、重庆等，均有项目成功发行。

三是资产类型体现地方特色。不同区域发行 REITs 的资产类型，具有较为鲜明的地域特色，如产业园区主要集中在东部经济发达地区，高速公路主要分布于人口众多的区域，而水电、光伏、风电等项目大多位于具有资源优势的西部和华北地区，数据中心分布在云计算和 AI 产业发达的中心城市周边地区。

从地域分布上看，REITs 发行项目遍布全国，不断丰富且潜力巨大，同时具有较为鲜明的地域特色，呈现出旺盛生命力。

二、资产质量优良

我国发行公募 REITs 的门槛较高，监管机构把关严格，因此整体而言，已发行 REITs 的资产均相对优质，主要体现在资产合规性强、收益良好、发行主体优质且运营水平较高等方面。

（一）资产合规性强

监管机构对公募 REITs 项目底层资产的合规性要求很严。一是要符合国家发展规划、重大战略、产业政策等要求；二是要权属清晰，不存在权利限制；三是投资管理手续完备，必须依法办理立项（审批、核准或备案）、规划、用地、环评、施工许可、竣工验收，以及节能和取水许可等手续，其中土地使用合规是重点关注内容之一；四是具备可转让性。另外，还对 PPP 项目的合规性有特定要求。

监管机构之所以要求如此严格，一是防止原始权益人将有合规瑕疵的资产转让给投资人，损害投资人的权益；二是防止因出现重大资产合规性问题而影响公募 REITs 试点工作的顺利推进。刚刚起步的公募 REITs 试点，犹如蹒跚学步的幼儿，需要精心关爱与呵护。截至 2025 年 2 月底，已发行 63 个 REITs 项目，底层资产 120 多项，每个项目的招募说明书都对合规性问题进行了详细说明，到 2025 年 3 月 31 日本书截稿之时，未出现重大合规问题，有效保护了投资者利益，构建了我国公募 REITs 市场坚实的合规基础。

（二）资产收益良好

已发行 REITs 的资产在各行业中具有较强代表性，基本都是行业内典型优质资产。

目前发行 REITs 融资规模最大的领域是高速公路，多数路产区位优越、收益良好。通行费是衡量高速公路收益水平的首选指标。2023 年全国收费公路平均每公里通行费收入 347.04 万元，而最先上市的 5 只高速公路 REITs，其单公里收入平均为 748.40 万元，最高的广河高速达到了 1154.71 万元，大幅高于全国平均水平。高速公路 REITs 项目的资产质量，由此可见一斑。

发行 REITs 数量最多的领域是产业园区。已发行 REITs 的产业园区项目大多位于经济活跃、产业发达的北、上、广、深一线城市，或是杭州、苏州等强二线城市，以及合肥等新兴产业发展势头良好的城市。另外，园区定位高端，多属于国家级开发区或产业集群，在工业和信息化部 2024 年评定的 "2024 年国家高新区综合评价前 50 名" 中，已发行 REITs 的中关村科技园区、深圳高新技术产业园区、上海张江高新技术产业开发区、苏州工业园区居前 4 名。这些产业园区发行 REITs 前的运营表现都很出色，上市时出租率均在 90% 以上，租户质量较好；但受经济下行、市场风险加大等影响，产业园区 REITs 项目的后续表现受到较大冲击。

能否提供长期稳定收益，是衡量公募 REITs 底层资产质量的一个关键指标。已上市的公募 REITs 产品均经过严格筛选和审核，收益稳定，产品分红情况良好。截至 2024 年底，共有 41 只公募 REITs 产品实施过分红，合计分红金额 171.73 亿元，累计分红率达到 13.04%。

（三）发行主体优质

虽然公募 REITs 是资产上市，不依赖主体增信，但在底层资产质量基本一致的情况下，发起人（原始权益人）的实力如何，必然会直接影响到底层资产运营的稳定性，进而影响投资人对其认可和接纳程度。我国已发行公募 REITs 的发起人（原始权益人）均具备较强实力，信用良好。诸如国电投、中电建、中交建、中铁建、中粮、华润、招商局等中央企业，均为行业领军企业，业务遍布全国甚至全球，整体实力很强；再如越秀集团、中关村发展、张江高科、临港集团、深圳能源、京能国际、江苏交控、深圳安居等，均是实力雄厚的地方国有企业，得到当地政府大力支持；民营企业多为行业头部或细分领域龙头，上市公司很多，如京东、物美、联东、九州通、明阳智能、特变电工等；外资企业主要是普洛斯、ESR 易商等专业化、规模化发展的机构。

三、发行市场表现平稳

自 2021 年 6 月 21 日首批 REITs 上市以来，发行市场建设不断完善，一级市场表现整体平稳，为常态化发行奠定了坚实基础。

（一）发行节奏相对平稳

2021 年 6 月，首批 9 只公募 REITs 产品上市，实现了从无到有的突破，当年共有 11 只发行，发行规模 364.13 亿元。2022 年发行数量和规模稳中有增，共发行 13 只，发行规模 419.48 亿元。2023 年受二级市场波动影响，发行速度有所放缓，全年首发 5 只，发行规模 170.92 亿元，另外完成扩募 4 只。2024 年二级市场回稳，产品发行步入快速发展轨道，发行数量大幅增加，截至 12 月底共发行 29 只，发行规模 655.17 亿元，进入常态化发行阶段。具体情况如图 1.3 所示。

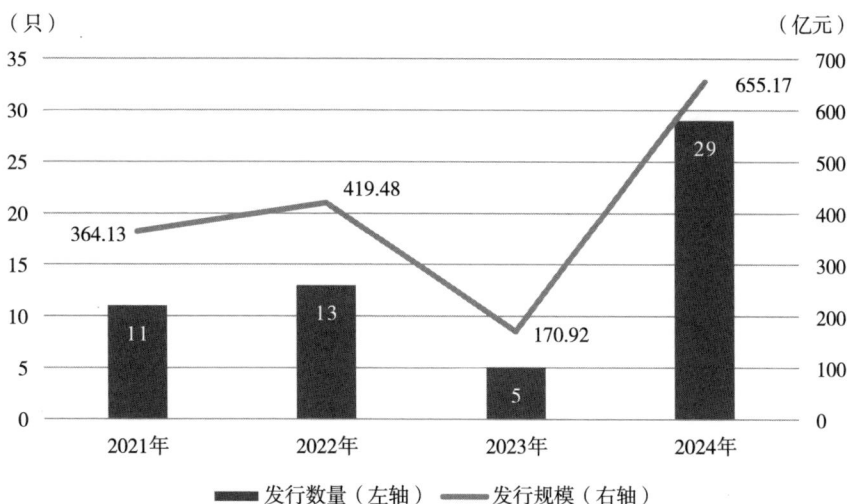

图 1.3　2021—2024 年国内 REITs 首次发行数量与规模（不含扩募）

数据来源：根据公开资料整理。

（二）投资人不断丰富和优化

REITs 发行阶段，原始权益人及其关联方自持部分占比较大，此外主要是机构投资人通过战略投资和网下配售参与投资。机构投资人主要包括保险资金、银行理财、券商、公募（含 FOF）、私募基金等，在 REITs 中的参与持续增长。图 1.4 为根据 2024 年中报披露的数据所整理的投资人结构情况。

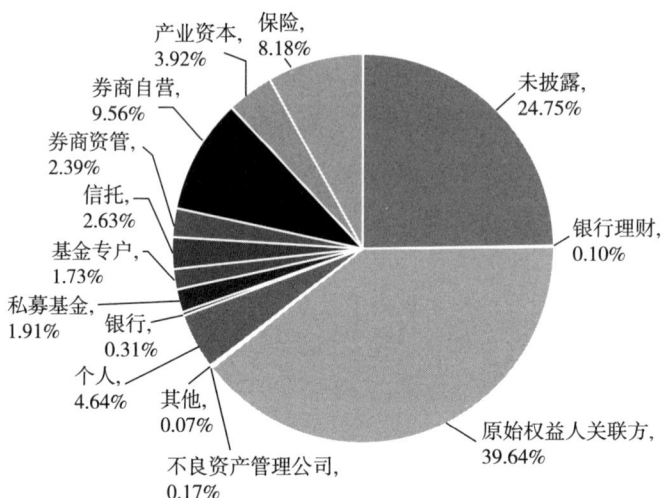

图 1.4　2024 年中报 REITs 投资人结构情况

数据来源： 基金公告。

随着市场发展，机构投资人的构成也在不断变化。市场初期，机构投资人以银行理财、保险、券商自营等为主，随着对 REITs 产品本质认识的加深，偏债属性、期限较短的银行理财资金逐步减少，转变为以保险券商为主、其他金融机构参与的多样化特征。保险资金因久期长、追求稳定分红收益，与 REITs 匹配度极高，在市场中占据重要地位，2024 年中报披露的最新份额占比为8.18%。如泰康保险自 2021 年 6 月首批项目就开始参与，至今已投资超过 10 只公募 REITs 的战略配售，同时通过网下认购、二级买入等多种形式参与了超过 20 只公募 REITs 的投资。券商也是机构主力之一，由于在公募 REITs 发行和存续期运行中承担财务顾问、做市商等重要角色，因此较多通过自有资金深度参与 REITs 项目的一、二级投资。2024 年 2 月 8 日中国证监会出台的会计类第 4 号指引明确公募 REITs 的权益属性后，更多偏股型投资机构不断入场，一些私募证券基金也持续加入，对增加市场流动性和稳定市场起到了良好作用。

（三）认购情况波动明显

在一级市场发行整体保持平稳的态势下，投资人认购情况呈现出明显的波动特征，且随着不同类型资产基本面的变化，投资热点也发生了相应转换。

2021 年 6 月首批公募 REITs 上市时，作为创新产品受到投资人的广泛欢迎，市场反应热烈，银行理财、保险资金等积极参与，网下配售的平均有效认购倍数超过 7 倍。2022 年市场持续火热，公募 REITs 快速扩容，新发产品备受市场和投资者青睐。例如，华夏基金华润有巢 REIT 发行时网下机构认购倍数高达 213 倍，华夏合肥高新产园 REIT 公众发售的配售比例仅为 0.23%，在业内轰动一时，备受瞩目。然而，从 2023 年第二季度起，公募 REITs 市场整体陷入低迷，认购倍数显著下滑，许多项目发行遇阻，必须大力加强与投资人的推介与沟通。2024 年 2 月会计类第 4 号指引明确公募 REITs 的权益属性后，解决了部分机构投资人的会计处理问题，市场开始复苏，新发 REITs 的认购倍数不断回升，特别是以能源、水利、供热、农贸市场为代表的 REITs 项目受到市场热烈追捧。如九州通医药 REIT 公众发售的有效认购倍数达 1192 倍，即公众投资者配售比例为 0.084%，再创新纪录；绍兴原水水利 REIT 网下认购倍数达 106 倍，重回三位数水平。但产权类 REITs 受各方面因素影响，认购情况则处于相对较冷清的状态。具体情况如图 1.5 和图 1.6 所示。

不同类型的 REITs 产品热点转换明显，出现分化趋势。在初期阶段，产业园区和仓储物流等产权类 REITs 表现出色，而高速公路项目相对不受欢迎。但随后，产业园区和仓储物流项目受基本面影响，二级市场价格波动剧烈，进而影响到发行市场，部分项目战略配售难度加大，从卖方市场迅速转变为买方市场，发行时间也受到波及。与此同时，能源类型的 REITs 脱颖而出，其稳定性赢得投资人的青睐，带动了整个市场发行认购的持续回暖。水利 REITs 和供热 REITs 跟随其后，再将市场认购热情推向高潮。热点转换反映了不同类型资产的差异化特点和当前的基本面状况，是投资人理性选择的结果，也是 REITs 市

（倍）

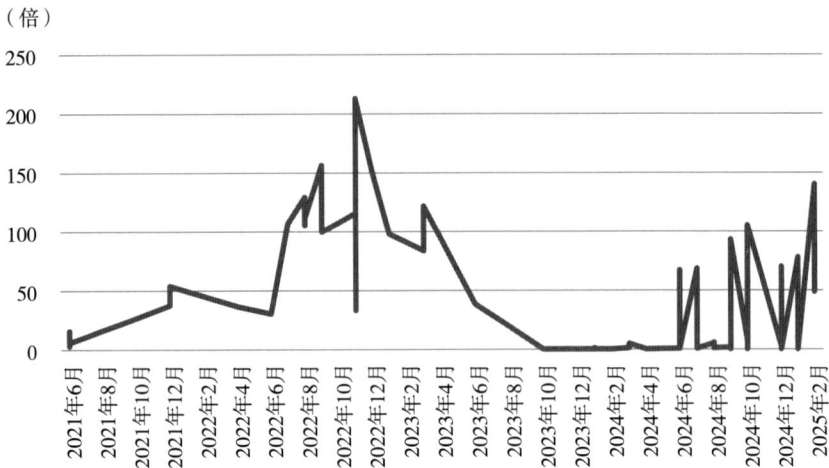

图 1.5 2021 年 6 月—2025 年 2 月公募 REITs 网下投资人认购倍数情况

数据来源：根据公开资料整理。

（%）

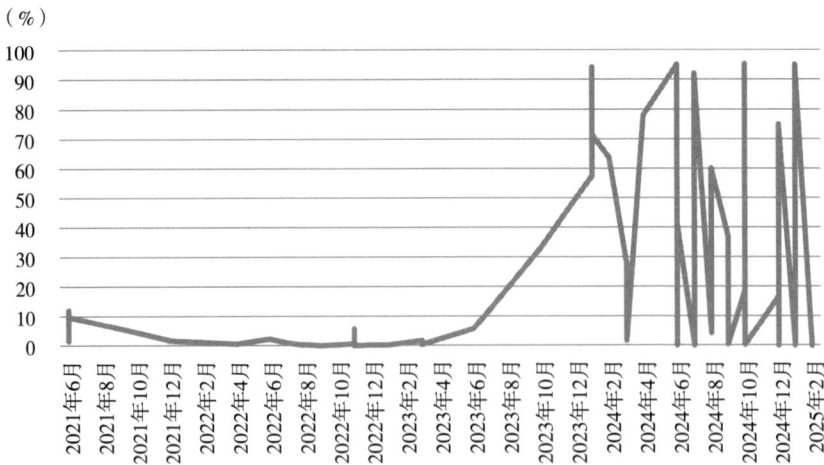

图 1.6 2021 年 6 月—2025 年 2 月公募 REITs 公众投资人配售比例情况

数据来源：根据公开资料整理。

场逐步走向成熟的标志。

（四）发行定价趋于理性与贴近市场

REITs 定价是发行环节的核心要素。作为一种创新金融产品，基金管理人、原始权益人及投资人在试点初期对其认知和经验均较为缺乏，再加上一级市场定价本身就存在一定主观性，资产评估参数多为对未来较长时间的预测，易引发买卖双方争议，因此市场只能在不断摸索中实现突破，在买卖双方及监管部门的认知博弈中走向成熟。

2021 年首批 REITs 项目发行时，市场处于初建阶段，没有二级市场情况可供参考，9 个项目主要依据监管部门要求的不低于 4% 的收益率进行定价，整体较为平衡。2022 年二级市场火热，一、二级市场存在价差和套利机会，新发行项目多在监管底线附近定价，相对缺乏理性，资产评估值和 REITs 份额溢价均带有一定主观性和盲目性。例如，某高速公路项目受当时市场情绪影响，发行时估值和定价偏高，但后续运营基本面未达预期，导致二级市场价格大幅下跌，投资人遭受亏损，严重影响该 REIT 的后续发展。2023 年市场整体较弱，资产评估主要参数须更贴合市场预期，份额发行价溢价情况减少，部分项目可能存在估值偏低问题。2024 年市场复苏，二级市场逐步发挥定价锚定作用，进而影响一级市场，发行定价相对更为理性和贴近市场。

整体而言，我国公募 REITs 试点期间发行市场总体平稳，经历了顺利开局、火热发行、遇冷低迷到最终复苏的过程。各类参与方在发行市场既有理性博弈，也有非理性追捧或杀跌，既积累了丰富经验，也有惨痛教训，这都为 REITs 的常态化发行、市场化发展奠定了坚实基础。

第二节　扩募实现突破

扩募是 REITs 产品发展过程中的重要环节，对于提升产品规模、优化资产结构、增强市场竞争力具有关键意义。海外 REITs 多年发展历程充分证明了扩募的重要性。据美国房地产信托协会（NAREIT）数据，2000—2021 年，美国 REITs 市场年均首发规模约为 21.93 亿美元，年增长率为 4.4%，而年均扩募规模约为 251.89 亿美元，年增长率为 14.7%，扩募对市场权益融资的贡献率在 90% 以上。随着我国公募 REITs 市场的逐步成熟，扩募机制的建立和完善成为市场持续发展的必然要求。

一、REITs 扩募的现状

（一）政策大力扶持

在首批 REITs 项目上市近一年后，2022 年 5 月至 7 月，国家发展改革委和沪深证券交易所分别就 REITs 扩募出台政策。国家发展改革委在申报条件和流程上对新购入项目进行了明确和优化：一是简化新购入项目申报要求，包括精简相关主体信息、不再设定新购入资产最低规模、无须提供可扩募能力和示范意义情况；二是明确申报推荐程序，国家发展改革委和省级发展改革委将依据申报材料和相关政策，对新购入项目是否符合推荐条件进行综合评估，符合条件的项目将被推荐至中国证监会；三是确保新购入项目质量，积极协调落实发行条件。沪深证券交易所分别发布的新购入基础设施项目指引，秉持市场化理念，参照上市公司模式，强调 REITs 资产特性，明确新购入基础设施项目的条件、程序安排、信息披露管理、停复牌要求，以及扩募购入资产的发售和定价安排等内容。

（二）实践取得快速突破

2023 年 6 月，华安张江产业园 REIT、博时招商蛇口产业园 REIT、红土创新盐田港 REIT、中金普洛斯 REIT 首批四个 REITs 扩募项目成功上市，共募集资金 50.64 亿元。首批扩募信息于 2022 年 9 月 29 日公布，并于 2023 年 4 月 18 日发布具体方案。2023 年上半年 REITs 市场波动较大，部分经营未达预期的 REITs 下跌明显，但宣布扩募的 REITs 表现相对稳定。

截至 2024 年 9 月，更多 REITs 公告拟扩募新购入资产，如中航京能光伏 REIT、华夏基金华润有巢 REIT、红土深圳安居 REIT、华夏北京保障房 REIT、中金厦门安居 REIT、国泰君安临港创新产业园 REIT、国泰君安东久新经济 REIT、华夏合肥高新产园 REIT 等。其中，保障房扩募的 REITs 较多，反映出保障性租赁住房领域需求强劲、潜力巨大。此外，中航京能光伏 REIT 是国内首个探索光伏加水电资产混装的扩募项目，具有较强的示范意义。

（三）扩募实践意义重大

公募 REITs 完成扩募机制初步建设和首批实践，迈出了市场可持续发展的重要一步。扩募起步对中国 REITs 市场意义非凡。其一,开辟了 REITs 做大做强之路,未来有望涌现更多发展壮大的"蓝筹大盘股"式 REITs,增强其吸引力。根据国外经验,REITs 达到一定规模后,资产组合丰富,风险降低,投资者收益率要求随之下降,市场表现更佳。其二,为 REITs 市场建设奠定基石。我国 REITs 市场发展迅速,截至 2025 年 2 月 28 日数量已达 63 只,仅次于美国,居世界第二位。然而,我国 REITs 市场缺乏大规模产品,最大的 REITs 仅 100 余亿元,且为单个高速公路项目。按单只 REITs 资产组合计算,中金普洛斯 REIT 资产数量最多,达 10 处,但整体规模不足百亿元。而海外 REITs 单只规模动辄上百亿美元,美国不乏千亿美元市值的 REITs,对稳定市场起到重要作用。其三,形成"首发+扩募"双轮驱动格局,推动我国公募 REITs 市场常态化发行。在首批扩募成功的基础上,更多存量公募 REITs 项目的扩募潜力得以挖掘,未来市场活力有望进一步释放。

二、扩募的主要关注因素

(一)收购资产选择

1. 资产来源

目前可扩募资产限于已上市 REITs 原始权益人自持资产,暂不支持直接向第三方购入资产。一方面,原始权益人有提供扩募资产的条件和责任,须具备较强扩募能力。另一方面,向第三方获取资产存在诸多待明确问题,如第三方公司作为卖方是否应界定为原始权益人,持有 20% 以上扩募部分基金份额的要求如何实施,多个原始权益人之间的权利义务关系如何界定等。这些问题需要在总结试点经验、完善规则后解决。原始权益人可通过多种方式加强资产储备,如先从第三方收购资产,提升并稳定后再进行扩募,构建有效的 Pre-REITs 商业模式。

2. 资产要求

有关拟扩募资产的类型,监管规则虽未限制拟扩募资产类型,但市场发展方向应是专业化。专业化是 REITs 核心竞争力,是主动管理模式的必然要求,而构建多元化组合是投资者自身策略,因此扩募时应优先考虑同一类型资产。

同时，须考虑拟扩募资产与已有资产在定位、质量、运营表现等方面的差异，综合分析对资产组合的影响，以更好地体现专业化发展。

3. 资产规模

监管规则未设定最低规模要求，扩募资产规模选择须综合考虑资本运作效率及其对 REITs 的影响，规模不宜过小。同时，要重点关注是否属于重大交易或非常重大交易，考虑决策程序、监管审批和信息披露要求，分析交易对 REITs 财务指标、市场表现和运营管理的影响，以实现良好扩张效果。

（二）基金单位发行方式

新购入资产需要融资，由于我国 REITs 负债率受限，更多需要通过发行新基金单位融资以收购新资产。

REITs 扩募方式包括向不特定对象发售（包括向原持有人配售和公开扩募）和向特定对象发售（定向扩募）。

向原持有人配售通常受监管鼓励。REITs 收益大比例分配特点使投资者享有稳定分派收益率，配售新基金份额让原持有人有机会分享扩募资产收益，是对原持有人的保护。但配售会给原持有人带来出资压力，若原持有人不认购，因配售定价无限制，往往较市价有折让，可能产生损失。通过赋予原持有人期权并可流通转让，可适当弥补损失。我国监管规则明确，向原持有人配售上限不超过配售前基金份额总额的 50%，以减轻市场冲击。

REITs 公开扩募时，可全部或部分向权益登记日基础设施基金在册原持有人优先配售，其他投资者可参与余额认购。

REITs 定向扩募时，发售对象应符合基金持有人大会决议规定条件，且每次不超过 35 名。定向扩募虽可避免给原持有人带来出资压力，但扩募发行价格较市价折让可能导致原持有人市值摊薄损失。

不同扩募方式各有利弊，管理人须根据拟购入资产和市场情况综合比较，选择合适方式实施。

（三）扩募的定价

扩募的定价包含两个层面：其一为资产价格，通常在资产评估的基础上，由买卖双方经谈判确定。其二是基金单位发行定价，这是融资时的关键考量因素，与基金单位的发行方式密切相关，不同发行方式下的定价要求与做法各异。

在资产定价方面，基金管理人发挥专业优势至关重要。按照当前规则，我国 REITs 扩募是从原始权益人处新购入资产，属于典型且重大的关联交易。因此，确保资产收购价格的公允性，防范关联交易可能引发的利益输送和定价过高问题，避免资产所有人借扩募交易套现资产、以次充好，是基金管理人的重要职责与专业价值所在。

我国 REITs 在新购入资产时，收购资产的定价与首发类似，须结合拟发行基金单位的融资规模，并通过投资者询价方式进行。四个扩募项目的招募说明书草案均未明确资产收购价格，仅披露了资产评估值和双限数据，即募集资金总额上限和发行份额数量上限。四只 REITs 扩募的相关数据如表 1.4 所示。询价可能使资产收购价款达到募集资金上限，高于平价募集规模（或资产评估价值①）。

表 1.4 四只 REITs 新购入资产对应募集资金与发行份额情况

REITs 名称	购入资产估值（亿元）	平价模拟发售规模（亿元）	募集资金总额上限（亿元）	上限溢价比例（%）	发行份额上限（亿元）
华安张江产业园	14.769	14.769	16.400	11.04	4.850
博时招商蛇口产业园	11.720	11.720	13.478	15.00	5.768
中金普洛斯	15.720	17.270	18.530	7.30	4.580
红土创新盐田港	3.700	3.700	4.148	12.11	1.600

数据来源：根据公开数据整理。

其次是发行基金单位的定价。在三种不同发行方式下，监管规则分别对定价提出了相关要求。

向原持有人配售时，基金管理人、财务顾问应遵循基金份额持有人利益优先原则，根据基础设施基金二级市场交易价格和新购入基础设施项目的市场价

---

① 平价募集规模是以资产评估值为基础，对其他科目（经营性资产和负债等）进行调整而得，是基准的股权交易对价。

值等因素，合理确定配售价格。

公开扩募时，发售价格可由基金管理人、财务顾问依据基础设施基金二级市场交易价格和新购入基础设施项目的市场价值等因素合理确定，但发售价格不得低于发售阶段公告招募说明书前 20 个交易日或前 1 个交易日的基础设施基金二级市场均价。

定向扩募时，考虑到 REITs 收益稳定、波动率相对较低的产品特性，定向扩募发售价格不得低于定价基准日前 20 个交易日基础设施基金交易均价的 90%。四只 REITs 首次扩募均采用定向发售方式，平均为基准日前 20 个交易日均价的 0.91 倍，接近下限。

由于 REITs 扩募定价须权衡原持有人、新投资者和原始权益人的利益，同时兼顾 REITs 二级市场价格等因素，因此合理选择发行方式并进一步定价极具重要性和挑战性。

（四）扩募对 REITs 基金产品的影响

新购入资产及扩募将增大基金的资产规模、收入和可供分派金额，进而对基金各方面产生重大影响。对于投资人而言，关键指标包括扩募前后基金每个基金单位的分派、分派收益率的变化以及交易后市价的走势预期。

首先是对每个基金单位分派金额（DPU）的影响。该指标由交易完成后的可分配金额合计数除以基金单位数量得出，主要影响变量为交易新发行的基金单位数量。对于持有分红型基金的投资人，此指标更为关键。在四只 REITs 扩募中，DPU 基本呈现增厚效应，主要原因是新项目的每个基金单位分派高于原 DPU。其中，华安张江产业园 REIT 的增厚效应最为显著，与其新资产的相对规模较大有关。

其次是对基金理论除权价的影响。在新发行基金单位且存在折价的情况下，如配售、定向募集等，交易开盘后的价格即理论除权价将介于收盘价和新单位发行价之间，原份额持有人会面临价格摊薄。四只 REITs 扩募采用定向募集方式，新单位发行价格综合为基准价格的 0.91 倍，因此理论除权价低于交易前价格，幅度在 1.6%—4.8%，华安张江产业园 REIT 的幅度较大，主要是其新资产的募集规模占交易后总市值的比例较高。

最后是对分派收益率的影响。该指标受交易前后的资产规模、可供分派金额、资产价格、发行方式、发行价等多方面因素综合影响。四只 REITs 扩募均在招募说明书草案中重点说明了分派率指标的影响，如表 1.5 所示。可以看出，四个项目均因交易导致分派收益率提高，其中华安张江产业园 REIT 提高幅度最大。

表 1.5 四只 REITs 披露的分派率影响 单位:%

REITs 名称	不发生交易的分派率	新资产的分派率	交易后的分派率	变化
华安张江产业园	2.94	4.39	3.55	+0.61
博时招商蛇口产业园	3.18	4.35	3.57	+0.39
中金普洛斯	3.34	4.67	3.60	+0.26
红土创新盐田港	3.36	3.62	3.40	+0.04

总体而言，REITs 新购入资产并定向募集融资，会对收益率、基金市价、单位分派金额等重要指标产生重大影响。最终市场如何重新确定该 REIT 的收益率，对扩募的长期可持续发展至关重要。

三、原始权益人的认识与积极性

自首批四只 REITs 扩募后，虽有其他 REITs 积极筹备，但整体扩募速度不快。原始权益人更多关注首次发行并获取 REITs 平台，在进一步做大 REITs 平台方面积极性不足。原因主要有三点：一是原始权益人具备条件的资产不足，尽管首发时有两倍扩募资产储备，但完全符合发行条件的资产仍较为欠缺，需要时间培育。二是与市场窗口期有关，我国首批 REITs 扩募于 2023 年进行，该年度 REITs 市场低迷，不少 REITs 破发，导致扩募新发行单位困难。三是部分原始权益人的认识和心态问题。一些原始权益人首发时为抢先占据 REITs 平台积极推动上市，有了平台后便放松懈怠，未能充分认识到扩募对保持 REITs 活跃度、做大做强平台的重要性，积极性有待进一步提升。

原始权益人应秉持长期主义心态建设 REITs 战略平台。既要坚持注入优质资产并做好运营管理，也要在扩募过程中坚持市场化原则，确保关联交易公允，适当为投资人预留收益空间，提升二级市场投资价值，吸引更多长期投资者。

第三节　发行环境良好

良好的发行环境是公募 REITs 市场健康发展的重要保障。公募 REITs 试点开展以来，监管部门在完善规则体系、拓宽资产范围、优化发行条件等方面持续发力，有关部门和地方政府大力支持，市场主体踊跃参与，共同构筑了良好的发行环境，为 REITs 市场发展奠定了坚实基础。

一、完善规则体系

2020 年 4 月 30 日，中国证监会和国家发展改革委联合发布的 2020 年 40 号文件，开启了公募 REITs 发行的闸门。但发行 REITs 涉及许多因素，必须得到有关方面的理解和配合；2020 年 40 号文件只是一个部委文件，层级和效力都相对有限，因此迫切需要在更高层级的文件中对 REITs 予以肯定和支持。

在国家发展改革委和有关方面的努力推动下，这一问题很快有了重大突破。2021 年 3 月 11 日，十三届全国人大四次会议表决通过了《中华人民共和国国民经济和社会发展第十四个五年规划和 2035 年远景目标纲要》，其中明确提出"推动基础设施领域不动产投资信托基金（REITs）健康发展，有效盘活存量资产，形成存量资产和新增投资的良性循环"。写入"十四五"规划的政策措施，需要经过多轮严格审核和各方认真把关。REITs 作为一项刚刚发布试点文件、尚未有任何成功案例的创新举措，能被纳入"十四五"规划，极其不易，意义十分重大。它发出了国家支持这一创新举措的明确信号，将其从一项两个部门推动的具体工作上升为国家战略，对于统一各方认知、创造良好环境发挥了无比重要的作用。

2022 年 5 月，国务院办公厅印发 2022 年 19 号文件，其中多项措施对于支持 REITs 发行都有很强的针对性。诸如"在满足发行要求、符合市场预期，确保风险可控等前提下，可进一步灵活合理确定运营年限、收益集中度等要求"，"对项目前期工作手续不齐全的项目，按照有关规定补办相关手续"，"研究通过资产合理组合等方式，将准公益性、经营性项目打包，提升资产吸引力"，"积极协助妥善解决土地和海域使用相关问题，涉及手续办理或开具证明的积极予以支持"等。这些规定，对于地方政府和有关部门积极支持拟发行 REITs 项目解决相关合规手续等问题，发挥了很好的指导作用。

除上述两个国家层级的重要文件外，国家发展改革委和中国证监会还根据职责分工，从各自角度加快制定政策文件，建立和完善规则体系。

国家发展改革委 2020 年 586 号文件明确了试点项目的地区和行业范围，要求试点项目满足基本条件，并规定了申报程序、申请材料要求等。2021 年 958 号文件在此基础上，结合首批 REITs 项目申报和上市发行经验，进一步细化完善试点要求，关于申报内容与格式文本的规定更全面、精准，对指导项目申报起到了重要作用。2021 年 958 号文件还拓宽了资产范围，丰富了市场资产基础。2023 年 236 号文件着重提升 REITs 项目申报推荐的质量和效率，明确了项目投资管理合规性的判定依据，规范了项目申报受理流程。2024 年 1014 号文件全面推动 REITs 常态化发行，提出市场化、法治化原则，大幅修改完善了发行审核标准、强调提高申报推荐效率。

中国证监会 2020 年 7 月发布《基础设施基金指引》，明确了基础设施基金的定义、运作模式、投资限制、关联交易管理等重要规则，强化基金管理人的责任和基础设施项目的质量控制。其后，上海证券交易所和深圳证券交易所分别发布与 REITs 相关的一系列业务管理办法和工作指引，证券业协会和基金业协会也出台相关配套规则，共同搭建了 REITs 发行与上市的制度体系。中国证监会 2024 年 2 月出台的关于 REITs 权益属性认定的会计类第 4 号指引，对满足投资机构需求、助力市场复苏发挥了重要作用。

上述 REITs 规则体系随着试点进展不断改进和完善，有力促进了 REITs 市场的健康发展，充分体现了我国 REITs 市场建设进程中的法治化原则。

二、拓宽资产范围

我国的公募 REITs 试点是率先从基础设施领域开始破冰的。因此，试点初期的资产范围严格限定在非常典型的基础设施范畴，以避免引起误读和炒作。2020 年 586 号文件提出的试点重点行业包括仓储物流项目、交通项目（收费公路、铁路、机场、港口项目）、环保项目（城镇污水垃圾处理及资源化利用、固废危废医废处理、大宗固体废弃物综合利用项目）、市政项目（城镇供水、供电、供气、供热项目）、算力项目（数据中心、人工智能、智能计算中心项目）、通信新基建项目（5G、通信铁塔、物联网、工业互联网、宽带网络、有线电视网络项目），以及其他新基建（智能交通、智慧能源、智慧城市项目）七个方面，同时鼓励国家战略性新兴产业集群、高科技产业园、特色产业园等开展试点。

随着试点的逐步推进，市场上呼吁拓宽发行范围的声音日益增多。为了充分发挥 REITs 对实体经济的支持作用，拓宽资产范围势在必行。2021 年 958 号文件将资产范围拓宽至清洁能源、保障性租赁住房、旅游、水利等四个行业。这次拓宽资产范围对于我国公募 REITs 市场建设意义十分重大。首先，相较于第一批上市的产业园区、高速公路、仓储物流项目，能源、水利、保障性租赁住房的需求刚性更强，收益稳定性更好，截至 2025 年 2 月底，这三个行业已经联手贡献了 14 个高质量的 REITs 项目，为投资人带来良好回报，有力支撑了 REITs 市场建设，很好地稳定和带动了市场情绪。其次，正是由于将保障性租赁住房纳入 REITs 发行范围，华润置地才能够以华润有巢实控人的身份间接参与华润有巢 REIT 的发行，从而开启了房地产开发企业间接发行住宅类别 REITs 的先河，也为后来将百货商场、购物中心、市场化租赁住房等纳入 REITs 发行范围奠定了基础。

2023 年 3 月，国家发展改革委和中国证监会分别发布文件，将消费基础设施纳入 REITs 发行范围，这是中国公募 REITs 发展历程中的又一次"惊险一跃"。众所周知，"REITs"一词在我国早期被翻译成"房地产投资信托基金"，在许多人心目中，只有写字楼、商场、购物中心、酒店等商业地产才能够发行 REITs。而我国的公募 REITs 试点另辟蹊径，率先从基础设施领域开始并获得成功，这一方面让有关各方开始重新审视 REITs 的真正含义，不再把它当作专门为房地产量身定做的一种融资工具，另一方面也让许多人心存疑惑：百货商场、购物中心等能不能发行基础设施 REITs？监管部门的有关同志也一直在思考这一问题，最终找到了一条正确而又稳妥的解决路径：将百货商场、购物中心、农贸市场、社区商业项目等定义为消费基础设施，进而纳入 REITs 发行范围。这一定义绝非偷换概念，而是基于对此类资产功能与属性的全面准确认知。对于房地产开发企业来说，投资、建设并运营百货商场、购物中心等，是一种商业经营活动，因此在它们眼里这些资产就是商业地产；而对于广大百姓来说，这些资产支持了他们的消费活动、满足了他们的消费需求，就如同高铁、飞机与高速公路满足了他们的出行需求一样。因此，称为消费基础设施，恰如其分、完全正确。发行 REITs 是资产上市而非企业上市，应着重看其资产属性而非企业属性，不能因某些资产间接由房地产企业持有就将其归类为商业地产。为了防止市场误读，相关文件中明确规定项目发起人（原始权益人）不得从事商品住宅开发业务，不得用回收资金为商品住宅开发项目变相融资。思路一换天地宽。消费基础设施纳入 REITs 发行范围的消息一经公布，在市场上引起了强烈反响，但同时又风平浪静，基本没有出现不和谐声音，有关各方非常自然地认可和接受了这一基础设施领域的新分类，中国的公募 REITs 试点又迈上了一个新台阶。

2024 年 1014 号文件除了将市场化租赁住房、养老设施纳入 REITs 发行范围外，还将在景区规划范围内、产权上归属同一发起人（原始权益人）的配套旅游酒店，家居、建材、纺织等各类专业市场项目，以及与消费基础设施物理上不可分割、产权上归属同一发起人（原始权益人）的酒店和商业办公用房纳入 REITs 底层资产范围。至此，几乎所有的不动产种类，均可参与发行公募 REITs。中国的公募 REITs 市场，在具有鲜明的中国特色的同时，与国际 REITs 市场逐步同轨。

三、优化发行条件

在逐步拓宽资产范围的同时，国家发展改革委和中国证监会还根据试点进展情况，密切关注市场反应，认真倾听各方呼声，及时总结经验，不断改进和优化发行条件，力求做到在保护投资人利益的前提下推动更多的资产发行 REITs。

不断优化发行条件这一特点，在关于收益率的规定上体现得最为鲜明。试点初期，为了保障投资收益，尽可能吸引更多的投资人参与 REITs 市场建设，在参考其他金融产品收益率的基础上，国家发展改革委办公厅 2020 年 586 号文件规定，拟发行 REITs 项目"预计未来 3 年净现金流分派率（预计年度可分配现金流/目标不动产评估净值）原则上不低于 4%"。在前期试点阶段，考虑到市场对 REITs 这一创新产品的整体认知情况，以及各类基础设施项目纷繁复杂的收益风险特征，提供一个具备高度可操作性、相对统一明了的项目收益衡量方式，对于推动 REITs 试点很有必要。随着试点工作的逐渐深入，产权类 REITs 和经营权类 REITs 日益呈现出不同的收益特征，净现金流分派率可以直接反映产权类 REITs 项目的各年获利能力，而内部收益率（IRR）更好反映了经营权类 REITs 项目在剩余年限的总体盈利能力。据此，2023 年 236 号文件规定，"申报发行基础设施 REITs 的特许经营权、经营收益权类项目，基金存续期内部收益率（IRR）原则上不低于 5%；非特许经营权、经营收益权类项目，预计未来 3 年每年净现金流分派率原则上不低于 3.8%"。但无论是设置统一的收益率指标，还是针对产权类 REITs 和经营权类 REITs 分别设定不同的考核指标，都是建立在由监管部门对项目未来收益进行甄别和判断的基础之上。监管机构的严格把关，在市场培育初期，确实起到了很好地保证项目质量、保护投资人利益的作用。但依靠监管机构把关项目收益毕竟不是长久之计，中国的公募 REITs 市场要真正走向成熟，就必须充分发挥市场机制作用，将产品收益率交由发行人和投资人自行判断，将产品定价交由市场决定。随着投融资双方的成熟度提升，市场逐渐形成了关于 REITs 投资收益率的一致预期，具备了相应条件。因此，2024 年 1014 号文件不再对项目内部收益率或未来 3 年每年现金流分派率进行规定，改为最近 3 个会计年度的平均息税折旧摊销前利润（或经营性现金流）不低于未来 3 个会计年度平均预计息税折旧摊销前利润（或经营性现金流）的 70%，仅强调项目的成熟与稳定性。这是对收益稳定性保留适当引导性约束的前提下，将最终决定权交给了市场。2024

年 1014 号文件还特别提醒，"REITs 投资人要准确把握基础设施 REITs 产品的权益属性，正确判断投资价值，自主决策，自担风险"。这是中国公募 REITs 市场走向成熟的极其重要的一步。这项措施推出后，市场各方很自然地接受和适应了这一转变，对 REITs 发行和二级市场走势未造成任何不利影响。

关于收益率的相关调整，是优化发行条件的一条明线，市场关注度较高。而关于 REITs 项目用地性质的相关调整，则是优化发行条件的一条暗线，市场关注度低，较少有人提及，但对于持续推动 REITs 项目发行和市场建设，同样发挥了十分重要的作用。试点初期，REITs 资产范围严格限定在典型的基础设施范畴，因此 2020 年 586 号文件明确规定，"酒店、商场、写字楼、公寓、住宅等房地产项目不属于试点范围"，"项目用地性质为非商业，非住宅用地"。2021 年 958 号文件将保障性租赁住房纳入 REITs 试点范围，因此在继续强调"酒店、商场、写字楼等商业地产项目不属于试点范围"的同时，要求"项目土地用途原则上为非商业、非住宅用地"，但"租赁住房用地以及为保障项目正常运转而无法分割的办公用房、员工宿舍等少数配套设施用地除外"。与 2020 年 586 号文件相比，显然是往前迈进了一大步。国家发展改革委 2023 年 236 号文件，将百货商场、购物中心、农贸市场、社区商业项目等界定为消费基础设施，并纳入 REITs 试点范围，关于项目用地性质有关规定的调整势在必行。为此，2023 年 236 号文件明确，"项目用地性质应符合土地管理相关规定"。这是一个根本性的转折。它意味着国家发展改革委和中国证监会作为 REITs 监管部门，不再针对 REITs 项目的用地性质、土地用途等单独设定任何特别要求，只要符合我国土地管理的相关规定即可。所有不动产都要依附于土地。对不动产项目的用地性质不再单独设限，表明中国的公募 REITs 市场对各类不动产都敞开了怀抱。2024 年 1014 号文件进一步将市场化和租赁住房、景区配套旅游酒店、养老设施，以及与消费基础设施物理上不可分割、产权上归属同一发起人（原始权益人）的酒店和商业办公用房纳入了 REITs 发行范围，其关于用地方面的要求依然为"土地、海域使用依法合规，用地性质符合土地管理相关规定"。REITs 项目用地性质的相关规定基本落实，今后不会再有大的改变。

除了收益率和用地性质外，监管部门对于首发 REITs 项目当期目标不动产评估净值最低规模的要求，以及关于净回收资金用途的选定等，也都随着公募 REITs 的推进而不断优化调整，更好地调动了企业发行 REITs 的积极性，共同推动中国公募 REITs 市场建设不断成熟和完善。

四、各方大力支持

REITs 在我国是一个全新的金融产品，把实体经济与资本市场紧密连接，涉及因素众多，要想顺利推进 REITs 项目发行，需要有关各方的大力支持。

最先行动起来的是地方政府，特别是那些经济相对发达、金融意识较强的地方，更是对支持 REITs 试点倾注了极大的心血和热情。2020 年 5 月，REITs 试点文件发布不久，深圳市分管金融工作的副市长就带队赴京，与有关监管机构就发行 REITs 事项进行沟通；深圳市政府还在全国率先出具关于国有企业发行 REITs 涉及的产权转让豁免进场交易的会议决议，起到了很好的示范作用。2020 年 7 月，北京市委主要负责同志召开 REITs 会议，听取有关专家关于 REITs 的介绍，对北京市如何开展 REITs 试点工作提出要求；2020 年 9 月 28 日，北京市印发《关于支持北京市基础设施领域不动产投资信托基金（REITs）产业发展的若干措施》，提出了加大市属国有企业基础设施优质运营资源整合力度、加大财税政策支持力度、成立推进基础设施 REITs 产业发展工作领导小组等 12 项措施，有力推动了北京市 REITs 产业发展。北京还成为截至 2025 年 3 月 31 日发行 REITs 数量最多的地区，达到 11 只。此后，上海、深圳、广州、南京、苏州、成都、西安、无锡、天津等地也纷纷出台支持政策，助力当地 REITs 项目申报发行。当项目在推进过程中遇到困难时，地方政府更是勇于担当、积极协调解决。例如，为了帮助北京保障房中心项目赶上保障性租赁住房 REITs 的头班车，时任北京市常务副市长亲自协调，最后以市政府名义就北京保障房中心项目中给予低收入群体的租金补贴事项出具说明，这才有了后来北京保障房 REIT 的顺利上市。再如，绍兴市为推动汤浦水库发行 REITs，成立了以市委书记、市长为双组长的领导小组，组建了由常务副市长领衔的 REITs 工作专班，推进全市涉水资源整合，解决了汤浦水库扩募资产不足问题。还有，济南能源供热项目的投资管理手续缺少得比较多，济南市有关部门大力支持，补办了所有合规手续，以至于参与该项目评估的行业专家由衷感叹：这么多的手续，在这么短时间内补办完成，在以前是不可想象的。类似事例还有很多，不胜枚举。正是许多地方政府从不同角度、以不同方式给予本地 REITs 项目的关心和爱护，才有了一个又一个质量优良的 REITs 项目不断发行上市。

国务院有关部门或单位对公募 REITs 的支持，主要体现在 REITs 的配套制度建设方面。2021 年 11 月，《中国银保监会办公厅关于保险资金投资公开募集基础设施证券投资基金有关事项的通知》发布，允许保险资金投资公募 RE-ITs，从投资端助力 REITs 项目发行。2022 年 1 月，2022 年 3 号公告发布，明确了 REITs 试点税收政策，降低了企业发行 REITs 的税收成本，提振了企业发行 REITs 的积极性。2022 年 5 月，《国务院国资委关于企业国有资产交易流转有关事项的通知》发布，明确了国有企业通过发行 REITs 转让国有资产，可与国有企业股票上市一样，适用无须进场交易的要求，极大提升了国有企业发行 REITs 的便利度。此外，水利部、农业农村部、文化和旅游部等也先后印发文件，支持和推动本行业的基础设施项目发行公募 REITs。住房城乡建设部在推动保障性租赁住房 REITs、商务部在推动消费基础设施 REITs 等方面，也都积极作为，发挥了较好作用。

第四节　市场潜力巨大

中国公募 REITs 的潜在市场规模究竟有多大？上市资产主要集中在哪些行业和领域？这是 REITs 市场众多参与者十分关心的两个问题。我们认为，中国公募 REITs 市场的潜在规模至少在十万亿元以上，上市资产将主要集中在能源、交通、园区、消费、市政基础设施等领域。

一、能源行业

能源资产兼具规模大与收益稳定两大特性，在所有资产类型中，最具 REITs 发行潜力。

（一）能源资产规模潜力巨大

首先是电站资产。截至 2024 年底，我国发电装机容量达 33.5 亿千瓦，如图 1.7 所示。其中可再生能源发电总装机达 18.89 亿千瓦，占全国发电总装机的 56.4%。若投资价值平均按 4—8 元/瓦计算，我国电站存量资产总价值估计在 13 万亿—27 万亿元。预计到 2030 年底，我国发电装机容量有望接近 60 亿千瓦，电站资产规模将持续扩张。

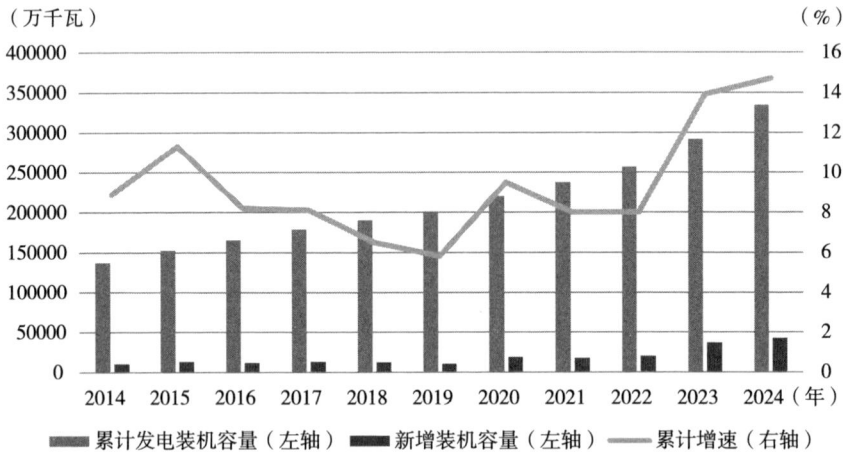

图 1.7　2014—2024 年我国电力装机容量趋势图

数据来源：中国电力联合会。

其次是电网资产。我国电网行业积累了体量庞大的输配电资产。截至 2024 年底，全国 220 千伏及以上输电线路回路长度为 95.28 万公里，变电设备容量为 57.23 亿千伏安，国家电网公司和南方电网公司建成运营的特高压线路共计 41 条。特别是其中的特高压线路投资巨大，如 2018 年国家核准了 5 条特高压线路重点工程，平均每条投资近 200 亿元，最高投资额为雅中—江西项目的 317 亿元。我国现行的输配电价机制对于输电线路的收益率具有一定合理保障，因此这些电网资产具备成为 REITs 标的的潜力。

第三是储能资产。截至 2024 年底，我国电力储能项目累计装机规模达到 1.379 亿千瓦，其中抽水蓄能累计装机规模超过 5800 万千瓦，新型储能装机规模达到 7376 万千瓦，首次超过抽水储能。2024 年，中国新型储能新增投运

4370 万千瓦，同比增长 103%。

除上述资产外，与能源相关的充电桩等资产类型，也将有力推动我国能源 REITs 的发展。

（二）企业需求显著

能源企业当前资产负债率较高。从五大中央企业电力集团所属的主要发电上市公司资产负债情况来看，多家上市公司资产负债率高于 60%，部分公司资产负债率超过 80%。例如，2024 年中报显示大唐集团所属华银电力资产负债率为 92.3%，华电集团控股的华电能源为 77.97%。未来大量的资本开支将进一步推高企业资产负债率，因此急需匹配权益融资渠道。

不少已上市的电站企业市值表现欠佳，再融资受限。REITs 作为权益性融资工具，为企业提供了资产上市的选择，有助于企业降低杠杆、提升净资产收益率（ROE）等。此外，能源基础设施 REITs 的开展有助于能源企业实施轻资产运营战略，是能源集团在创新商业运营模式和深化产融结合方面的重要举措。

（三）电力资产与 REITs 匹配度高

电力具有刚需特性，收益稳定增长。首先，多年来用电量持续上升，即使经济出现波动，用电量仍保持增长态势。展望未来，随着新能源车、人工智能、低空经济等新兴行业的发展，电力需求将进一步提升。其次，电力开发技术不断进步，导致度电成本持续下降，为 REITs 带来潜在价值。近年来，风电光伏行业进入平价上网时代，新能源发电收益大多已达到发行 REITs 的要求。再次，单个电力资产规模通常较大，有利于快速形成 REITs 市场规模。如单条特高压线路投资规模达百亿级，核电资产单个项目往往达数百亿元，一旦发行 REITs，将有望成为市场的基石。最后，发电类项目全面进入电力市场后，优质资产具备溢价空间。资源条件和系统位置匹配较好的新能源项目，具备区位优势且容量电价执行较好的火电项目，以及部分和系统需求匹配较好的储能项目，均具备很好的保值增值能力。

全球能源互联网发展合作组织发布的《中国 2030 年能源电力发展规划研究及 2060 年展望》报告预测，假设按 6% 的资产证券化率计算，仅可再生能源 REITs 市场规模就接近万亿元。若加上清洁低碳化灵活改造燃煤电站、电网、储能等资产，预计能源 REITs 规模将确定超万亿元，成为我国 REITs 市场的主要组成部分。

二、交通行业

交通基础设施主要涵盖高速公路、铁路、港口、机场等。目前已发行 REITs 的资产以高速公路为主，其他资产尚处于前期准备过程中。

（一）交通存量资产规模庞大

一是高速公路资产。根据最新对外公开的《2021 年全国收费公路统计公报》，截至 2021 年末，全国高速公路 16.1 万公里，累计建设投资 11.8 万亿元，通行费收入 6200 多亿元，其中经营性高速公路 9.26 万公里，累计建设投资 6.9 万亿元。经过这几年建设，预计截至 2024 年底全国高速公路超过 19 万公里（如图 1.8 所示），通行费收入约 7000 余亿元。据交通运输部科学研究院测算，满足 REITs 发行收益水平要求的经营性高速公路项目有 200 余个，里程 1.3 万—1.4 万公里，对应的资产规模为 7000 亿—8000 亿元。

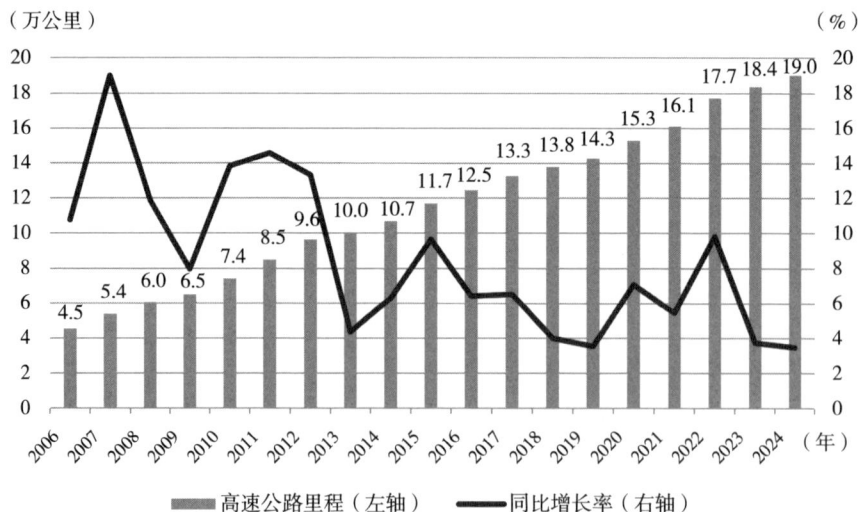

图 1.8　2006—2024 年我国高速公路里程增长趋势图

数据来源：根据公开资料整理。

二是铁路资产。截至 2024 年底，全国铁路营业里程达到 16.2 万公里，其中高速铁路营业里程达到 4.8 万公里，居全球前列。高铁每公里平均造价在 1 亿元左右，已建成运营的高铁累计资产规模为 40477 亿元。若其中的 5% 用于发行 REITs，规模即可达近 2000 亿元（按账面值计）。国铁集团曾论证过用沪汉蓉铁路湖北段作为底层资产发行 REITs，其初步估值在 300 亿元左右。

三是机场、港口等交通类资产。截至 2024 年底，我国境内运输机场共有 263 个，年旅客吞吐量 2000 万人次以上的运输机场有 26 个。机场建设投资规模较大，大型枢纽机场投资额更高，如北京大兴国际机场总投资约为 799 亿元，成都天府国际机场总投资约为 718 亿元。港口方面，截至 2024 年底，我国有 20 多个港口的货物吞吐量超过 2 亿吨，这些港口拥有大量的码头泊位，而新建码头泊位投资额从数千万元到数亿元不等，一些现代化大型集装箱码头泊位投资额可能超 10 亿元。综上所述，机场、港口存量资产规模巨大，具备挖掘千亿级 REITs 市场的潜力。

（二）高速公路企业发行意愿强烈

行业内不少企业债务比率偏高，对权益型融资需求迫切。在经营性高速公路累计建设投资总额中，累计资本金投入比例在 33% 左右，其他均为债务性资金，债务融资占据主导地位。目前已发行高速公路 REITs 的项目数量领先，截至 2024 年底，高速公路 REITs 发行 13 只，表明企业发行意愿强烈。高铁、机场、港口等也有部分项目在探索尝试。

（三）高速公路资产与 REITs 匹配度高

高速公路盈利模式清晰，现金流相对稳定，收入主要源于车流产生的通行费，取决于费率和车流量，付现成本费用主要包括养护、人工、税费、财务费用等。高速公路的市场需求相对稳定，主要受宏观经济及路网规划影响，重点须考虑车流量波动并在剩余年限内谨慎预测。

总体而言，交通类资产规模大、效益可观，若有关企业未来在发行 REITs 方面态度更加积极，该类别有望合计达到万亿元级别。

三、园区基础设施

广义上，园区资产包括产业园区、仓储物流和数据中心等类型。

（一）资产规模

产业园区方面。我国产业园区数量众多。根据《中国开发区审核公告目录》（2018 年版），全国由国务院批准设立的开发区达 552 家，由省（自治区、直辖市）人民政府批准设立的开发区共 1991 家。从面积上看，根据自然资源部相关数据，我国国家级开发区（含国家高新区及国家级经开区）占地面积合计约 49 万公顷；若按容积率 1 计算，国家级开发区内建筑物面积可达 49 亿平方米，以约 4000 元/平方米的价格计算，资产价值近 20 万亿元。若其中 5% 可发行 REITs，则产业园区的 REITs 规模可达万亿元。

仓储物流方面。经过多年发展，以高标仓为代表的资产已具备一定规模。截至 2024 年底，全国营业性通用仓库总面积超 12 亿平方米，高标仓存量共计约 1.43 亿平方米（如图 1.9 所示），占比超 10%，未来仍有增长空间。此外，冷链、专业仓储设施等其他类资产近年发展迅速。高标仓按 4000 元/平方米单价计算，价值已近 4500 亿元，该行业发行 REITs 比例较高，若按 20% 计算，则近千亿元。

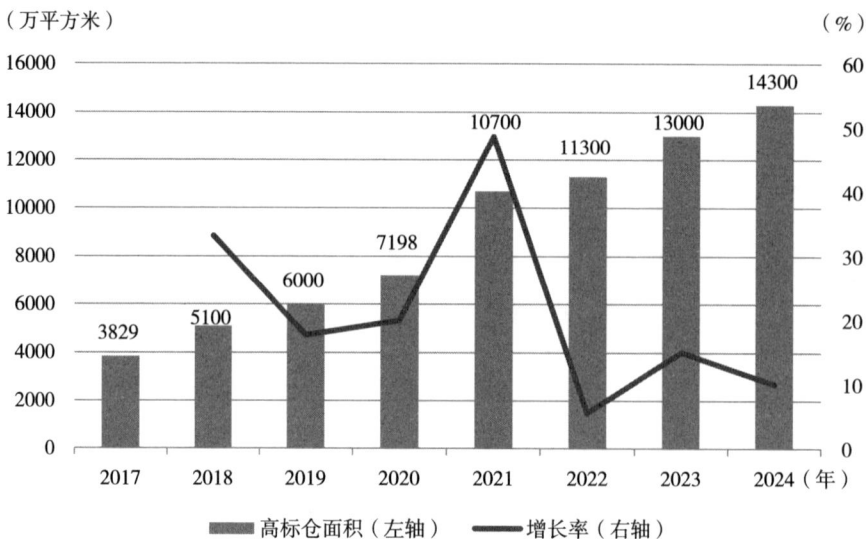

图 1.9　2017—2024 年我国高标仓面积走势图

数据来源：戴德梁行。

数据中心方面。截至 2024 年底，我国在用数据中心机架总规模超过 1000 万标准机架，收入预计达到 3000 亿元左右。随着数字化转型的加速、人工智能的突破、算力需求的爆发式增长，以及"东数西算"工程的深入推进，数据中心和智算中心将迎来一个迅速发展时期。海外市场上数据中心发行 REITs 的比例颇高，仅易昆尼克斯（Equinix）一只 REIT 于 2025 年 3 月中旬的市值就达到 900 亿美元。我国数据中心及智算中心 REITs 可望实现数千亿级规模。

（二）资产适宜发行 REITs，企业意愿高涨

产业园区、仓储物流等资产与 REITs 的匹配度高，首批上市的 9 只 REITs 中，就包含了 3 只产业园区和 2 只仓储物流 REITs。这类资产具有收入来源分散、市场化程度高、现金流较稳定等特点，是理想的 REITs 发行标的，但须重点关注市场与行业风险。

对于园区开发企业而言，REITs 有助于其资产退出、实现业务闭环，因此发行 REITs 意愿通常较强。特别是仓储物流中的高标仓行业，市场呈现"一超多强"格局，普洛斯占据领先市场份额，其他主要机构包括京东、万纬、ESR 易商、宝湾、深国际、顺丰等，这些机构均已发行 REITs 或已被中国证监会审核或批准，反映出企业发行 REITs 的意愿极为强烈。

数据中心 REITs 目前尚未发行落地，其中润泽科技和万国数据项目已被推荐至中国证监会。该类资产主要受电信资质、VIE 架构（可变利益主体）、能耗政策、用户集中度、市场波动等多方面影响，面临问题较多，需要各方协同推动。智算中心总体上尚处于建设和培育阶段。综上所述，园区资产类型广泛、不少资产效益良好、企业发行意愿强烈，预计有较大机会发展出万亿级的 REITs 市场。

四、消费基础设施

消费基础设施于 2023 年 236 号文件发布后被纳入 REITs 范围，截至 2025 年 2 月已有 8 只 REITs 成功发行，还有多只产品处于申报阶段，其行业潜力不容小觑。

（一）存量资产规模庞大

消费基础设施以购物中心为主，涵盖社区商业、专业市场等多种类型。截至 2024 年底，全国购物中心总数量超过 6000 个，总建筑面积约 5.6 亿平方米。根据有关数据测算，我国一线及新一线城市消费基础设施可产生的年度租赁运营收入超过 1 万亿元。倘若以 5.5% 作为净资本化率假设，上述消费基础设施资产的市场价值有望超过 10 万亿元，规模十分巨大。

（二）行业与 REITs 契合度高，运营属性显著

消费基础设施属于重资产投资领域，投资回收期较长。对于众多开发商而言，多采用综合开发、以售养租的模式来投资持有型商业物业，以实现现金流平衡，但这种发展模式的可持续性欠佳。REITs 能够为企业的持有型资产提供权益融资契机，优化资本结构，推动业务朝着更健康的方向发展，因此企业发行 REITs 的意愿颇为强烈。

消费基础设施主要依赖租金收入和物业管理收入，成本主要集中在运营费用等方面，市场化程度较高，现金流分散，在成熟阶段稳定性极强，这些特点使其具备良好的 REITs 发行基础。租金包含固定租金与提成租金，提成租金与商业场所的销售额挂钩，为 REITs 增添了成长性。故而，消费基础设施属于稳定与成长兼具的资产类型，其关键在于运营能力，需要具备强大的专业运营体系和团队。购物中心等业态汇聚了各类零售行业和品牌，持续受到潮流趋势和消费者偏好变化等因素影响，因此须通过改造、翻新、调整租户品牌或业态等方式维持竞争力；企业须持续投入资本性改造资金，改善商场条件，创新消费场景。

消费基础设施 REITs 主要面临土地年限对估值的影响、运营收入的持续性和稳定性等问题，未来随着相关政策的完善和专业化水平的提升，此类 REITs 有望实现更快发展，并在 REITs 市场占据重要地位。依据前文数据，若消费基础设施的证券化率能够达到 7%，万亿级的 REITs 市场值得期待。

五、市政基础设施

市政基础设施主要涵盖城市范围内水、电、气、热供应等项目，由于电力

供应已主要包含在能源行业中，因此以下主要从供水、供气和供热方面展开简要分析。

（一）行业规模

供水方面，行业发展成熟，普及率极高。截至 2024 年底，我国城市公共供水普及率达 99.45%，城市供水管道长度达 110 万公里，覆盖范围广泛。2024 年，我国工业和居民年用水量总计约 1826.5 亿立方米，仅广州市自来水有限公司的供水营业收入就达到 30 亿元，行业营业收入规模较大。未来供水价格有望上调，将对供水企业的水费收入产生积极影响。

供气方面，与供水领域的情况十分相似，也是行业发展成熟，普及率极高。截至 2024 年底，全国城市燃气普及率达到 98.33%，城市燃气管道总长度超过 100 万公里，全国天然气表观消费量 4234 亿立方米。未来天然气消费有望进一步提升，预计 2035 年前天然气年消费量将达到 6500 亿立方米。

供热方面，我国北方地区供热基础设施成熟，规模庞大。截至 2023 年末，我国北方地区供热总面积达 245 亿平方米，其中城镇供热面积为 175 亿平方米，供热管道长度超 49 万公里。2025 年 2 月 17 日上市的济南能源供热 REIT 项目，供热面积 3700 万平方米，服务用户超过 37.45 万户，募集规模达 14.96 亿元，是首个市政基础设施 REITs 项目。

综合而言，城市供水供气供热行业基础规模充足，具备一定的 REITs 发行空间。

（二）明确资产范围、优化商业模式，为发行 REITs 创造条件

目前我国城市供水供气供热的建设与运营一体化，通常供气供热企业既是管网等基础设施的投资建设方，也是供气供热的运营服务提供商，相关资产一般包括主支线管道、储存设施（如供气的门站、储配站）、各级输配管网、其他设备设施等。收费模式体现在终端的水费、气费或热费。发行 REITs 时，首先需要明确标的资产范围，入池资产应具备相关性、完整性和独立性，可以是基础设施整体或其中一部分。若选择部分资产，须重点关注关联交易（如管网使用费等）价格的公允性。

从商业模式来看，相关企业通常向用户收取水费、气费与热费，多数由政

府定价，价格和使用量相对稳定，但水费等价格机制仍有待完善。成本费用主要涵盖采购原料的成本及费用，受原料采购量和价格波动影响较大，如煤炭、石油、天然气、生物质等主要燃料，须重点关注并采取相应措施进行平滑处理。

相较之下，以向非居民提供服务为主的供水供气供热项目营利性可能更佳，还可通过热电联产、供气甚至供冷等多种方式满足企业多方面生产经营需求，从而拓展更多收入来源，此类资产可优先考虑发行REITs。

总体而言，市政供水供气供热基础规模良好，预计经过培育可形成千亿级市场。

六、其他领域

（一）租赁住房

租赁住房包括保障性租赁住房和机构持有的市场化租赁住房。我国住房租赁市场需求旺盛，据统计，截至2024年底，全国租房人口已达2.4亿人，北京、上海、广州、深圳四个一线城市租赁人口占常住人口的比例接近半数。根据住房城乡建设部的规划，"十四五"时期，全国计划筹集建设保障性租赁住房870万套（间），截至2024年底已完成727.2万套（间）。

住房租赁产业研究院（ICCRA）研究表明，截至2023年底，16个热点城市①可能形成的保障性租赁住房项目规模合计约208.8万套（间），若按套均面积35平方米计算，约合7308万平方米。假设平均租金单价为3元/平方米/天，经营净现金流占营业收入的比例为80%，在净资本化率为6%时，上述区域的保障性租赁住房市场价值约折合1万亿元人民币。按10%以上的证券化率测算，我国保障性租赁住房REITs市场规模将超千亿元。若加上市场化租赁住房，上述目标将更易实现。

（二）生态环保基础设施

生态环保基础设施主要包括城镇污水、垃圾处理及资源化利用，固废危废

---

① 北京、上海、广州、深圳、杭州、南京、宁波、成都、武汉、天津、重庆、长沙、青岛、西安、厦门、合肥。

医废处理基础设施项目等。

城镇污水处理方面，根据《"十四五"城镇污水处理及资源化利用发展规划》，到2025年，全国城镇生活污水日均处理能力将达到2.9亿吨，城镇生活污水日均资源化利用量将达到0.87亿吨。预计全国每年此类基础设施合计可获得净经营收入800亿—1100亿元，资产规模可达万亿元。

其他方面，目前全国城镇垃圾无害化处理量约2.6亿吨/年，危废医废处理量约1.8亿吨/年，大宗固体废弃物综合利用量约38亿吨/年，以上三类合计，预计年净经营收入近2000亿元，按10%的收益率计算，资产规模约为2万亿元。

综上所述，生态环保的存量资产规模具备一定基础，潜在REITs市场规模在千亿元以上。

（三）文化旅游基础设施

文旅主要涵盖自然文化遗产、国家4A级以上旅游景区等收益较好的旅游基础设施。其中，我国自然文化遗产包括37处文化遗产、14处自然遗产、4处自然文化双遗产；国家5A级旅游景区339个，4A级景区超3000个。这些项目收入相对稳定，部分仅依靠门票收入就能实现稳定回报，适合开展REITs试点。

综合近年市场历史数据，每年A级以上景区接待总量合计45亿—50亿人次，对应旅游收入3000亿—3500亿元。假设景区平均付现经营成本占营业收入的比例为25%，以25年作为获批经营期限，则我国A级以上景区资产总体市场价值在3.5万亿—4万亿元。可见，3%的A级以上景区资产发行REITs即可达到千亿规模，若未来逐步将更多样化的文旅基础设施纳入试点范围，我国文旅REITs板块市场规模有望成倍增长。

（四）水利基础设施

水利基础设施方面，原水供应、水力发电是该行业目前主要的经营收入来源。根据水利部相关数据，我国目前全年水利工程总供水量约6000亿立方米（其中农业用水总量占比约63%，非农业用水总量占比37%）。

我国年度供水量规模虽大，但总体盈利能力较弱，许多项目原水供应价格难以覆盖供水成本。随着 2022 年 12 月国家发展改革委出台《水利工程供水价格管理办法》，水价改革有助于逐步改善原水供应业务的盈利状况，提升其发行 REITs 的收益可行性。

截至 2025 年 3 月 31 日，绍兴水库原水项目已发行 REIT，基础设施资产为绍兴市的汤浦水库工程，发行规模 16.97 亿元，2024 年供水约 3 亿立方米，营业收入约为 2.525 亿元，每亿立方米供水对应发行规模 5.66 亿元。若按前述非农业用水总量约 2000 亿立方米简单估算，全国原水业务规模潜力超万亿元。原水供应业务发行 REITs，在产权、土地使用等方面存在诸多问题，但绍兴原水 REIT 发行后，市场有了参考案例，预计行业发行 REITs 的机会将大幅增加，未来有望形成千亿级市场。

除了上述领域外，还有城市轨道交通、通信铁塔、输油输气官网等大量的基础设施项目具备发行 REITs 的潜力。因此完全有理由相信，中国公募 REITs 的市场规模可以达到十万亿元以上，甚至有望超越美国成为世界第一大规模的 REITs 市场。

第二章　企业如何发行 REITs

REITs 是好金融，是服务实体经济创新性普惠性金融产品的典型代表。企业要想更快更好地发行 REITs，需充分认知发行 REITs 对于企业的意义和作用，认真做好项目申报准备，精心组织好 REITs 发行管理。

第一节　为什么要发行 REITs

通过发行 REITs，企业可以完成权益性融资，降低资产负债率和优化财务报表；可以搭建长期运作的资产上市平台，并购和盘活存量资产；还可以调整资产轻重结构和企业发展定位，实现运营模式转型升级。

一、完成权益融资，改善财务报表

公募 REITs 是权益性融资，可以有效降低企业资产负债率，释放融资空间，撬动新增投资，具有债务融资工具无法取代的独特作用。

（一）REITs 是权益性融资

1. 公募 REITs 无须增信

公募 REITs 遵循无追索权或有限追索的项目融资逻辑，发起人（原始权益人）无须为底层资产的预期收益承担抵押、担保等增信连带责任，强调项目自身现金流是实现基金投资人回报的主要来源。

公募 REITs 是一种高分红比例的金融资产，项目预计净现金流分派率（预计年度可分配现金流/目标不动产评估净值）是投资人的重点关切。其中，预计年度可分配现金流是一年内现金流入扣除成本费用后可用于向投资者分配的预期净值，具有一定的不确定性；不动产评估净值是基于现金流折现法的评估价值，也具有一定的主观性。预计净现金流分派率是对未来收益水平的一种预测，不是基金管理人向投资人保证取得最低收益率的承诺，因而无须增信。

2. 公募 REITs 可按权益列报

在公募 REITs 试点初期，市场各方对于 REITs 权益属性的认知分歧较大，一定程度上影响了原始权益人发行 REITs 的积极性。

2024 年 2 月 8 日，中国证监会发布会计类第 4 号指引，从基础设施 REITs 是否可以避免现金分配义务、是否可以避免到期强制清算义务两个方面进行阐释，明确"如发行人已依照相关规定要求说明前述分配、终止上市和扩募延期安排，且不存在其他可能导致判断为金融负债的约定，则发行人不存在不可避免的支付义务，并表原始权益人在合并财务报表层面应将基础设施 REITs 其他方持有的份额列报为权益"；会计类第 4 号指引同时明确"从基础设施 REITs 其他投资方的会计处理角度看，其持有的份额在性质上属于权益工具投资"。

会计处理方式的明确，有利于从根本上消除原始权益人参与 REITs 市场的疑虑，提升原始权益人拿出优质资产发行 REITs 的积极性，推动 REITs 市场健康平稳发展。

（二）不宜简单比较融资成本

一些原始权益人在考虑是否发行 REITs 时，经常将 REITs 的预期收益率视为融资利率，并与银行贷款、债券等债务融资工具的利率进行比较，认为 REITs 融资成本较高，对企业不划算，从而放弃发行 REITs。

1. REITs 不存在刚性兑付成本

2020 年 REITs 试点政策出台时，要求未来 3 年净现金流分派率原则上不低于 4%。国家发展改革委出台 2023 年 236 号文件，根据 REITs 项目类型有区别地提出了收益要求，即经营权类项目在基金存续期内部收益率（IRR）原则上不低于 5%；非经营权类项目未来 3 年每年净现金流分派率原则上不低于 3.8%。

近年来随着无风险利率下行，债务融资成本日趋降低，特别是那些资产规模大、信用评级高的大型国有企业，其中长期贷款利率大多在 3% 以下，有些甚至更低。这是否意味着企业发行 REITs 变得"不划算"呢？

在试点初期，监管部门之所以对基础设施 REITs 的收益水平进行明确规定，目的是聚焦优质项目，保障 REITs 试点顺利进行，防止劣质项目滥竽充数、损害投资人利益。但监管部门所规定的 REITs 项目的收益水平，是对基础资产未来收益的合理预测，并非固定或保底的利息支付义务；该收益率要求只通过基础资产未来的现金流实现，不须由原始权益人或基金管理人予以刚性兑现。假如项目产生的现金流不尽如人意，项目没有实现预测的收益率，原始权益人和基金管理人也无须承担任何连带责任，这与债务融资的利率成本存在本质区别。因此，发行公募 REITs 募集资金，本质上是出售资产上市的资本运作，没有直接可比的融资成本量度，更不能简单地根据融资成本指标判断发行 REITs 值不值。

2. REITs 项目不再统一设定收益率要求

2024 年 7 月 6 日，国家发展改革委发布 2024 年 1014 号文件，不再统一规定 REITs 的现金流分派率、内部收益率等指标，不再对预期投资收益率设置门槛，只规定"项目现金流投资回报良好，近 3 年经营性净现金流均为正。最近 3 个会计年度的平均息税折旧摊销前利润（或经营性净现金流）不低于未来 3 个会计年度平均预计息税折旧摊销前利润（或经营性净现金流）的 70%"，同时要求发起人（原始权益人）、基金管理人要全面审慎披露项目未来收入预测假设指标，会计师事务所、资产评估机构等要全面真实反映项目客观情况，充分披露项目潜在风险，并要求投资人要准确把握 REITs 产品的权益属性，正确判断投资价值，充分考虑未来收入波动影响因素，做到合理估值、理性投资、自主决策、自担风险。这进一步彰显了 REITs 的权益属性，此后更无必要再去比较所谓 REITs 融资成本的高低。

（三）发行 REITs 可以降低资产负债率

企业发行 REITs 所募集的资金，首先必须偿还底层资产未到期的外部债务，包括银行贷款、债券、资产支持证券（ABS）等，这将直接减少原始权益人的负债总额，从而降低其资产负债率。企业发行 REITs，是将底层资产项目剩余运营年限的未来收益一次性变现，可迅速增加权益性收益（资本性收益），减少融资性支出（财务费用），即使企业负债没有变化，但由于得到了大量货币资金，总资产增加，从而也将降低原始权益人的资产负债率，显著改善当年的财务报表。此外，企业发行 REITs 时要对底层资产进行估值，通常可获得一定资产重估溢价，增加企业净资产，这也有利于降低资产负债率。

企业通过发行 REITs 降低资产负债率，可以提升融资空间，增强再投资能力。以广州广河 REIT 为例，该项目 2021 年 6 月 21 日首次发行 REIT，总募集资金 91.14 亿元，尽管发起人（原始权益人）广州交投集团回购了 35% 的基金份额，但其资产负债率仍从 68% 降至 63%，融资贷款空间增加了近 200 亿元。

二、打造资产上市平台，提升资本运作能力

公募 REITs 是项目资产的上市（IPO），企业成功发行 REITs，实际上是打造了一个"资产上市平台"。企业可以利用这一平台，通过 Pre-REITs、扩募等方式，并购和盘活更多存量资产，获取多种收益。

（一）公开资本市场更易形成公平合理的大宗资产交易价格

发行公募 REITs，涉及基础设施项目完全所有权或经营权利的转让，属于大宗资产交易。传统的大宗资产交易方式，无论是协议转让、拍卖还是招标等，都是将基础设施项目作为一个整体进行转让，由于资产价值较高，同时对买方的资产运营能力也有一定要求，往往导致市场交易对手数量较少，有时甚至只有唯一交易对手。市场交易对手数量越少，越不易形成公平合理的市场价格，有时还可能被恶意压价，这不利于调动大宗资产卖方的积极性，降低了大宗资产的流动性。

公募 REITs 是把大宗的实物资产转化为可小额交易的标准化金融产品，在沪深证券交易所公开交易，原始权益人及其关联方、有关企业、专业机构投资者、公众投资者等都可以买卖，这极大增加了交易对手数量，可以形成更为公平合理的交易价格，资产价值得以充分体现。而有了公允的交易价格，企业才愿意拿出优质资产发行 REITs，才可能运用 REITs 进行资产运作。

（二）通过 Pre-REITs 和扩募搭建资产运作平台

通过发行 REITs 可以形成公平合理的大宗资产交易价格，这为原始权益人搭建资产运作平台提供了前提、打下了基础。而 Pre-REITs 和扩募，则使得原始权益人可以通过 Pre-REITs 购入资产，通过扩募进行退出，为其搭建资产运作平台提供了明确的操作路径。Pre-REITs 是投资者通过私募基金、信托计划、资管计划等形式，提前购入标的资产，经过建设、运营和培育，在时机成熟时通过公募 REITs 实现退出的投资业务模式。

原始权益人可以会同有关财务投资人设立 Pre-REITs 基金，在一级市场购入目标资产，加强运营管理，孵化提升资产价值；比照公募 REITs 的标准规范，补全办齐投资管理手续，提高项目合规度；待项目具备发行 REITs 的条件后，选择合适的市场时机，通过扩募方式将其装入已发行上市的 REITs，实现 Pre-REITs 投资退出，构建"募—投—管—退"的闭环运营。

例如，早在 2016 年 6 月，张江高科和光控安石分别通过子公司合伙设立私募基金"光全投资"，收购取得张江光大产业园的所有权；2021 年 6 月，通过华安张江产业园 REIT 上市实现了私募资金的成功退出，成为境内首个 Pre-REIT 通过公募 REITs 退出的案例。

企业通过 Pre-REITs 和扩募进行资产运作，可以获取多种收益。首先，企业发行 REITs 后，有了明确的资金退出渠道，许多财务投资人愿意和其合作进行 Pre-REITs 投资，将极大提升其在一级市场上收购目标资产的能力，也可以更好发挥其自有资金的杠杆和撬动作用。其次，企业购入目标资产后，通过加强运营管理、补办合规手续等，可以提升资产价值，再通过 REITs 平台以较高价格转让给投资人，获取合理的资产差价。再次，企业可以通过资产运作，不断扩大其运营管理的资产规模，在提升行业影响力和市场话语权的同时，获取更多的运营管理费等收益。最后，企业可以通过资产运作，优化 REITs 资产组合，分散资产类型或区域分布较为单一的风险，增强现金流稳定性，提高收益与分派能力，增强对投资者的吸引力，从而提升市场竞争力与品牌价值。

（三）上市公司可以打造资本市场"双平台"

对于上市公司，分拆基础设施项目发行 REITs 是二次资产证券化，可形成资本市场"双平台"。截至 2025 年 2 月 28 日，已有 20 多家 A 或 H 股上市公司作为原始权益人或实际控制人成功发行公募 REITs，实现了"上市公司+REITs"双平台目标，还有部分上市公司正在积极申报 REITs，具体如表 2.1 所示。

表 2.1　部分上市公司发行公募 REITs 情况（截至 2025 年 2 月 28 日）

序号	上市公司简称	公募 REITs 简称	基础设施类型	REITs 上市日期
1	张江高科	华安张江产业园 REIT	产业园区	2021 年 6 月 21 日
2	上海临港	国泰君安临港创新产业园 REIT	产业园区	2022 年 10 月 13 日
3	招商蛇口	博时招商蛇口产业园 REIT	产业园区	2021 年 6 月 21 日
4		招商基金招商蛇口租赁住房 REIT	租赁住房	2024 年 10 月 23 日
5	华润置地	华夏基金华润有巢 REIT	租赁住房	2022 年 12 月 9 日
6	城投控股	国泰君安城投宽庭保租房 REIT	租赁住房	2024 年 1 月 12 日
7	大悦城	华夏大悦城商业 REIT	消费基础设施	2024 年 9 月 20 日
8	中国金茂	华夏金茂商业 REIT	消费基础设施	2024 年 3 月 12 日
9	万科 A	中金印力消费 REIT	消费基础设施	2024 年 4 月 30 日
10	首创钜大	华夏首创奥莱 REIT	消费基础设施	2024 年 8 月 28 日
11	上海百联	华安百联消费 REIT	消费基础设施	2024 年 8 月 16 日
12	上海电力	中信建投国家电投新能源 REIT	清洁能源	2023 年 3 月 29 日
13	深圳能源	鹏华深圳能源 REIT	清洁能源	2022 年 7 月 26 日
14	北京能源国际	中航京能光伏 REIT	清洁能源	2023 年 3 月 29 日
15	中国电建	嘉实中国电建清洁能源 REIT	清洁能源	2024 年 3 月 28 日
16	特变电工	华夏特变电工新能源 REIT	清洁能源	2024 年 7 月 2 日
17	明阳智能	中信建投明阳智能新能源 REIT	清洁能源	2024 年 7 月 23 日
18	中国交建	华夏中国交建高速 REIT	高速公路	2022 年 4 月 28 日

续表

序号	上市公司简称	公募 REITs 简称	基础设施类型	REITs 上市日期
19	中国铁建	国金中国铁建高速 RE-IT	高速公路	2022 年 7 月 8 日
20	浙江沪杭甬	浙商沪杭甬 REIT	高速公路	2021 年 6 月 21 日
21	山东高速	中金山东高速 REIT	高速公路	2023 年 10 月 27 日
22	深高速	易方达深高速 REIT	高速公路	2024 年 3 月 29 日
23	招商公路	招商高速公路 REIT	高速公路	2024 年 11 月 21 日
24	首创环保	富国首创水务封闭式 REIT	污水处理	2021 年 6 月 21 日
25	深圳国际	华夏深国际 REIT	仓储物流	2024 年 7 月 9 日
26	外高桥	华安外高桥 REIT	仓储物流	2024 年 12 月 25 日
27	九州通	汇添富九州通医药 RE-IT	仓储物流	2025 年 2 月 27 日
28	顺丰	南方顺丰物流 REIT	仓储物流	申报发行中
29	润泽科技		数据中心	申报发行中
30	万国数据		数据中心	申报发行中
31	楚天高速		高速公路	申报发行中
32	隧道股份		隧道	申报发行中

数据来源：根据公开资料整理。

百舸争流，为什么众多行业领先的上市公司争相发行 REITs？一般而言，IPO 适合高成长性企业，REITs 适合持有稳定现金流资产的企业。许多上市公司之所以还要再发行 REITs，原因是多方面的。

一是发行 REITs 有利于多维度反映上市公司价值。基于不同市场间（如境内外市场）的估值差异，或是股票与 REITs 的产品特点差异，上市公司的市场价值在不同资本市场间可能有较大差异。例如，2025 年 1 月底，中国铁建（601186）在国内 A 股市场的市净率约为 0.36，中国铁建（HK：01186）在香港股市的市净率约为 0.205，而国金中国铁建 REIT（508008）的市净率为 1.07。因此，上市公司发行 REITs，有利于投资人以不同角度充分认知其市场价值。

二是发行 REITs 有利于上市公司优化资本结构。上市公司可以通过发行

REITs 剥离低周转资产，改善资产负债表，聚焦轻资产运营；REITs 可以为持有大量不动产的上市公司提供增发之外的权益融资渠道，避免增发可能带来的股权稀释。

三是发行 REITs 有利于上市公司聚焦核心业务。上市公司可以将不动产部门分拆，通过发行 REITs 独立上市，释放资产价值，同时保留母公司上市地位，聚焦核心业务。

四是有助于进一步提升上市公司的知名度和影响力。公募 REITs 是资产上市，要求资产合规和质量优良，信息及时披露，可以进一步提升上市公司的美誉度。

三、调整资产持有结构，实现企业战略转型

作为一种创新的金融工具，REITs 不仅为企业提供了新的融资途径，还将在帮助企业调整资产持有结构、实现战略转型方面发挥作用。

（一）调整资产持有结构，推进轻重资产分离

传统的房地产开发企业和基础设施运营企业多为重资产运营模式，资金占用大、周转慢。企业发行 REITs，可以将运营成熟的重资产打包上市，从而快速回收资金，降低企业负债，优化资本结构，降低企业对现金流的过度依赖，增强财务的安全性和灵活性。

原始权益人发行 REITs 后，绝大多数都可以通过与基金公司签署委托运营协议，继续拥有资产的运营管理权，进而从资产的直接所有者转变为资产的运营管理者，实现从"重资产开发"到"轻资产运营"的转型，这种模式使企业能够专注于资产的运营管理，提升服务质量和资产运营效率。

（二）推动企业战略转型

"沉舟侧畔千帆过，病树前头万木春。"随着经济社会发展和技术进步，部分传统行业风光不再，但也孕育着新的投资机会，如城市更新、新能源、人工智能、低空经济等。原来传统行业的企业，可以将自持的不动产以 REITs 方式转让，将不动产"资产"一次性转化为"资金"，再用回收资金投到具有增长潜力的新领域，实现赛道转换或多元化发展，从而推动企业的战略转型和产业升级。

随着我国近几年房地产行业的深度调整和房地产新发展模式的加速构建，越来越多的房地产开发企业需要从传统的开发销售模式向资产管理模式转变，资产运作模式由重转轻，实现企业战略转型。因此，众多房地产开发企业纷纷加入 REITs 行列。截至 2024 年 12 月 31 日，招商蛇口、华润置地、万科、中国金茂、大悦城和首创城发共上市发行 9 只 REITs，募集资金总规模 224.22 亿元。此外，万科仓储物流（万纬）首发 REITs 以及华润置地的租赁住房（有巢）扩募 REITs 正在申报中，具体如表 2.2 所示。

表 2.2　房地产开发企业参与公募 REITs 情况（截至 2025 年 2 月 28 日）

企业名称	REITs 名称	资产类型	项目状态	上市日期	募集资金规模（亿元）
招商蛇口	招商基金招商蛇口租赁住房 REIT	租赁住房	上市	2024 年 10 月 23 日	13.63
	博时招商蛇口产业园 REIT	产业园	上市	2021 年 6 月 21 日	20.79
	博时招商蛇口产业园 REIT（扩募）	产业园	上市	2021 年 6 月 21 日	12.44
华润置地	华夏华润商业 REIT	消费基础设施	上市	2024 年 3 月 14 日	69.02
	华夏基金华润有巢 REIT	租赁住房	上市	2022 年 12 月 9 日	12.08
	华夏基金华润有巢 REIT（扩募）	租赁住房	审批中	/	/
万科	中金印力消费 REIT	消费基础设施	上市	2024 年 4 月 30 日	32.60
	万纬仓储物流 REIT	仓储物流	审批中	/	/
中国金茂	华夏金茂商业 REIT	消费基础设施	上市	2024 年 3 月 12 日	10.68
大悦城	华夏大悦城商业 REIT	消费基础设施	上市	2024 年 9 月 20 日	33.23
首创城发	华夏首创奥莱 REIT	消费基础设施	上市	2024 年 8 月 28 日	19.74
金隅集团	华夏金隅智造工场产业园 REIT	产业园	上市	2025 年 2 月 26 日	11.36

数据来源：根据公开资料整理。

第二节　项目申报准备

发起人（原始权益人）、基金管理人、中介机构等，应全面掌握 REITs 相关政策要求，充分参考已发行项目的成熟做法，筛选合格资产、完善合规手续、解决难点问题，切实做好项目前期准备，确保项目合规优质，具备申报条件。

一、筛选合格资产

筛选合格资产是发行 REITs 的首要环节，直接关系到后续工作能否顺利推进。选择大于努力，选对资产事半功倍，选错资产则可能困难重重。

（一）有关规定

根据国家发展改革委 2024 年 1014 号文件，REITs 项目应满足以下基本条件：项目权属清晰、底层资产完整、运营收益良好、资产规模符合要求等。

具体而言，发起人（原始权益人）应依法合规地持有项目所有权或经营收益权，且资产具有可转让性。项目运营时间原则上不低于 3 年，能够实现长期稳定收益的项目可适当降低运营年限要求。首发资产评估净值原则上不低于 10 亿元（租赁住房项目和养老设施项目不低于 8 亿元），发起人（原始权益人）具有较强扩募能力。

（二）常见问题

在资产筛选过程中，常见以下问题。

1. 项目资产权属不清楚

有些项目因年代久远等原因，权属文件缺失或不完整。还有些项目通过资产转让、破产清算等方式，项目主体和权属关系多次易手，当前资产持有人无法追溯此前的权证。例如，招商公路亳阜高速公路从 2003 年 1 月 17 日设立项目公司，到 2020 年 5 月 21 日项目公司名称变更为"安徽亳阜高速公路有限公司"，股东构成和股权结构先后经历了八次变更。

2. 资产无收益或收益不足

REITs 的投资收益很大程度上取决于底层资产的收益状况。部分资产可能没有收益或收益水平过低，无法满足 REITs 收益要求。例如，风电项目的维护巡检道路不直接产生收益，机场项目的航站楼盈利能力不足。

3. 资产规模达不到要求

某些项目（如仓储物流、污水处理、风电、光伏等）单个资产规模较小，难以满足首次发行规模要求，须通过资产组合打包解决。

4. 项目存在合规瑕疵

部分项目存在重大经济或法律纠纷，或用地、用海等合规性存在较大问题，影响资产的可转让性。2020 年第四季度对首批申请发行 REITs 的 48 个项目进行评估时，发现所有项目均存在合规瑕疵，共提出了 1000 多个问题。

（三）处理方式

针对上述问题，常见的处理方式是资产重组，包括资产剥离和组合打包，将重组之后的资产装入特殊目的主体（SPV），以保证入池资产符合要求。

1. 资产剥离

包括正向剥离和反向剥离。正向剥离是通过派生分立方式将权属清晰的资产置入新设立的项目公司；反向剥离是将与拟入池资产无关的资产和业务剥离至其他主体，项目公司仅持有与发行 REITs 直接相关的资产及业务。通过资产剥离，可以剔除权证不全、违建、收益过低或无收益资产，以及在用地、用海等方面有重大合规问题的资产，确保资产质量。

以首批发行上市的博时招商蛇口产业园 REIT 为例。2020 年项目初始申报的底层资产包括万海大厦、万融大厦和万维大厦，其中万维大厦的投资管理手续存在明显瑕疵，短期内无法解决，最终将万维大厦从 REITs 资产包中剔除。

在进行资产剥离时，还需要注意保持底层资产完整性，不能随意切割，以符合相关文件中关于"底层资产完整"的规定。资产剥离后，必要时应重新办理不动产登记手续。

以中国绿发消费基础设施为例。该项目底层资产为济南市领秀城购物中心，属于鲁能领秀城商业综合体的裙房。在资产剥离时，领秀城购物中心通过墙壁、闸机、门禁等方式与商业综合体其他资产进行了物理隔离，并办理了独立的房屋产权证，由项目公司依法持有。

2. 资产组合打包

对于资产规模不满足发行要求的项目，可以考虑资产组合打包，基于总体效益最大化原则进行资产配置。打包的方式相对灵活，既可以将同类资产打包，也可以将光伏、风电、水电等不同类型资产打包，还可以将上下游资产打包，如水利项目的水源原水、管网和水厂等。

例如，嘉实物美消费 REIT 将北京市四个社区商业中心资产组合打包，分别为丰台区的大成项目和玉蜓桥项目，以及海淀区的华天项目和德胜门项目，总建筑面积 7.78 万平方米，资产评估净值 10.65 亿元，满足了首发资产规模基本要求。

再如，2023 年 12 月，绍兴市出台方案，明确将银华绍兴原水水利 REIT 建成市级唯一涉水 REITs 平台，整合全市原水、供水、污水全产业链涉水资产，后续择优扩募购入，扩募储备资产增加 90 亿元，解决了 REITs 扩募资产规模不足难题。

二、确保资产具有可转让性

资产的可转让性是发行 REITs 的基本条件之一。发行 REITs 时，需要将底层资产的所有权或经营权利完全转让给 REITs，因此资产必须具备可转让性。

（一）关于可转让性的监管规定

根据 2024 年 1014 号文件，资产可转让性分为两类：一是由发起人（原始权益人）自主办理的事项，如企业内部决策、国资转让、分拆上市、融资限制等；二是由政策法规、审核备手续、土地出让合同、特许经营协议等规定的限制条件，主管部门或者相关权利方应明确同意转让。

（二）自主办理事项

对法规政策、监管规则、公司章程等有明确规定的事项，虽然是由发起人（原始权益人）自主办理，但并不是可办可不办，而是依法依规必须办理，否则或难以发行 REITs，或者构成违法违规违约。

1. 企业内部决策

发起人（原始权益人）依照公司章程、上市公司监管要求等，办理企业内部决策事项。项目公司的所有股东应履行内部流程，协商一致同意转让。

以万国数据 REIT 为例。根据原始权益人万国数据的公司章程，在单笔交易或一系列交易中，授权、签订出售、同意出售、转让或处置万国数据资产或业务占公司有形净资产 10% 及以上的资产或业务，须经股东会决议批准。万国数据发行 REIT 重组拟转让的项目公司有形净资产账面价值占万国数据经审计的有形净资产的比例为 5.35%，低于 10%，因此无须经股东会决议批准，由董事会决策即可。

再以平安宁波交投 REIT 杭州湾跨海大桥为例。该项目涉及 19 家股东，包括 5 家国有企业、13 家民营企业和 1 位自然人。13 家民营企业中，持股占比最多的是 2.60%，8 家持股比例低于 1%。宁波交投集团逐一、多轮拜访其他股东，最终获得全部股东一致支持。

2. 国资转让

长期以来，基础设施主要由政府和国有企业投资建设。REITs 涉及国有资产交易时，需要依照国资转让规定办理，取得国资监管部门的同意。

2022 年 5 月，国务院国资委发布《国务院国资委关于企业国有资产交易流转有关事项的通知》，明确"国家出资企业及其子企业通过发行基础设施 REITs 盘活存量资产……涉及国有产权非公开协议转让按规定报同级国有资产监督管理机构批准"，对国有产权非公开协议转让统一了审批流程和交易规则。

2022 年 8 月，国务院国资委产权局发布《〈关于企业国有资产交易流转有关事项的通知〉的问题解答》，针对企业向国资监管机构申请办理发行基础设施 REITs 涉及的国有产权非公开协议转让，明确国资监管机构重点关注事项。

此后，国有资产发行基础设施 REITs 的转让限制解除手续，均可正常办理。

3. 分拆上市

如果 REITs 涉及上市公司资产分拆上市，应遵循相关证券交易所的规定。《香港上市规则》规定，香港上市公司如果在沪深证券交易所发行 REITs，应在上市前获得香港联交所关于分拆上市的意见。

例如，浙商沪杭甬 REIT 的发起人浙江沪杭甬高速公路股份有限公司，1997 年 5 月在香港联交所上市。在申报 REITs 之前，沪杭甬公司与香港联交所就沪杭甬分拆上市进行了沟通。2021 年 1 月 29 日，香港联交所上市委员会发出书面通知，同意沪杭甬公司根据《香港上市规则》第 15 项应用指引进行分拆上市。

4. 融资限制

企业拟发行 REITs 的项目应当不存在抵押、质押等担保负担或者其他权利限制。资产转让如涉及债权转让的，应当依法依规履行债权转让通知程序，通知债务人、附属权益义务人。

以招商基金招商蛇口租赁住房 REIT 融资合同中的转让限制为例。招商蛇口曾与兴业银行深圳分行签订《项目融资借款合同》和《项目资金专用账户监管协议》，承诺在兴业银行深圳分行开立项目还款资金监管账户。2023 年 9 月 8 日，兴业银行深圳分行出具说明，明确项目资金专用账户监管协议已解除，符合相关合同项下约定的可转让条件。

（三）政策法规限制

1. 限定条件、特殊规定约定的表现形式

有关政策法规对项目资产处置的限制，常有三种形式：

一是国家和地方有关法规文件对资产转让的限制。例如，《中关村国家自主创新示范区条例》规定，"示范区内原以协议出让方式取得的国有土地使用权不得擅自转让、改变用途；确需转让的，须报请市人民政府批准，土地所在地的区人民政府根据国家有关规定享有优先购买权"。

二是项目审批、核准或备案手续中对建筑物转让等方面的限制。例如，某数据中心项目位于北京亦庄开发区内，开发区管委会在项目立项时出具的《项目备案表》载明："项目内容、用地性质（工业）不得擅自改变；建筑物限项目单位自用，不得出租出售。"

三是土地出让合同（或土地租赁协议）、园区入园协议（如有）对项目公司名下的土地使用权、项目公司股权、经营收益权、建筑物或相关资产转让有限制条件或特殊规定约定。例如，中金联东科创 REIT 底层资产之一的北京大兴科创产业园，其项目用地使用权出让挂牌文件就约定：未经批准，国有建设用地使用权不得转让；竞得人在完全履行完所签订的《国有建设用地使用权出让合同》《土地开发建设补偿协议》约定的责任、义务前，未经同意，不得进行股权变更。

2. 限定解除方式

有关法规文件、审核备手续、入园协议等对限定解除方式有明确规定、约定的，要依照规定、约定办理。例如，基于《中关村国家自主创新示范区条例》的有关限制，建信中关村产业园 REIT 项目于 2020 年 12 月 7 日获得北京市人民政府出具的《关于同意中关村发展集团申报基础设施领域不动产投资信托基金（REITs）试点相关事项的批复》，批准项目以 100%股权转让方式发行基础设施 REITs，并转让项目的土地使用权和房屋所有权。

对于没有明确规定、约定的，可由相关有权部门或协议签署机构对项目以 100%股权转让方式发行 REITs 出具无异议函。关于"有权部门"的界定，需要明确两点：一是职责上负责相关事项；二是层级上符合规定。如果无异议函应由省（市）级部门出具，实际却由县级部门出具，则为无效证明。

3. 不解除限制的后果

上述有关对项目资产处置的限制条件，如果不采取适当方式予以解除，则不能发行 REITs。例如，上述位于北京亦庄开发区的某数据中心项目，由于原始权益人不能提供开发区管委会出具的关于项目以 100%股权转让方式发行基础设施 REITs 的无异议函，资产转让限制始终无法解除，因而最终未能推荐发行 REITs。

（四）PPP（含特许经营）项目的可转让性

1. 相关规定

鉴于我国 PPP 政策的调整变化，2024 年 1014 号文件将 PPP（含特许经营）项目区分为三个时期：2014 年 9 月前、2014 年 9 月—2023 年 2 月、2023 年 2 月以后。

2014 年 9 月前实施的项目和 2023 年 2 月以后按照 PPP 新机制执行的项目，都采用特许经营模式；2014 年 9 月—2023 年 2 月实施的 PPP 项目，大多数涉及可用性付费或可行性缺口补助，应符合 PPP 项目清理核查要求，避免新增政府隐性债务。

三个不同时期的 PPP（含特许经营）项目申报发行 REITs，都必须遵循相应规定，取得相关部门或机构出具的无异议函。

2. 解除机构

不同时期实施的 PPP（含特许经营）项目，其无异议函的出具主体有所差异。

2014 年 9 月前实行单一的特许经营模式，包括 BOT、BOOT 等具体方式。这一时期实施的特许经营项目，应取得特许经营协议签署机构、行业主管部门出具的无异议函。

2014 年 9 月—2023 年 2 月的 PPP 项目，大部分按财政部门的规定实行 PPP 模式、签署 PPP 合同，也有少量项目仍然实行特许经营模式、签署特许经营协议。这一时期已完成招标采购程序的 PPP 或特许经营项目，应取得 PPP 合同或特许经营协议签署机构、行业主管部门出具的无异议函。

2023 年 2 月以后实施的 PPP 新机制项目，都应采用特许经营模式，由特许经营项目实施机构与特许经营者签订特许经营协议，并积极支持符合条件的特许经营项目发行 REITs。因此，如果特许经营协议明确支持后续发行 REITs，则不用再取得无异议函；如果特许经营协议没有明确，则应取得特许经营项目实施机构、行业主管部门出具的无异议函。

3. 解除实践

截至 2024 年 12 月 31 日，我国累计发行上市 12 只高速公路（不含宁波杭州湾跨海大桥）REITs，大多采用特许经营模式实施，原始权益人均取得了有权机构关于项目发行基础设施 REITs 的无异议函，满足了项目具备可转让性的要求。

以华夏中国交建高速 REIT 的嘉通高速公路项目为例。该项目特许经营协议约定："项目公司在办理注册资本减少、股东变更、股权结构变更、股东对外转让其所持有的项目公司股权的工商变更登记手续，应取得咸宁市人民政府同意""中交嘉通在收费期内转让项目收费权，应经咸宁市人民政府和省有关部门同意，并经湖北省人民政府批准"。2020 年 11 月咸宁市人民政府出具《关于武汉至深圳高速公路嘉鱼至通城段项目参与公募 REITs 试点申报的批复》，2020年 12 月湖北省人民政府出具《关于中交投资有限公司联合体参与基础设施 REITs 试点工作的意见》，解除了特许经营协议约定的有关转让限制。

再以富国首创水务 REIT 合肥项目为例。该项目 2018 年 9 月签署的《特许权协议》约定："未经甲方事先书面同意，特许经营期内乙方的股权结构不得发生变化"，"自特许经营期开始八（8）年之内乙方股东不能直接或间接转让乙方的股份"。经过反复沟通，实施机构同意解决项目公司股权转让限制，但要求原始权益人须保留控制权。最终，原始权益人回购 51% 基金份额，对底层资产作出并表安排，以此获得了实施机构的同意。

三、完善投资管理合规手续

公募 REITs 是资产上市，投资建设是资产形成过程。如果投资建设过程中有重大合规性瑕疵，则意味着资产本身有重大瑕疵，面临被处罚甚至停产、拆除的风险。如果这样的资产发行 REITs，会给投资人和 REITs 市场造成许多潜在风险。

（一）具体规定

根据 2024 年 1014 号文件，项目应依法依规取得各项固定资产投资管理手续，包括项目审批、核准或备案手续，规划、用地、环评、施工许可、竣工验收手续，以及节能审查、取水许可等依据法律法规应办理的其他重要手续，还应符合生态保护的相关要求。

（二）常见问题

1. 审核备手续缺失

项目审批、核准或备案（以下简称"审核备"）手续是我国投资项目前期管理的法定程序，任何一个投资项目，都必须且只能办理其中一种手续。由于主客观原因，不少投资项目涉及未批先建、分期建设、更新改造、并购转让等活动，可能存在未及时办理或需要变更审核备手续等问题。

诸如高速公路、输变电线路、油气和市政管网等线性工程，受沿线城镇规划、环境敏感区、军事敏感点等各种因素影响，协调难度大，任一方面有争议都会影响项目审批、核准或备案。

对于一些重大工程，在决策过程中项目方案可能不断变化，难以一锤定音，还有些工程的建成竣工时间已提前确定，倒排工期，被迫未批先建。

2. 用地（海）、规划、环评、节能等手续缺失

项目用地手续十分复杂。常见用地问题包括土地手续不全、集体用地转让限制、划拨和协议出让用地转让限制、土地规划用途与实际用途不符等。涉及用海、利用港口岸线或航道资源的海上风电、港口码头等项目，还需要取得海域使用权，开展航道通航条件影响评价等。

项目规划手续包括规划选址、建设用地规划许可证、建设工程规划许可证等。2008 年 1 月 1 日我国开始施行《中华人民共和国城乡规划法》，要求在城市、镇规划区内以划拨方式提供国有土地使用权的建设项目，需要办理建设用地规划许可证和建设工程规划许可证；此前执行《中华人民共和国城市规划法》，要求在城市规划区内办理这些规划手续，不在城市规划区范围内的项目（如高速公路），可能缺失规划手续。2019 年我国开始实行规划用地手续"多审合一、多证合一"改革，不再单独核发规划选址意见书，既便利了新建项目，也对存量项目补办规划手续提出新要求。此外，项目可能存在实际建设内容与规划审批要求不一致、未取得规划许可证即开工等问题。

《建设项目环境影响评价分类管理名录》提出，对环境影响评价实行分类管理，包括环境影响报告书、环境影响报告表或者填报环境影响登记表。某些项目可能存在未开展环境影响评价或环境影响评价未通过即开工，或者环境影响评价报告不符合要求但项目仍继续推进等问题。

节能手续是 2010 年以后新建高能耗项目必不可少的要件。政府投资项目在报送可研报告前、企业投资项目在开工建设前，须取得节能审查机关出具的节能审查意见。实践中，某些项目存在未进行节能评估或评估未通过即开工，或者节能评估报告的措施未落实到位等问题。

3. 施工许可、竣工验收、不动产登记等手续缺失

建设工程施工许可是建设单位进行工程施工的法律凭证；工程竣工验收包

括综合验收和专项验收，其中专项验收包括规划验收、消防验收、节能验收等单项验收；不动产登记包括土地登记和房屋登记等，在 2014 年国土资源部（现自然资源部）成立不动产登记局之前仅办理土地使用权证，此后新申请用地办理不动产证。

常见问题包括违规建设工程、改扩建施工许可缺失、未及时办理综合验收或专项验收、未办理不动产权属登记手续等。例如，部分产业园区、消费类基础设施项目存在规划外连廊、架空层、加建等违规问题，需要依法合规进行整改（如拆除），或请当地相关部门补办施工许可、竣工验收等手续。又如，收费公路中管理处、收费站和服务区等房屋一般随公路主线共同立项、投资建设及竣工验收，由交通主管部门负责，往往不具备单独办理不动产登记的前提条件，进而未在不动产登记主管部门办理房屋所有权登记手续。

4. 特定关键手续缺失或需要确认

某些特定行业、特殊性质的基础设施项目，还需要依法依规办理一些特定的关键手续。例如，水利、水电项目要办理枢纽工程、移民、环保、水保、竣工决算等专项验收；能源项目需要办理并网意见书和并网调度协议等手续；数据中心（IDC）项目要符合电能利用效率（PUE）等要求。特定行业的若干关键手续如表 2.3 所示。

表 2.3 特定行业投资管理关键手续（如涉及）

序号	行业（领域）	投资管理关键手续
1	交通（如收费公路、铁路、港口）	通行费收费标准，航道通航条件影响评价，用海预审，海域使用权证书
2	能源（如清洁能源、燃煤发电）	取水许可证，并网意见书，并网调度协议，购售电合同，用海预审和海域使用权证书（海上风电），移民安置规划和验收，枢纽工程验收，水土保持设施验收，大坝安全备案，防洪评价，地震安全评价（水电），核安全评价（核电）
3	市政（如城镇供水、供热）	取水许可证（城镇供水），供热经营许可证（供热）
4	生态环保（城镇污水和垃圾处理及资源化）	排污许可证，城市生活垃圾经营清扫、收集、运输服务许可证，城市生活垃圾经营性处理服务许可

序号	行业（领域）	投资管理关键手续
5	仓储物流	危险化学品经营许可证（如涉及），药品经营许可证（如涉及）
6	新基建（数据中心）	增值电信业务经营许可证，节能评审意见，VIE 架构和外资股权比例合规性，绿色电力证书交易凭证
7	租赁住房（如保障性租赁住房）	保障性租赁住房项目认定书，交付使用许可
8	水利设施	取水许可证，航道通航条件影响评价，移民安置规划和验收，枢纽工程验收，水土保持设施验收，大坝安全备案，防洪评价，地震安全评价
9	消费基础设施	消防安全检查合格证，地下商业建筑、停车场的不动产权证

数据来源：根据公开资料整理。

（三）解决问题原则和方式

依据国家发展改革委 2024 年 1014 号文件，投资管理手续是否合规，应以项目投资建设时的法律法规和国家政策作为主要判定依据，具体可分为四类，分别采用不同方式解决。

1. 项目投资建设时无须办理但按现行规定应当办理的手续，应按当时规定把握，无须补办

如投资项目节能审查意见。2010 年 11 月以后的高能耗项目，应将节能评估审查意见作为必备要件以及项目设计、施工和竣工验收的重要依据；2010 年 11 月以前并无节能评估和审查强制要求，说明有关情况即可。

再以高速公路的建设工程规划许可证为例。如果公路不在城市规划区范围内，依据《中华人民共和国城市规划法》可以不办理，根据《中华人民共和国城乡规划法》则必须办理。因此，如果项目建于 2008 年以前，当地自然和资源规划部门可以依据《中华人民共和国城市规划法》出具说明函件，明确无须补办建设工程规划许可证。

2. 项目投资建设时应当办理但现行规定已取消或合并的手续，如有缺失，应由相关负责部门说明情况或出具处理意见

2019 年 9 月，自然资源部印发《自然资源部关于以"多规合一"为基础

推进规划用地"多审合一、多证合一"改革的通知》（2024 年 9 月修订），将建设项目选址意见书、建设项目用地预审意见合并，统一核发建设项目用地预审与选址意见书，因而选址意见书、用地预审意见具备其一即可；将建设用地规划许可证、建设用地批准书合并，统一核发新的建设用地规划许可证，不再单独核发建设用地批准书，因而建设用地规划许可证、建设用地批准书具备其一即可。

以杭州湾跨海大桥为例，该项目于 2003 年 11 月开工建设，大桥主线未办理建设用地批准书，但南岸工程和北岸工程已通过用地预审并取得用地批复文件。申报发行 REITs 时，当地资规局出函，明确无须补办建设用地批准书。

3. 项目投资建设时和现行规定均须办理的手续，如有缺失，原则上应补办，确实无法补办的由负责部门出具处理意见

例如，立项是所有投资项目前期的必备工作。2004 年投资体制改革之前，所有投资项目都必须办理项目审批手续；2004 年投资体制改革之后，政府投资项目应继续办理可研报告审批等手续，企业投资项目应办理核准或备案手续。

以中金普洛斯 REIT 首次发行的淀山湖物流园为例。2008 年江苏省对外贸易经济合作厅批复设立外资项目公司（昆山普淀仓储有限公司），但未办理投资主管部门的核准手续。昆山市发展改革委于 2020 年 9 月出具《关于对普洛斯淀山湖物流园项目立项的说明》，确认商务部门当年同意设立外资公司的批复可作为该项目的立项文件。

4. 如项目曾进行重大改扩建，应当依据改扩建时的手续办理情况判断合规性

很多项目历经岁月沧桑已破损严重，需要大修或改扩建，有些则是需要按照新功能定位进行重大改造。例如，金隅智造工场产业园的历史可以追溯到 1956 年，2005 年成为北京天坛家具厂的生产车间，2016 年天坛家具厂的生产基地迁至河北廊坊大厂，该厂址进行了整体升级改造，成为以智能制造和科技研发为核心的产业园区。该项目是以扩建后的资产申请发行 REITs，因此应重点关注改扩建时的投资管理手续合规性。

（四）特殊注意事项

1. 全面把握政策法规要求

严格执行相关政策法规，不是简单机械地照搬照抄，而应系统理解、准确掌握和合理应用，确保在发行 REITs 过程中既符合法律规范，又不造成障碍和麻烦。

以中信建投明阳智能新能源 REIT 的红土井子风电场项目为例。该项目的 16 台风机基础及配套箱变用地、全部进场道路用地均位于内蒙古克什克腾旗生态保护红线范围以内，是否属于环保违规项目呢？该项目于 2017 年 4 月投入运营，自然资源部在 2022 年 10 月批复实施克什克腾旗生态保护红线划定成果。2022 年 8 月，自然资源部、生态环境部、国家林业和草原局联合发布《关于加强生态保护红线管理的通知（试行）》，规定生态红线内"零星分布的已有水电、风电、光伏、海洋能设施等，按照相关法律法规进行管理，严禁扩大现有规模与范围"。2023 年 8 月，克什克腾旗自然资源局出具说明，确认"该项目未超过原核准报批及验收时规模及范围"。因此，红土井子风电场作为已建风电项目，在生态保护红线划定之前已经存在，在不扩大规模下正常运行，符合有关部门关于生态红线的监管规定。

2. 并非所有缺失手续都要补办

缺失的合规手续应遵循"应补尽补"的原则，但并非所有缺失的手续都要补办。针对未依法办理合规手续的情况，法律法规通常会规定相应的处罚措施，项目依法接受处罚后也可视为合规。

例如，中信建投国家电投新能源 REIT 的海上风电项目在 2015 年施工建设时，未取得海底电缆铺设施工批复文件。《中华人民共和国建筑法》第六十四条规定，"未取得施工许可证或者开工报告未经批准擅自施工的，责令改正，对不符合开工条件的责令停止施工，可以处以罚款"。《建筑工程施工许可管理办法》第十二条明确了具体的处罚措施和罚款标准。江苏省盐城海警局滨海工作站于 2022 年 6 月 24 日对项目公司作出《行政处罚决定书》，行政罚款 15 万元并下发《通知书》，明确"在规定期限内缴纳罚款后，我站对滨海北 H1#、H2#海上风电项目海底电缆维持现有状态和项目正常运营无异议"。据此，该项目按期缴纳罚款后，当年未依法办理施工批复文件的问题已得到有效解决。

四、保证项目运营收益良好

运营收益的稳定性是 REITs 投资回报的核心。优质 REITs 资产的核心价值在于其能够产生持续、稳定的现金流，为投资人带来理想回报。

（一）监管要求

根据 2024 年 1014 号文件，项目运营时间原则上不低于 3 年，收益来源合理分散，现金流投资回报良好，近 3 年经营性净现金流均为正。PPP 项目的收入来源穿透后应以使用者付费为主；收入来源含地方政府补贴的，应为按行业统一规定提供的补贴。

对于能够实现长期稳定收益的项目，如保障性租赁住房、清洁能源项目，可适当降低运营年限要求，但一般也不能少于 2 年。对于仓储物流、数据中心等行业，因商业模式或者经营业态等原因，现金流提供方可能较少，但商业模式应合理稳定，重要现金流提供方应当资质优良、财务状况稳健。

（二）常见问题

1. 收入预测过于乐观

稳定现金流要求各年的现金流入和流出能够相对可靠地计量。从现金流入来看，主要关注收入来源和结构，其中经营收入主要受产品或服务价格、服务量、市场竞争能力等因素影响；从现金流出来看，主要关注运营成本，与资产运营模式和运营能力直接相关。许多项目对未来收入增长的预测过于乐观，没有充分考虑各种风险因素。

以风电、光伏、燃气发电等清洁能源项目为例，其预期收入主要源于电费收入，取决于上网电量和电价。随着电力市场化改革，电价波动更加频繁，区域电价差异扩大，收益测算更为复杂，将持续影响基金存续期的收益稳定性。

2. 资产估值过高

REITs 资产估值的基本逻辑是基于历史预测未来，基本方法是收益法，即将基金持有期间的各年净现金流按照一定折现率计算项目净现值。不少项目原始权益人具有追求高估值的内在动力，在选取关键参数（如基准值、收益增长率和折现率）时不够客观，从而导致资产估值过高。过高的资产估值，必然会降低 REITs 收益率，虽然常态化发行后不再统一规定 REITs 收益率指标，但不能因此在估值时就不考虑投资人利益。

为防止资产估值过高，国家发展改革委 2024 年 1014 号文件要求最近 3 个会计年度的平均息税折旧摊销前利润（或经营性净现金流）不低于未来 3 个会计年度的 70%。例如，江苏省某产业园区项目在 2024 年下半年申报发行 REITs 时，最近 3 个会计年度平均经营性现金流占未来 3 个会计年度平均经营性净现金流的比例仅为 54%，远低于 70%，收益尚不够稳定，资产估值明显偏高。

3. 存在关联交易

关联交易通常是指资产出租方和租户来源于同一主体或关联方，可能影响租金价格的公允性，进而影响 REITs 发行后的收入稳定性。这个问题在仓储物流、数据中心等领域相对突出。

例如，京东集团仓储物流项目的主要收入来源为租金收入和物业管理费收入，占比分别约为 70% 和 30%，直接承租人均为京东集团旗下京东物流的相关子公司。京东物流与项目公司之间存在关联关系，可能导致关联交易和同业竞争。

4. 单一收入来源过于集中

REITs 项目收益来源应合理分散，直接或穿透后应来源于多个现金流提供方。在数据中心、仓储物流等领域，主要收入依赖单一租户的现象较为普遍，可能影响收入稳定性。

例如，润泽科技数据中心的底层资产为国际信息港 A-18 数据中心，收入类型为托管服务收入，直接签约客户为北京电信，终端客户为字节跳动，存在整租问题。

5. 可再生能源项目的国补不稳定

2011 年底，国家设立可再生能源发展基金，用于可再生能源项目补贴。国补在可再生能源项目收入中的占比很高，许多项目在 50% 以上。国补发放不及时问题较为普遍，许多项目的国补收入账期长，且具有较大不确定性，由此导致可再生能源项目的经营性现金流非常不稳定，难以满足发行 REITs 的要求。

例如，中航京能光伏 REIT 包括榆林光伏和晶泰光伏两个项目，按照国补回收金额加权计算，平均回款年期为 2.48 年。

（三）处理方式

1. 收益预测秉持谨慎性原则

收益预测应充分考虑未来风险。高速公路车流量增长率，保障性租赁住房、产业园区、仓储物流的出租率和租金水平等预测，应审慎合理。

例如，越秀汉孝高速公路全线 2015—2019 年的交通量复合增长率为 9.23%，申报 REITs 时预测 2021—2023 年的通行费收入（含税）增长率分别为 34.23%（2020 年疫情免费通行 79 天导致基数较低）、4.63% 和 6.42%，折现率选取税前加权平均资本成本（WACCBT），取值在 9.18%—12.49%，在同期上市的高速公路 REITs 项目中非常谨慎。2023 年 REITs 二级市场跌宕起伏，绝大多数高速公路 REITs 陆续"破发"，而华夏越秀高速 REIT 的价格一直较为稳定。

首批三只保障性租赁住房 REITs 的收益预测也都秉持了谨慎性原则。以红土深圳安居 REIT 为例，考虑到项目租赁期限以 3 年为主，从评估基准日起，租金增长率假设为每 3 年住房租金增长 2%，折合每年租金仅增长 0.66%。正因如此，这三只 REITs 发行上市首日都齐封涨停（+30%），并在 2024 年以来一直保持相对稳定上涨状态。

2. 合理估值

没有不好的资产，只有不好的价格。REITs 资产估值以收益法为主，需要合理测算收益期、测算未来收益、确定报酬率或者资本化率，从而将未来收益折现为现值。REITs 估值应谨慎选取基准值、收益增长率和折现率等关键参数，防止虚假包装，确保估值合理。

例如，中金湖北科投光谷 REIT 在向国家发展改革委申报时，以 2021 年 12 月 31 日为评估基准日，资产评估采用收益法，收益期约 30 年，折现率采用累加法（以安全利率加风险调整值）确定为 6.5%，资产估值合计 16.36 亿元；在招募说明书中，估值时点调整为 2022 年 12 月 31 日，折现率仍为 6.5%，但鉴于 2023 年 REITs 二级市场的波动而调低了未来收益，目标资产估值降为 15.40 亿元。

3. 基于公允价格正确处理关联交易

对于存在关联交易的 REITs 项目，为确保租金符合市场公允价格，在发行及存续阶段，基金管理人应与运营管理机构以协议方式约定防范利益冲突的相关条款，并采用适当的激励约束机制发挥运营管理机构主观能动性，确保租金符合项目所在区域同等标准物业的市场化租金水平、定价公允。

以嘉实物美消费 REIT 为例。该项目的四个子项目此前均为"二房东模式"，即先由关联方整租，再由关联方承租人将部分租赁区域出租给不同品牌商或商户。为发行 REITs，原始权益人将租赁模式调整为"直租模式"，即由项目公司直接与各超市及商户等承租人签订租赁合同，提升了分散程度，也显著调升了关联方租金。此外，运营管理机构物美商业出具承诺函，对于正常经营范围内无法避免或有合理理由存在的关联交易，承诺遵循市场化定价原则，公平公正确定交易价格，签订规范的关联交易合同，避免可能出现的利益冲突。

还可以通过建立"防火墙"等方式，防止可能的暗箱操作。以汇添富九州通医药 REIT 为例，九州通物流作为唯一的关联方租户整租底层资产，租赁服务收入占比 100%，监管机构要求改变原来的客户与原始权益人签约、原始权益人再与项目公司签约的模式，改由原始权益人、项目公司、客户三方签租赁合同，以保障基金管理人能够通过项目公司全面了解真实的出租率和租金情况。

4. 多资产组合解决集中度过高问题

多资产组合，不仅有利于形成规模经济效应，满足首发资产发行规模要求，也有利于解决单一客户集中度过高问题，提升 REITs 抗市场风险能力。

如博时津开产业园 REIT 的底层资产包括数字产业园和大陆汽车厂房。截至 2023 年 12 月 31 日，数字产业园租户 114 个，签约租户租金增长率一般为每年 1.5%—2.5%；大陆汽车厂房整租给一个租户，租金增长率基本为 0。通过两处资产组合，显著降低了客户集中度，提高了分散度。

5. 采用保理机制缓释国补的不确定性

为平滑基金存续期内的现金流，使得每年可供分配金额相对平稳，降低国补回款周期不确定性的影响，风电、光伏等新能源项目可以采用保理机制，将国补应收账款的不确定性变为确定性。

通过保理机制对现金流波动风险的缓释，首次出现在中航京能光伏 REIT 项目的申报材料中。京能国际将未收到的光伏国补在会计记账上一般记作应收账款，由保理公司购买 REITs 存续期内的补贴应收款，项目公司每年可取得一定金额的对价，从而平滑现金流，提高了 REITs 现金分派率的稳定性。

五、土地使用依法合规

土地使用依法合规是 REITs 发行的重要前提。中国的土地管理制度与西方国家有很大区别，土地实行公有制，即全民所有和集体所有，土地使用权获取方式常见有划拨、出让、转让、出租等，土地用途包括农业、林业、工业、住宅、商服等，再加上土地管理制度不断改进，这些因素以不同方式排列组合、互相交织，合规性要求十分复杂。

（一）用地规划手续缺失

不少项目因历史原因未完整办理用地规划手续。对这类情况，应按照投资管理手续合规性的相关原则予以处理，特别需要考虑到 2019 年自然资源部关于"多规合一"问题的有关规定，具体内容参见前文"完善投资管理合规手续"部分。

（二）划拨土地难以转让

根据《中华人民共和国土地管理法》，城市基础设施用地，以及国家重点扶持的能源、交通、水利等基础设施用地，可以以划拨方式取得。国家对划拨土地使用权的转让有严格规定，往往需要通过创新方式实现合规入池。

1. 将土地剥离并予以相应处理

对项目公司拥有土地使用权的经营收益权类项目，可采取以下方式处理：项目估值中不包含土地使用权市场价值，基金存续期间不转移项目涉及土地的使用权（政府相关部门另有要求的除外），基金清算时或经营收益权到期时按照相关协议约定以及法律法规规定处理相关土地使用权。

如广河高速（广州段）项目，项目公司可无偿使用项目用地且承诺不会发生项目用地使用权变更，项目现有评估结果不包含项目土地价值；项目收费期限期满后，无偿向交通主管部门办理收费公路移交手续。使用划拨土地建设的公租房项目，可以参考这一做法，构建特许经营模式，合规解决划拨用地问题，实现发行 REITs 的目的。

2. 土地作价出资（入股）方式

对于以划拨方式取得土地使用权或由于历史原因尚未取得土地使用权的项目，还可以探索作价出资（入股）模式，将土地评估作价后转为国有资本金，满足土地管理的相关要求。

根据《划拨用地目录》，高速公路服务区内经营性用地不属于可以通过划拨方式取得的公路交通设施用地，应以有偿方式取得土地使用权。例如，华泰江苏交控 REIT 的平望服务区涉及这一问题。江苏交控提出"对符合条件的土地按照作价出资（入股）方式配置"的方案，经江苏省人民政府批准同意后，完成作价出资手续，办理了平望服务区经营性用地的不动产权证书。

3. 补缴土地出让金

仍以收费公路的服务区为例。服务区用地属于经营性用地，不能采用划拨方式取得土地使用权；如果原来采用了划拨方式，可以补缴土地出让金、补办土地出让手续，进而入池公路 REITs 资产。

招商高速公路 REIT 亳阜高速公路项目的辛集服务区原本是划拨用地，为了发行 REITs，原始权益人与当地自然资源主管部门进行沟通，决定将其转为协议出让用地。经公示无异议、签署土地转让协议、经营性用地土地分宗、补缴土地出让金等程序，完成了服务区用地的"划拨转出让"工作，实现了资产入池。

（三）土地用途不一致

土地使用权证上记载的土地用途，是土地使用权人按照法律规定和土地出让合同约定的用途使用土地的法律依据。在申报 REITs 过程中，经常会遇到土地实际用途与规划用途不尽一致的情况，如在工业用地上建设仓储设施、在商业金融用地上建设产业园区。如果实际土地用途与土地使用权证记载不一致，必须经相关部门确认批准，否则可能构成违法用地。

《国务院办公厅关于进一步盘活存量资产扩大有效投资的意见》（国办发〔2022〕19号）提出，"对盘活存量资产过程中确需调整相关规划或土地、海域用途的，应充分开展规划实施评估，依法依规履行相关程序"。土地用途的调整，需要当地规划自然部门配合和支持。

（四）租赁用地的合规管理

风力发电、光伏发电等可再生能源项目经常通过租赁方式获得土地使用权，租赁的多是农村集体土地。从土地用途、签约对象到租赁期限等，都要依法合规，特别还要符合民法典中对于租赁行为的相关规定。

从土地用途上，不能占用基本农田和林业用地。从租赁期限上，根据民法典的有关规定，租赁合同的租赁期限不得超过20年。从签约程序上，租赁集体经营性建设用地须经本集体经济组织成员的村民会议三分之二以上成员或三分之二以上村民代表的同意。中航京能光伏 REIT 就是经过资产所在地三分之二以上村民表决同意后，与村民委员会重新签订集体用地租赁协议，确保了合法性。

六、建立合理的运营管理机制

运营管理机制是 REITs 长期稳健运行的核心保障，须从机制建立、机构设置、取费模式、利益冲突等多维度构建科学合理的运营管理模式。

（一）决策机制与管理机制

1. 分层决策机制

沪深证券交易所2024年12月修订的"公开募集基础设施证券投资基金（REITs）规则适用指引第1号——审核关注事项（试行）"（以下简称《审核关注事项》）要求，"基础设施基金应当设置有效分层决策机制，充分发挥外部管理机构（如有）以及相关方参与基础设施项目运营管理的作用"。

基金管理人可以从提高决策质量和效率出发，按照项目公司、基金管理人、基金份额持有人大会日常机构（如有）、基金份额持有人大会等不同层面，明确基础设施项目运营过程中重要事项的分层决策机制。运营管理机构参与项目运营管理不能缺位，也不能越位，不能超出权限干扰其他层级的决策。

例如，中金普洛斯 REIT 项目中，除了设置基金份额持有人大会对重大事项的决策机制、基金管理人 REITs 投委会决策机制、运营管理机构日常管理机制外，特别在基金管理人治理机制层面增加了"运营咨询委员会"，对基础设施项目的购入和出售方案、对外借款、项目重大协议签署或变更等重大事项进行投票决策。

2. 运营管理统筹机构与实施机构的设置

某些基础设施 REITs 可能存在资产规模、复杂性和专业化需求，或运营管理机构存在集团公司、属地子（分）公司的设计，通常以集团公司为运营管理统筹机构，以专业化子公司或属地子（分）公司作为运营管理实施机构，或二者共同作为运营管理机构。统筹机构负责制定战略规划、协调集团资源、监督实施机构绩效，实施机构负责项目日常运维、设备管理及应急预案执行。

例如，中信建投明阳智能新能源 REIT 采用"1+2"模式，即 1 个统筹机构（明阳智慧能源集团北京科技有限公司）负责全面规划与协调，2 个实施机构（北京洁源和国蒙公司）分别负责黄骅旧城风电场与红土井子风电场的具体运营维护。

（二）运营管理机构能力

1. 具备丰富的运营管理经验

《审核关注事项》规定，"运营管理机构应当具备基础设施项目相关的成熟运营管理经验和良好的市场定位能力、收益管理能力、运营成本管控能力，应当制定适宜的运营管理机制，稳定提升资产收益水平"。因此，在选择运营管理机构时，不仅要考虑其历史管理项目规模，还应考虑其管理项目的关键运营指标、财务指标，分析其运营效益是否与行业可比项目具有一定竞争力等。

例如，中金普洛斯 REIT 的运营管理机构为普洛斯投资（上海）有限公司，该公司于 2004 年 8 月 9 日开始经营，专注现代仓储的经营和管理，截至 2022 年 9 月 30 日，在中国境内负责 450 多个仓储物流等物业的管理，运营管理的同类资产规模逾 500 亿美元，具有很强的管理服务能力，营业收入及净利润均平稳增长，具备持续经营能力。

2. 配备充足的运营专业人员

《基础设施基金指引》规定，运营管理机构中"具有 5 年以上基础设施项目运营经验的专业人员不少于 2 名"。同时，具有房地产开发企业背景的原始权益人或发起人还应对运营管理机构的设置做到"五独立"，即机构独立、人员独立、资产独立、财务独立和业务独立，以避免利益冲突。

例如，华夏基金华润有巢 REIT 项目中，为满足 REITs 发行"五独立"的相关要求，2023 年 6 月 9 日由华润置地控股有限公司下设 100%控股的华润商业资产控股有限公司（以下简称"华润商业"）作为运营管理统筹机构，也是华润置地旗下购物中心资产的持有、运营和管理主体，同时指定欣润商业投资（深圳）有限公司（以下简称"欣润投资"）担任运营管理实施机构。无论是华润商业还是欣润投资，其人员配备都符合相关监管要求。

（三）取费与激励约束机制

1. 运营管理取费的合理性

《审核关注事项》规定，"运营管理费用设置应当合理、公允、符合交易习惯"，"外部管理机构收取的运营管理费应当包含基础管理费以及浮动管理费"。沪深证券交易所在审核过程中，通常会要求补充说明运营管理机构固定管理费与市场同类项目横向对比情况，并说明项目在历史上的成本覆盖情况和发行 REITs 后是否仍能够覆盖成本及合理性。

例如，华夏基金华润有巢 REIT 项目中，基金管理人在充分研究分析项目历史管理模式及管理成本后，结合购物中心市场情况，与运营管理机构商定，确定基础运营管理费如下：

基础运营管理费 = 每个基础运营管理费收费期间内的项目公司营业收入×基础运营管理费费率（年度）+每个基础运营管理费收费期间内的项目公司经营利润×8%

按过往 3 年（2020—2022 年）运营成本的审计结果，发行 REITs 后的基础运营管理费的收取能够覆盖成本且有一定的合理利润空间。

2. 激励约束机制

《审核关注事项》规定，"浮动管理费应当有利于提高基础设施项目运营管理效率、强化资产维护运营，以业绩增长为前提，能够有效体现对等的激励与约束"。

激励机制主要依靠浮动管理费实现，浮动管理费通常须与核心运营指标挂钩，如净运营收入（NOI）或其他同类指标超过预测或当年制定预算收入的10%—20%。

约束机制主要依靠业绩不达标扣减运营管理费或连续考核不达标触发运营管理机构解聘等机制实现。如招商高速公路 REIT 项目，《运营管理服务协议》设置了对运营管理机构的运营管理费用扣减机制，基金管理人有权对运营管理机构的运营管理服务进行检查考核，并根据确认的违规或指标不达标事项对运营管理咨询服务费进行扣减。

（四）运营管理期间同业竞争

不少原始权益人和运营管理机构管理的资产规模较大，现实中往往会存在同一城市、同一区域的运营管理机构既管理 REITs 资产，又管理非 REITs 资产的情况。

《审核关注事项》要求，"外部管理机构同时向基础设施基金以外的其他机构提供同类基础设施项目运营管理服务的，应当设立独立机构或者独立部门负责本基础设施项目的运营管理，并采取充分、适当的措施缓释利益冲突风险"。在审核过程中，交易所通常会要求原始权益人及运营管理机构披露持有其他同类型资产已建、在建、拟建的情况，并对同业竞争、利益冲突等可能性作出风险缓释措施。

例如，深圳证券交易所在招商基金蛇口租赁住房 REIT 项目的审核问询中明确提出，要补充原始权益人及其相关方持有的其他保障性租赁住房资产情况、在建和拟建项目情况，并对同业竞争、利益冲突等风险缓释措施的合理性、充分性和可行性进行核查与发表明确意见。除了按深圳证券交易所的要求进行补充说明外，运营管理机构还出具了《关于避免同业竞争的承诺函》，承诺将采取充分、适当的措施避免可能出现的利益冲突等事项，如违反承诺事项造成的损失将由运营管理机构承担。

第三节　REITs 发行管理

公募 REITs 的发行管理是面向广大公众投资者的起点，是投资者对 REITs 产品、基金管理人、运营管理团队建立认知和信任的过程。发行管理涉及产品定价、发行规模、流动性管理、投资者结构等诸多关键要素，需要考虑市场环境、投资者需求、预期收益、REITs 长期发展战略定位等多重因素，成功发行可以为 REITs 产品的长期发展奠定坚实的基础。

一、公募 REITs 发行主要参与方

公募 REITs 经中国证监会注册后，其认购价格通过交易所网下发行电子平台向网下投资者以询价的方式确定，基金管理人或其聘请的财务顾问受委托办理路演推介、询价、定价、配售等相关业务活动。在发售中，公募 REITs 主要面向战略投资者、网下投资者和公众投资者募集资金。

（一）基金管理人及财务顾问

基金管理人和财务顾问在发行中的作用主要体现在提供专业发行服务、推介 REITs 基金、管理投资者结构、合理确定发行价格，以及增加市场流动性等方面。

基金管理人、财务顾问应当依据交易所相关规定，建立健全基础设施基金发售业务的风险管理制度和内部控制制度，加强定价和发售过程管理，防范利益冲突。

（二）公募 REITs 认购参与方

1. 原始权益人或其同一控制下的关联方

原始权益人是指基础设施基金持有的基础设施项目的原所有人。为保证原始权益人或其同一控制下的关联方与投资者利益一致，其自持比例不得低于基金份额发售数量的 20%。

2. 外部战略配售投资者

外部战略配售投资者是指除原始权益人或其同一控制下的关联方外参与

REITs 基金发售的战略配售、以锁定持有基金份额的方式获得认购基金份额权利的投资者。

参与战略配售的专业机构投资者，应当具备良好的市场声誉和影响力，具有较强资金实力，认可基础设施基金长期投资价值。

3. 网下投资者

网下投资者是指参与 REITs 基金的网下询价发售业务的专业机构投资者。网下投资者包括证券公司、基金管理公司、信托公司、财务公司、保险公司、合格境外机构投资者、商业银行及其理财子公司、符合中国证券业协会发布的《公开募集基础设施证券投资基金网下投资者管理细则》（中证协发〔2021〕15 号）第五条规定的私募基金管理人，以及政策性银行、保险资产管理公司等其他中国证监会认可的专业机构投资者。

全国社会保障基金、基本养老保险基金、年金基金等可根据有关规定参与基础设施基金网下询价。

4. 公众投资者

公众投资者是指参与 REITs 基金的公众发售、具备公募基金认购资格的机构或个人投资者。参与网下询价的配售对象及其关联账户不得再通过面向公众投资者发售部分认购基金份额。

二、公募 REITs 发售流程

基础设施基金份额的发售，分为战略配售、路演、网下询价定价、认购（配售）等环节。基金管理人或财务顾问通过向网下投资者以询价的方式确定基础设施基金认购价格后，投资者按照确定的认购价格参与基础设施基金份额认购。

（一）战略配售

参与战略配售的投资者分为原始权益人或其同一控制下的关联方、外部专业机构投资者两类。

原始权益人或其同一控制下的关联方参与基础设施基金份额战略配售的比例合计不得低于基金份额发售总量的 20%，其中基金份额发售总量的 20% 持有期自上市之日起不少于 60 个月，超过 20% 部分持有期自上市之日起不少于

36 个月，基金份额持有期间不允许质押。

原始权益人或其同一控制下的关联方以外的专业机构投资者可以参与基础设施基金份额战略配售，战略配售比例由基金管理人合理确定，持有基础设施基金份额期限自上市之日起不少于 12 个月。

（二）路演

基金管理人、财务顾问及基金销售机构应当采用现场、电话、互联网等合法合规的方式，向投资者介绍基础设施基金情况。推介过程中，不得夸大宣传，或以虚假广告等不正当手段诱导、误导投资者，不得披露除招募说明书等公开信息以外的其他信息。

（三）网下询价定价

根据有关要求，扣除向战略投资者配售部分后，基础设施基金份额向网下投资者发售比例不得低于公开发售数量的 70%。

REITs 基金首次发售的，基金管理人或者财务顾问应当通过向网下投资者询价的方式确定基础设施基金份额认购价格。原始权益人及其关联方、基金管理人、财务顾问、战略投资者，以及其他与定价存在利益冲突的主体不得参与网下询价，但基金管理人或财务顾问管理的公募证券投资基金、全国社会保障基金、基本养老保险基金和年金基金除外。

基金管理人、财务顾问应当根据所有符合条件的网下投资者报价的中位数和加权平均数，并结合公募证券投资基金、公募理财产品、社保基金、养老金、企业年金基金、保险资金、合格境外机构投资者资金等配售对象的报价情况，审慎合理确定认购价格，公布入围的网下投资者名单。

（四）认购

有效报价的网下投资者应当在募集期向基金管理人提交认购申请，且其填报的认购数量不得低于询价阶段填报的"拟认购数量"，并在募集期内通过基金管理人完成认购资金的缴纳。参与网下询价的配售对象及其关联账户不得再通过面向公众投资者发售部分认购基金份额。

募集期内，公众投资者可以通过场内证券经营机构或基金管理人及其委托的场外基金销售机构认购基金份额。

（五）配售

募集期届满，公众投资者认购份额不足的，基金管理人和财务顾问可以将公众投资者部分向网下发售部分进行回拨。网下投资者认购数量低于网下最低发售数量的，不得向公众投资者回拨。网下投资者认购数量高于网下最低发售数量，且公众投资者有效认购倍数较高的，网下发售部分可以向公众投资者回拨。回拨后的网下发售比例，不得低于公开发售数量扣除向战略投资者配售部分后的70%。

基金管理人、财务顾问按照事先确定的配售原则，在有效认购的网下投资者中选择配售基金份额的对象。面向公众投资者发售部分应当按照相同比例或交易所认可的方式进行配售。

三、公募 REITs 发行方案设定

发行方案的设定对于 REITs 来说至关重要。全面严谨的发行方案能够吸引投资者，提高产品的市场接受度，并在产品解禁时为投资者提供清晰的退出路径，降低市场波动风险。因此，发行方案须综合考虑市场环境、投资者需求、产品特性及潜在风险，以实现发行目标并维护市场稳定。

同时，全面的发行方案有利于识别并选择能够提供长期价值的合作伙伴。这些合作伙伴包括战略投资者、网下投资者及公众投资者。他们在发行过程中提供资金支持，并在产品的整个生命周期中发挥关键作用。

（一）原始权益人或其同一控制下的关联方自持比例

根据有关要求，原始权益人或其同一控制下的关联方参与基础设施基金份额战略配售的比例合计不得低于基金份额发售数量的20%。现实中，原始权益人或其同一控制下的关联方在决策自持 REITs 比例时，通常会统筹考虑对公募 REITs 的控制程度、出表与并表、净回收资金和发行市场环境等因素。

1. 对公募 REITs 的控制程度

较高的自持比例意味着在持有人大会中有更强的决策权。REITs 法规明确约定了需要经参加持有人大会的基金份额持有人所持表决权的三分之二以上或二分之一以上表决通过的事项。因此，原始权益人或其同一控制下的关联方往

往希望通过较高的自持比例来影响持有人大会决策事项的结果，自持比例为34%（具有否决权）或51%（合并报表）是较多的选择。如果自持比例较低，可能面临因外部投资者在二级市场恶意增持而导致丧失资产实际控制权的风险，影响 REITs 基金资产管理的长期稳定性。

2. 出表与并表

较高的自持比例使得原始权益人可以形成对公募 REITs 的实际控制，依然并表标的资产，享有更多可变回报，但无法就标的资产转让的溢价部分确认利润。一般而言，原始权益人自持比例不低于34%时就可以将 REITs 基金及其持有的项目公司纳入合并报表范围，并在持有人大会的重大决策中具有否决权。与之相反，较低的自持比例使得原始权益人难以施加对公募 REITs 的控制，但能够实现标的资产出表，实现轻重资产分离，可以就标的资产的转让溢价确认利润。

3. 净回收资金

净回收资金规模也是考虑自持比例的重要因素。

原始权益人的净回收资金规模=募集资金规模-自持基金金额-偿还外部债务-缴纳税费

如果自持比例较高，原始权益人的净回收资金规模就低，进而影响原始权益人的资金使用效率和再投资能力。相反，较低的自持比例可以提高原始权益人的净回收资金规模，从而更好地实现盘活存量资产、扩大有效投资的目的。

4. 发行市场环境

自持比例的高低也与发行市场环境有关。一般而言，如果发行市场环境较热，参与战略配售的投资者较为踊跃，原始权益人或其同一控制下的关联方将释放更多的战略配售比例给外部投资者，适当降低自持比例；相反，如果发行市场环境较冷，为保证发行成功，也为了向市场传递投资信心，原始权益人或其同一控制下的关联方通常会提高自持比例。

此外，在决策自持比例的时候还应考虑其他多种因素，包括对市场流动性的影响、当期交易税负、未来扩募可能对份额比例稀释的影响等。原始权益人或其同一控制下的关联方应综合考虑以上因素并做好平衡。

已发行的公募 REITs 项目中，产权类项目的平均自持比例为 34%，而特许经营权类项目的平均自持比例为 44%，如表 2.4 所示。

表 2.4　已发行 REITs 平均自持比例情况（截至 2024 年 12 月 31 日）

分类标准	具体类别	平均自持比例（%）
类型	产权类	34
	特许经营权	46
发行人性质	国有企业	40
	民营企业	33
基础资产行业	仓储物流	27
	产业园区	32
	保障房	36
	消费	41
	生态环保	46
	能源	45
	交通	48
	水利	36

数据来源：REITs 基金合同生效公告。

（二）外部战略配售投资者的安排

1. 外部战略配售投资者的配售比例设置

外部战略配售投资者的配售比例设置需要考虑发行风险与二级市场流动性的平衡。一方面，战略配售可以提前锁定投资者需求，较高的战略配售比例有利于降低 REITs 基金的发行风险，特别是在市场剧烈震荡或有效需求不足时有助于 REITs 基金顺利发行；另一方面，过高的战略配售比例会压降流通盘规模，导致二级市场的流动性不足，较小的偶发性交易就可能对 REITs 基金价格产生较大扰动，不利于 REITs 基金的价格稳定。

已发行的公募 REITs 项目中，产权类项目的外部战略配售投资者的平均持有比例为 35%，特许经营权类项目的外部战略配售投资者的平均持有比例为

30%，如表 2.5 所示。

表 2.5 已发行 REITs 外部战略配售投资者平均
持有比例（截至 2024 年 12 月 31 日）

分类标准	具体类别	平均持有比例（%）
类型	产权类	36
	特许经营权	29
发行人性质	国有企业	33
	民营企业	39
基础资产行业	仓储物流	46
	产业园区	36
	保障房	30
	消费	35
	生态环保	23
	能源	30
	交通	29
	水利	33

数据来源：REITs 基金合同生效公告。

2. 外部战略配售投资者的类型选择

外部战略配售投资者的类型选择一定程度上影响 REITs 基金未来的价格波动。如果外部战略配售投资者的长期资金类型占比较高，当其锁定期结束后，REITs 基金面临的集中抛售压力较低，有利于二级市场价格稳定。

目前已发行的 REITs 战略配售投资者的类型分为 9 种，分别是保险、券商自营、券商资管、产业资本（含专业投资公司）、信托、公募基金、私募基金、银行和其他资管公司等。通常来说，保险、产业资本等属于较长期的资金。

近四年来，各类型投资者参与战略配售的情况有明显变化。2021 年发行的 REITs 产品中，参与战略配售前三名的投资者类型是保险、券商自营和产业资本（含专业投资公司）；2022 年发行的 REITs 产品中，参与战略配售前三名的投资者类型是保险、券商资管和券商自营；2023 年发行的 REITs 产品中，参与战略配售前三名的投资者类型是券商自营、保险和公募基金；2024 年发行的 REITs 产品中，参与战略配售前三名的类型是券商自营、保险和产业资本（含专业投资公司）。

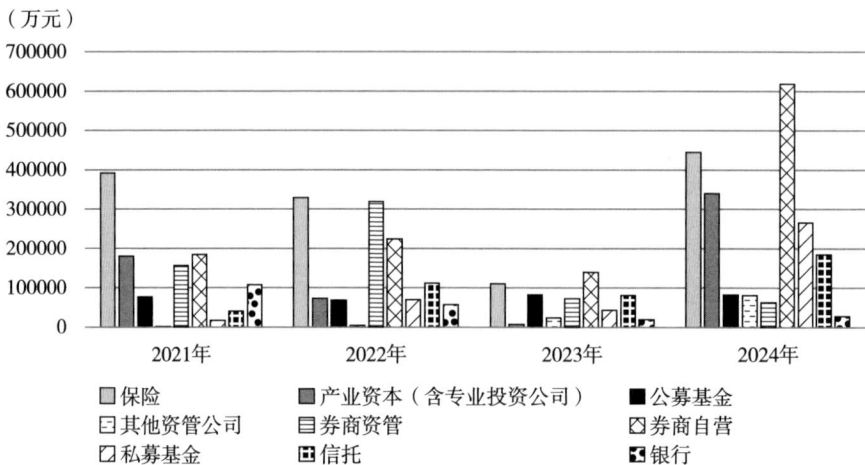

图 2.1　2021—2024 年战略配售投资者的类型分布情况（截至 2024 年 12 月 31 日）
数据来源：REITs 基金合同生效公告，嘉实基金整理。

3. 外部战略配售投资者锁定期限选择

外部战略配售投资者的锁定期限也一定程度上影响 REITs 基金二级市场表现。如果外部战略配售投资者的锁定期限较长或者不同投资者的锁定期限不同，REITs 基金面临的集中抛售压力较低。

目前已发行的 REITs 项目中，有多只 REITs 基金对于外部战略配售投资者锁定期有特殊的安排。华泰江苏交控 REIT 和华夏南京交通高速公路 REIT，对于全部外部战略配售投资者持有的全部战略配售份额的锁定期是三年；中信建投国家电投新能源 REIT、工银蒙能清洁能源 REIT、南方顺丰物流 REIT、中金厦门安居 REIT、华泰南京建邺 REIT，对于部分外部战略配售投资者持有的部分战略配售份额的锁定期是三年。

（三）网下及公众投资者的安排

根据有关要求，扣除向战略投资者配售部分后，基础设施基金份额向网下投资者发售比例不得低于公开发售数量的 70%。一方面，REITs 基金的认购价格应当通过网下投资者询价的方式确定，因此网下发售的供求关系将直接影响 REITs 基金认购价格的公允性和合理性，进而影响原始权益人进行 REITs 发行的融资效果和投资者认购 REITs 基金的性价比；另一方面，市场流动性是 REITs 市场持续健康稳定发展的重要基础，是市场活力和韧性的源泉。公众投资者，特别是散户投资者，是市场流动性的重要提供方。如公众发售比例过低，或将导致配置型机构投资者持仓比例较高，影响二级市场的交易活跃度和流动性。因此，保持合理的公众发售比例，尽可能多地争取散户投资者参与认购，将有利于提升 REITs 市场的流动性，推动 REITs 市场的长期健康发展。

四、资产定价

公募 REITs 的定价过程包括基金管理人和财务顾问（如有）确定询价区间、网下投资者询价报价、根据询价结果等多方面因素综合确定发行价格。基金管理人、财务顾问、战略投资者和其他与定价存在利益冲突的主体不得参与网下询价，公众投资者也不参与定价。战略投资者和公众投资者以最终确定的价格参与认购。

（一）定价逻辑

在发行 REITs 时，确定询价区间和发行价格是一个关键步骤。基金管理人和财务顾问（如有）通常会以 REITs 估值为基准，结合 REITs 二级市场情况、潜在投资者的交流情况和发行人的心理预期确定一个合理的询价区间。基金管理人发布询价公告后，符合要求的网下投资者根据自身的研究和判断提交对 REITs 的报价和认购意向。询价结束后，基金管理人、财务顾问（如有）和原始权益人会结合网下投资者的有效报价情况、REITs 二级市场情况、发行策略等因素，最终确定 REITs 的发行价格。发行价格通常不高于剔除不符合报价后网下投资者报价的中位数和加权平均数的孰低值。截至 2024 年底，各类型 REITs 溢价率的统计如表 2.6 所示。

表 2.6　各个类型的 REITs 溢价率情况 （截至 2024 年 12 月 31 日）

分类标准	具体类别	平均溢价率 （%）
类型	产权类	2.72
	特许经营权	4.58
发行人性质	国有企业	3.47
	民营企业	3.36
基础资产行业	仓储物流	3.18
	产业园区	3.12
	保障房	6.86
	消费	−2.14
	生态环保	3.96
	能源	6.28
	交通	3.73
	水利	5.00

数据来源：REITs 基金招募说明书和发售公告，嘉实基金整理。

　　REITs 首发定价相对于底层资产的折溢价反映了其账面价值和市场价值的差异，以及投资人对于 REITs 管理人和未来成长性的信心，也兼顾了当时的市场情绪。REITs 发行的折溢价作为 REITs 上市的重要起点，对发行人和投资者双方而言均具有重要意义。

　　1. 从发行人的角度

　　（1）折价发行的短期让利与长期收益。REITs 首发时根据市场情况采用一定的折让，虽然在短期内会牺牲部分发行收益，但这种让利能够显著提升 REITs 对投资者的吸引力，不仅有助于 REITs 在上市初期获得更好的市场表现，还能为后续的长期走势奠定良好基础。

　　（2）扩募与平台价值提升。REITs 扩募是实现资产规模扩大和平台价值提升的重要手段。合理的发行折让可以吸引长期资金的配置，助推 REITs 上市后有较好的长期表现，从而为扩募创造良好条件。发行人可以通过扩募注入新的优质资产，优化资产组合，提升整体收益。我国公募 REITs 市场正处于快速发展阶段，未来有望从单一资产扩募迈向混装资产扩募的时代，这将进一步推动 REITs 平台的持续增长，不断提升 REITs 上市平台的价值。

2. 从投资者的视角

（1）REITs 折溢价决定了投资目标的收益与风险相匹配的关联性。REITs 折价发行有助于吸引更多的投资者参与认购，尤其是那些对配置价格敏感的投资者，从而增加发行的容易程度，且增加 REITs 的市场流动性和投资者基础。

（2）发行时的折让使得投资者在二级市场投资持有 REITs 具有一定的安全边际，促进上市以后的市场表现，减少市场波动对 REITs 价格的负面影响，增强投资者对 REITs 的信心。

（3）适度的发行折让能够反映出发行人对 REITs 未来发展的乐观预期，通过让利给投资者，激励投资者长期持有，共同分享 REITs 的成长收益。

3. 海外 REITs 市场的范例

从海外成熟市场的发展经验来看，在 REITs 发行定价中，主动或者被动的折让往往带来更好的长期发展结构，能够更好地实现发起人和投资者的多赢。

以新加坡首只 REITs——凯德商用新加坡信托（CapitaMall Trust，CMT）为例。CMT 于 2002 年 7 月 17 日上市，发行价格为 0.96 新加坡元，发行份额 2.13 亿份，超额配售额度 0.32 亿份，总募集金额为 2.35 亿新加坡元。所持有的底层资产估值为 9.3 亿新加坡元，首发时的每股净资产价值为 0.97 新加坡元，首发价格相较每股净资产价值折价 1.03%。CMT 曾于 2001 年 11 月尝试以 1 新加坡元面值、股息率 5.75% 为条件发行上市但未能成功，因此调整了发行定价，第二次发行取得成功，并且获得了 5 倍的超额认购。

上市首年，CMT 单位可供分配金额为 0.0338 新加坡元，年化派息收益率为 7.66%，相较 IPO 时增加 8.5%，经营业绩稳健，超过首发预期，带动二级市场价格增长 5.2%，同期的海峡指数和新加坡地产指数分别下跌 15% 和 24%。

在随后的发展中，CMT 借助有利的首发赚钱效应和发起人自身的资产管理规模优势，通过不断的运营提升和对外并购获得了快速成长，到 2020 年和 CCT 合并为 CICT，成为新加坡最大的房地产信托之一，资产规模增长超过 10

倍，达到了 117 亿新加坡元。

（二）价值分析框架

公募 REITs 发行定价的过程，实质上是一个对其价值进行分析认定的过程。构建一个发行人和投资者都认同的价值分析框架，有助于双方更好地在发行定价上趋于一致。对公募 REITs 价值分析的主要框架可遵循自上而下的研究方法。

第一，公募 REITs 持有实物资产，宏观经济周期以及不动产周期是进行投资判断时重要的参考因素。不动产周期会对 REITs 的基本面产生较大影响，在进行 REITs 的资产配置时，选择适应当下宏观环境的资产类别，保证投资组合与不动产周期相适应，才有可能实现穿越经济周期。此外，不动产周期的判断也为后续的估值合理性分析提供了重要行业依据，比如收入驱动因素增长率的假设是否合理。

第二，对公募 REITs 底层资产的深度价值分析，是获得长期稳定收益的重要方法。底层资产的分析主要从以下几个维度展开：

（1）资产估值及其合理性分析：资产估值是评估 REITs 价值的基础。在国内市场实践中，收益法被广泛采纳为评估基础资产价值的主要手段。该方法通过预测未来各期现金流入，并采用适当的折现率将其折算成现值来确定资产的价值。资产估值分析的关键在于判断对未来现金流的预测和折现率的合理选择。现金流预测则须基于对资产行业趋势、资产运营情况等因素的深入分析来进行判断。

（2）底层资产的历史运营表现及未来运营预期：底层资产的实际运营表现是衡量其资产稳定性的重要指标，包括资产的日常运作情况，如产权 REITs 项目的租户结构、租约情况、出租率、租金收入水平、EBITDA 等关键数据。除了分析资产的历史经营情况，更重要的是对资产未来运营进行判断，通过历史数据的变动进而对未来的运营情况进行投资判断。

（3）公募 REITs 的收益率分析：稳定分红的实物资产，可以作为投资者的核心资产进行长期配置。REITs 持有优质的实物资产，可以给投资者提供持续稳健可预期的分红。稳定持续的分红能力，使得 REITs 在具有权益属性的同时，也具有类债券的分红属性。从收益率的角度来看，一方面，需要关注分红是否主要来自资产运营本身所产生的现金流；另一方面，需要对同类型 REITs 收益率进行比较，特别是需要关注 REITs 在一级发行、二级交易的收益率差异。

（4）原始权益人的背景及能力：原始权益人的背景和能力同样对 REITs 的价值有重要影响。需要考察其在资产管理上的专业素养和过往业绩，同时评估其是否拥有充足且优质的潜在扩募资产储备。这对于保障公募 REITs 的长期增长潜力至关重要。

第三，随着 REITs 市场的不断发展成熟，REITs 的二级市场定价水平将对 REITs 一级市场的定价产生重要影响，即 REITs 二级市场将逐渐成为"定价的锚"。对新发行 REITs 的价值判断，也需要考虑到二级市场的收益率要求，避免一、二级倒挂所导致的资本亏损。

综上所述，对于 REITs 的价值分析，本质上是分析底层资产的投资价值，经济周期、行业前景以及二级交易都会影响 REITs 的价值。但长期来看，具有较强定价能力的核心资产，即便受到短期因素的扰动，终将实现均值回归，底层资产的基本面才是 REITs 价值和定价的根本因素。

第三章　监管机构审核重点

2020 年 4 月公募 REITs 试点启动以来，国家发展改革委、中国证监会始终坚持严把审核关，有力推动了公募 REITs 试点的平稳起步与健康发展。审核把关是我国公募 REITs 市场从无到有、从有到好的过程中不可或缺的一环，既为发行上市明确了标准，又为市场建设指明了方向，更为 REITs 健康可持续发展发挥了保驾护航作用。2024 年 8 月，国家发展改革委积极部署推动 REITs 常态化发行，在这一全新阶段，REITs 审核把关将为市场的进一步发展壮大提供坚实有力的保障。

第一节　审核把关的重要性

一项新制度要在一个国家落地生根、蓬勃发展，必然要深深扎根于该国国情，REITs 在我国的诞生与发展亦是如此。2020 年 4 月，我国在深入研究国情的基础上，开创性地从基础设施领域开启了公募 REITs 试点工作。试点启动以来，市场的稳步前行离不开基于国情构建的一整套审核把关标准与程序，如图 3.1 所示。这套由发展改革部门推荐项目、证券监管部门审核产品的审核把关程序，有助于筛选优质项目、畅通发行路径，有助于把控发行节奏、推动市场成长，有助于降低信息不对称、保障投资人利益，有助于明确发行标准、探索市场发展方向。

一、适应基本国情的必然要求

历经 40 多年的改革开放，我国已基本建成具有中国特色的社会主义市场

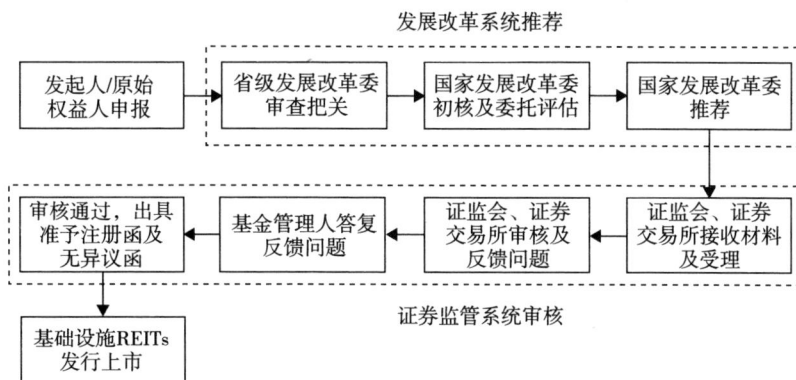

图 3.1 审核把关程序

经济体制，在基本经济制度、政府与市场关系等方面，与资本主义市场经济体制存在诸多根本性差异。与此同时，中国的基础设施投融资体制在这40多年间也经历了深刻变革，不同领域、不同时期的投资政策差异显著。因此，必须从我国基本国情出发，深刻认识审核把关的重要价值。

（一）生产资料公有制

生产资料公有制是中国社会主义经济制度的基础。在公有制背景下推进公募REITs试点，不可避免地面临诸如土地使用权转让、企业国有资产交易等一系列独特问题，这些问题与西方国家存在明显不同。

一方面，在中国，土地所有权归国家或集体所有，企业仅能通过划拨、出让、租赁、土地作价出资或入股、从第三方购买等方式取得土地使用权，其中出让方式又涵盖招标、拍卖、挂牌、协议等多种形式。不同的土地使用权获取方式，对土地使用权转让有不同的规定。例如，国家重点扶持的能源、交通、水利等基础设施项目可通过划拨方式获取土地使用权，但划拨土地使用权未经批准不得转让，如需转让则必须履行必要的审批手续；而通过协议出让或招拍挂出让等其他方式取得的土地使用权，则须依照相关规定履行其他程序。

另一方面，公有制为主体、多种所有制经济共同发展是中国的基本经济制度。中国基础设施领域的投融资活动主要以国有企业为主体，大量基础设施资产属于国有资产，在发行REITs时必须严格遵守国有资产管理的相关规定。对于国有企业作为原始权益人发行的项目，REITs 产品收购项目公司股权时，必须符合企业国有资产交易的相关规定。

（二）政府宏观调控

构建高水平社会主义市场经济体制，既要充分发挥市场在资源配置中的决定性作用，也要更好发挥政府作用。科学的宏观调控、有效的政府治理是发挥社会主义市场经济体制优势的内在要求。国家宏观调控涵盖发展规划、产业政策、价格管理等多种手段与方式，在发行 REITs 时必须严格遵循相应要求。

一是发展规划。包括国民经济和社会发展规划、城乡规划、国土空间规划、行业规划、区域规划等多种类型。众多规划涉及经济发展方向、重大项目布局等关键内容，会对基础设施项目的运营管理、投资收益等产生重要影响。因此，在筛选存量资产时，务必充分考量规划因素。例如，若交通运输规划中新建高速公路项目，可能会导致既有高速公路车流量下降，进而影响其收益水平。

二是产业政策。产业政策是国家引导产业发展方向、推动产业结构升级、协调产业结构、促进经济可持续发展的重要手段，通过设定产业发展目标、制定重要技术标准、提供财政税收支持、保障土地资源供给等一系列措施予以贯彻实施。产业政策的调整，也可能会对基础设施项目的运营产生重大影响。例如，受益于国家财政补贴政策，光伏发电、风力发电、生物质发电等新能源发电项目曾一度快速发展，但这些项目自 2020 年起面临"国补退坡"问题，这将在较大程度上影响相关项目的收益水平。

三是价格管理。依据《中华人民共和国价格法》，中国实行并逐步完善宏观经济调控下主要由市场形成价格的机制，大多数商品和服务价格实行市场调节价，仅有极少数商品和服务价格实行政府指导价或政府定价。部分基础设施项目公共属性较强，仍受价格管理政策影响，价格调整会直接影响项目的收入能力。例如，为支持实体经济发展、降低企业用电成本，中国对省及省以上电网输配电价实施严格管理，若以电网为底层资产发行 REITs，就必须对这一管理制度的影响进行全面深入的分析评估。

此外，在招商引资过程中，地方政府通常会向引进企业提供土地、税收、配套等支持，同时可能附带限制条件。这些限制条件可能会对发行REITs过程中的资产重组、项目公司股权转让、特许经营权转让等环节造成一定影响。

（三）投融资机制多元

中国的基础设施投融资机制是在从传统计划经济向社会主义市场经济转变过程中不断改进和完善的，具有十分鲜明的中国特色和时代特征。

不同投资主体依据不同时期、不同行业的投融资政策，采用不同建设管理方式，形成不同类型基础设施项目，在此背景下，很多项目往往具有自身特点和相应复杂性。以收费公路项目为例。根据《收费公路管理条例》，收费公路包括政府还贷公路和经营性公路两大类型，其中经营性公路既有地方政府投融资平台公司等主体直接投资建设的收费公路，又有社会资本方按照特许经营模式投资建设的收费公路。政府收费还贷公路项目只能保障必要支出，无法形成剩余收益，不适合发行REITs；地方政府投融资平台公司投资建设的收费公路项目发行REITs，须妥善处理国有资产转让等问题；采取特许经营模式建设的收费公路项目，还须把握特许经营模式对存续期限、资产交易、运营管理的影响。

受生产资料公有制、政府宏观调控、投融资机制多元化等因素影响，基础设施项目在土地使用合规性、投资管理合规性、宏观政策符合性、可转让性等方面均须符合国内相关法律法规和政策要求，这些内容涉及面广、专业性强，普通投资人、中介机构难以进行全面、准确、客观的判断，因此基础设施REITs的审核把关显得尤为重要。

二、维护公共利益的内在需要

基础设施REITs天然具备两大属性：一是作为金融产品所应有的商业属性；二是基础设施与生俱来的公共属性。妥善处理商业属性与公共属性之间的关系，切实维护好基础设施项目的公共利益，是发行REITs时必须直面的重要问题。基础设施项目的商业价值在REITs发行和交易过程中可更多地由市场自行判断，但基础设施项目的公共利益是否得到有效保障，仍需政府在审核把关过程中重点关注。

（一）基础设施公共属性是商业价值的重要支撑

成功发行基础设施 REITs，必须同时满足原始权益人和投资人的基本诉求，即原始权益人对融资金额的期望和投资者对投资收益的追求。无论对原始权益人还是投资者而言，基础设施 REITs 都必须具备商业价值。若拟发行的基础设施 REITs 收购基础设施项目价格过低，无法满足原始权益人的融资需求，原始权益人将不会选择发行 REITs；若基础设施项目运营状况不佳，无法达到投资者的收益分配要求，投资者也不愿进行投资。在任何情况下，缺乏商业价值的基础设施项目都不具备成功发行的基础。

然而，基础设施公共属性是商业价值的重要支撑。例如，污水处理厂、供热管网等之所以能够产生持续稳定的收入，正是因为其满足了市政管理需求，为居民提供了污水处理和供暖服务，其商业价值的根源正是基础设施项目与生俱来的公共属性。倘若为了提高产品投资收益、优化 REITs 产品二级市场表现，而采取过度商业化措施，如大幅提高产业园区基础设施的租金水平、为控制运营成本不对基础设施项目进行维护或降低维护标准等，均可能影响基础设施项目的稳定运营，损害公共利益，与基础设施的公共属性相悖，从长远来看，也将对基础设施 REITs 的商业价值产生负面影响。

（二）保障公共利益是不可逾越的红线

基础设施的本质特性是为社会生产和居民生活提供公共服务，具有天然的公共属性，其首要目标是保障和维护公共利益。因此，基础设施项目的公共属性不存在"有"与"无"的区别，仅存在"多"与"少"的差异。例如，供水、供电、供气、供热等市政基础设施项目，高速公路等交通基础设施项目，污水垃圾处理等生态环保项目的公共属性更强；仓储物流项目、产业园区项目、消费基础设施项目的商业属性更加突出，如表 3.1 所示。然而，所有类型的基础设施项目都会产生一定的外部效应，影响公共利益，绝不能仅强调商业属性而忽视公共利益。

表 3.1　基础设施 REITs 主要行业公共属性

行业	公共属性		
	较强	中等	较弱
交通基础设施	√		
能源基础设施		√	
市政基础设施	√		
生态环保基础设施	√		
仓储物流基础设施			√
园区基础设施			√
新型基础设施			√
租赁住房		√	
水利设施	√		
文化旅游基础设施		√	
消费基础设施			√
养老设施	√		

发行基础设施 REITs 必须维护公共利益，同时也要处理好与商业利益的关系，防止以维护公共利益之名损害基础设施项目正常合理的商业利益。若缺乏合理的商业利益，社会资本将不愿进入基础设施领域，公共产品和公共服务的供给可能会受到影响，最终受损的仍是广大公众的公共利益。

（三）实现商业价值与公共利益的统一

商业价值与公共利益是基础设施 REITs 项目不可分割的两个部分，既不能因公共利益而排斥商业价值，也不能为了产品成功发行而放弃维护公共利益。必须正视基础设施 REITs 具有商业价值和公共利益对立统一的双重属性，在实践中统筹兼顾、逐步探索，努力寻求两者之间的平衡点，推动商业价值与公共利益的有机统一。

在实践中，可考虑采用资产重组方式，适当分割基础设施项目的公共属性与商业属性，减少两者之间的矛盾冲突。例如，具有水力发电功能的大型水库是一个系统工程，其大坝部分主要提供公共服务，发电装机部分则具有较高商业价值。可以考虑对其资产进行合理切割，选取商业属性强、商业价值高的资产部分发行 REITs，保留其余部分的公共属性。政府还可以明确规定基础设施必须达到的公共服务标准，在符合标准的前提下，允许企业采用适当方式开展商业运营活动，以实现较好的商业价值。

鉴于基础设施 REITs 兼具商业价值和公共利益，而市场无法对基础设施项目的公共利益进行准确判断和妥善安排，原始权益人、投资者出于追求更大经济利益的本能，存在将基础设施项目商业价值最大化的倾向，这可能会影响公共利益的实现。因此，必须通过审核把关确保项目在发行基础设施 REITs 过程中不损害公共利益。

三、推动金融服务实体经济的重要保障

基础设施 REITs 是实体经济与金融资本紧密结合的一种金融产品。要推动基础设施 REITs 产品更好地满足原始权益人的发行诉求，符合投资者的投资偏好，就必须在审核把关过程中妥善处理好实体经济与金融资本的关系，实现两者的相互融合与促进。

（一）作为实体经济的融资新模式，需要审核把关指明方向

实体企业对银行贷款、债券融资、公司首次公开募股（IPO）或股票增发等融资方式往往更为熟悉，对基础设施 REITs 则相对陌生。企业初次接触基础设施 REITs 时，通常会疑惑"这是什么""有什么用"，进而关心"哪些项目可以做""怎么做"。官方的政策宣传解读以及相关金融机构在承揽业务时的普及引导，能够解答企业前两个疑问，而后两个问题实则涉及审核标准与审核程序，需要在审核把关实践中予以明确。

曾有一种观点认为，REITs 发行无须监管部门审核把关，企业可依据项目基本要求和产品发行标准自行完善后交由市场评判。这种观点看似旨在加速市场发展，实则忽视了国情的复杂性以及从 0 到 1 的艰巨性。对于一个全新的市场，如何确定"项目基本要求"和"产品发行标准"呢？这些要求和标准正是在审核把关过程中逐步规范的，并在项目审核实践与市场检验中不断优化完善。

经过近五年实践，收费公路、产业园区、仓储物流等项目的审核把关标准

已较为明确，相关关注点基本得到原始权益人和投资人的一致认可。但是，市政、数据中心、旅游、养老等基础设施项目仍属于新的资产类型，企业在筹备发行时往往面临路径选择的困惑，而审核把关恰恰为这些项目提供了可供参考的方向。

（二）作为资本市场的投资新产品，需要审核把关保障各方利益

对投资人而言，基础设施 REITs 是一种结构复杂、专业性强的新产品。从内容上看，其底层资产的行业和地域特征显著，常言道"隔行如隔山"，投资人需要跨行业学习和投资，这与聚焦特定细分行业的股票投资和关注发行人信用资质的债券投资差异显著。从结构上看，投资人须通过公募基金和资产支持证券两层结构持有项目公司股权，其间涉及基金管理人、资产支持证券管理人以及负责项目运营的运营管理机构，同时还须充分考虑和同样作为投资人的原始权益人及其一致行动人的关系。

在投资人难以全面了解所有基础设施行业情况、准确把握基础设施 REITs 治理体系的情况下，发展改革部门负责项目推荐、证券监管部门负责产品审核的程序显得尤为重要。通过审核把关，虽无法扫除所有风险点、确保项目投资收益，但能够充分识别、应对或披露主要风险，从而推动项目达到发行上市的基本门槛。

（三）作为资本市场和实体经济紧密的结合点，需要审核把关打通关窍、解决难题

基础设施 REITs 紧密连接资本市场与实体经济，充分体现了金融服务实体经济的理念。古人云："术业有专攻"，在基础设施 REITs 试点初期，资本市场对基础设施领域缺乏深入了解。例如，有人认为基础设施项目收益一般，难以推出 REITs，即便推出个别项目也无法推广；有人觉得投资人更倾向于投资有想象空间的新运营项目，对收益稳定、运营成熟的项目兴趣不大；还有人提出基础设施领域的投资管理合规性手续不重要，只要项目建成并正常运营即可发行上市；甚至有人认为股权转让不等于资产转让，在不解除资产转让限制的前提下转让项目公司股权无风险。如今看来，这些观点存在较大局限性，缺乏整体和系统的思考。

同样，基础设施领域最初对金融产品 REITs 的认知也不全面。常见的情况是企业将基础设施 REITs 发行成本与贷款融资或债券发行成本比较，得出"麻烦""不划算"的结论；有些企业无法理解收益法估值的业务逻辑，认为发行 REITs 会低估资产价值；还有企业对基础设施 REITs 信息披露要求了解不足，发生重大事项时，未及时披露，处理不当，影响了二级市场走势。

在基础设施行业和资本市场存在不同话语体系的背景下，审核把关环节提出行业共性问题，调动不同背景的专业力量共同研究，从项目运营、产品设计等角度论证解决。在这一过程中，基础设施企业和金融机构双向奔赴、逐步达成共识，解决了一个又一个行业发行 REITs 的具体问题，客观上推动了实体经济与资本市场的交流融合。

经过近五年的市场建设，发展改革部门推荐项目、证券监管部门审核产品的基础设施 REITs 审核把关程序已得到市场各方的广泛认可和积极支持，成为当前市场发展阶段行之有效的管理制度体系。加强审核把关符合我国国情，有助于维护公共利益，推动资本市场与实体经济有机结合，是基础设施 REITs 市场建设和探索过程中不可或缺的重要环节。基础设施 REITs 审核把关主要政策如表 3.2 所示。

表 3.2　基础设施 REITs 审核把关主要政策

序号	文件名称
	两部门联合发文
1	《中国证监会　国家发展改革委关于推进基础设施领域不动产投资信托基金（REITs）试点相关工作的通知》（证监发〔2020〕40 号，2020 年 4 月 24 日）
2	《中国证监会办公厅　国家发展改革委办公厅关于规范做好保障性租赁住房试点发行基础设施领域不动产投资信托基金（REITs）有关工作的通知》（证监办发〔2022〕53 号，2022 年 5 月 24 日）
	国家发展改革委
3	《国家发展改革委办公厅关于做好基础设施领域不动产投资信托基金（REITs）试点项目申报工作的通知》（发改办投资〔2020〕586 号，2020 年 7 月 31 日，已废止）
4	《国家发展改革委关于进一步做好基础设施领域不动产投资信托基金（REITs）试点工作的通知》（发改投资〔2021〕958 号，2021 年 6 月 29 日）

续表

序号	文件名称
5	《国家发展改革委办公厅关于做好基础设施领域不动产投资信托基金（REITs）新购入项目申报推荐有关工作的通知》（发改办投资〔2022〕617号，2022年7月7日）
6	《国家发展改革委关于规范高效做好基础设施领域不动产投资信托基金（REITs）项目申报推荐工作的通知》（发改投资〔2023〕236号，2023年3月1日）
7	《国家发展改革委关于全面推动基础设施领域不动产投资信托基金（REITs）项目常态化发行的通知》（发改投资〔2024〕1014号，2024年7月6日，项目推荐主要依据）
8	《国家发展改革委办公厅关于印发〈基础设施领域不动产投资信托基金（REITs）项目申报材料格式文本（2024年版）〉的通知》（发改办投资〔2024〕662号，2024年7月30日，项目推荐主要依据）
中国证监会	
9	《公开募集基础设施证券投资基金指引（试行）》（证监会公告〔2020〕54号，2020年8月6日）
10	《中国证监会关于进一步推进基础设施领域不动产投资信托基金（REITs）常态化发行相关工作的通知》（证监发〔2023〕17号，2023年3月7日）
证券交易所	
11	《上海证券交易所公开募集基础设施证券投资基金（REITs）业务办法（试行）》（2021年1月29日）
12	《上海证券交易所公开募集基础设施证券投资基金（REITs）规则适用指引第1号——审核关注事项（试行）（2024年修订）》（2024年12月27日）
13	《上海证券交易所公开募集基础设施证券投资基金（REITs）规则适用指引第2号——发售业务（试行）》（2021年1月29日）
14	《上海证券交易所公开募集基础设施证券投资基金（REITs）规则适用指引第3号——新购入基础设施项目（试行）》（2022年5月31日）
15	《上海证券交易所关于规范公开募集基础设施证券投资基金（REITs）收益分配相关事项的通知》（2022年11月18日）
16	《深圳证券交易所公开募集基础设施证券投资基金业务指引第1号——审核关注事项（试行）（2024年修订）》（2024年12月27日）
17	《深圳证券交易所公开募集基础设施证券投资基金业务指南第1号——发售上市业务办理》（2021年4月30日）
18	《深圳证券交易所公开募集基础设施证券投资基金业务指引第3号——新购入基础设施项目（试行）》（2022年5月31日）
19	《深圳证券交易所公开募集基础设施证券投资基金业务指南第4号——存续期业务办理（2024年修订）》（2024年11月29日）
20	《关于规范深圳证券交易所公开募集基础设施证券投资基金收益分配相关事项的通知》（2022年11月18日）

第二节 项目把关

公募 REITs 是依法合规建设形成、成熟稳定运营的基础设施项目的上市融资方式。要推动 REITs 市场发展，需要从资产合规性、收益稳定性、项目参与单位合规性等方面做好项目把关。

一、资产合规性

资产合规性把关应从法律法规和政策要求出发，重点关注土地使用、投资建设、资产权属、可转让性等内容，解决在哪儿建、怎么建、属于谁、能否转让等关键问题。合规性是基础设施 REITs 的首要问题，合规性审核是防范资产形成风险转移给投资人的重要闸门。

（一）严守法律法规和政策底线

1. 要确保项目符合国家重大战略、发展规划和产业政策

我国广泛运用重大战略、发展规划、产业政策引导区域和行业发展。2024年 1014 号文件明确规定，项目不得违背国家重大战略、国家宏观调控政策、国民经济和社会发展总体规划、有关专项规划和区域规划（实施方案），以及《产业结构调整指导目录》和相关行业政策。例如，2020 年 12 月 23 日，国家发展改革委等部门发布的《关于加快构建全国一体化大数据中心协同创新体系的指导意见》提出，到 2025 年，大型、超大型数据中心运行电能利用效率（PUE 值）降至 1.3 以下，这为存量数据中心项目发行基础设施 REITs 提供了明确的能效指标导向，不符合要求的数据中心项目不适合发行。

2. 要准确理解现行的投资管理政策法规

基础设施 REITs 实践始终遵循依法治国原则，研究合规性问题时应依法依规寻求解决方案，准确理解法律条款含义，透过现象看本质。如河北荣乌高速公路项目建设时为政府还贷公路，2022 年 11 月经交通运输部确认变更为经营性公路，并延长了收费期限。根据《收费公路管理条例》规定，"转让收费公路权益的，应当向社会公布，采用招标投标的方式，公平、公正、公开地选择

经营管理者"。该项目发行 REITs 是否需要重新招标收费权，是项目推荐过程
中需要重点研究的问题。经研究，原始权益人河北高速集团的前身是河北省高
速公路管理局，2019 年 6 月经河北省委、省政府批准改制为国有独资公司、
省属重点骨干企业，自然承继了项目收费权。项目收费公路属性变更不影响收
费权属，原始权益人改制时已承继公路收费权，无须按规定另行招标，发行
REITs 不存在收费权转让程序风险。

3. 要在项目投资、建设、运营全流程对资产合规性把关

审核把关资产合规性时，不能仅要求基础设施项目形成结果合法合规，项
目投资建设过程同样重要。只有依法依规办理完成各项投资管理手续，才能确
保基础设施项目运营过程中提供的产品和服务具有合规性，进而具备实现社会
和商业价值的基本条件。对于拟发行基础设施 REITs 的项目，尽管项目已建成
运营，但前期手续办理是隐藏在"事实"背后的"历史事件"，不能以"建成
运营即合理"的口径去说明建设过程的合规性。无论是土地管理手续还是投
资项目管理手续，都有土地管理法、政府投资条例、企业投资项目核准和备案
管理条例等法律法规规范，违法违规取得的成果无论在何种意义上都不能被认
可为合规结果，如同某考生通过高考舞弊取得大学入学资格及毕业证书，相关
部门宣布舞弊成绩无效时，大学也会撤销其毕业证书。因此，必须对资产合规
性进行全流程追溯，不能以"已建成运营、未受行政处罚"为由回避问题。

（二）土地使用合规性

1. 基础设施 REITs 用地性质的逐步放宽与调整

2023 年 3 月，2023 年 236 号文件把百货商场、购物中心、农贸市场、社
区商业等消费基础设施纳入基础设施 REITs 行业范围，同时明确项目用地性质
应符合土地管理相关规定。这实际上将基础设施 REITs 土地用途进一步扩展至
商业用地等。比如华润万象城宗地用途为零售商业、商务金融/商业用地；物
美项目宗地用途涵盖商业、办公、公寓、地下商业、地下办公、地下仓储、地
下车库等。截至 2025 年 3 月 31 日，已上市租赁住房基础设施 REITs 和消费基
础设施 REITs 项目用地情况如表 3.3 和表 3.4 所示。

表3.3 已上市租赁住房基础设施REITs项目用地情况（截至2025年3月31日）

项目名称	资产名称	用地性质
华夏北京保障房RE-IT	文龙家园	住宅（公共租赁住房）/住宅
	熙悦尚郡	城镇住宅用地/住宅
中金厦门安居REIT	园博公寓	居住用地/城镇住宅用地（公共租赁住房）
	珩琦公寓	居住用地/城镇住宅用地（公共租赁住房）
红土深圳安居REIT	安居百泉阁	二类居住用地/住宅；二类居住用地/商业
	安居锦园	二类居住用地/住宅
	保利香槟苑	二类居住用地/住宅
	凤凰公馆	二类居住用地/住宅
华夏基金华润有巢REIT	有巢泗泾	租赁住房（R4）
	有巢东部经开区	四类住宅组团用地
国泰君安城投宽庭保租房REIT	江湾社区	居住用地
	光华社区	四类住宅组团用地
招商基金招商蛇口租赁住房REIT	壹栈林下	居住用地/公共租赁住房（高级人才公寓）
	壹栈太子湾	商业用地/保障性租赁住房

数据来源：已上市REITs项目招募说明书。

表3.4 已上市消费基础设施REITs项目用地情况（截至2025年3月31日）

项目名称	资产名称	用地性质/用途
华夏华润商业REIT	青岛万象城购物中心	一期：零售商业，商务金融/商业；二期地面层：零售商业，商务金融/商业；二期地上1—5层：商服、城镇住宅/商业配套建设的产权；地下车位：交通服务场站用地（商服配套）/车库
华夏金茂商业REIT	长沙览秀城购物中心	商业用地/商业
嘉实物美消费REIT	大成项目	商业、办公、公寓、地下商业、地下办公、地下仓储、地下车库
	玉蜓桥项目	配套/商业用房
	华天项目	商业
	德胜门项目	住宅、商业、地下车库

续表

项目名称	资产名称	用地性质/用途
中金印力消费 REIT	杭州西溪印象城	商服用地/非住宅
华安百联消费 REIT	上海又一城购物中心	商业
华夏首创奥莱 REIT	济南首创奥莱项目	商务金融用地
	武汉首创奥莱项目	商服用地
华夏大悦城商业 REIT	成都大悦城	零售商业用地

数据来源：已上市 REITs 项目招募说明书。

2024 年 7 月，2024 年 1014 号文件不再对项目用地单独设限，而是明确土地、海域使用须依法合规，用地性质要符合土地管理相关规定。这不仅满足了基础设施 REITs 扩容提质发展和常态化发行的需求，还将推动租赁住房、养老、商业、文旅等各类用地的盘活利用。

2. 对所有权类或经营收益权类项目的把关要求

基础设施项目获取土地的方式包括划拨、协议出让、招拍挂出让或二级市场交易等。项目审核时，须依据项目用地性质、项目公司是否拥有土地使用权，并结合土地使用权取得方式，来分析判断项目公司使用土地的合规性要求。

对于项目公司拥有土地使用权的所有权项目，要根据土地使用权取得方式判断。若项目土地使用权通过划拨方式取得，须取得土地所在地的市县人民政府或自然资源行政主管部门出具的无异议函，函中应包含"对该项目以 100% 股权转让方式发行基础设施 REITs 无异议"有关表述；若项目以协议出让方式取得土地使用权，应由原土地出让合同签署机构（或按现行规定承担相应职责的机构）出具的无异议函，函中也应包含"对该项目以 100% 股权转让方式发行基础设施 REITs 无异议"有关表述；若项目以招拍挂出让或二级市场交易方式取得土地使用权，须说明取得土地使用权的具体方式、出让（转让）方、取得时间及相关前置审批流程等情况。

对于项目公司拥有土地使用权的经营收益权项目，发起人（原始权益人）和基金管理人应就土地使用权作出承诺，明确"项目估值不含土地使用权市场价值，基金存续期间不转移项目涉及土地的使用权（政府相关部门另有要求的除外），基金清算时或特许经营权等相关权利到期时将按照特许经营权等协议约定以及政府相关部门的要求处理相关土地使用权"有关表述。

对于项目公司不拥有土地使用权的项目，审核时应关注土地使用权拥有人取得土地使用权的具体方式、出让（转让）方和取得时间等相关情况，土地使用权拥有人与项目公司之间的关系，以及项目公司使用土地的具体方式、使用成本、使用年限和剩余使用年限，分析使用成本的合理性等。

若项目使用集体土地，应关注集体土地所有权人与项目公司之间的关系，是否提供相关协议，以及是否经过相关有权主体同意。若存在外部租赁土地，应关注租赁期限及剩余年限情况。

3. 部分行业土地使用权审核重点

对于收费公路项目，若沿线服务区收益纳入 REITs 底层资产，且服务区用地通过划拨方式取得，应关注服务区用地是否依法合规。对于标的公路土地使用权在有关方面名下、提供给项目公司使用的项目，应关注是否已取得有关方面出具的无异议函。

对于风力发电、光伏发电、水电项目等清洁能源项目，须关注项目所占土地是否涉及生态红线、耕地、压覆矿、军事区域等限制开发区域。若项目所占土地用地为林地、草地、耕地、湖泊水面等，应关注是否取得相关用林、用草、水面、耕地使用的审批手续，并完成补偿等工作。

（三）投资管理合规性

1. 投资管理合规性的主要判据

基础设施 REITs 项目投资管理合规性把关，主要应关注各项固定资产投资管理手续，包括项目审批、核准或备案手续，规划、用地、环评、施工许可、竣工验收，以及节能审查、取水许可等依据相关法律法规应办理的其他重要手续，同时要符合生态保护红线管理的相关规定。

受多种因素影响，基础设施项目在申报发行基础设施 REITs 时，投资管理手续不完整、不规范的问题较为普遍。基础设施 REITs 合规性审核应以法律为准则，以项目投资建设时的法律法规和国家政策作为主要判定依据，既要防范因投资管理手续缺失或存在瑕疵而产生次生风险，又要妥善解决相关问题，为 REITs 发行提供合法合规的项目。

2. 完善投资管理手续的主要原则

若法定投资管理手续存在缺失或瑕疵，总体遵循"应补尽补"原则，完善工作可分为以下三种情形：一是项目投资建设时无须办理但按现行规定应当办理的有关手续，应按当时规定处理，并说明相关情况；二是项目投资建设时应当办理但现行规定已经取消或与其他手续合并的有关手续，如有缺失，应由相关负责部门说明情况或出具处理意见；三是按照项目投资建设时和现行规定均须办理的有关手续，如有缺失，原则上应由相关负责部门依法补办，确实无法补办的应由相关负责部门出具处理意见。投资管理手续缺失处理原则如表 3.5 所示。

表 3.5　投资管理手续缺失处理原则

缺失情形	投资建设时是否需要办理	按现行规定是否需要办理	处理方式
1	不需要	需要	按当时规定处理，并说明相关情况
2	需要	取消或合并	由相关负责部门说明情况或出具处理意见
3	需要	需要	原则上应由相关负责部门依法补办，确实无法补办的应由相关负责部门出具处理意见

项目审核时应关注申报材料是否已说明法定手续办理情况，若存在缺失或瑕疵，应提供补办证明材料或相关负责部门按要求出具的情况说明或处理意见。

此外，若项目曾进行改变功能用途的重大改扩建，应主要依据改扩建时的相关手续办理情况判断其投资管理合规性。例如，金隅智造工场产业园是北京市老旧厂房（天坛家具厂）改造的标杆项目，在不改变工业用地性质的前提下，利用工业腾退空间、老旧厂房开展先进制造业项目建设，审核时主要关注改造时的投资管理手续合规性。

（四）权属清晰性和资产完整性

1. 权属清晰性审核

我国基础设施 REITs 采用"公募基金+资产支持证券+项目公司"的产品

结构，公募基金通过收购资产支持证券的全部份额，间接持有项目公司的100%股权。因此，拟申报发行基础设施 REITs 的项目应权属清晰，资产范围明确，发起人（原始权益人）依法合规直接或间接持有项目所有权、经营收益权（含特许经营权），不存在重大经济和法律纠纷。项目公司应依法完全持有拟发行基础设施 REITs 的底层资产。

在实践中，项目可能涉及将符合条件的资产通过资产重组装入特殊目的实体（SPV），或者将不合规资产进行剥离，以确保入池资产权属清晰。以风力发电项目的送出线路为例，根据《国家能源局关于减轻可再生能源领域企业负担有关事项的通知》（国能发新能〔2018〕34 号），"电网企业负责投资建设接网工程。……之前相关接网等输配电工程由可再生能源发电项目单位建设的，电网企业按协议或经第三方评估确认的投资额在 2018 年前完成回购"，相关项目单位建设的送出线路应由电网企业回购，但由于多种原因，接网工程回购工作尚未启动，相关送出线路的所有权就存在问题，为避免对 REITs 发行产生负面影响，相关项目通常会在发行前完成送出线路剥离，确保入池资产权属清晰。

2. 底层资产完整性审核

从资产功能发挥和总体价值创造的角度出发，基础设施 REITs 项目审核要求项目应将实现资产功能所必需的、不可分割的各组成部分完整纳入底层资产范围，避免部分资产入池可能带来的同业竞争或利益冲突。对于产业园区等基础设施，鼓励将资产所属同一建筑物全部纳入底层资产，特殊情况下未纳入部分资产占单体建筑的面积原则上不得超过 30%，最高不得超过 50%。

若 REITs 入池资产完整，发起人（原始权益人）应出具关于资产完整性的承诺函，函中应包含"本项目已将实现资产功能作用所必需的、不可缺少的各组成部分完整纳入底层资产范围"。若特殊情况无法完全纳入底层资产，应关注无法纳入底层资产部分的具体情况、原因及其影响，以及保障资产长期稳定运营的应对举措。

（五）可转让性

1. 影响项目可转让性的主要事项

发行基础设施 REITs 时须将原始权益人持有项目公司的 100% 股权转让至

公募基金持有的资产支持专项计划名下，因此，项目公司及其持有的资产必须具备可转让性。可转让性涵盖国家和地方有关法规制度、政策文件、相关合同对土地使用权、项目公司股权、经营收益权、建筑物及构筑物转让或相关资产处置存在的任何限定条件、特殊规定约定，以及企业内部决策、国有资产转让、分拆上市、融资限制条件等事项。

2. 关于企业内部决策、国有资产转让、分拆上市、融资限制条件等事项

在项目内部决策方面，发起人（原始权益人）、项目公司应履行企业内部流程，决策同意转让项目公司 100% 股权。对于国有资产转让，若项目涉及国有资产转让，应按照国有资产监督管理规定履行相关转让程序。在分拆上市方面，若涉及上市公司资产分拆上市事宜，应取得监管部门（如香港联合交易所有限公司）关于分拆上市的意见。融资限制方面，若项目因银行贷款等融资存在转让限制，应于发行前解除相应限制或取得银行关于同意解除相关限制的说明函件。

在试点阶段，国家发展改革委关注各类影响可转让性的因素。随着市场参与各方对基础设施 REITs 认识的不断深入，2024 年 1014 号文件明确规定，企业内部决策、国资转让、分拆上市、融资限制条件等事项，由发起人（原始权益人）按照法规制度、监管要求、公司章程等自行办理，发展改革部门不予判断。根据基础设施 REITs 发行上市相关规定，所有影响项目可转让性的事项仍须在发行前解除或明确具体解除方案与解除时限。

3. 关于国家和地方有关法规制度、政策文件、相关合同对土地使用权、项目公司股权、经营收益权、建筑物及构筑物转让或相关资产处置存在任何限定条件、特殊规定约定

2024 年 1014 号文件明确指出，如国家和地方有关法规制度及政策文件，项目审批、核准或备案手续，土地出让合同（或土地租赁协议）、特许经营协议或 PPP 合同及园区入园协议（如有）中对项目公司名下的土地使用权、项目公司股权、经营收益权、建筑物及构筑物转让或相关资产处置存在任何限定条件、特殊规定约定，相关有权部门或协议签署机构应对项目以 100% 股权转让方式发行基础设施 REITs 无异议。在满足以上要求的前提下，发起人（原

始权益人）、基金管理人、律师事务所应就可转让性出具函件。在上述可转让性限制事项解除的基础上，发起人（原始权益人）、基金管理人应出具承诺函对相应情况作出承诺，律师事务所应就项目可转让性出具法律意见。影响项目可转让性的主要因素如表 3.6 所示。

表 3.6 影响项目可转让性的主要因素

序号	可转让性限制来源	是否为发展改革部门关注事项	解除方式	解除时间要求
1	国家和地方有关法规制度及政策文件	是	相关有权部门或协议签署机构应对项目以 100% 股权转让方式发行基础设施 RE-ITs 无异议	向国家发展改革委申报前
2	项目审批、核准或备案手续	是		向国家发展改革委申报前
3	土地出让合同（或土地租赁协议）	是		向国家发展改革委申报前
4	特许经营协议或 PPP 合同	是		向国家发展改革委申报前
5	园区入园协议	是		向国家发展改革委申报前
6	企业内部决策	否	按公司章程出具股东会决议或董事会决议	向中国证监会、证券交易所申报前
7	国资转让	否	国有企业履行国有资产转让程序	向中国证监会、证券交易所审批通过前
8	分拆上市	否	香港联交所上市企业按要求履行程序	向中国证监会、证券交易所审批通过前
9	融资限制条件	否	获取银行同意函	向中国证监会、证券交易所审批通过前

（六）PPP 项目合规性

关于 PPP 项目合规性，在满足上述合规性条件的基础上，2024 年 1014 号文件还作出了额外规定。一是要求项目收入来源以使用者付费（包括按照穿透原则实质为使用者支付费用）为主。收入来源含地方政府补贴的，应为按行业统一规定提供的补贴，且近 3 年每年补贴金额占项目年度总收入比例原则上不超过 15%。二是要求项目运营稳健正常，政府和社会资本方之间未发生重大合同纠纷。三是以 2014 年 9 月、2023 年 2 月为节点，将 PPP 项目分为三类，每一时期项目均应符合所处阶段的政策管理规定（如表 3.7 所示）并请有关方面出具同意发行基础设施 REITs 的无异议函，确保 PPP 项目发行基础设施 REITs 依法合规。

表 3.7　政府和社会资本合作（PPP）项目合规性要求

序号	时段	适用政策	函件要求
1	2014 年 9 月前	应符合当时国家关于特许经营管理的相关规定	应取得特许经营协议签署机构、行业主管部门出具的无异议函
2	2014 年 9 月—2023 年 2 月	应符合 PPP 项目清理核查要求。如属于特许经营项目，还应符合《基础设施和公用事业特许经营管理办法》（国家发展改革委等 6 部门 2015 年第 25 号令）等有关规定	应取得 PPP 合同或特许经营协议签署机构、行业主管部门出具的无异议函
3	2023 年 2 月后	应符合《国务院办公厅转发国家发展改革委、财政部〈关于规范实施政府和社会资本合作新机制的指导意见〉的通知》（国办函〔2023〕115 号）、《基础设施和公用事业特许经营管理办法》（国家发展改革委等 6 部门 2024 年第 17 号令）等有关文件要求，属于全国政府和社会资本合作项目信息系统中的合规项目	若特许经营协议未明确支持后续发行基础设施 REITs，则应取得特许经营项目实施机构、行业主管部门出具的无异议函

二、收益稳定性

从基础设施 REITs 的基本特征来看，基础设施项目运营成熟、收益稳定是基础设施 REITs 发行上市的前提条件。从投资人的角度而言，基础设施 REITs 的价值来源于基础设施项目运营产生的未来收益。因此，收益稳定性是基础设施 REITs 审核把关时必须关注的重要内容。

（一）关注收益稳定性的重要意义

国家发展改革委、中国证监会强调对基础设施项目收益稳定性把关，这有利于筛选优质资产，引导市场资金向管理高效、运营良好、具有高投资回报预期的优质基础设施项目集中，从而促进基础设施行业的健康发展；有利于降低投资人合理判断基础设施 REITs 项目发展前景和未来价值的投资门槛，减少因项目运营前景不确定而形成的投资风险，保护基础设施 REITs 投资者的利益；有利于发挥示范带动效应，引导基础设施企业注重运营，为基础设施 REITs 市场储备更多收益稳定的优质项目，推动基础设施 REITs 市场的长期稳定发展，进而为基础设施行业投资良性循环提供持久动力。

（二）影响收益稳定性的主要因素

充分认识影响基础设施项目收益稳定性的主要因素，是做好收益稳定性把关的基础。基础设施行业跨度广、专业性强，影响具体项目收益稳定性的因素众多，要全面介绍影响收益稳定性的主要因素并非易事。不过，结合审核把关经验，可从供求、历史、模式三个维度对基础设施项目收益稳定性形成一个相对全面的总体认识。

1. 供求是决定收益稳定性的核心要素

供求规律是市场经济的基本规律之一。在市场经济环境下，若企业依托基础设施项目提供的产品或服务供不应求，则收益稳定性较强；反之则较弱。经济发展、人口净流入、竞争项目等均为影响基础设施项目供求关系的重要因素。例如，已发行上市的基础设施 REITs 项目多分布于东部地区，这与区域经济发展水平密切相关。又如，人口净流入的大城市住房租赁需求高于其他城市，因此政策支持各直辖市及人口净流入大城市的保障性租赁住房发行基础设施 REITs。再如，近年来国内仓储物流行业供应较大，竞争项目较多，租赁压力较大，某仓储物流项目在国家发展改革委将分布于四个省份的四个子项目推荐至中国证监会后，将其中运营不稳定的廊坊子项目调出资产包。

2. 历史是判断收益稳定性的重要参考

基础设施项目的历史运营与未来预测一脉相承，虽然无法确保一个项目始终按照历史运营水平持续运营，但一个过去运营较差的项目也很难让人相信会因发行 REITs 而焕然一新。因此，项目运营时间、历史收入增长情况、历史出租率和收缴率等都是判断项目收益稳定性的重要参考。例如，从行业经验来看，收费公路项目从建成到稳定运营通常需要 7 年左右，一条运营近 10 年的收费公路项目显然比一条运营刚满 3 年的项目更让人觉得稳定。又如，某产业园项目受招商引资政策影响，历史收入远低于市场水平，即便原始权益人为发行基础设施 REITs 已决定推动市场化转型，但运营管理机构是否具备获取市场化租金水平的能力仍存在疑问。再如，某新能源项目历史上的国补账期通常在 3 年以上，但现金流预测时假设 2 年内国补到账，这类与历史情况明显不符的假设显然会影响收益稳定性。

3. 模式是影响收益稳定性的关键因子

同一地区同一行业的项目，由于运营模式不同，收益稳定性也会存在较大差异。运营模式包括收入结构、收入分散度、收入来源、政府补贴、成本结构等。从收入结构来看，消费基础设施项目包括固定租金、提成租金等，提成租金占比较高的项目受租户自身运营影响更大。从收入分散度来看，重要租户退租将直接影响产业园项目收入稳定性。例如，2023 年上半年，华安张江产业园 REIT 拟扩募资产张润大厦租金贡献达 45.97%的哲库科技退租，对市场信心造成了较大冲击。从收入来源来看，有的仓储项目由电商企业或快递公司（如京东、顺丰）建设并向关联方企业出租，有的仓储项目由第三方物流运营商（如普洛斯、宝湾物流）建设并对外出租，二者收益稳定性明显不同，如 2024 年初京东内部关联租赁方突发调降子项目租金，直接影响了仓储物流板块走势。从成本结构来看，有的天然气发电项目签订了长期供应协议，能够以相对确定的价格获得气源，收益稳定性更强。

（三）收益稳定的基本要求

1. 国家发展改革委对收益稳定性把关的相关要求

自试点启动以来，国家发展改革委对项目收益稳定性提出了一系列要求，并根据实践情况不断优化调整。

在试点初期，2021 年 958 号文件要求从运营时间、历史现金流情况、收入来源合理分散、净现金流分派率等多个角度对基础设施项目收益稳定性进行把关，主要提出了四个方面的要求：一是项目运营时间原则上不低于 3 年。对已能够实现长期稳定收益的项目，可适当降低运营年限要求。二是项目现金流投资回报良好，近3年内总体保持盈利或经营性净现金流为正。三是项目收益持续稳定且来源合理分散，直接或穿透后来源于多个现金流提供方。因商业模式或者经营业态等原因，现金流提供方较少的，重要现金流提供方应当资质优良，财务情况稳健。四是预计未来3年净现金流分派率（预计年度可分配现金流/目标不动产评估净值）原则上不低于4%。

随后，考虑到光伏发电、风力发电等新能源项目及仓储行业的特性，2022年19号文件对运营年限和收益集中度作出适当调整。对于在维护产业链供应链稳定、强化民生保障等方面具有重要作用的项目，在满足发行要求、符合市场预期、确保风险可控等前提下，可进一步灵活合理确定运营年限、收益集中度等要求。

接着，鉴于所有权类项目和经营收益权类项目收益特性差异显著，2023年236号文件针对不同类型的项目明确了采取差异化评价方法，提出根据不同类型基础设施REITs项目的具体情况，合理把握项目收益水平。申报发行基础设施REITs的特许经营权、经营收益权类项目，基金存续期内部收益率（IRR）原则上不低于5%；非特许经营权、经营收益权类项目，预计未来3年每年净现金流分派率原则上不低于3.8%。

经过4年政策引导和市场博弈的双重影响，发起人（原始权益人）、基金管理人、投资人等市场参与各方对基础设施REITs底层资产价值的判断都更加成熟，对收益水平的判断共识程度更加一致，国家发展改革委按照市场化原则，明确不再对项目收益率提出具体要求，将其更多交由市场自行判断。当前，2024年1014号文件对收益稳定性主要提出以下三个方面要求，作为发行基础设施REITs的基本条件。

一是关于项目运营时间。项目运营时间原则上不低于3年。对于能够实现长期稳定收益的项目，可适当降低运营年限要求。不存在可能对未来长期稳定运营产生重大影响的风险因素。

二是关于项目收益来源。项目收益来源合理分散，直接或穿透后应来源于多个现金流提供方；因商业模式或者经营业态等原因，现金流提供方较少的，商业模式应合理稳定，重要现金流提供方应当资质优良，财务状况稳健。项目收入来源中包含政府补贴的，应为按行业统一规定提供的补贴，不得为针对特定项目的专门补贴。

三是关于项目历史现金流稳定性。项目现金流投资回报良好，近 3 年经营性净现金流均为正。最近 3 个会计年度的平均息税折旧摊销前利润（或经营性净现金流），不低于未来 3 个会计年度平均预计息税折旧摊销前利润（或经营性净现金流）的 70%；对于运营时间不足 3 年但能够实现长期稳定收益的项目，在确保风险可控的前提下，可合理确定相关要求。

2. 证监会和证券交易所对收益稳定性把关的相关要求

自试点启动，中国证监会和沪深证券交易所审核把关过程中重点关注收益稳定性，在多份文件中均提出了明确要求。

《基础设施基金指引》提出，基础设施基金拟持有的基础设施项目原则上运营 3 年以上，已产生持续、稳定的现金流，投资回报良好，并具有持续经营能力、较好增长潜力。沪深证券交易所则在《审核关注事项》① 中明确了基础设施项目现金流、项目运营情况等基本条件，并对资产评估、现金流预测提出了要求。

针对项目现金流提出以下要求：一是基于真实、合法的经营活动产生，形成现金流的法律协议或者文件（如有）合法、有效，价格或者收费标准符合相关规定（如有）。二是符合市场化原则，不依赖第三方补贴等非经常性收入。三是具有独立性、持续性和稳定性。四是来源合理分散，直接或者穿透后来源于多个现金流提供方。因商业模式或者经营业态等原因，现金流提供方较少或者现金流来源较集中的，管理人应当说明原因以及合理性，充分揭示风险，并设置风险缓释措施。五是最近 3 年平均净利润或者经营性净现金流为正。

针对项目运营情况提出以下要求：一是具备成熟稳定的运营模式，运营收入有较好增长潜力。二是运营时间原则上不低于 3 年，投资回报良好。三是产业园区、仓储物流、数据中心等依托租赁收入的，最近 3 年总体出租率较高，

---

① 指 2024 年 12 月修订稿。以下均同。

租金收缴情况良好，主要承租人资信状况良好、租约稳定，承租人行业分布合理。四是收费公路、污水处理等依托收费收入的，最近 3 年运营收入较高或者保持增长，使用者需求充足稳定，区域竞争优势显著。

需要说明的是，2024 年 12 月沪深证券交易所新修订的《公开募集基础设施证券投资基金（REITs）规则适用指引第 1 号——审核关注事项（试行）》，专门针对产业园区、收费公路、租赁住房、仓储物流、消费基础设施等具体行业，提出了项目运营稳定性相关审核要求，为相关行业基础设施 REITs 项目发行进一步明确了工作要求。同时，该指引保留了对项目收益率的要求，即基础设施项目为特许经营权、经营收益权类的，基金存续期内部收益率（IRR）原则上不低于 5%；基础设施项目为非特许经营权、经营收益权类的，预计未来3 年每年净现金流分派率原则上不低于 3.8%。

（四）收益稳定性与资产估值

合理确定拟发行基础设施项目资产价值是发行基础设施 REITs 的前提。在原始权益人期望"高卖"、基金管理人和投资人希望"低买"的情况下，专业资产评估机构确定的资产评估值成为促成交易的重要参考。实践中，资产评估主要有市场法、成本法、收益法三种方法。市场法适用于市场上存在大量可比交易数据的资产，如商品住宅、商铺等；成本法适用于独特资产或缺乏活跃市场数据的资产，如工业厂房或公共基础设施；收益法适用于能产生稳定现金流且现金流相对可预测的资产。

鉴于基础设施 REITs 核心价值源于基础设施项目运营产生的长期稳定现金流，《审核关注事项》规定，评估机构原则上应以收益法作为基础设施项目评估的主要估价方法。收益法的基本原则是资产价值等于其未来预期现金流的折现，其估值逻辑核心为预测基础设施项目未来的运营净收益（Net Operating Income，NOI），并折现至评估基准日计算出相应资产价值。公式为

$$V = \sum_{t=1}^{n} \frac{CF_t}{(1+r)^t} + \frac{TV}{(1+r)^n}$$

式中，V 是资产价值，CF_t 是第 t 期的现金流，r 是折现率，n 是预测期数，TV 是残值。

根据收益法估值逻辑，收益稳定性直接影响基础设施项目的资产评估价值。《审核关注事项》要求评估机构在评估报告及其附属文件中披露评估过程和以下影响评估的重要参数：（1）土地使用权或者经营权的剩余期限；（2）主要固定资产的使用寿命；（3）运营收入；（4）运营成本；（5）运营净收益；（6）资本性支出；（7）未来现金流预期；（8）折现率；（9）其他应当披露的重要参数。

收益稳定性直接影响现金流参数的取值，同时也将通过影响风险溢价间接影响折现率的取值，因而收益稳定性与资产估值密切相关。收益法评估模型主要参数如表 3.8 所示。

表 3.8　收益法评估模型主要参数

序号	参数名称	参数类型	影响对象	主要影响
1	土地使用权或者经营权的剩余期限	时间参数	n	基础设施项目评估期限通常较长，将根据土地使用权或经营权剩余年限，并充分考虑资产实际使用状况和折旧情况确定，可能为 10 年、20 年或更长时间
2	主要固定资产的使用寿命		n	
3	运营收入	现金流参数	CF	运营收入预测须考虑收入来源、收入结构、增长率等因素。运营成本预测则须考虑物业管理费、维护修理费、保险费、税费等。资本性支出是维持或提升资产价值而进行的必要支出，如设备更新、物业翻新等，既会影响当期现金流，也会影响资产终值，主要须考虑资产使用状况等因素
4	运营成本		CF	
5	运营净收益		CF	
6	资本性支出		CF、TV	
7	未来现金流预期		CF	
8	折现率	折现参数	r	反映资金的时间价值和投资风险，是将未来现金流折算为现值的关键参数，主要包括无风险利率和风险溢价，其中风险溢价考虑市场风险、资产特定风险、流动性风险等，通常须参考同类型资产折现率确定

（五）收益稳定性与现金流

强制分红是基础设施 REITs 的核心特征之一。根据《基础设施基金指引》，基础设施基金应当将 90% 以上合并后基金年度可供分配金额以现金形式分配给投资者。科学合理测算基础设施 REITs 现金流是审核把关重点。

实践中，基础设施 REITs 现金流通常包括基础设施项目现金流和可供分配金额（或称为项目现金流和产品现金流），其中基础设施项目现金流与资产估值中采用的现金流基本一致，可供分配金额须考虑公募基金、资产支持专项计划等产品管理费用和相关税费。

根据《审核关注事项》，现金流把关主要关注以下五个方面：一是关注基础设施项目现金流构成、集中度和波动情况，是否符合市场化原则，对集中度较高、波动性较大的，须充分揭露风险。二是关注可供分配金额测算的合理性和谨慎性，要求综合考虑宏观经济、竞争性项目、自身运营、未来调整等多种因素影响。三是关注评估报告与可供分配金额测算报告对基础设施项目现金流预测结果的差异，差异比例超过 5% 时，要求披露原因并说明评估和测算的合理性。四是关注项目大修支出等资本性支出安排的合理性，确保项目运营可持续性。五是关注现金流的归集，要求资产支持证券的基础资产现金流归集路径清晰明确，并披露相关账户设置以及现金流在各账户间的划转安排等。

三、参与单位合规性

（一）发起人、原始权益人

根据 2024 年 1014 号文件，发起人（原始权益人）近 3 年在投资建设、生产运营、市场监管、税务等方面应无重大违法违规记录，未发生重大安全生产事故，且财务状况良好、经营稳健。对于租赁住房、消费基础设施、养老设施等类型项目，发起人（原始权益人）应为开展相关业务的独立法人主体，不得从事商品住宅开发业务。

根据《审核关注事项》，原始权益人主要应满足以下条件：一是享有基础设施项目完全所有权或者经营权利，不存在重大权属纠纷或者争议。二是信用稳健，内部控制制度健全，具有持续经营能力。三是最近 3 年（未满 3 年的自成立之日起）不存在重大违法违规记录，不存在因严重违法失信行为被有权部门认定为失信被执行人、失信生产经营单位或者其他失信单位并被暂停或者限制融资的情形。

需要说明的是，证监系统相关规定仅针对原始权益人，未提及发起人相关要求。根据《基础设施基金指引》，原始权益人是指基础设施基金持有的基础设施项目的原所有人。在实践中，原始权益人可能是项目公司的直接股东或间接股东；一些项目未设置发起人角色，存在发起人的项目中，发起人通常为原始权益人直接或间接的股东。考虑到目前我国基础设施 REITs 业务逻辑更倾向于基础设施项目"自下而上"的上市，而非基础设施 REITs 基金"自上而下"的投资，发起人或原始权益人在项目发行、存续管理中作用重大，因此在审核把关过程中，发展改革部门通常要求发起人或原始权益人中至少一方具备相对良好的财务实力和运营实力。

（二）运营管理机构（或外部管理机构）

根据 2024 年 1014 号文件，运营管理机构应满足三方面条件：一是近 3 年在投资建设、生产运营、市场监管、税务等方面无重大违法违规记录，未发生重大安全生产事故。二是运营管理机构财务状况良好、经营稳健。三是运营管理机构或其主要运营团队具备丰富的项目运营管理经验，具有持续经营能力。

根据《基础设施基金指引》，外部管理机构应当按照《中华人民共和国证券投资基金法》第九十七条规定经中国证监会备案，并持续符合以下要求：一是具有符合国家规定的不动产运营管理资质（如有）；二是具备丰富的基础设施项目运营管理经验，配备充足的具有基础设施项目运营经验的专业人员，其中具有 5 年以上基础设施项目运营经验的专业人员不少于 2 名；三是公司治理与财务状况良好。同时要求，外部管理机构不得将受委托运营管理基础设施的主要职责转委托给其他机构。根据《审核关注事项》，外部管理机构收取的基础费用应当结合基础设施项目历史运营成本情况等合理确定，收取的浮动报酬应当与基础设施项目运营业绩表现挂钩，能够有效体现激励与约束。

第三节　产品审核

基础设施 REITs 是在沪深证券交易所公开上市的创新金融产品，兼具债性和股性，和传统公司债券、资产支持证券、公募基金、股票上市等业务均存在较大差异。目前基础设施 REITs 采取"公募基金+资产支持证券+项目公司"的产品结构,并委托外部管理人对基础设施项目进行管理,进一步增加了产品治理结构的复杂程度。要推动基础设施 REITs 市场发展,须从产品设计、交易安排、产品参与机构合规性等方面做好项目把关。

一、产品设计

为规范做好 REITs 申报审核工作,强化信息披露要求,严把产品准入质量关,沪深证券交易所在《审核关注事项》中对产品设计作了明确要求。

(一) 产品命名、结构及期限等要素要求

在产品名称方面,基础设施基金名称与资产支持证券名称应当规范、简洁、清晰,能够表明基金的类别和投资特征,且不存在损害国家利益、社会公共利益,欺诈、误导投资者,或者其他侵犯他人合法权益的内容。例如,华夏华润商业资产封闭式基础设施证券投资基金、国泰君安城投保障性租赁住房封闭式基础设施证券投资基金等,其中"华夏""国泰君安"分别指的是基金管理人华夏基金管理有限公司、上海国泰君安证券资产管理有限公司,"华润""城投"分别指的是原始权益人华润商业资产控股有限公司和上海城投房屋租赁有限公司,"商业资产"和"保障性租赁住房"分别表明资产类型。

在产品结构方面,基础设施基金应当持有基础设施资产支持证券的全部份额,资产支持证券应当持有基础设施项目公司的全部股权。基础设施基金通过资产支持证券和项目公司等载体取得基础设施项目的完全所有权或者经营权利。

在产品期限方面,基础设施资产支持证券期限应当与基础设施项目土地使用权或者经营权的剩余期限、主要固定资产的使用寿命等相匹配,基础设施基金期限不得短于基础设施资产支持证券期限。

(二) 基金对外借款的披露及核查要求

若基础设施项目在存续期内拟对外借款,管理人应当核查并披露对外借款的类型、金额、比例、用途、增信方式、涉及的抵押或者质押等权利限制情况,充分说明对外借款的必要性。同时,管理人还应当核查并披露对外借款的

偿还安排和风险应对措施，审慎评估对外借款还款对基础设施项目持续稳定运营以及基础设施基金可供分配现金流的影响，确保可供分配现金流持续稳定，并充分揭示风险。

（三）基金经理相关要求

基金经理应当具备专业胜任能力，基础设施基金应当由工作背景、管理经验相匹配的基金经理进行管理。若存在兼任情形，基金管理人应当充分论证基金经理的专业胜任能力和兼任安排的合理性。例如，中金山东高速 REIT 与中金厦门安居 REIT 存在基金经理兼任情形，基金管理人从在管 REITs 产品数量、基金经理的专业能力、相关两只基础设施基金所投资的基础设施项目类型以及基金管理人内部管理安排等因素综合论证了基金经理兼任的合理性。

（四）管理费的收取及披露要求

管理人应当在基金合同、专项计划说明书、外部运营管理协议等文件中约定费用支付标准和支付路径。基金管理费、财务顾问费水平应当合理，能够覆盖展业成本，不得以明显低于行业定价水平等不正当竞争方式招揽业务。

二、交易安排

（一）专项计划基础资产及转让要求

根据《审核关注事项》，专项计划的基础资产应当符合资产范围和权利内容界定清晰、合法合规、权属清晰，不存在抵押、质押等权利限制等要求。其转让应当合法有效，依法依规办理基础资产转让批准、登记手续，并确保对价公允等。

对于基础设施 REITs 而言，专项计划的基础资产即为基础设施项目及持有基础设施项目的项目公司股权，对专项计划基础资产及转让性的要求可参考本章第二节"项目把关"中的资产合规性内容。

（二）基金购买资产及基金结束要求

当基础设施基金购入基础设施项目时，基金管理人应当及时披露交割审计报告、购买基础设施项目实际支付的对价、购买的基础设施项目的资产和负债情况、交割日后尚须以基金财产向原始权益人支付或者收取与本次资产交易相关的价款情况。若基金合同终止或者基金清算涉及基础设施项目处置，管理人应当披露基础设施项目处置的触发情形、决策程序、处置方式和流程，以及相关信息披露安排等。

以中信建投国家电投新能源 REIT 为例，针对国补到期后可能导致收入下降（国补退坡）的情况，基金管理人在招募说明书中披露了因国补到期导致基金收入下降达到一定比例将触发基金合同终止的相关安排。根据该安排，基金管理人应当于基金年度报告披露之日，根据基金年度报告数据确认是否触发基金该年度营业收入相较"基金享有完整国补收入最后一年的营业收入"下降 40% 及以上。如触发，基金管理人应当于该年度基金报告披露之日公告基金合同终止，并同时向上海证券交易所申请基金终止上市，及时披露基金终止上市相关公告。

三、参与机构合规性

（一）基金管理人、资产支持证券管理人

中国证监会作为证券监督管理部门，对参与基础设施 REITs 业务的基金管理人、资产支持证券管理人作出了明确规定。根据《基础设施基金指引》，基础设施 REITs 基金管理人应当符合《证券投资基金法》《公开募集证券投资基金运作管理办法》规定的相关条件，并主要具备以下条件：一是公司成立满 3 年，资产管理经验丰富，公司治理健全，内控制度完善；二是设置独立的基础设施基金投资管理部门，配备不少于 3 名具有 5 年以上基础设施项目运营或基础设施项目投资管理经验的主要负责人员，其中至少 2 名具备 5 年以上基础设施项目运营经验；三是财务状况良好，能够满足公司持续运营、业务发展和风险防范的需要；四是具有良好的社会声誉，在金融监管、工商、税务等方面不存在重大不良记录；五是具备健全有效的基础设施基金投资管理、项目运营、内部控制与风险管理制度和流程。同时提出，拟任基金管理人或其同一控制下的关联方应当具有不动产研究经验，配备充足的专业研究人员；具有同类产品或业务投资管理或运营专业经验，且同类产品或业务不存在重大未决风险事项。资产支持证券管理人应与基金管理人存在实际控制关系或受同一控制人

控制。

2024 年 1014 号文件明确，基金管理人、资产支持证券管理人资质情况按照中国证监会相关要求执行。

（二）财务顾问、律师事务所和会计师事务所等中介机构

2024 年 1014 号文件提出，为项目提供服务的律师事务所、会计师事务所、资产评估机构、税务咨询机构，以及担任财务顾问的证券公司等中介机构，向国家发展改革委报送时不在严重失信主体名单内，不在被行业主管部门要求暂停执业期间，不在被有关监管机构要求暂停开展证券业务或基础设施 REITs 业务期间。

《审核关注事项》对相关中介机构聘用提出了三个方面的要求：一是管理人聘请财务顾问、会计师事务所、律师事务所、评估机构等专业机构时，应当遵循最少必需原则，精简产品结构，降低运营成本。相关专业机构应当符合《基础设施基金指引》规定的条件。二是资产支持证券管理人可以与基金管理人聘请相同的专业机构。三是原始权益人聘请的财务顾问等专业机构应当具有依法从事相关金融业务的资质。

第四节　发行后管理

基础设施 REITs 成功发行上市是发起人（原始权益人）、基金管理人等参与各方取得的阶段性成果，也意味着 REITs 基金管理的正式开始。基础设施 REITs 成功与否，既要看项目发行上市，更要看基金存续期管理。在基础设施 REITs 产品审核把关时，需要重点关注运作管理安排、信息披露和回收资金使用等事项。

一、运作管理安排

基础设施 REITs 运作管理审核关注点在于基金治理结构，重点关注基础设施 REITs 各参与方之间的关系，主要涉及基金份额持有人权利安排、运营管理职责安排、利益冲突防范等内容。

（一）基金份额持有人权利安排

基金份额持有人大会是基金份额持有人行使权利的重要途径。根据《基础设施基金指引》，基金管理人应当披露基金份额持有人大会规则，包括基金份额持有人通过基金份额持有人大会行使权利的范围、程序，基金份额持有人会议的召集、通知、决策机制、会议记录和信息披露等重要事项。

《基础设施基金指引》对应当经参加基金份额持有人大会的基金份额持有人所持表决权的二分之一和三分之二以上表决通过的情形作出了明确规定，如表 3.9 所示。同时明确，基金份额持有人与表决事项存在关联关系的，应当回避表决，其所持份额不计入有表决权的基金份额总数。

表 3.9 基金份额持有人大会表决情形

事项	二分之一以上表决通过情形	三分之二以上表决通过情形
对基金投资目标、投资策略等作出重大调整	—	√
项目购入或出售	√，金额超过基金净资产 20%且低于基金净资产 50%	√，金额占基金净资产 50%及以上
基金扩募	√，金额低于基金净资产 50%	√，金额占基金净资产 50%及以上
关联交易	√，金额超过基金净资产 5%且低于基金净资产 20%	√，金额占基金净资产 20%及以上
外部管理机构解聘	√，除基金合同约定解聘外部管理机构的法定情形外	—

（二）运营管理职责安排

基础设施项目运营管理直接影响基础设施 REITs 的存续期表现，《基础设施基金指引》对基础设施项目运营管理职责安排作出了明确规定。

一是压实基金管理人和资产支持证券管理人责任。基金管理人应当明确约定并披露其按照《证券投资基金法》《公开募集证券投资基金运作管理办法》《基础设施基金指引》等有关规定履行基础设施项目运营管理职责的相关安排和机制。资产支持证券管理人应当明确约定并披露其按照《资产证券化业务管理规定》等有关规定履行基础设施项目运营管理职责的相关安排和机制。

二是明确基金管理人可采取的运营管理方式及可委托的部分运营管理职责。基金管理人可以设立专门的子公司承担基础设施项目运营管理职责，也可以委托外部管理机构履行部分运营管理职责，包括为基础设施项目购买足够的财产保险和公众责任保险，制定及落实基础设施项目运营策略，签署并执行基础设施项目运营的相关协议，收取基础设施项目租赁、运营等产生的收益，追收欠缴款项等，执行日常运营服务，如安保、消防、通信和紧急事故管理等，实施基础设施项目维修、改造等，其依法应当承担的责任不因委托而免除。

三是强调委托外部管理机构或其他机构的注意事项。基金管理人委托外部管理机构运营管理基础设施项目的，应当自行派员负责基础设施项目公司财务管理。基金管理人与外部管理机构应当签订基础设施项目运营管理服务协议，明确双方的权利义务、费用收取、外部管理机构考核安排、外部管理机构解聘情形和程序、协议终止情形和程序等事项。若存在外部管理机构同时向基础设施基金以外的其他机构提供同类基础设施项目运营管理服务情形或者安排，基金管理人可以要求外部管理机构设立独立机构或者独立部门负责本基础设施项目的运营管理，并采取充分、适当的措施避免可能出现的利益冲突。

（三）基金管理人同业竞争安排

依据《审核关注事项》，若基金管理人管理多个相同类型基础设施基金，须披露在同类项目运营管理、扩募安排、决策机制等方面的利益冲突防范机制，并充分揭示风险。例如，华夏基金同时管理多只高速公路 REITs 产品，针对可能出现的潜在利益冲突，基金管理人应制定内部制度和风险缓释措施，严格做到风险隔离、基金财产隔离，防范利益冲突。

二、信息披露

强化基础设施 REITs 信息披露有利于减少投资人和基金管理人、运营管理人间的信息不对称，调动投资人和公众监督力度，提升基础设施 REITs 运作效率。中国证监会在相关文件中对基础设施 REITs 信息披露提出了明确要求。

（一）信息披露的基本要求

根据沪深证券交易所《公开募集基础设施证券投资基金（REITs）业务办

法（试行）》等规定，基础设施 REITs 信息披露应当符合法律法规及中国证监会、证券交易所关于证券投资基金信息披露管理相关规定，并结合所涉基础设施资产行业特点、业务模式、会计政策、运营状况等，充分揭示风险因素，内容应当具有针对性、适用性和可读性。基础设施 REITs 信息披露公告包括定期报告、临时报告、基金运作、基金管理人公告和其他公告五大类型。

（二）定期报告

基金管理人应当在每年结束之日起三个月内，披露基金年度报告正文及摘要，年度报告的财务会计报告应当经过审计。基金管理人应当在上半年结束之日起两个月内，披露基金中期报告。基金管理人应当在季度结束之日起 15 个工作日内，披露基金季度报告。

（三）临时报告

基础设施基金发生重大事件时，基金管理人应当按照《公开募集证券投资基金信息披露管理办法》《公开募集基础设施证券投资基金业务指引（试行）》《公开募集基础设施证券投资基金（REITs）业务办法（试行）》等相关规定在两日内编制并披露临时报告。

临时报告包括针对重大关联交易、项目公司对外借入款项或基金总资产被动超过基金净资产 140%、重大交易或损失、项目购入或出售、扩募、运营情况及现金流重大变化、管理人或主要负责人员变动、基金更换相关专业机构、外部管理机构变更、基金管理人等被调查处罚或涉诉、原始权益人卖出战略配售份额、其他对持有人利益或资产净值重大影响事项进行的公告，以及权益变动报告书、收购报告书、被收购基金的管理报告书、澄清公告、更正公告等。

（四）基金运作公告和其他公告

基金运作公告包括基金名称（简称）变更、跨系统转托管、收益分配、停复牌、基金合同终止、基金终止上市、基金清算、持有人大会、基金管理人情况变更、基金管理人投资事项、投资者服务、基金管理人其他公告。其他公告是指基金管理人、基金托管人等信息披露义务人披露的其他公告。

三、回收资金使用

盘活存量资产、促进投资良性循环是推动基础设施 REITs 工作的出发点之一，国家发展改革委始终强调要加强回收资金使用管理，对回收资金投向、使用进度等提出了明确要求。

（一）回收资金用途

试点启动以来，国家发展改革委结合实际情况对回收资金用途逐步调整，在符合国家政策导向的前提下适当放宽回收资金用途，有效调动了原始权益人发行基础设施 REITs 的积极性。

2021 年 958 号文件提出，90%（含）以上的净回收资金应当用于在建项目或前期工作成熟的新项目，鼓励以资本金注入方式将回收资金用于项目建设。针对个别地方和行业希望将回收资金用于本地区或本行业的现象，2021 年 958 号文件专门强调，在符合国家政策及企业主营业务要求的条件下，回收资金可跨区域、跨行业使用。

2023 年 3 月，按照国务院关于盘活存量资产扩大有效投资的决策部署，国家发展改革委响应市场呼声，在 2023 年 236 号文件中将回收资金使用范围扩展至盘活存量资产，明确不超过 30% 的净回收资金可用于盘活存量资产项目。

2024 年 1014 号文件进一步放宽了回收资金投向要求，取消了"不超过 30%"用于盘活存量资产的比例限制，将用于补充流动资金等用途的净回收资金比例由 10% 提升至 15%，提升了回收资金使用灵活程度。2024 年 1014 号文件再次明确，回收资金可按照市场化原则依法合规跨区域、跨行业使用，除国家有特殊规定外，任何地方或部门不得设置限制条件。文件同时强调，回收资金使用应符合房地产调控政策要求，不得将回收资金变相用于商品住宅开发项目。回收资金测算如表 3.10 所示。

表 3.10　回收资金测算表

类别	金额（万元）
拟发售基金总额	
基金拟对外借款金额（此处仅指用于项目收购的借款，不包括用于日常运营、维修改造的借款，如有）	

续表

类别		金额（万元）
偿还外部债务情况	合计	
	银行贷款	
	ABS	
	其他（分类型描述）	
（拟）缴纳税费情况	合计	
	（分税种描述）	
偿还外部债务、缴纳税费后股东之间分配金额	合计	
	（股东1）	
	（股东2）	
	……	
原始权益人及相关方拟认购基金金额	合计	
	（股东1）	
	（股东2）	
	……	
净回收资金	合计	
	（股东1）	
	（股东2）	
	……	
拟用于在建项目、前期工作成熟的新建（含改扩建）项目金额	合计	
	（股东1）	
	（股东2）	
	……	
拟用于存量资产收购金额	合计	
	（股东1）	
	（股东2）	
	……	

（二）回收资金使用进度

2023 年 236 号文件提出，要加快基础设施 REITs 净回收资金的使用进度，基础设施 REITs 购入项目（含首次发行与新购入项目）完成之日起 2 年内，净回收资金使用率原则上应不低于 75%，3 年内应全部使用完毕。净回收资金使用进度明显不符合预期的，应审慎考虑新购入项目安排。2024 年 1014 号文件重申了这一要求，并提出对于回收资金使用方向不符合政策要求或使用进度明显不符合预期的，将根据情况分类采取提醒、约谈或审慎受理新购入项目申请等措施。

（三）回收资金用途调整

针对部分基础设施 REITs 项目发行后拟投资项目情况发生变化的情况，2023 年 236 号文件提出，如回收资金实际投入项目与申报时拟投入项目不一致的，应按要求向有关省级发展改革委备案并说明情况。2024 年 1014 号文件则明确，回收资金实际用途调整的应通过季度报送或单独报送的方式说明情况，并依法合规做好信息披露。

（四）回收资金直报制度

根据 2024 年 1014 号文件，发起人（原始权益人）应于每季度结束后 5 个工作日内，将回收资金使用情况直接报送国家发展改革委投资司，同步抄报主申报的省级发展改革委（含省、自治区、直辖市及计划单列市、新疆生产建设兵团发展改革委）和中国证监会派出机构、证券交易所。回收资金使用完毕后，可不再报送。

此外，2024 年 12 月 17 日沪深证券交易所修订印发的《审核关注事项》，对回收资金使用和监管也提出了相应要求。《审核关注事项》规定，原始权益人和管理人应当采取有效措施，切实防范回收资金流入商品住宅或者商业地产开发领域。前述商业地产开发领域不包括消费基础设施、租赁住房等中国证监会认为可以发行基础设施 REITs 的行业范围。

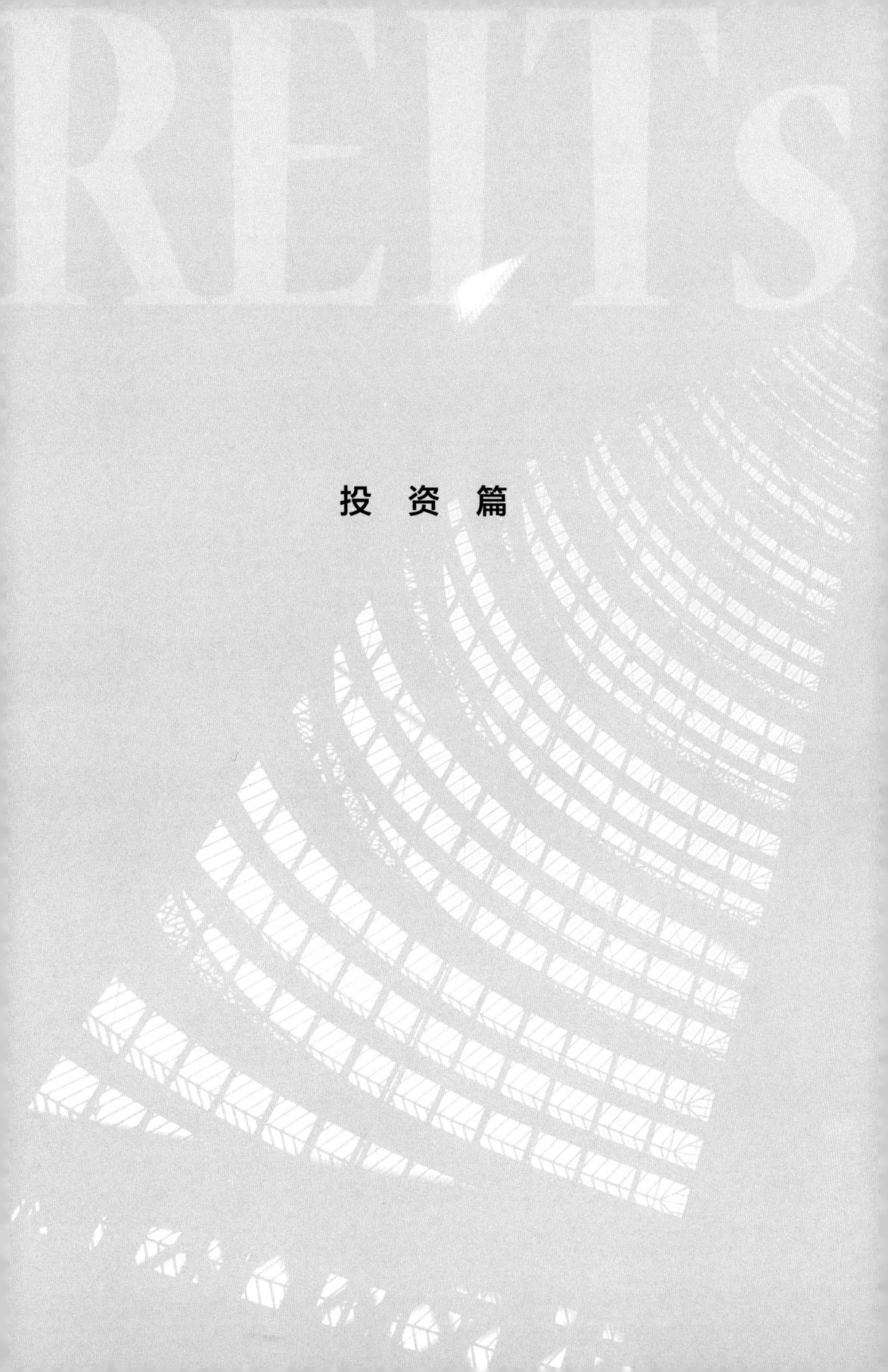

投 资 篇

第四章　中国公募 REITs 二级市场

公募 REITs 作为一种创新金融产品，正逐渐走入中国投资者的视野，为投资者的大类资产配置提供了新的选择。全面分析中国公募 REITs 二级市场的表现，深入分析其波动原因与资产之间的差异，有利于准确认知中国公募 REITs 的资产特性与价值，为市场各方提供有益参考。

第一节　市场总体情况

自启动公募 REITs 试点以来，二级市场表现历经起伏，总体可以分为六个阶段。之所以起伏较多，一方面是受宏观经济环境影响，另一方面也反映了市场对这一创新产品的认识过程。

一、二级市场的六个阶段

公募 REITs 上市以来的二级市场走势，大致可划分为六个阶段，如图 4.1 所示。

第一阶段：2021 年 6 月 21 日至 8 月中旬。

首批项目上市首日，经历了类似新股的上涨行情，然而活跃交易时间较短，且价格上涨幅度有限，所有项目的成交均价涨幅平均仅为 6.39%。首日的热情退去后，随即进入量价齐跌的下行趋势，直至 7 月 14 日达到最低点。此时，近半项目跌破发行价，9 个项目的平均溢价率仅为 0.09%。在此后的一个月内，几乎所有项目都在底部小幅震荡，成交也相对低迷。

在公募 REITs 上市的初始阶段，大多数投资者对这一新型投资品种的认知

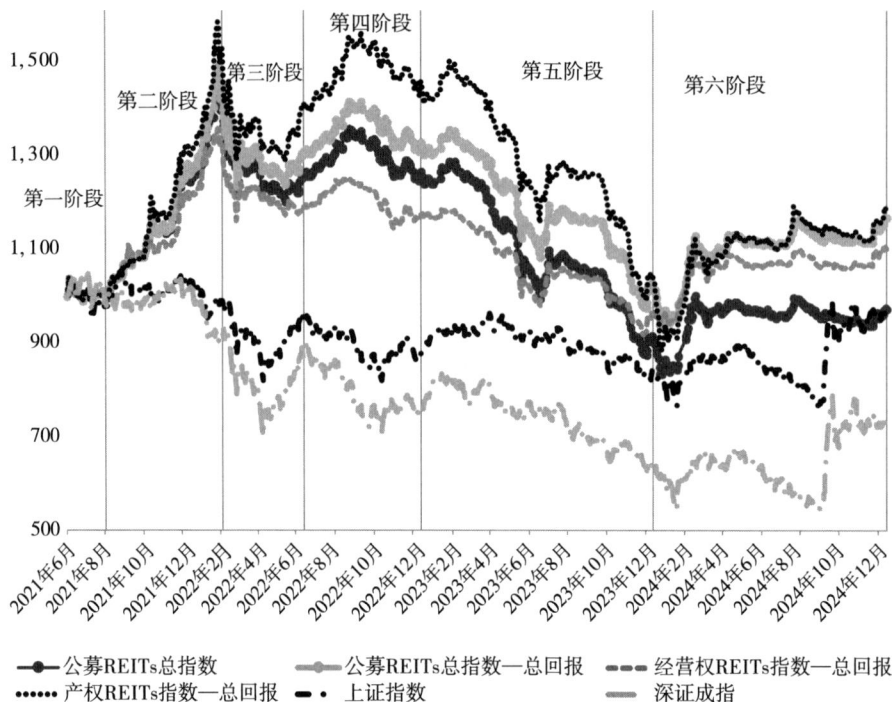

图 4.1　2021 年 6 月—2024 年 12 月公募 REITs 指数

注：为了更全面、细致地反映市场交易情况，采用自行拟合指数展示。

数据来源：Wind。

较为有限，多持观望态度。此外，金融机构内部的 REITs 投资管理相关制度和人员团队大多处于搭建或磨合阶段，参与二级市场的能力十分有限。

第二阶段：2021 年 8 月下旬至 2022 年 2 月中旬。

2021 年 8 月 26 日，国家发展改革委投资司指导撰写的《投资者为什么要关注基础设施 REITs？》一文公开发表。文章从多个维度详细阐述了 REITs 是一类风险适度、收益适中的金融产品，填补了我国资本市场的空白，为投资者的资产配置提供了一个重要选择。此后，基础设施 REITs 开启了长达半年的上涨行情。环保类项目率先发力，其余项目随后跟进，所有项目震荡上行，呈现价量齐升的态势。2021 年 12 月首发上市的华夏越秀高速 REIT 和建信中关村产业园 REIT，也在牛市情绪的带动下首日大幅上涨，其中建信中关村产业园 REIT 更是成为第一只首日涨停的产品。进入 2022 年之后，上涨趋势愈发明显，最终在 2 月 14 日达到顶点，REITs 价格指数和全收益指数自上市以来分别上涨 46.45% 和 48.77%。

这波上涨行情的主要起因在于，机构投资者对公募 REITs 的了解逐步深入，相关准备工作也相继落实，随后开始进入二级市场进行布局。同时，国内股票和债券市场经历了一定幅度的调整，这更加凸显出处于价格低位、具备高比例强制分红特征的公募 REITs 的投资价值。此外，国债收益率在 2021 年 10 月中旬开始逐步下行，无风险收益率的降低为 REITs 估值水平的上升提供了有力支撑。最后，12 月华夏越秀高速 REIT 和建信中关村产业园 REIT 两个新项目上市大涨，以及整个 REITs 市场的持续上涨，吸引了大量个人投资者涌入，机会型投资者也踊跃参与，最终将市场推向高位。

第三阶段：2022 年 2 月下旬至 6 月底。

自 2022 年 2 月中旬 REITs 市场达到最高点后，便进入下跌调整趋势。一个月内，指数回调幅度接近 17%，成交量也大幅下降。

在多种因素的共同作用下，REITs 被推升至历史高点，部分标的发行不到一年时间，价格便接近翻倍，估值水平明显偏离正常范围。因此，多个项目接连发布风险提示性公告，为市场降温。与此同时，海外俄乌冲突爆发，世界局势走向动荡，经济增长承压，投资者避险情绪明显加剧。在大多数 REITs 项目价格显著处于高位的情况下，卖方力量不断积累，最终达到临界点并扭转了市场趋势，促使投机性资金纷纷撤离。

2022 年 3 月中旬，REITs 回调触底后略有反弹，随后便开始了近 3 个月的震荡下行趋势，呈现价量齐跌的局面。在此期间，4 月 28 日发行上市的中交建项目首日涨幅仅 2.20%，创下 REITs 首日涨幅的新低，市场情绪十分低迷。

REITs 快速回调之后，大部分项目的估值水平仍然较高。同时，债市走强，股市在 4 月触底反弹，再加上首批 REITs 项目将于 6 月 21 日迎来首次集体解禁，投资者对解禁可能产生的影响难以确定，大多抱着审慎观望的态度。

2022 年 6 月 21 日，REITs 市场迎来首次集体解禁，解禁标的为首批上市的 9 只 REITs。按照 6 月 20 日收盘价计算，合计解禁市值达 112.1 亿元。其中，仓储物流 REITs 和高速公路 REITs 的解禁规模最大，分别为 48 亿元和 30

亿元，中金普洛斯 REIT 和平安广交投广河高速 REIT 是解禁规模最大的两个项目，分别为 38.4 亿元和 23.5 亿元。从解禁倍数（解禁份额/流动份额）角度来看，9 只公募 REITs 的平均解禁倍数为 0.95，解禁规模与流通规模基本相当，其中中金普洛斯 REIT 的解禁倍数最高，达到 1.86 倍，如图 4.2 所示。虽然此次集中解禁涉及的标的多、规模大，但从事件前后的价格走势来看，解禁并未对价格走势产生明显压力，如图 4.3 所示。除富国首创水务 REIT 解禁后继续下跌之外，其余标的在经历 3—4 个交易日的小幅下探后，均转为上涨行情。

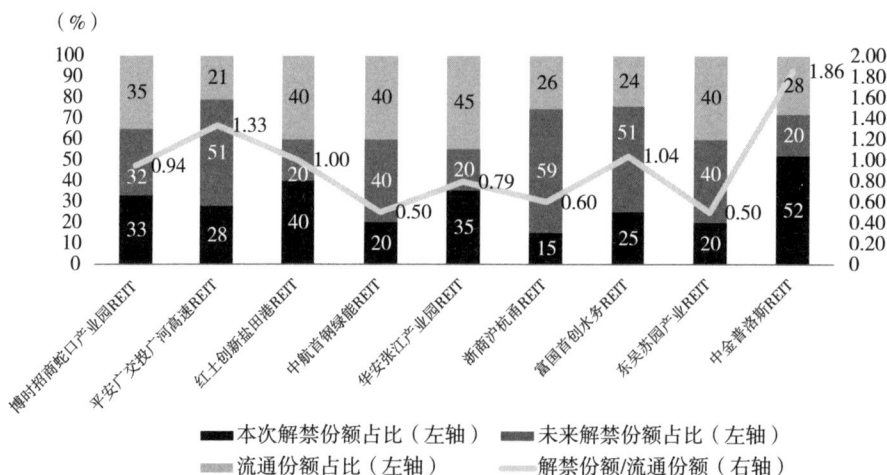

图 4.2　9 只公募 REITs 解禁份额占比情况

注：按 2022 年 6 月 21 日收盘价计算。
数据来源：Wind。

第四阶段：2022 年 7 月至 12 月底。

得益于主要持有方未有解禁意向、部分解禁份额以大宗交易方式转移等原因，在 6 月 21 日平稳度过首批项目的集体解禁事件后，REITs 市场迎来了第二波牛市行情。指数稳步上涨近 3 个月，涨幅超过 10%，成交活跃度也稳步提升。

这次上涨行情的最大推动力来自对 REITs 项目的扩募预期。2022 年 5 月 31 日，沪深证券交易所同时发布了 REITs 扩募相关规则——《公开募集基础设

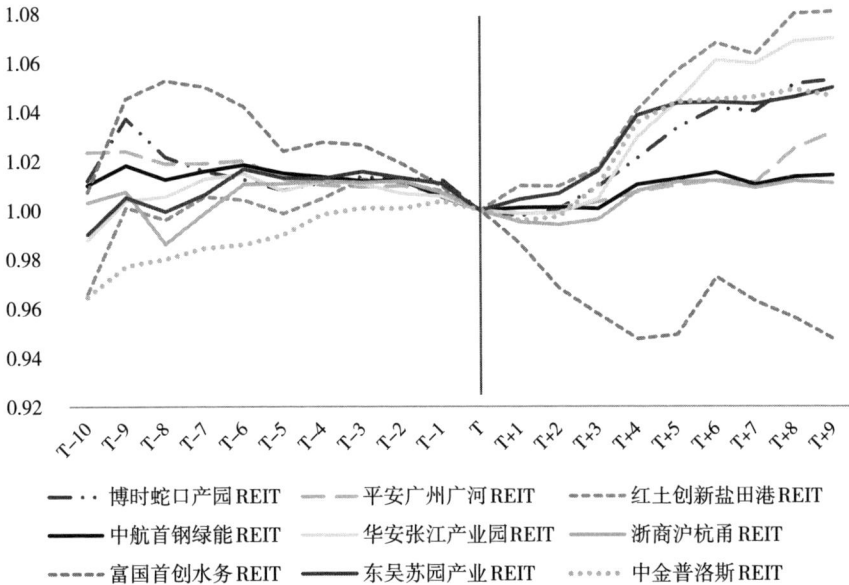

图 4.3 9 只公募 REITs 解禁前后价格走势情况

注：T 为解禁日当天。

数据来源：Wind。

施证券投资基金（REITs）规则适用指引第 3 号——新购入基础设施项目（试行）》。根据境外成熟市场经验，扩募是 REITs 市场规模成长壮大的最主要途径，也是优质 REITs 项目投资回报持续提升的重要手段之一。国内在 REITs 扩募机制上的有力推进，给投资者带来了良好的预期。并且，同时期的股市转为下行，国债收益率也持续下降，这些都为 REITs 的估值提升创造了有利条件。

REITs 持续上涨后，在 2022 年 9 月 28 日达到高点，随后趋势反转，开始下行，直至 11 月中旬达到底部，并进入持续 2 个月的底部波动状态。

9 月 28 日，5 个首批 REITs 项目发布扩募预案，持续数月的扩募预期终于有了初步落地的结果，当日相关项目价格大涨。然而，由于扩募预期在前期上涨行情中已被过度消耗，以及实际扩募方案中部分扩募资产质量未达预期，投资者对扩募影响的正向期望显著降低。部分 REITs 项目基本面表现不及预期，高速公路类 REITs 项目尤为显著。2022 年，高速公路客货运量均出现不同程度的下滑，导致高速公路类 REITs 项目收入承压，二级市场也充分反映了这一情况。2022 年 9—11 月中旬，高速公路 REITs 全部下跌，跌幅在 6%—14% 之间；下半年上市的安徽交控和江苏交控项目开市后均跌破发行价，表现不佳。

建信中关村产业园 REIT 作为首个上市即涨停的标的，上市后一路从发行价 3.200 元最高上涨至 5.800 元。即便随后跟随市场回落震荡，但在 2022 年年中，其价格仍能维持在 4.700 元的水平，二级溢价水平在产业园区类 REITs 项目中名列前茅。观察建信中关村产业园 REIT 底层项目的租户结构可以发现，互联网相关租户占比相当大，行业集中度较高。但受互联网行业自身发展周期和国家政策的影响，该行业高速发展的状态难以为继，进入了遇冷变动期。这一情况投射到微观层面，使得建信中关村产业园 REIT 的部分租户受到巨大影响，导致项目资产面临退租增加、在不利环境下难以寻找替代租户的问题。再加上其他各方面因素的综合影响，建信中关村产业园 REIT 自 2022 年 8 月开始持续下跌，最低跌至 1.882 元，跌破发行价幅度达 41.19%。

后市又面临银行理财产品遭遇赎回潮、国债收益率大幅上行、临近年底资金紧张等多方不利因素，部分投资者逐步从 REITs 市场抽离资金，最终导致市场呈现波动下行行情，大部分 REITs 项目的估值水平也受到重新审视。

第五阶段：2023 年 1 月至 12 月。

REITs 在 2023 年 1 月中旬迎来小幅反弹后，于 2 月下旬再次开启下行趋势，且下跌趋势愈发严重，直至 7 月上旬下跌至前所未有的低点，中证 REITs 全收益指数跌至 892.75 点。

2023 年 3 月，经济发展正常化的期望给 REITs 市场带来了一定程度的好转。然而，发展前景的不确定性仍然让投资者心存担忧，特别是对于与经济周期联系更为紧密的产权类行业。随着 2022 年四季报和年报的披露，部分项目运营数据的大幅下滑进一步加深了这种忧虑。虽然自发布公告半年后的首批 REITs 扩募计划终于开始落地，但具体的扩募细节和实施方式并未给投资者带来足够的信心。雪上加霜的是，在扩募实施过程中，华安张江产业园 REIT 的拟收购资产张润大厦爆出主要租户临时退租的突发性事件，这成为压垮市场情绪的最后一根稻草，引发了市场的恐慌性下跌。

2023 年 7 月初，市场终于传来公募 FOF 基金将 REITs 纳入投资范围的好消息，下跌趋势因此得以扭转。但随着期待后续利好政策的愿望不断落空，宏观经济环境并无明显改善，陷入困境的项目基本面改善困难重重，市场开始再次走弱，流动性逐步降至冰点，中证 REITs 全收益指数屡创新低。到 2023 年底之前，REITs 市场先是进入持续 2 个月的区间波动状态，之后又开启长达 4 个月的持续下跌，中证 REITs 全收益指数在此期间最低跌至 795.88 点。

第六阶段：2024 年 1 月至 12 月 31 日。

2024 年 1 月初，嘉实京东仓储基础设施 REIT 项目发生续约租金大幅降低的事件，将市场推至最低点，同期的 A 股市场也面临大幅度的回调态势。不过，在 2024 年春节假期前，中央汇金公司扩大了 A 股 ETF 增持范围，中国证监会也就股票市场发布了一系列措施，特别是其中包含了针对 REITs 记账方式的会计类第 4 号指引。在这一系列密集举措发布后，春节假期结束，同样遭受持续下跌的股票市场率先走出困境，开始快速大幅度反弹，REITs 市场也紧跟其后，中证 REITs 全收益指数连续 9 个交易日收阳。在 2023 年下半年的漫长下跌过程中，原始权益人及其关联方，以及 REITs 基金管理人，陆续展开了增持行动。虽然这些增持行动未能从整体上改变下跌趋势，但在一定程度上提供了流动性，缓解了市场的焦虑情绪。而且，多项利好政策陆续在 2024 年初出台，包括社保基金将 REITs 纳入投资范围、保险资金投资在风险计提方面的放宽、REITs 权益属性的认定及其带来的有利会计记账方式等。所有这些积极因素不断汇聚，最终在市场深跌见底后形成了一波集中释放的做多力量。进入 3 月之后，反弹结束，市场开始震荡波动至年中，同期的 A 股市场也面临大幅度的回调。

2024 年 7 月之后的半年里，REITs 市场开始在板块和单项目层面上出现了走势的分化，投资开始成熟化。9 月 24 日，中国人民银行、金融监管总局、中国证监会在国务院新闻办新闻发布会上宣布将推出金融支持经济高质量发展的一系列措施，主要涉及下调存款准备金率、降低存量房贷利率、创设新的货币政策工具支持资本市场等。此举彰显了政府部门对于提振经济的决心，对股票市场而言属于一剂强心剂，从 9 月 24 日起至 10 月 8 日的 6 个交易日内，上证指数上涨近 27%，同期的中证 REITs 全收益指数则维持住了基本价位，涨幅仅 1.46%。而随着市场回归理性，叠加 11 月美国选举中特朗普压倒性的胜利，市场对于 2025 年的经济预期再度产生变化，从 10 月 8 日起至 12 月 31 日，上证指数下跌近 4%，中证 REITs 全收益指数上涨 2.22%。

值得注意的是，市场在第三阶段和第四阶段间，从更大的时间尺度来看，形成了一个"三级跳式"的递进下跌趋势，持续时间长达 16 个月，约占公募 REITs 至今上市时间的一半。中证 REITs 全收益指数在此期间更是从 1200 点跌至 796 点，跌幅高达 33.67%，如图 4.4 所示。

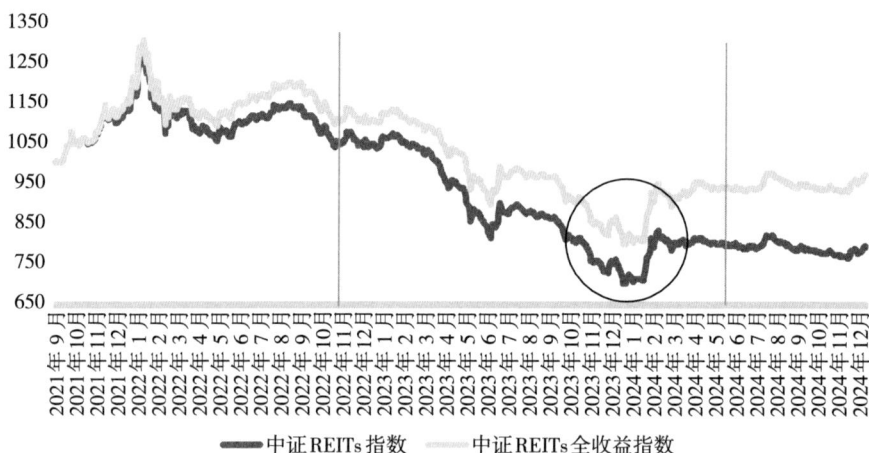

图 4.4 2021 年 9 月—2024 年 12 月中证 REITs 指数走势

数据来源：Wind。

二、公募 REITs 市场与其他市场比较

（一）与国内股市相比

公募 REITs 自上市至今，呈现出明显的权益类资产的收益和风险特征。中证 REITs 指数无论是从收益方向还是收益幅度来看，都与主要股票指数的表现较为接近，与债券指数则截然不同，如图 4.5 和图 4.6 所示。中证 REITs 全收益指数的年收益最高是 2021 年的 11.42%，最低是 2023 年的 -22.67%,振幅高达 34.09%，与同时期创业板指数相当，高于其他主要股票指数。

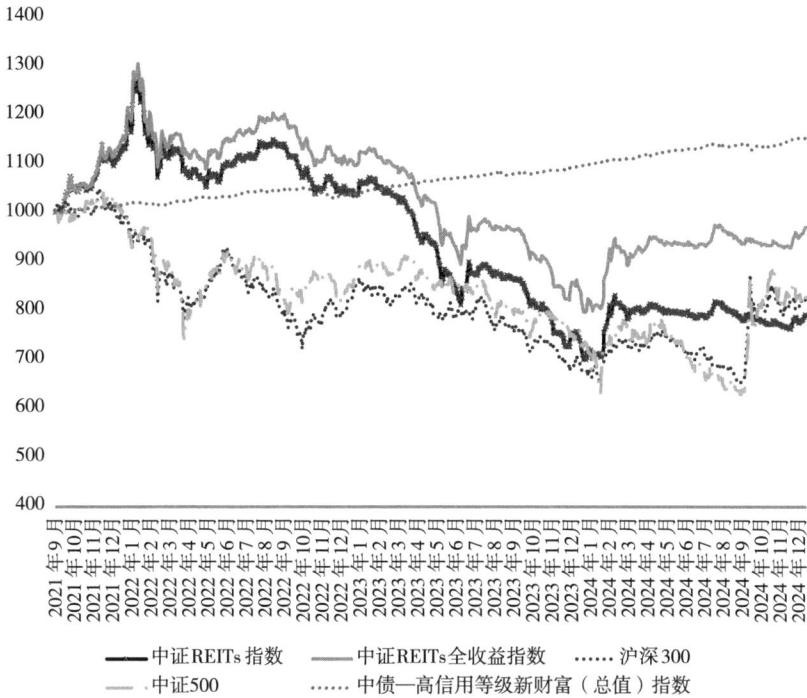

图 4.5 中证 REITs 指数与股债指数走势图

数据来源：Wind。

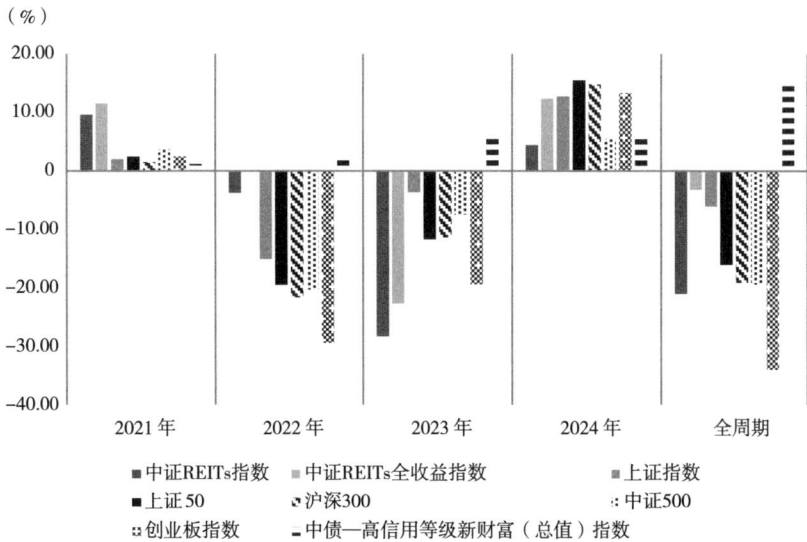

图 4.6 中证 REITs 指数与股债指数涨跌幅对比

数据来源：Wind。

从收益波动角度来看，中证 REITs 指数的波动率平均在 16% 左右，高于上证指数，与上证 50 和沪深 300 指数相当，低于中证 500 和创业板指数。

从最大回撤情况来看，REITs 指数在 2021 年与其他主要股指表现相当，2022 年在经历了历史最高点后，回撤表现优于其他主要股指。但在 2023 年，由于多方面因素造成的踩踏式下跌，充分暴露了早期市场建设不完善时容易产生较大波动的风险，其最大回撤高达 32.31%，与创业板指数的−31.03% 相当，而同时期的上证指数仅为−14.61%。从全周期角度来看，REITs 的最大回撤表现（−45.41%）也仅优于创业板指的−56.34%，如图 4.7 所示。

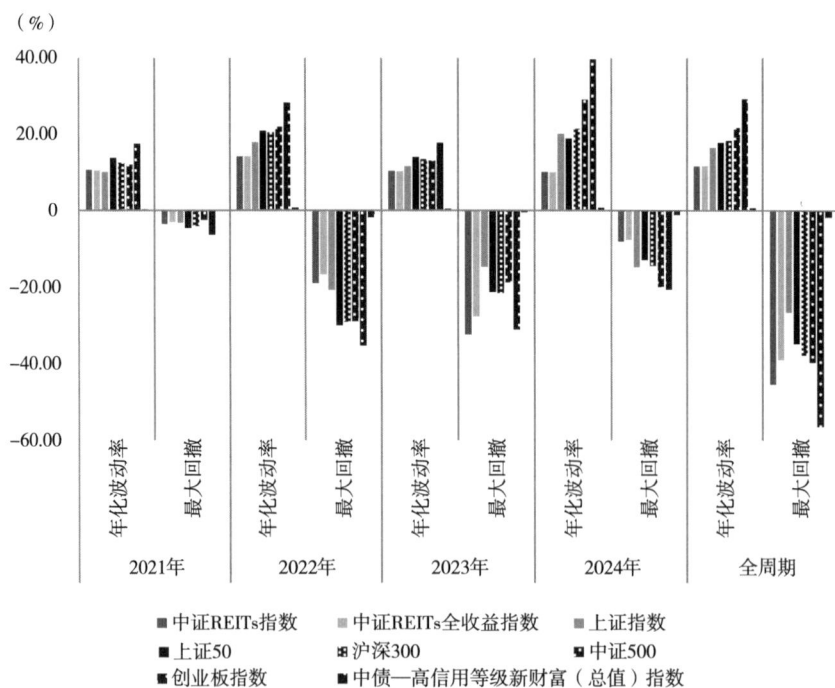

图 4.7　中证 REITs 指数与股债指数波动率和最大回撤对比

（二）与境外 REITs 市场相比

从与境外 REITs 走势对比角度来看，2021 年 6 月以来几乎所有 REITs 市场都以下跌为主，直至 2023 年 10 月才开始出现好转迹象。对比境外 REITs 指数，中证 REITs 指数整体表现尚可，波动性甚至相对最低，如图 4.8 所示。但由于持续一年半的下跌，最大回撤风险也较为突出。

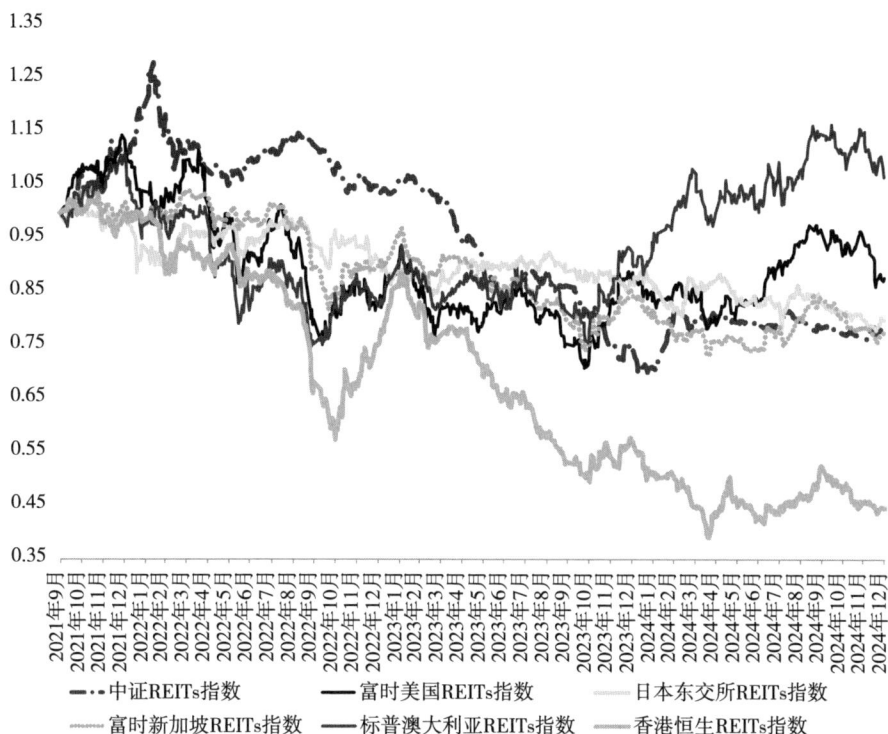

图 4.8 2021 年 9 月至 2024 年 12 月中证 REITs 指数与部分境外 REITs 指数对比

数据来源：Wind。

从收益率表现来看，中证 REITs 指数的全周期收益率为−21.04%，表现优于香港恒生 REITs 指数（−55.28%）、道琼斯欧洲 REITs 指数（−35.59%）、富时新加坡 REITs 指数（−22.92%），但逊于富时美国 REITs 指数（−12.12%）、日本东交所 REITs 指数（−20.22%）和标普澳大利亚 REITs 指数（6.69%），如图4.9 所示。

从波动率和最大回撤角度来看，中证 REITs 指数相对稳健，与日本东交所 REITs 和富时新加坡 REITs 水平相当，但对应的最大回撤均大于这两个市场。在经历了 2023 年的踩踏式下跌后，中证 REITs 指数的最大回撤表现（−45.41%）仅优于香港恒生 REITs 指数的−62.04%和道琼斯欧洲 REITs 指数的−50.49%，如图 4.10 所示。

（%）

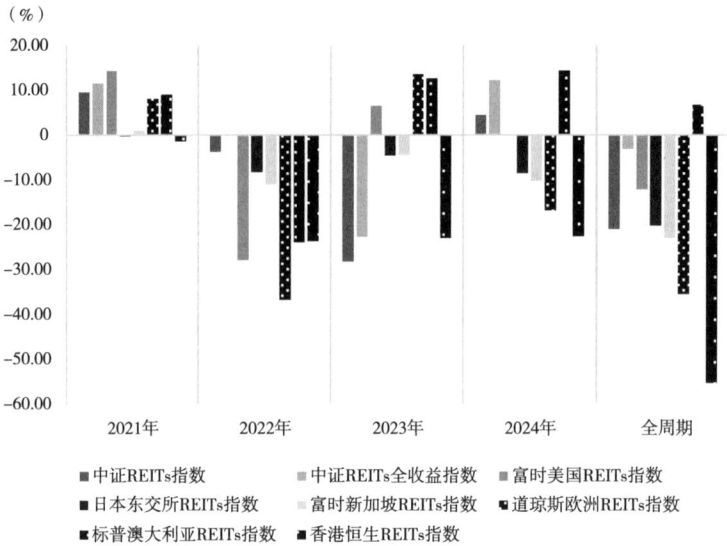

图 4.9　中证 REITs 指数与境外 REITs 指数收益对比

数据来源：Wind。

（%）

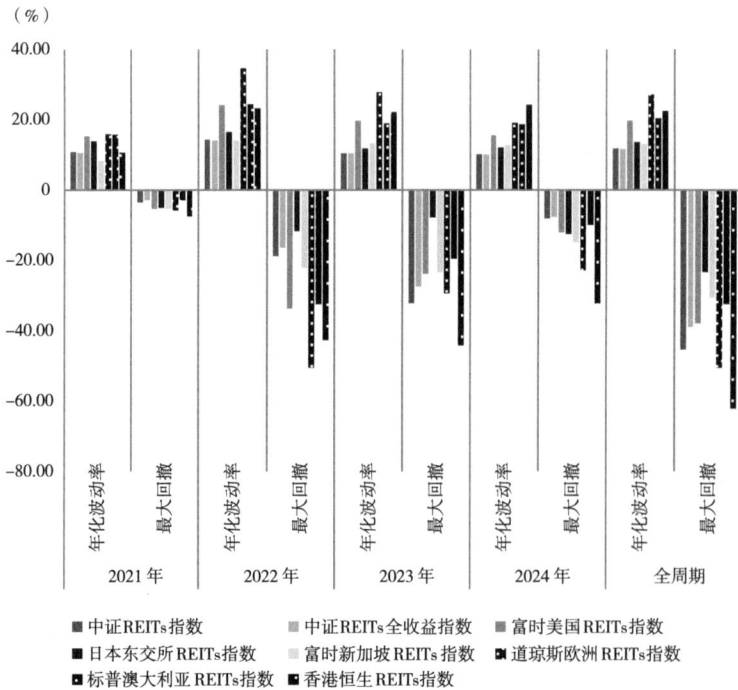

图 4.10　中证 REITs 指数与境外 REITs 指数波动率和最大回撤对比

数据来源：Wind。

第二节　各类资产市场表现

一、不同类型资产的表现

我国目前的 REITs 资产主要分为产权类和经营权类两种。其中，产权类 REITs 持有底层资产的产权，经营权类 REITs 持有底层资产经营期限内的收益权。两类资产在估值、收益标准等方面存在较大差异。

从区间收益来看，产权类 REITs 价格指数 2021 年 6 月 21 日至 2024 年 12 月 31 日的整体收益为 6.14%，考虑分红再投资的全收益指数回报为 18.98%，纯分红收益则为 12.83%。而经营权类 REITs 价格指数同期回报为 -14.33%，全收益指数回报为 10.11%，纯分红收益为 24.44%。经营权类 REITs 价格指数在 2021 年首年录得 17.88% 的收益后，在接下来的两年间基本处于下跌趋势，如图 4.11 和图 4.12 所示。

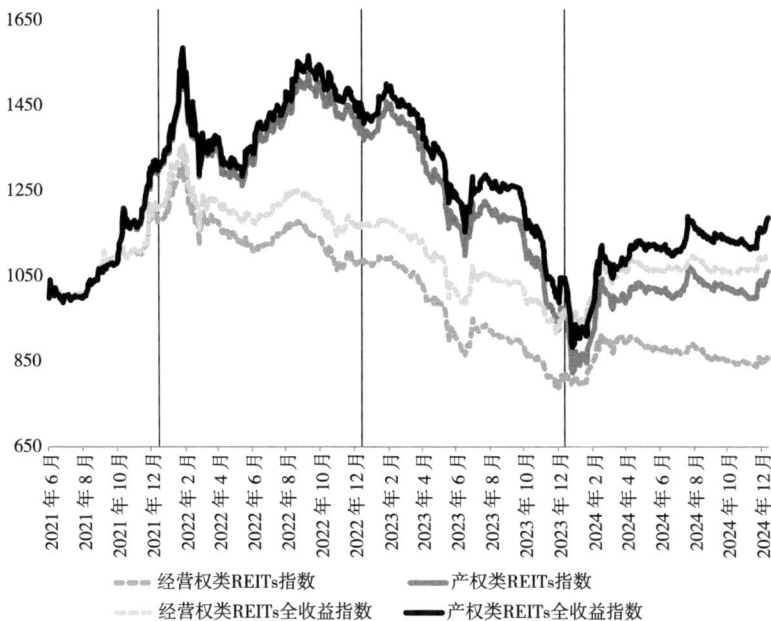

图 4.11　2021 年 6 月—2024 年 12 月公募 REITs 指数走势图

数据来源：Wind。

（%）

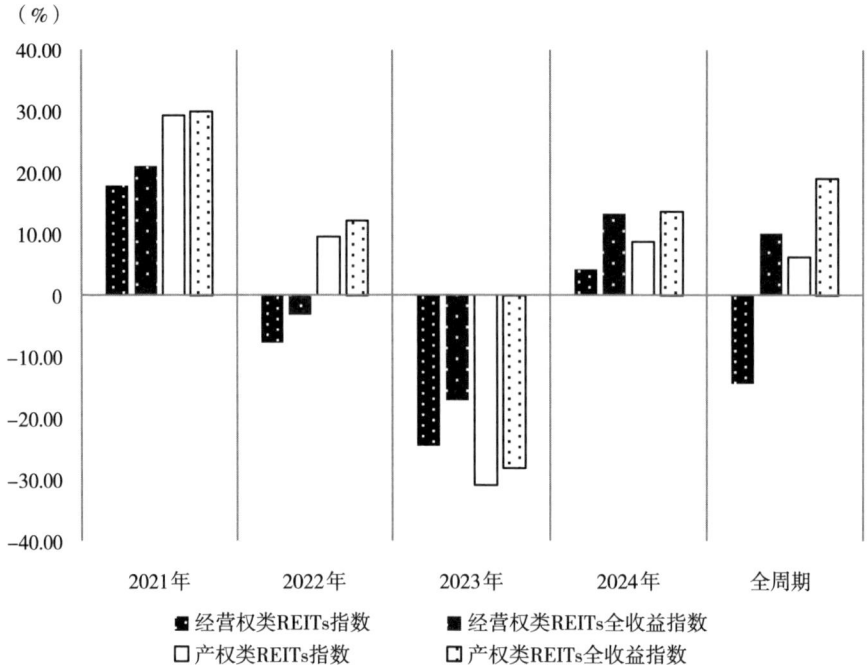

图 4.12 公募 REITs 指数涨跌幅对比

数据来源：Wind。

从流动性角度来看，早期 REITs 的成交情况整体上与市场走势较为一致，市场上升时成交活跃度显著高于下行时期。后续整体市场中产权类 REITs 和经营权类 REITs 的成交活跃度在大部分时间基本相当，两类资产并没有出现较为明显的差异，如图 4.13 所示。从换手率角度来看，在 2022 年一季度之前，整体换手活跃度显著更高。在此之后的换手率，除去新上市项目和重大事件外，基本在 0.5%—1.5% 之间波动，如图 4.14 所示。但随着 2023 年宏观基本面复苏不及预期、REITs 底层项目经营表现不佳，REITs 市场投资者结构单一，采取同向交易策略导致踩踏式下跌，进而造成流动性困境，最终换手率也未能因新项目的上市而有所上升。

从波动率和最大回撤角度来看，产权类 REITs 的波动率和最大回撤均高于经营权类 REITs，如图 4.15 所示。若划分时间周期，两类资产的波动率和最大回撤则对应了四个时间周期中的突发事件，如 2022 年的历史高点以及后续

（亿元）

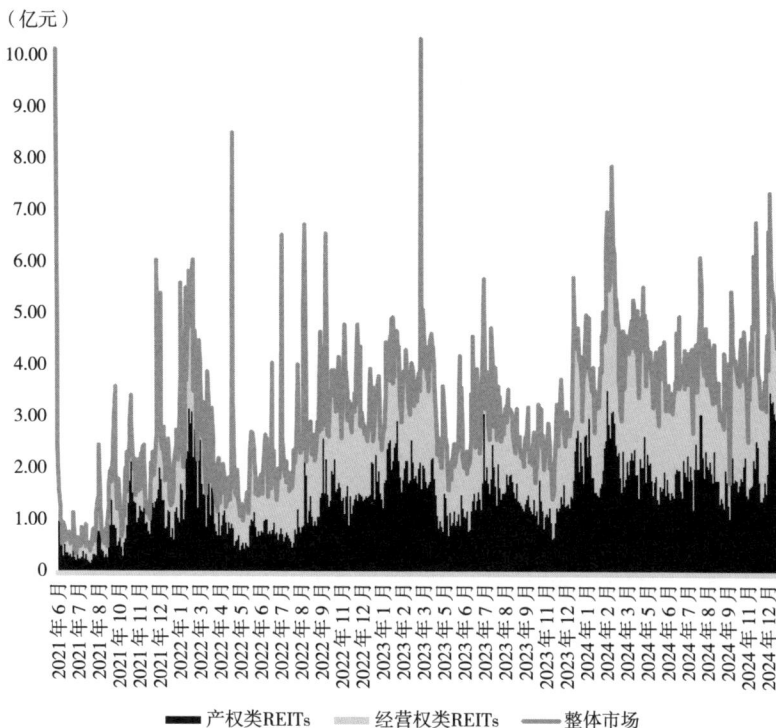

图 4.13　2021 年 6 月—2024 年 12 月公募 REITs 成交情况

数据来源：Wind。

（%）

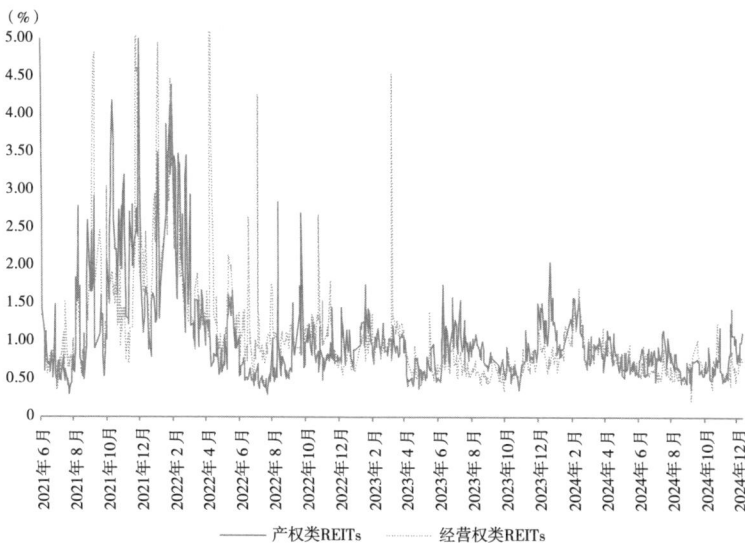

图 4.14　2021 年 6 月—2024 年 12 月公募 REITs 换手率

数据来源：Wind。

估值回调，2023 年的投资者同向交易策略造成的踩踏式抛售，以及 2024 年初京东仓储 REIT 租金下调引发的市场震荡。

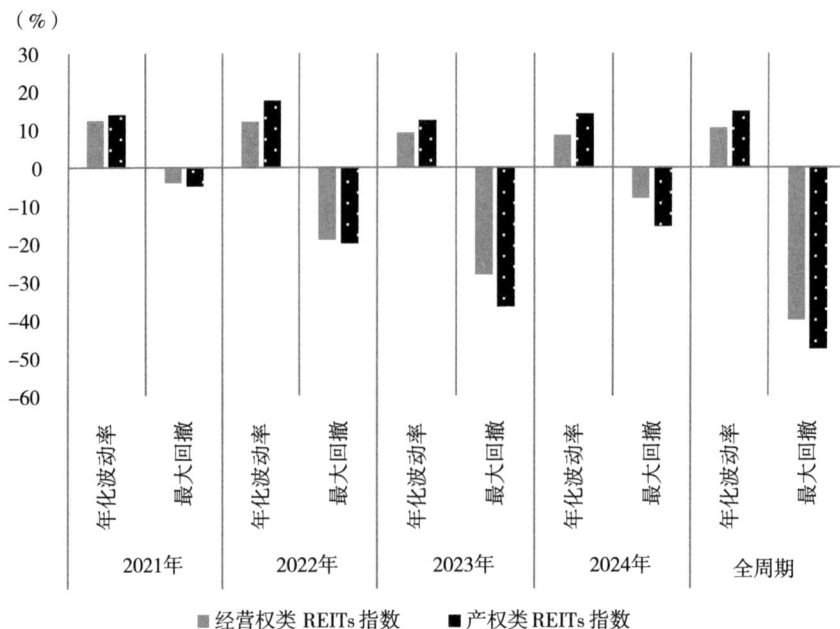

图 4.15　公募 REITs 年化波动率和最大回撤对比图

数据来源：Wind 和作者处理。

二、不同行业资产的表现

从区间收益来看，自 2021 年 6 月 21 日起，首批上市的行业指数中，产园指数的整体收益率为-2.54%，仓储指数为-9.56%，环保指数为 5.35%，高速指数为-29.92%。后续新上市的保障性租赁住房指数、新能源指数和消费指数，其整体收益率分别为 36.92%、36.72%和 16.50%。

按年份表现分析，2021 年，首批新上市的四类资产表现各有不同：产园指数涨幅为 29.55%，仓储指数为 27.54%，环保指数达 37.62%，高速指数为 11.48%。在首批上市项目中，环保资产受到投资者的热情追捧。

到了 2022 年，新上市的保障性租赁住房资产和新能源资产均录得较高涨幅，这充分彰显了投资者对于新类别且经营稳定性更高项目的投资积极性。而首批上市的四类资产，在经历了 2022 年上半年的价格剧烈波动后，全年涨幅较小，这也从侧面反映出投资者开始更加理性地审视这些早期上市资产的经营基本面和估值定价。

2023 年，产园、仓储、高速和环保这四类与宏观经济融合度较大的项目出现了踩踏式下跌。相比之下，保障性租赁住房与新能源项目作为在下行周期中韧性较强的项目，跌幅相对较少，如图 4.16 所示。

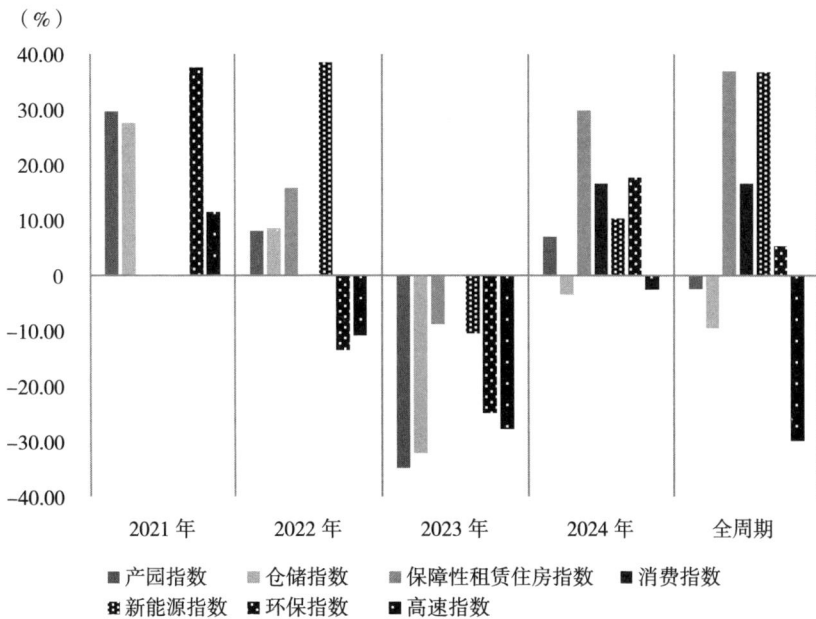

图 4.16　公募 REITs 行业收益表现

数据来源：Wind 和作者处理。

从波动率和最大回撤角度来看，产园指数、仓储指数和环保指数的波动率位居前列，分别为 15.52%、17.12% 和 17.32%，其最大回撤风险则分别达到-51.44%、-51.40% 和-55.45%。高速指数的年化波动率为 9.88%，在各指数中排倒数第二位，但其最大回撤为-42.15%，排第四位，如图 4.17 和图 4.18 所示。

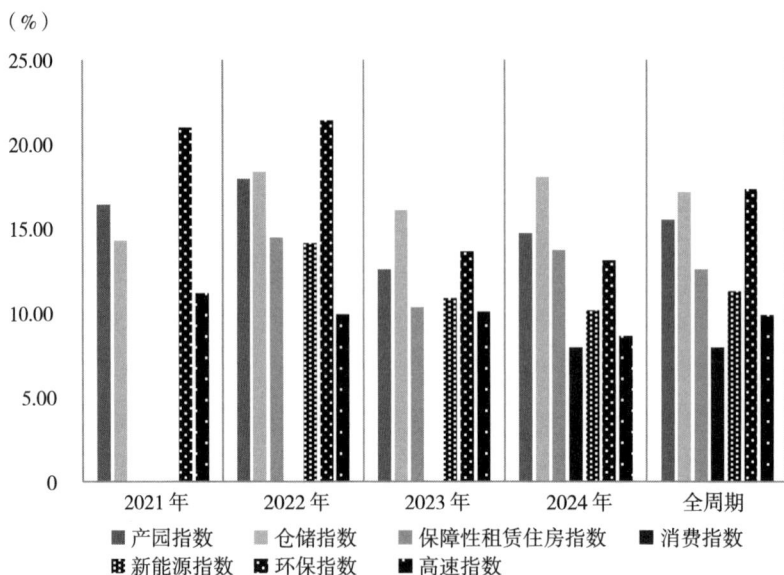

图 4.17　公募 REITs 行业波动率表现

注：由于新能源与环保首批项目上市时涨停，新能源指数与保障性租赁住房指数波动率不考虑首日
　　涨跌幅。

数据来源：Wind 和作者处理。

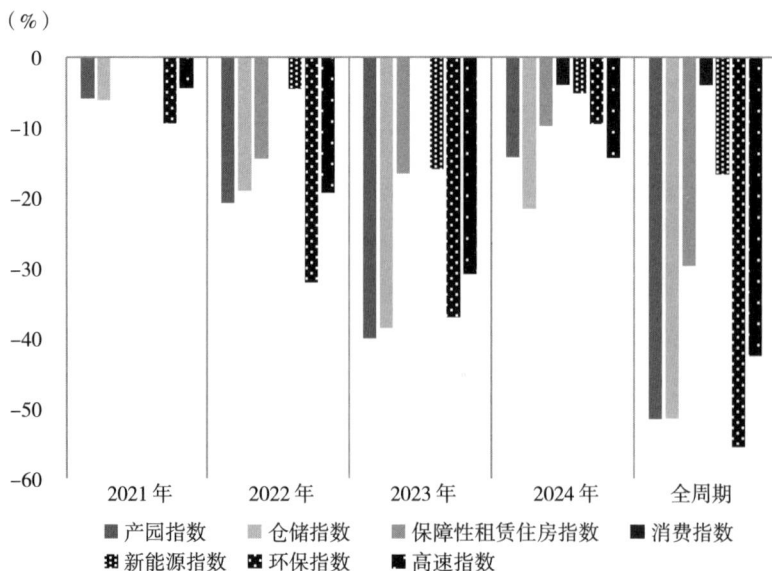

图 4.18　公募 REITs 行业回撤表现

数据来源：Wind 和作者处理。

三、不同项目的表现

（一）产权类项目

1. 产业园区基础设施

细分到产业园区的个别项目，可以发现位于一线城市的产业园区项目与一线城市以外项目在二级价格表现上存在差异。在 2021 年，博时招商蛇口产业园 REIT（涨幅 19.96%）和华安张江产业园 REIT（涨幅 24.58%）的涨幅均高于东吴苏园产业 REIT（涨幅 17.16%），如图 4.19 所示。

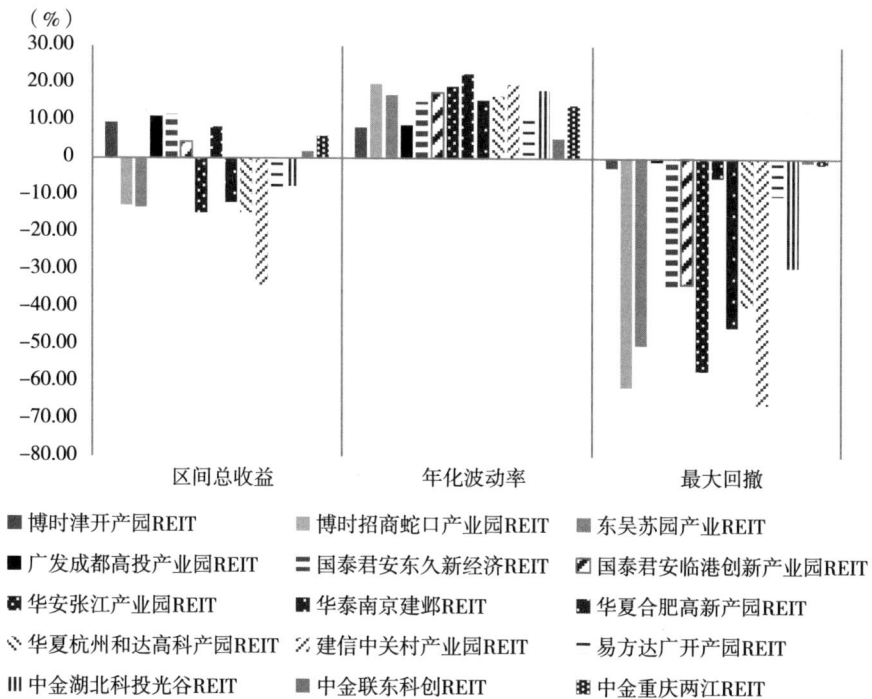

图 4.19　产业园区基础设施 REITs 项目成立至 2024 年 12 月 31 日表现

数据来源：Wind。

2022 年，市场经历了大幅波动，新上市的产业园区项目基本上不再呈现大幅上涨的态势，不过当年新上市的工业厂房类园区项目是例外。这主要是因为厂房类项目的租户结构更为稳定，且与制造业联系紧密。同时，底层资产的租户在租赁时通常会有一定的前期投入，退租搬离的成本较高，从长期来看，租户换租的意愿相对较低。

在 2022 年底至 2023 年一季度期间，宏观经济的疲软开始反映到底层项目的运营表现上。以建信中关村 REIT 为例，其 2022 年季报所披露的出租率出现下滑趋势，从 2022 年一季度的时点出租率 96.15% 下降至四季度的平均出租率 81.29%，而 2023 年一季报披露的数据更是大幅下降至 68.47%。同一时期，其他产园项目也面临出租率下降和运营情况恶化的问题，例如华安张江产业园 2022 年四季度时点出租率为 92.60%，到 2023 年一季度时点出租率降至 70.57%。此后，产业园区项目在 2023 年的踩踏式下跌中首当其冲。

从波动率表现来看，整体产业园区项目的波动区间基本相近，波动差异并不显著。

从对应的最大回撤情况来看，各产业园区项目的回撤表现因发行时间不同而呈现出不同幅度。其中，厂房项目相对更具韧性，后期发行的项目回撤幅度相对较小。

2. 仓储物流

深入分析仓储物流行业，红土创新盐田港 REIT 在全周期的表现优于其他仓储项目，如图 4.20 所示。红土创新盐田港 REIT 与中金普洛斯 REIT 分别代表两类运营模式：盐田港项目基本采用关联方整租的运营模式，而中金普洛斯 REIT 则是市场化出租模式，其租户结构多元化且项目分散于全国各地，能有效分散区域集中风险。

自 2021 年以来，宏观经济环境较为疲软，仓储项目底层资产还面临周边市场供给过剩的问题，这给仓储资产的运营带来了不确定性。在这种不确定因素的影响下，红土创新盐田港 REIT 的整租模式在二级市场更受青睐：截至 2024 年 6 月 28 日，红土创新盐田港 REIT 全周期涨跌幅为 0.13%，而中金普洛斯 REIT 则为 -8.07%。嘉实京东仓储基础设施 REIT 由于 2024 年初武汉项目租金下降问题，导致价格大幅跳水，截至 2024 年 6 月 28 日，涨跌幅录得 -19.98%。但在 2024 年下半年，各板块开始呈现的分化走势中，红土创新盐田港 REIT 因其所处区域主要市场主体业务为跨境贸易，受到美国大选特朗普胜利的影响更大（特朗普主张增加关税会对跨境贸易造成打击），截至 2024

（％）

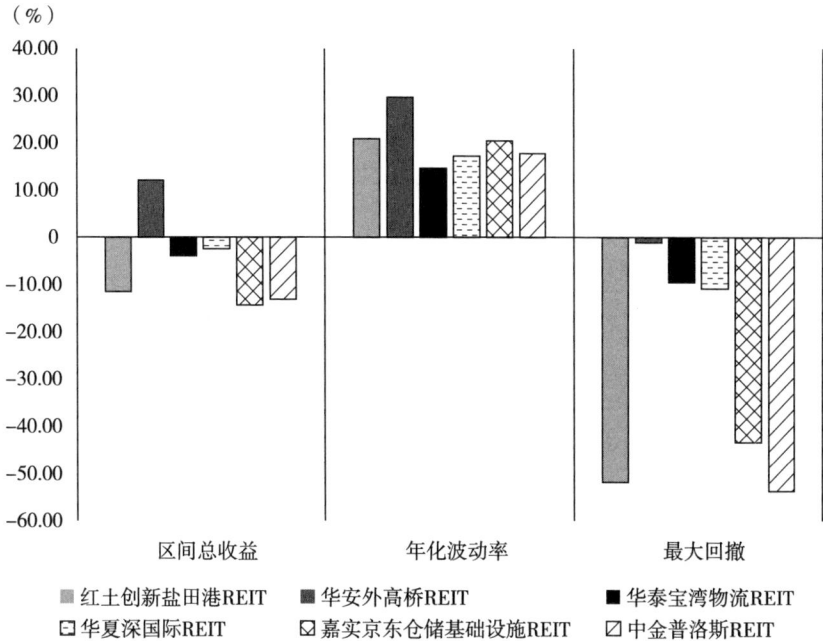

图 4.20　仓储物流 REITs 项目成立至 2024 年 12 月 31 日表现

数据来源：Wind。

年 12 月 31 日全周期涨跌幅录得-11.52%，而同一时期的中金普洛斯 REIT 全周期涨跌幅录得-13.11%，嘉实京东仓储基础设施 REIT 全周期涨跌幅录得-14.37%。

从波动率和最大回撤角度来看，仓储项目除了在特定时期可能出现价格波动外，整体上波动率和最大回撤基本相近。具体数据：红土创新盐田港 REIT 波动率为 20.89%，最大回撤-51.82%；中金普洛斯 REIT 波动率为 17.71%，最大回撤-53.72%；嘉实京东仓储基础设施 REIT 波动率为 20.42%，最大回撤-43.33%。

3. 保障性租赁住房

聚焦保障性租赁住房行业，整体收益率基本上呈现出相同的项目排序。从 2022 年起到 2024 年 12 月 31 日，行业涨跌幅排序情况：华夏北京保障房 REIT＞中金厦门安居 REIT＞红土创新深圳安居 REIT＞华夏基金华润有巢 REIT。从全周期角度看涨跌幅，首批上市的华夏北京保障房 REIT 为 42.91%，中金厦门安居 REIT 为 41.65%，红土创新深圳安居 REIT 为 33.25%。而在 2022 年底上市的华夏基金华润有巢 REIT，由于错过了当初保障性租赁住房上市时的二级市场热潮，2022 年的收益表现仅为 6.66%，全周期涨跌幅为 19.98%；2024 年新上市的国泰君安城投宽庭保租房 REIT 为 18.62%，招商基金蛇口租赁住房 REIT 为 17.16%，如图 4.21 所示。

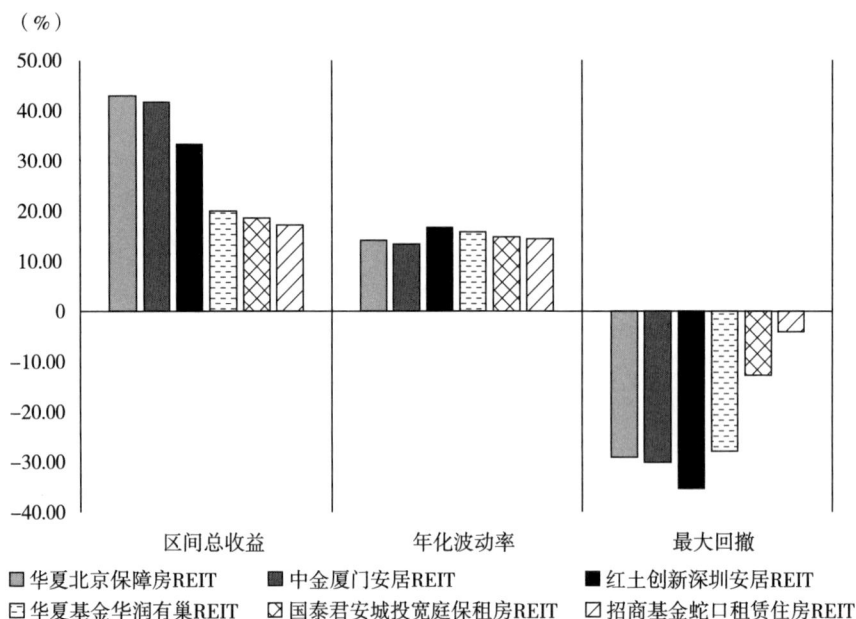

图 4.21　保障性租赁住房 REITs 项目成立至 2024 年 12 月 31 日表现
数据来源：Wind。

从波动率和最大回撤角度来看，若仅考虑 2022 年上市的项目，红土创新深圳安居 REIT 的波动率和最大回撤均居首位，分别为 16.70% 和 -35.39%。对比收益排序第一位和第二位的华夏北京保障房 REIT 和中金厦门安居 REIT，这两单项目的波动率相较于其他已上市保障性租赁住房项目更为稳健，其对应的最大回撤在 2023 年和 2024 年也低于其他同期项目。

4. 消费基础设施

针对消费行业进行细分，2024 年新上市的消费基础设施 REIT 表现基本稳健。其中，嘉实物美消费 REIT 因折价发行，其价格涨幅基本追平了项目估值水平。而中金印力消费 REIT，由于发行主体是万科，且在发行前后万科深陷债务风波，导致二级市场对其并不看好，使得该项目在同时期的表现逊于其他消费项目，如图 4.22 所示。

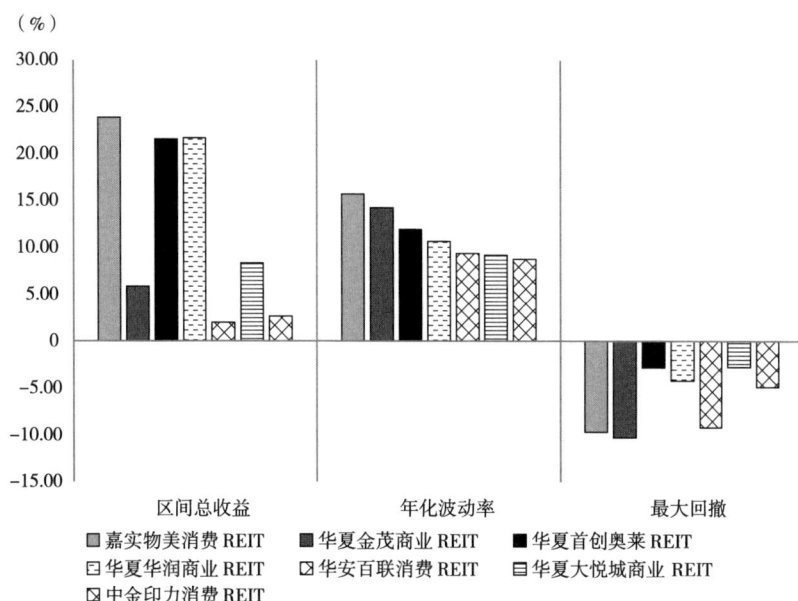

图 4.22　消费基础设施 REITs 项目成立至 2024 年 12 月 31 日表现

数据来源：Wind。

从波动率和最大回撤角度来看，七只消费项目中，华夏金茂商业 REIT 和嘉实物美消费 REIT 的波动率相当（分别为 14.22% 和 15.71%），但在最大回撤方面，华夏金茂商业 REIT（-10.24%）大于嘉实物美消费 REIT（-9.63%）。华夏华润商业 REIT、华夏首创奥莱 REIT 的表现较为稳健，而 2024 年 4 月 30 日上市的中金印力消费 REIT 则因受发行人影响而波动更大。

（二）经营权类项目

1. 能源基础设施

能源行业具有高分红特征，能源项目会因分红分派率较高，导致除权除息后的价格下降幅度较大。在未来持续分派资产价值归 0 的预期下，二级市场的价格表现不仅会受到底层资产本身经营状况的影响，还会受到当期分红多少、剩余期限长短、内部收益率（IRR）水平等因素的综合作用影响。

从波动率和最大回撤角度来看，中信建投国家电投新能源 REIT 的波动率最小，其余项目的波动率相近，在 12%—18% 的区间内。在最大回撤方面，鹏华深圳能源 REIT 因上市早、分派率高，其价格在几次除权除息后未能出现填满权的现象，导致最大回撤较高。同样，2023 年新上市的两个项目中，中航京能光伏 REIT 在分派率层面高于中信建投国家电投新能源 REIT，所以其最大回撤也相对高一些，如图 4.23 所示。

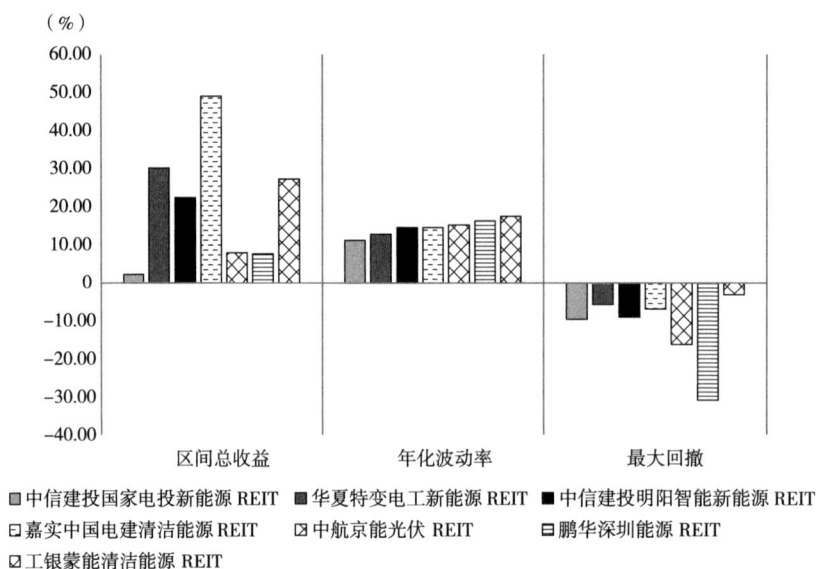

图 4.23　能源基础设施 REITs 项目成立至 2024 年 12 月 31 日表现

数据来源：Wind。

2. 生态环保

聚焦生态环保项目，两个项目在 2021 年上市之初便受到市场的热烈追捧，2022 年初，富国首创水务 REIT 的价格一度较发行价溢价 100%。然而，随后受到市场整体回调和价格回归估值的影响，最终两个项目走势相近。从全周期角度来看，富国首创水务 REIT 涨跌幅为 3.65%，中航首钢绿能 REIT 为 −5.83%。

从波动率和最大回撤角度来看，富国首创水务 REIT 的波动率和最大回撤均受到 2022 年的高涨以及其后快速下跌的影响，幅度要大于中航首钢绿能

REIT，如图 4.24 所示。同时，这两个项目总体的波动率和最大回撤幅度也高于其他行业，这一特点主要源于两个项目的个人投资者占比较高，持有份额常年保持在 20% 以上，尤其是在上市早期，二级价格呈现出明显的散户投资特征。

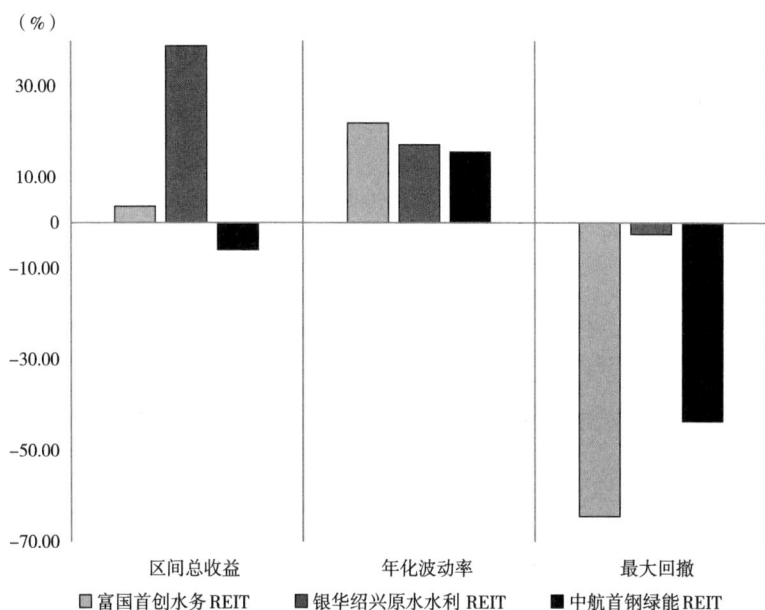

图 4.24　生态环保 REITs 项目成立至 2024 年 12 月 31 日表现

数据来源：Wind。

3. 交通基础设施

深入分析交通基础设施项目，这类项目不仅受到经营权类资产未来价值归 0 的预期影响，作为与宏观经济高度相关的资产，还受到宏观经济低迷的影响，这在其资产运营表现上体现得十分明显。从全周期角度来看，公路项目所有价格均低于发行价，但客车占比较高的项目（如华夏越秀高速 REIT）的运营表现要优于货车占比较高的项目（如华夏中国交建 REIT），反映到二级市场上的价格也相对较好。

从波动率和最大回撤角度来看，交通基础设施项目间的波动率相差不大，全周期视角下基本维持在 10%—20% 的区间内。而在最大回撤方面，受 2023 年基本面恶化的影响，大部分项目在 2023 年内都遭遇了大幅回撤风险，如图 4.25 所示。

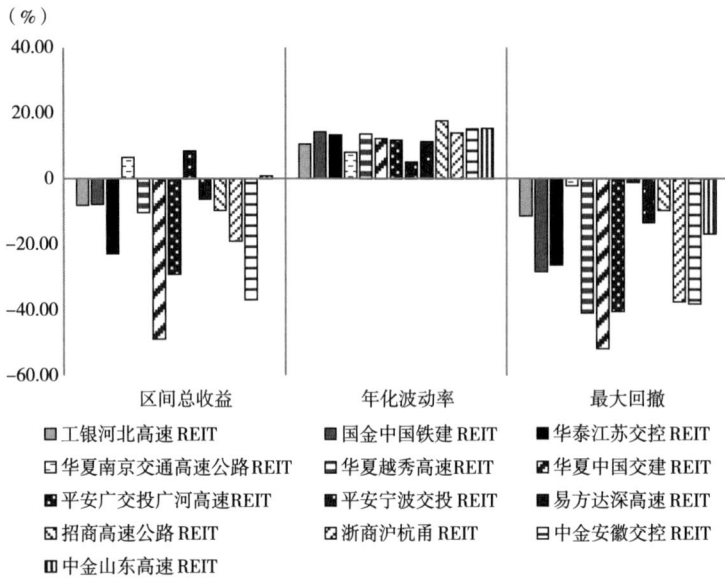

图 4.25　交通基础设施 REITs 项目成立至 2024 年 12 月 31 日表现

数据来源：Wind。

第三节　公募 REITs 分红情况

分红收益是公募 REITs 投资的重要收益来源，对其深入研究有助于把握该投资产品的收益特征及市场表现。我们将围绕公募 REITs 的分红情况展开分析，介绍整体分红概况，对比不同类型资产的分红表现，探讨分红与二级市场价格波动间的关系，从而全方位剖析分红在公募 REITs 市场中的具体情况与影响。

一、分红概况

根据公募 REITs 的有关监管规则，REITs 基金须将 90% 以上的基金可供分配金额分配给投资者，并且每年至少分红 1 次。截至 2024 年 12 月 31 日，共有 41 只公募 REITs 实施过分红（以派息日在 2024 年 12 月 31 日前为准），累计分红 181次，合计分红金额约 171.73 亿元。对比这 41 只公募 REITs 的发行规模（包括首发与扩募），合计金额达 1352.37 亿元，累计分红率达到 13.04%，如表 4.1 所示。

表 4.1 公募 REITs 项目分红情况（截至 2024 年 12 月 31 日）

行业	REITs 简称	累计实际分红总额（万元）	分红次数
产业园区基础设施	博时招商蛇口产业园 REIT	35294.60	8
	华安张江产业园 REIT	25071.50	6
	东吴苏园产业 REIT	41637.31	3
	建信中关村产业园 REIT	23400.00	5
	华夏合肥高新产园 REIT	15332.10	7
	国泰君安临港创新产业园 REIT	5285.20	2
	国泰君安东久新经济 REIT	10639.00	3
	华夏杭州和达高科产园 REIT	10590.00	6
	中金湖北科投光谷 REIT	8247.00	3
消费基础设施	华夏金茂商业 REIT	3575.40	3
	嘉实物美消费 REIT	2836.00	1
	华夏华润商业 REIT	22666.00	3
	中金印力消费 REIT	7880.00	2
	华安百联消费 REIT	2965.00	1
	华夏首创奥莱 REIT	1454.40	1
仓储物流	红土创新盐田港 REIT	30027.88	6
	中金普洛斯 REIT	94154.19	9
	嘉实京东仓储基础设施 REIT	13661.00	5
	华夏深国际 REIT	1975.80	1
保障性租赁住房	红土创新深圳安居 REIT	10743.80	5
	中金厦门安居 REIT	10747.00	4
	华夏北京保障房 REIT	10100.50	4
	华夏基金华润有巢 REIT	10464.50	5
	国泰君安城投宽庭保租房 REIT	6501.00	1
生态环保	中航首钢绿能 REIT	45384.17	8
	富国首创水务 REIT	51225.00	6

续表

行业	REITs 简称	累计实际分红总额（万元）	分红次数
能源基础设施	鹏华深圳能源 REIT	111720.00	5
	中信建投国家电投新能源 REIT	120166.40	5
	中航京能光伏 REIT	67314.00	3
	华夏特变电工新能源 REIT	6982.00	1
	中信建投明阳智能新能源 REIT	7500.00	1
交通基础设施	平安广交投广河高速 REIT	197044.71	9
	浙商沪杭甬 REIT	151575.00	5
	华夏越秀高速 REIT	41251.30	10
	华夏中国交建 REIT	78220.00	10
	国金中国铁建 REIT	110415.00	3
	华泰江苏交控 REIT	50105.20	5
	中金安徽交控 REIT	175560.00	7
	中金山东高速 REIT	50255.01	5
	易方达深高速 REIT	23277.00	3
	工银河北高速 REIT	24100.00	1

数据来源：根据公开资料整理。

二、不同类型资产分红情况

为了便于比较不同项目之间的分红情况，我们以发行价作为基准，以年为时间区间，统计公募 REITs 项目的年度分红分派率（即按收益基准分配日统计的当年合计分红/发行价，剔除 2024 年度①）。统计结果显示，整体平均年度分红分派率为 5.56%。其中，经营权类平均为 8.13%，大幅高于产权类的3.53%。这一结果符合经营权类 REITs 的特征：在不考虑扩募的情况下，经营权类 REITs 到期后净值归 0，其分红包含了一部分的"本金摊还"。

---

① 2025 年下半年才能统计出 2024 年度整体分红情况。

具体来看各个项目，以自上市到 2023 年 12 月 31 日的平均年度分红分派率比较，鹏华深圳能源 REIT（12.10%）、中航京能光伏 REIT（10.96%）、中信建投国家电投新能源 REIT（10.70%）、中航首钢绿能 REIT（10.27%）、浙商沪杭甬 REIT（9.72%）和国金中国铁建 REIT（9.12%）的分红表现尤为突出，如图 4.26 所示。从行业角度对比，能源基础设施类 REITs 平均年度分红分派率为 11.46%，生态环保类为 9.12%，交通基础设施类为 6.93%，仓储物流类为 3.81%，产业园区基础设施类为 3.51%（其中工业厂房类为 3.36%），保障性租赁住房类为 3.31%，如图 4.27 所示。

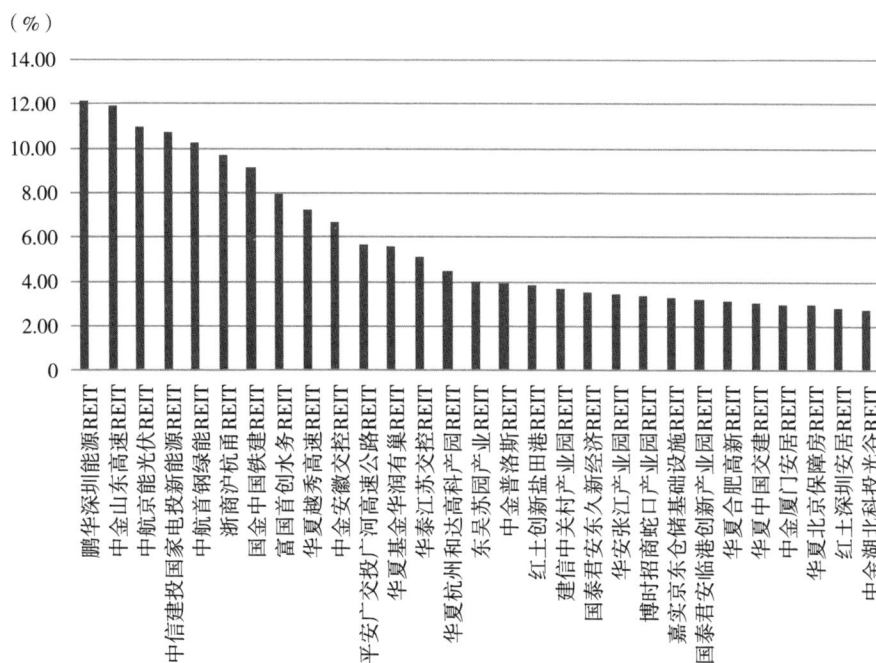

图 4-26 2021 年至 2023 年公募 REITs 平均年度分红收益率情况

数据来源：Wind。

如果按分红基准日计算每年的分红次数以及该年分红的基金数量（剔除 2024 年度），共有 29 只基金累计分红 109 次，平均单个基金每年分红的次数为 1.50 次。从单个项目分红频次来看，大部分项目自上市以来每年的分红次数均在 1—2 次，甚至存在平均每年分红 3.5 次的项目。观察年度分红基准日

（%）

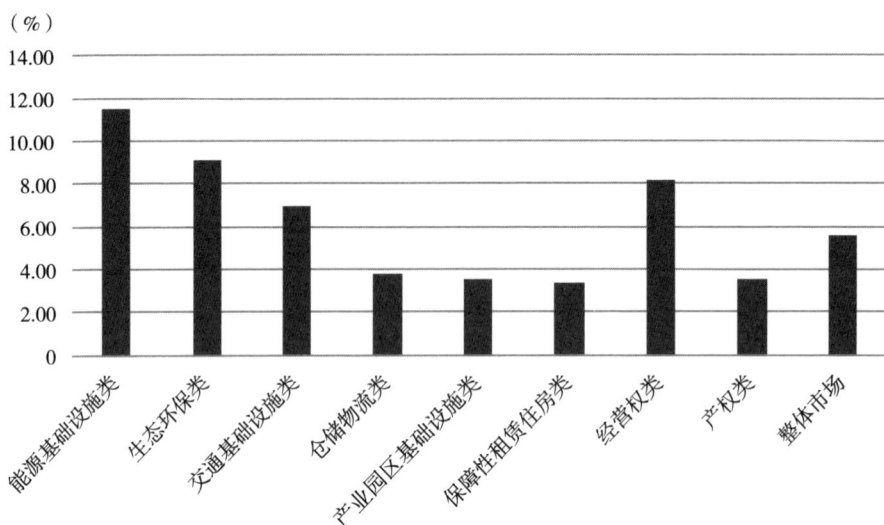

图 4.27　2021 年至 2023 年公募 REITs 相关行业平均年度分红收益率情况对比

数据来源：Wind。

和对应分红公告日之间的差距，其中位数为 91 天，平均数为 92.6 天。也就是说，平均而言，投资人可以预期所投项目的全年分红会在次年 4 月前后结算。

通过累计每年的分红金额以及对应每年分红项目的累计发行规模（含扩募）计算分派率，可以看到 2021—2023 年的平均分派率为 5.75%。与此同时，随着新项目不断上市，整个市场单个项目平均分红次数有所上升，分派率也随之提高，如表 4.2 所示。

表 4.2　公募 REITs 分红次数

基准年	分红次数（次）	基金数量（只）	基金平均分红次数（次）	分派率（%）
2021	14	9	1.56	5.52
2022	33	22	1.50	5.25
2023	62	28	2.21	6.47

数据来源：Wind。

另外，从整体上看，中证 REITs 全收益指数的收益与中证 REITs 价格指数的收益之间的差异，代表了中证 REITs 的分红收益。2021—2024 年（截至

2024 年 12 月 31 日），这一差异分别为 1.87%、3.77%、5.59%、7.93%，全周期则为 17.83%，如表 4.3 所示。可以发现，在价格收益越低的年份，分红收益反而越高，这从侧面凸显了分红收益对 REITs 的重要性。

表 4.3 中证 REITs 指数与全收益指数以及分红收益情况　　单位：%

年份	中证 REITs 价格收益	中证 REITs 全收益	中证 REITs 分红收益
2021	9.55	11.42	1.87
2022	−3.75	0.02	3.77
2023	−28.26	−22.67	5.59
2024	4.38	12.31	7.93
全周期	−21.04	−3.21	17.83

数据来源：Wind。

三、分红与二级市场价格波动的关系

由于公募 REITs 分红的重要性，分红事件对价格走势的影响十分显著，其中最典型的就是"抢权"现象和"填权"现象。"抢权"现象是指分红公告发布后至除息日之前，投资者因抢购份额导致价格波动的现象；"填权"现象则是指除息日之后，价格从除息低点反弹波动的现象。

以富国首创水务 REIT 在 2022 年 1 月 25 日的分红事件为例，1 月 20 日分红公告发布后，投资者抢购热情高涨，价格直线上升，呈现出明显的"抢权"现象。值得注意的是，在除息日之前，价格出现了一个明显的深 V 形短期走势，如图 4.28 所示。这表明部分投资者相机主动卖出了手中的份额，并未等待分红发放。究其原因，由于"抢权"行为使得前期价格大幅上涨，部分投资者的持仓已获取了足够的收益，甚至高于预期分红收益。在价格上涨的高点获利了结，能够避免除息后价格波动的风险。因此，分红事件过程中，"抢权"并不一定意味着价格上涨，"填权"也不一定对应价格反弹，需要结合当时的市场环境、投资者情绪、同类 REITs 情况等多方面因素进行具体分析。

从披露公告日前 5 日表现、公告日至权益登记日之间，以及除息日后 5 日

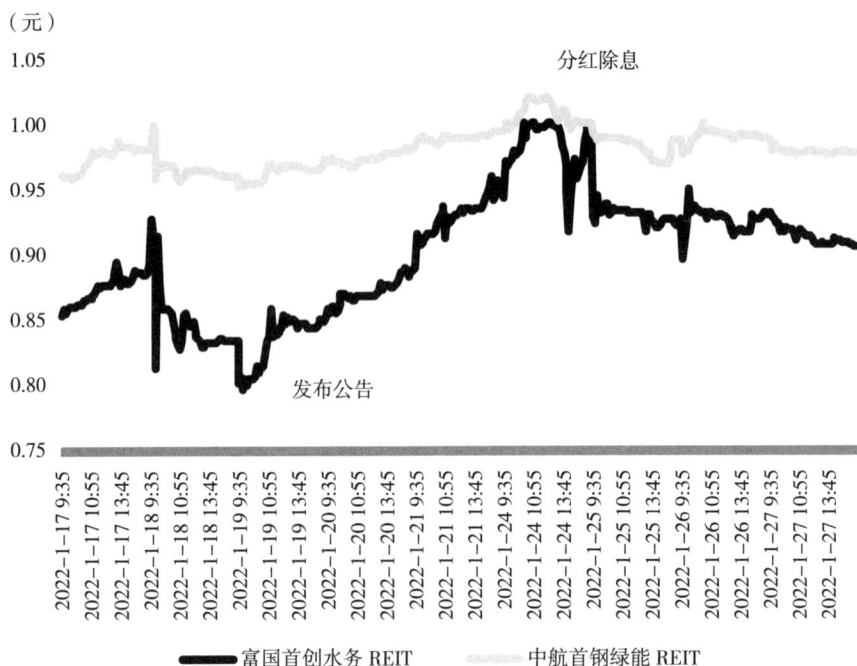

图 4.28　2022 年 1 月 17—27 日富国首创水务 REIT 和
中航首钢绿能 REIT 分红前后变化

数据来源：Wind。

表现来看，在 2022 年上半年以前，市场交易热度较高（大部分公告日至权益登记日之间仅 2 个交易日），"抢权"热情相对高涨，但除息日后的"填权"热情远不及前者，如图 4.29 所示。自 2022 年年底以来，"抢权"现象对应的价格涨幅不再明显，除息之后的"填权"现象同样表现乏力。

对应到资产类型，产权类与经营权类两者的"抢权"热情基本相当，但在"填权"表现上产权类的资产要稍微高于经营权类的资产，如图 4.30 所示，这可能是由于经营权类分红比例较高，以及存在未来价值归 0 的难题。

从行业情况来看，经营权类的行业基本遵循了资产属性类别的表现规律，但能源基础设施类项目除外：该类资产的"填权"表现基本要优于交通基础设施类和生态环保类的资产，如图 4.31 所示。整体而言，"抢权"与"填权"现象的热度仅在 2022 年上半年前较为明显，权益登记日的"抢权"现象仅在

（%）

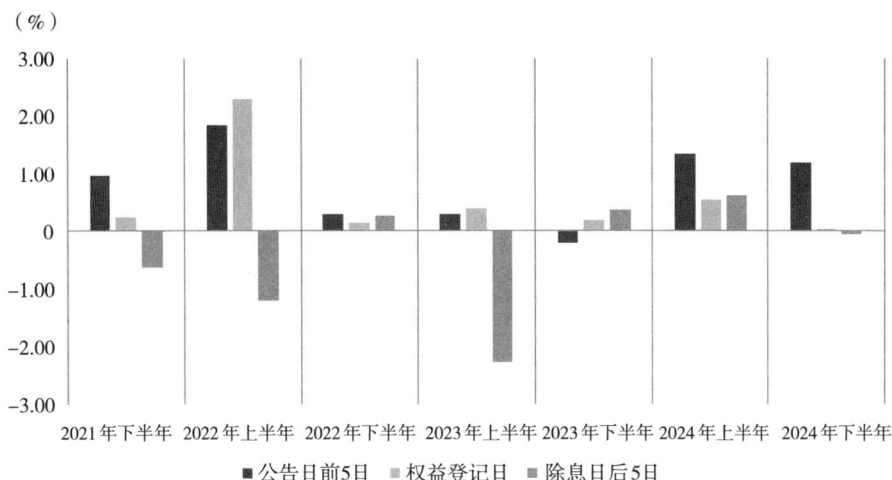

图 4.29 公募 REITs 整体市场分红公告特定区间平均收益率

数据来源：Wind。

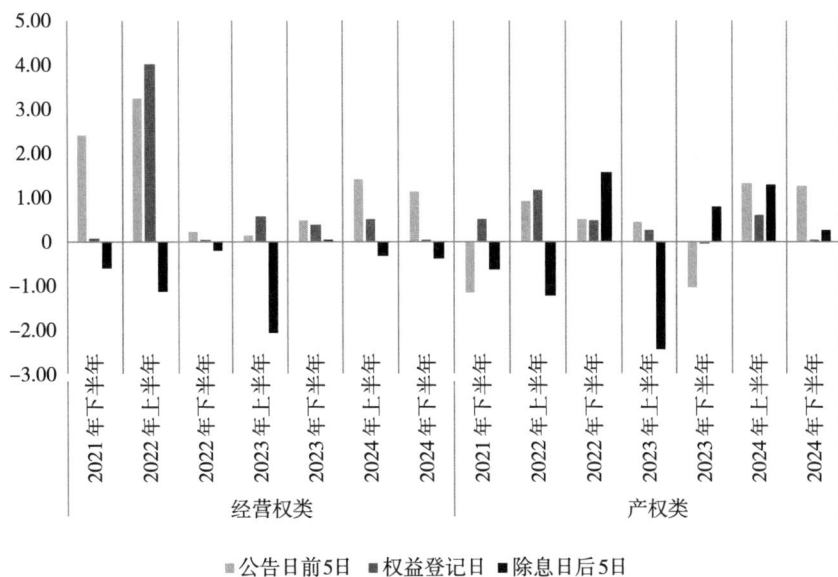

图 4.30 公募 REITs 分资产类型市场分红公告特定区间平均收益率

数据来源：Wind。

2022 年上半年的生态环保类资产上有过较为明显的涨跌幅表现。

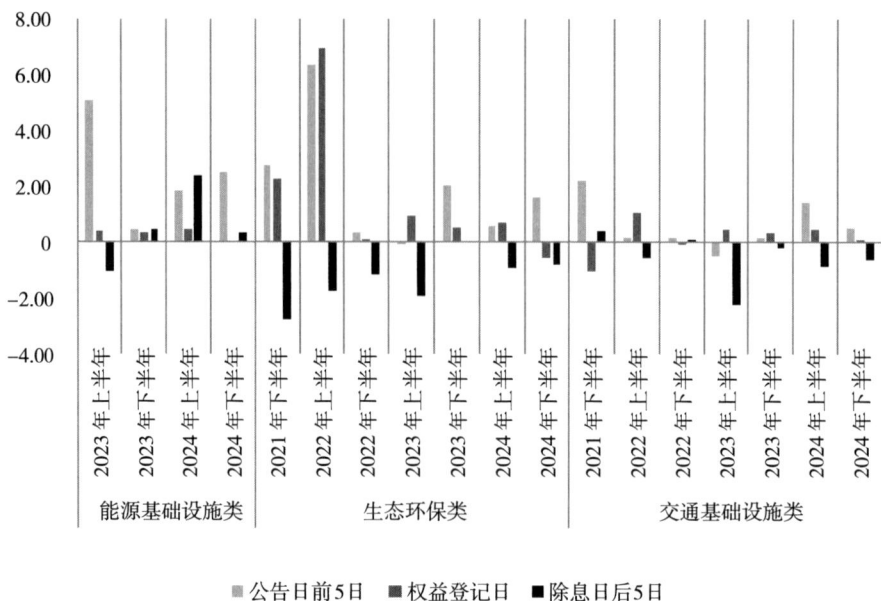

■ 公告日前5日　　■ 权益登记日　　■ 除息日后5日

图 4.31　公募 REITs 经营权类资产行业分红公告特定区间平均收益率

数据来源：Wind。

产权类项目的各个行业在分红期间的表现相比经营权类项目更为明显一些。在市场较为平稳的时候，行业间的"抢权"和"填权"热情基本相当。仓储物流类项目"填权"则是因为其项目价格在这些时间点已经下跌较多，但分红水平基本完成当年预期的标准，市场的反应则相对热情一点，如图4.32 所示。

第四节　投资者结构

投资人构成对公募 REITs 市场的发展至关重要，它会直接或间接影响市场的交易行为、价格走势等。我们聚焦于公募 REITs 的投资人构成情况，分析投资者结构变化对二级市场的影响，最后探讨原始权益人市值管理相关内容。

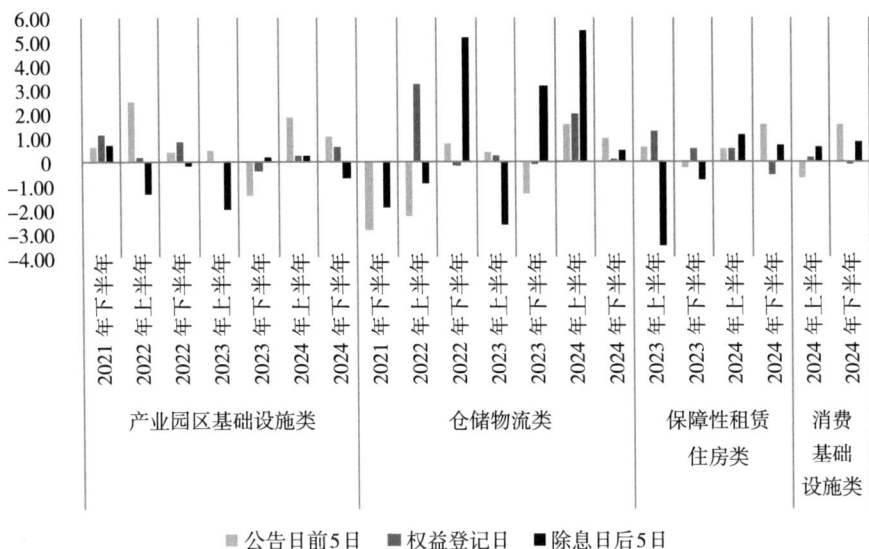

图 4.32 公募 REITs 产权类资产行业分红公告特定区间平均收益率

数据来源：Wind。

一、投资人构成变化情况

公募 REITs 的投资者可分为原始权益人及其关联方、机构投资者、个人投资者三类。其中，原始权益人及其关联方仅能参与 REITs 战略配售，锁定期为36—60 个月；机构投资者可以通过战略配售（锁定不少于 12 个月）、网下配售或公开发售投资 REITs，但同一机构不能同时参与战略配售及网下配售；个人投资者仅可参与网上公开发售。

截至 2024 年 12 月 31 日，公募 REITs 上市时的持有人主要是原始权益人及其关联方（约 38%）、券商自营（约 16%）、保险机构（约 12%，含保险资管）、各类资管计划产品（信托计划、基金专户、期货资管、券商资管，合计约 12%）、个人投资者（约 8%），其余主要是法人机构和私募基金等。

截至 2024 年 12 月 31 日，58 只 REITs 上市发行时的战略配售份额占比合计高达 69%，其中原始权益人及其关联方持有战略配售份额约 52%。由于原始权益人及其关联方的战略配售份额锁定期为 36—60 个月，各个项目第一批战配份额解禁之时，其流通盘通常会受到冲击，进而导致流通盘内投资者类型更加集中。58 只 REIFs 上市发行时的投资者类型结构如表 4.4 所示。

表 4.4　58 只 REITs 上市发行时的投资者类型结构情况（截至 2024 年 12 月 31 日）

单位：%

基金名称	原始权益人及其关联方	保险机构	券商自营	证券资管	基金专户	私募基金	其他金融机构资管产品	其他金融机构	其他	公众投资者
东吴苏园产业 REIT	40.00	1.75	27.15	2.53	2.65	2.75	0.37	11.00	1.80	10.00
中航首钢绿能 REIT	40.00	6.66	22.04	2.38	6.52	9.39	0.01	1.00	—	12.00
中金普洛斯 REIT	20.00	28.26	16.03	1.41	0.87	3.14	3.50	—	18.39	8.40
华安张江产业园 REIT	20.00	3.39	27.72	2.23	8.97	4.59	0.58	—	19.12	13.40
博时招商蛇口产业园 REIT	32.00	6.22	16.15	5.28	5.55	17.16	0.14	—	7.01	10.50
富国首创水务 REIT	51.00	1.95	10.36	3.56	8.18	9.25	—	—	8.50	7.20
平安广交投广河高速 REIT	51.00	11.68	17.94	2.67	5.38	0.88	0.54	2.37	1.24	6.31
浙商沪杭甬 REIT	58.95	2.10	17.99	2.62	5.50	4.15	—	—	4.84	3.86
红土创新盐田港 REIT	20.00	8.42	24.91	7.23	3.37	1.79	3.49	—	18.80	12.00
华夏越秀高速 REIT	30.00	10.82	14.47	13.13	12.42	8.20	0.45	—	1.50	9.00
建信中关村产业园 REIT	33.34	25.94	9.11	1.89	6.12	10.30	4.32			8.97
华夏中国交建 REIT	20.00	18.49	17.58	11.96	7.87	6.29	7.48	0.52	2.30	7.50
国金中国铁建 REIT	71.00	8.96	7.27	1.16	1.71	2.04	0.19	0.16		7.50
鹏华深圳能源 REIT	51.00	14.46	11.45	3.99	4.22	2.78	1.15	0.81	1.14	9.00
中金厦门安居 REIT	34.00	17.71	18.55	4.69	6.14	2.60	0.93	4.10	0.01	11.26
华夏北京保障房 REIT	35.00	17.26	9.48	2.40	9.28	0.82	1.14	4.83	7.80	12.00

基金名称	原始权益人及其关联方	保险机构	券商自营	证券资管	基金专户	私募基金	其他金融机构资管产品	其他金融机构	其他	公众投资者
红土创新深圳安居 REIT	51.00	13.46	10.45	4.04	4.43	2.18	1.25	1.19	—	12.00
华夏合肥高新产园 REIT	25.00	22.38	14.20	6.08	14.32	1.07	2.05	4.23	0.16	10.50
国泰君安临港创新产业园 REIT	20.00	18.91	15.52	6.41	10.73	3.12	2.01	0.93	8.85	13.50
国泰君安东久新经济 REIT	20.00	23.61	11.97	6.74	11.21	3.05	3.35	0.81	8.76	10.50
华泰江苏交控 REIT	35.00	13.36	15.83	6.95	9.25	1.53	7.04	0.78	2.77	7.50
中金安徽交控 REIT	57.29	13.57	7.64	6.45	4.42	1.81	0.92	0.19	1.70	6.00
华夏基金华润有巢 REIT	34.00	25.20	11.14	7.26	3.71	5.15	1.29	0.24	0.01	12.00
华夏杭州和达高科产园 REIT	31.00	11.75	9.64	3.39	7.06	2.20	1.12	0.73	22.00	11.10
嘉实京东仓储基础设施 REIT	34.00	27.01	9.65	1.66	10.82	1.02	1.41	0.86	4.56	9.00
中信建投国家电投新能源 REIT	34.00	18.46	19.11	3.94	7.08	3.14	0.70	5.07	1.00	7.50
中航京能光伏 REIT	54.33	9.50	8.31	2.22	3.85	11.01	0.50	0.98	3.00	6.30
中金湖北科投光谷 REIT	34.00	14.98	15.58	9.53	4.59	3.86	1.47	0.81	4.68	10.50
中金山东高速 REIT	52.93	2.07	5.03	—	1.61	3.29	26.26	1.92	—	6.90
国泰君安城投宽庭保租房 REIT	34.00	12.24	8.83	5.68	5.11	7.74	4.64	8.43	6.24	7.08
华夏金茂商业 REIT	62.80	3.99	6.95	2.12	4.06	2.68	6.29	—	3.75	7.36
嘉实物美消费 REIT	51.00	9.04	7.96	—	1.99	6.00	13.02	1.99	—	9.00

续表

基金名称	原始权益人及其关联方	保险机构	券商自营	证券资管	基金专户	私募基金	其他金融机构资管产品	其他金融机构	其他	公众投资者
华夏华润商业REIT	36.50	18.88	8.76	1.56	8.18	2.42	9.88	0.71	7.12	6.00
嘉实中国电建清洁能源RE-IT	51.00	0.90	16.64	1.00	1.50	11.28	1.95	2.10	4.63	9.00
易方达深高速REIT	40.00	5.62	32.55	—	1.28	8.14	3.47	2.93	—	6.00
中金印力消费REIT	33.00	14.12	3.87	2.59	2.21	—	1.95	3.12	34.21	4.93
工银河北高速REIT	51.00	3.04	23.39	2.62	1.13	1.00	5.16	3.31	3.36	6.00
华夏特变电工新能源REIT	51.00	8.26	10.65	2.33	5.44	2.62	4.09	0.41	6.21	9.00
华夏深国际REIT	35.33	9.05	5.64	2.88	3.09	15.67	1.01	—	21.34	6.00
中信建投明阳智能新能源REIT	20.00	8.31	32.16	0.69	5.68	12.05	0.65	0.20	14.25	6.00
华安百联消费REIT	30.00	10.44	31.65	—	8.43	2.10	7.92	1.45	—	8.02
华夏首创奥莱REIT	34.00	8.93	34.88	1.64	0.66	4.84	1.04	—	6.50	7.50
博时津开产园REIT	34.00	1.03	30.27	1.91	0.37	6.14	16.68	0.61	—	9.00
华夏大悦城商业REIT	40.00	23.53	16.84	0.71	3.75	0.44	5.24	1.69	—	7.81
易方达广开产园REIT	35.00	4.70	6.22	3.98	1.27	19.02	2.28	—	22.43	5.10
招商基金蛇口租赁住房RE-IT	25.00	22.55	13.10	2.45	5.24	9.34	6.73	0.20	7.23	8.15
华泰宝湾物流REIT	30.00	9.29	25.12	2.13	5.69	4.34	1.37	2.40	12.46	7.20
华夏南京交通高速公路RE-IT	51.00	6.54	26.66	2.11	2.02	0.36	0.09	—	3.66	7.56

续表

基金名称	原始权益人及其关联方	保险机构	券商自营	证券资管	基金专户	私募基金	其他金融机构资管产品	其他金融机构	其他	公众投资者
中金联东科创 REIT	34.00	18.60	11.88	2.61	5.14	3.59	13.08	1.24	1.80	8.07
银华绍兴原水水利 REIT	51.00	16.35	12.10	2.73	3.07	1.19	1.96	0.48	1.83	9.28
招商高速公路 REIT	25.00	15.24	31.56	0.71	2.60	—	4.35	—	15.64	4.91
华泰南京建邺 REIT	35.00	8.09	19.97	0.57	1.50	19.03	9.52	0.95	—	5.37
工银蒙能清洁能源 REIT	51.00	3.05	18.86	2.90	1.24	1.63	5.36	4.06	5.90	6.00
中金重庆两江 REIT	49.00	12.26	13.09	0.72	1.65	0.28	3.61	6.10	7.29	5.99
广发成都高投产业园 REIT	34.00	12.48	23.76	4.80	4.78	0.36	1.00	2.40	7.90	8.52
华安外高桥 REIT	20.00	25.00	15.38	2.52	3.20	6.80	—	9.38	11.50	6.23
平安宁波交投 REIT	80.00	1.35	9.70	1.01	1.61	0.21	0.09	0.03	—	6.00
招商科创 REIT	30.73	2.53	27.40	0.81	—	15.62	5.03	1.68	7.29	8.90

数据来源：Wind。

监管规则要求基础设施项目原始权益人及其关联方参与基础设施基金份额战略配售的比例合计不得低于基金份额发售数量的 20%。但在实际操作中，原始权益人及其关联方会因并表等其他需求，加大自身持有 REITs 的份额。大部分 REITs 的原始权益人及其关联方持有比例均高于 20%，最高达 80%，平均值为 38.69%。在不考虑原始权益人的情况下，随着时间推移，只有券商自营和保险机构两家保持较高的持续参与热情，每年保持在近 20% 份额的认购上，而其他资管专户类的产品，则会呈现出此消彼长的态势。

二、投资者结构对二级市场影响

从 2021 年以来已披露年报和年中报的投资者结构来看，个人投资者占比的变化较为明显，如图 4.33 所示。2021 年末、2022 年中，个人投资者占比分别高达 10.21％和 10.36％。然而，2022 年末、2024 年中，这一占比下降至 6.30％和 5.11％，呈现出显著的下滑趋势。

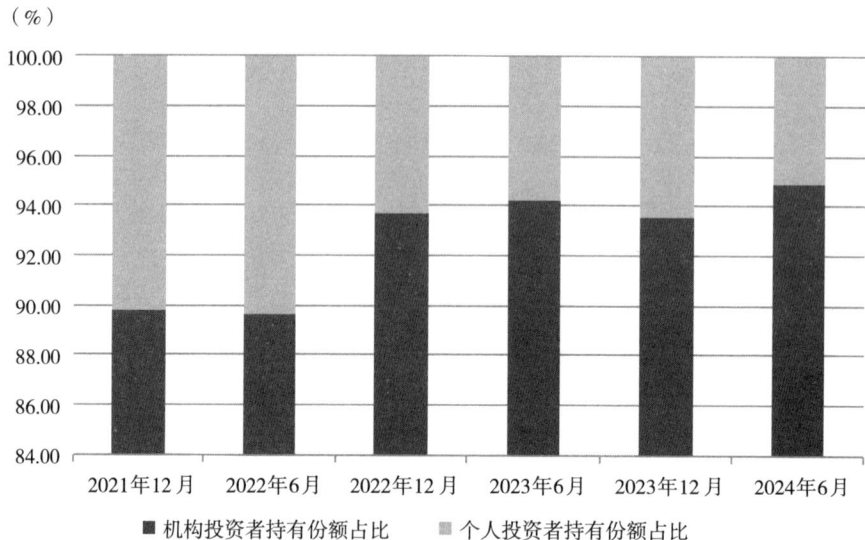

图 4.33　公募 REITs 年报披露个人投资者持有份额及机构投资者持有份额整体市场占比

数据来源：Wind。

　　观察披露的前十大流通份额占比情况可以发现，2021—2022 年，各类投资者出现了较大的结构性变化。这主要是由于首批项目限售份额的解禁，对前十大流通份额结构造成了一定影响。不过，在 2022 年市场波动的背景下，前十大流通份额的投资者结构已基本奠定了基础，并且在之后的年报披露中，呈现出相对稳定的结构占比，如图 4.34 所示。具体而言，在 2021 年年报披露中，券商自营、证券资管和保险机构占据主要席位，分别占整体市场份额的 9.24％、3.98％和 2.28％；截至 2024 年中报时，这三类投资者的占比分别为 7.62％、2.83％和 7.01％。其中，保险机构占比提升主要是因为前期限售份额的解禁；即便券商自营存在部分减持行为，但依旧在结构中占据较大比重。

　　随着公募 REITs 市场中个人投资者持有份额的下降，市场的二级表现愈发偏向机构化，一定程度上减少了情绪化投资行为。与此同时，资金久期短的投

（%）

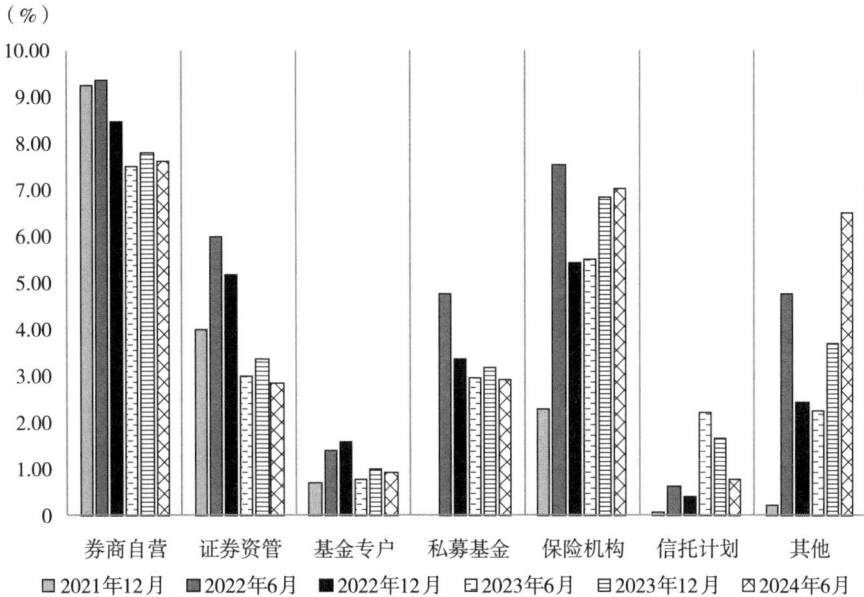

图 4.34　公募 REITs 整体市场前十大持有人累计持有份额

数据来源：Wind。

资机构逐渐减少，中长期资金开始逐步布局，并出现在各 REITs 的前十大份额
持有人名单里。这使得公募 REITs 的投资者结构中，长期投资者占比逐步增
加。自 2022 年中以来，整体市场不再出现明显偏离估值基本面的上涨行情，
投资交易趋于理性。从整体市场的换手率及波动率数据来看（见图 4.35），在
2022 年 6 月 30 日前，当整体市场个人投资者占比持有份额还维持在 10% 左右
时，市场换手率及波动率均高于 2022 年 6 月 30 日之后的水平。此后，换手率
表现基本平稳，而部分市场出现高波动的时期，往往与当期发生的特殊重大事
件相关，例如投资者结构单一引发的踩踏式下跌，以及后续嘉实京东仓储基础
设施 REIT 租金下调事项导致的产权类 REITs 价格大波动等。

三、原始权益人市值管理

2022 年 12 月 5 日，华夏中国交建 REIT 披露了第一份增持基金份额计划
的公告，由此拉开了 REITs 原始权益人及其关联方增持行动的序幕。截至

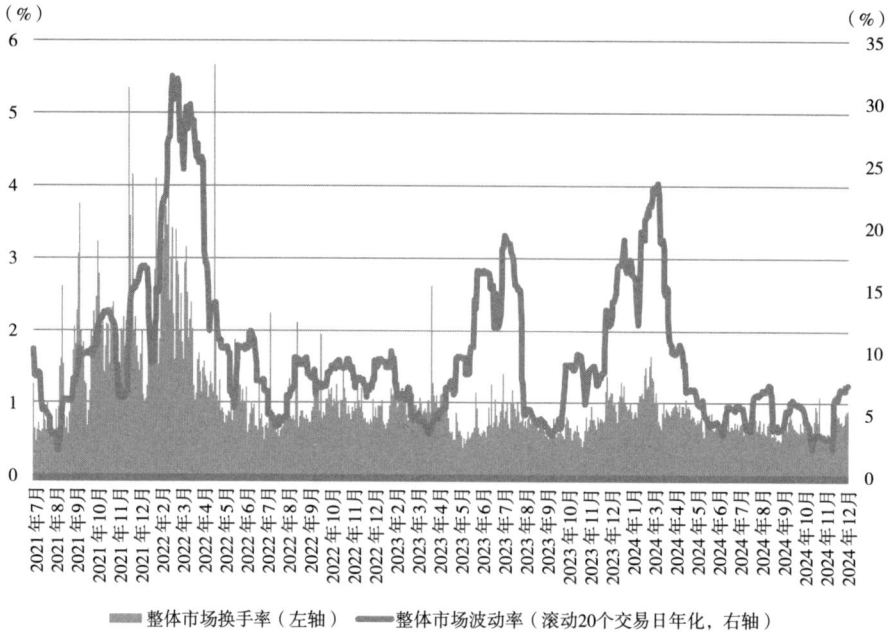

图 4.35　2021 年 7 月—2024 年 12 月 REITs 整体市场换手率和波动率情况

数据来源：Wind。

2024 年 12 月 31 日，共计有 17 只 REITs 披露了增持基金份额计划。增持方涵盖原始权益人、原始权益人之一致行动人、原始权益人控股股东、控股关联方、基金管理人和基金管理人子公司等。明确披露增持规模的上限合计达 22.72 亿元，披露增持份额比例的上限为对应基金项目份额的 1%—9%，平均值约为 3%。

表 4.5　公募 REITs 相关主体的增持情况（截至 2024 年 12 月 31 日）

基金名称	增持公告日	增持主体	主体类型	发行规模（亿元）	增持份额（万份）	增持规模（万元）	份额占比（%）
华夏中国交建 REIT	2022 年 12 月 5 日	中交资本控股有限公司	原始权益人之一致行动人	93.99	1200	—	1.20
中信建投国家电投新能源 REIT	2023 年 5 月 6 日	国家电投集团江苏电力有限公司	原始权益人	78.40	3200	—	4.00

续表

基金名称	增持公告日	增持主体	主体类型	发行规模（亿元）	增持份额（万份）	增持规模（万元）	份额占比（%）
华夏中国交建 REIT	2023 年 5 月 9 日	华夏基金管理有限公司	基金管理人	93.99	—	3000	—
中信建投国家电投新能源 REIT	2023 年 5 月 9 日	百瑞信托有限责任公司	原始权益人之一致行动人	78.40	1600	—	2.00
华安张江产业园 REIT	2023 年 5 月 25 日	上海张江（集团）有限公司、上海张江集成电路产业区开发有限公司等	拟扩募项目原始权益人及其关联方	14.95	—	20000	—
华安张江产业园 REIT	2023 年 5 月 25 日	华安基金管理有限公司	基金管理人	14.95	—	3000	—
华夏中国交建 REIT	2023 年 6 月 7 日	中交投资有限公司、中交第二航务工程局有限公司	原始权益人	93.99	3420	—	3.42
建信中关村产业园 REIT	2023 年 6 月 7 日	建信资本管理有限责任公司	基金管理人子公司	28.80	—	5000	—
中航京能光伏 REIT	2023 年 6 月 7 日	中航基金管理有限公司	基金管理公司	29.35	—	3000	—
中金厦门安居 REIT	2023 年 6 月 7 日	厦门安居集团有限公司	原始权益人	13.00	2500	—	5.00
中金湖北科投光谷 REIT	2023 年 7 月 1 日	湖北省科技投资集团有限公司、武汉光谷产业投资有限公司、武汉光谷健康产业投资有限公司	原始权益人及其一致行动人	15.75	5400	—	9.00
平安广交投广河高速 REIT	2023 年 7 月 15 日	广州交投私募基金管理有限公司	原始权益人之一致行动人	91.14	—	8000	—
国金中国铁建 REIT	2023 年 10 月 24 日	中铁建重庆投资集团有限公司	原始权益人	47.93	1000	8642	2.00

续表

基金名称	增持公告日	增持主体	主体类型	发行规模（亿元）	增持份额（万份）	增持规模（万元）	份额占比（%）
建信中关村产业园RE-IT	2023年11月7日	中关村发展集团股份有限公司	原始权益人控股股东	28.80	—	20000	—
国泰君安临港创新产业园REIT	2023年11月8日	上海临港园金投资有限公司	原始权益人控股关联方	8.24	—	30000	—
中金安徽交控REIT	2023年11月9日	安徽省交通控股集团有限公司	原始权益人	108.80	2000	21760	2.00
华夏合肥高新REIT	2023年11月30日	合肥高新股份有限公司	原始权益人	15.33	2800	—	—
中金普洛斯REIT	2023年12月6日	普洛斯中国控股有限公司	原始权益人	58.35	—	—	—
建信中关村产业园RE-IT	2023年12月28日	建信基金管理有限责任公司	基金管理人	28.80	—	1000	—
东吴苏园产业REIT	2023年12月29日	苏州工业园区科技发展有限公司、苏州工业园区建屋产业园开发有限公司、苏州工业园区经济发展有限公司	原始权益人	34.92	—	20000	—
嘉实京东仓储基础设施REIT	2024年1月10日	北京京东世纪贸易有限公司	原始权益人	17.57	500	1800	1.00
嘉实京东仓储基础设施REIT	2024年1月10日	嘉实基金管理有限公司	基金管理人	17.57	—	1000	—
国泰君安城投宽庭保租房REIT	2024年1月12日	上海城投控股投资有限公司	原始权益人控股股东	30.50	11806	36010	—
中航京能光伏REIT	2024年3月22日	京能国际能源发展（北京）有限公司	原始权益人	29.35	—	5000	—

续表

基金名称	增持公告日	增持主体	主体类型	发行规模（亿元）	增持份额（万份）	增持规模（万元）	份额占比（%）
中信建投国家电投新能源 REIT	2024 年 3 月 2 日	国家电投集团江苏电力有限公司	原始权益人	78.40	1955.96	—	2.44
国泰君安临港创新产业园 REIT	2024 年 6 月 28 日	上海临港园金投资有限公司	原始权益人控股关联方	8.24	—	30000	—
华夏杭州和达高科产园 REIT	2024 年 7 月 5 日	杭州和达高科技发展集团有限公司	原始权益人	14.04	1000	—	2.00
嘉实京东仓储基础设施 REIT	2024 年 12 月 28 日	刘强东及/或其一致行动人	原始权益人之一致行动人	14.04	—	10000	—

如投资者发行结构部分所述，原始权益人持有 REITs 的需求不仅包括会计处理上的资产并表，更多的是将公募 REITs 视为资产上市平台，以此服务于资本、资产循环发展战略，着眼于长远规划。因此，他们需要维护良好的资本市场形象，期望二级市场上的价格走势更加平稳，或者能够公允地反映其资产价值。基于此，当市场因流动性紧缩出现踩踏现象，二级市场价格与资产价值发生明显偏离时，原始权益人便有足够的动力为市场提供一定的流动性，以稳定自身 REITs 的价格表现。前期的增持计划正是在这样的背景下出台的。

综观境外成熟市场，以美国为例，大部分 REITs 中原始权益人或运营机构/合伙人所持有的份额比例并不高，其实际持有人主要涵盖如保险机构、养老基金等长久期的资金，以及偏好长久期资产的个人投资者。从长远来看，中国公募 REITs（C-REITs）也可能出现类似情况。在能够满足原始权益人并表或出表需求的前提下，原始权益人对自身发行的 REITs 持有的份额比例可能会逐步降低，从而给予更多投资者参与 REITs 投资的机会。从这个角度来说，如果原始权益人作为投资者参与二级市场投资，那么其可投资范围就不应再局限于增持自身 REITs 份额，而可以作为产业资金方扩大自己的投资组合，甚至从战略层面考虑同行业或跨界资产并购的机会。

第五章 中国公募 REITs 的投资价值、风险与决策

中国公募 REITs 为何具有投资价值？其投资风险体现在哪些方面？应该采用怎样的投资策略？在金融投资领域不断发展变化的当下，深入了解中国公募 REITs 的投资价值与风险，对于投资者作出明智决策、实现资产的合理配置至关重要。

第一节 投资价值

一、两种类型的公募 REITs

根据基础设施资产的性质，我国公募 REITs 可分为两大类：产权类 REITs 和经营权类 REITs。产权类 REITs 的底层资产是以租金为主要收入来源的基础设施（以下简称"产权类资产"），如仓储物流、产业园区、保障性租赁住房、消费基础设施、数据中心等；经营权类 REITs 的底层资产是以收费为主要收入来源的基础设施（以下简称"经营权类资产"），如交通、能源、市政、生态环保基础设施等。

从资产特征来看，产权类资产和经营权类资产在收入来源、盈利模式、定价方式，以及收入稳定性和成长性等方面均呈现出显著差异。产权类资产的主要盈利模式为对外出租不动产物业以获得租金收入，租金价格水平采用市场化定价，由市场供需决定，因此产权类资产的收入弹性更高，稀缺性强的产权类资产具备更高的收入增长潜力。经营权类资产的主要盈利模式为依据政府授权而获准运营基础设施并取得收费收入，项目通常具备民生属性，收费价格多受

政策调控，价格调整的频率低、空间小，收入增长潜力相对有限，但稳定性更强。

从收益期限来看，产权类 REITs 的收益期限根据基础设施项目的土地使用权剩余期限和建筑物剩余经济寿命孰短为原则选取，已上市的产权类 REITs 的收益期限基本等于基础设施项目相应的土地使用权剩余年限。根据已上市 REITs 的招募说明书披露信息，产权类 REITs 的收益期限基本在 25 年以上，并在土地使用年限到期后还可根据国家的政策进行延长。经营权类 REITs 的收益期限相对较短，特许经营权期限总时长通常不超过 30 年，由特许经营权协议或政府授权文件约定。例如，高速公路资产在发行时点的剩余经营年限分布于 8—25 年之间，另外大部分经营权项目底层资产的剩余经营年限也不超过 30 年。产权类 REITs 和经营权类 REITs 的主要差异如表 5.1 所示。

表 5.1 产权类 REITs 和经营权类 REITs 主要差异

主要差异	产权类 REITs	经营权类 REITs
收益期限	土地使用权剩余期限	协议或政府授权文件约定
项目收入来源	租金	收费
项目收益方式	市场化租赁	特许经营、协议约定
项目定价方式	市场化定价	通常受政策调控
期满资产处置	出售项目变现	通常无偿移交政府
投资者收益	分红、资本利得	分红、资本利得和"还本"

从期满资产处置来看，产权类 REITs 如未能成功办理土地使用权续期，可通过出售基础设施项目变现，且资产有较大概率升值，资产处置的现金流入可分配给投资者；而经营权类 REITs 如届时未能延长经营权期限，通常需要将基础设施项目无偿移交政府，期末无现金流入且资产价值归 0，因此经营权类 REITs 基金存续期内不仅要向投资者分红，还要分配投资"本金"。

从估值角度来看，由于资产特征存在显著差异，产权类 REITs 和经营权类 REITs 的底层资产的估值结果、估值变化趋势均有不同。经营权类资产估值逐年递减，直至资产价值归 0；根据评估机构戴德梁行相关研究，"产权类项目在剩余年期较长的情况下，整体估值呈现上行趋势，但随着收益年期缩短，估值上行的速度放缓；当收益年期进一步缩短至 20 年以内，收益年期每缩短一年对于估值的负面影响会更加显著，在收入保持稳定的情况下，随着剩余收益年期的缩短估值开始下行；剩余年期进一步缩短至 10 年以内时，估值下行速度急剧加快"。因此，经营权类资产估值递减趋势明确，产权类资产需要特别关注随剩余收益年期的缩短，其资产估值的变化趋势。

整体而言，优质的产权类 REITs 具备现金流成长性和资产增值空间，对追求资本利得的"股性"投资者更具吸引力，投资者应侧重考量其资产增值空间和增值可能性、二级资本利得空间等。优质的经营权类 REITs 现金流呈现高稳定性、低增长性特征，且由于现金流包含摊还偿付本金的部分，因此现金分派率较高，对偏好长期稳定分红回报的"债性"投资者更具吸引力，投资者应侧重评价整体估值合理性、短期分配金额和全周期 IRR 等影响因素。

二、从底层资产角度来看公募 REITs 的投资价值

从底层资产的角度来看，公募 REITs 的投资价值包括以下几个方面。

（一）收益稳定

公募 REITs 收益稳定主要源于两个方面：一是项目层面现金流的稳定，二是产品分配层面现金流的稳定。基于基础设施资产商业模式形成的稳定现金流以及监管部门依据相关政策文件对资产的严格把关，公募 REITs 的底层资产产生稳定现金流的能力较强，风险较低。从已上市的公募 REITs 底层资产表现来看，在宏观经济换挡期背景下，许多公募 REITs 项目收益依然较为稳定。

（二）合规性好

上市的公募 REITs 产品均经过国家发展改革委、中国证监会、沪深证券交易所等严格审核把关，基本消除了合规方面的风险隐患，很大程度上确保了底层资产质量、降低了投资风险。有关方面在公募 REITs 审核过程中，严格贯彻依法治国理念，从国家重大战略、宏观调控政策、资产可转让性、投资管理法规制度、用地规划手续等方面，对项目进行细致检查，确保项目依法合规。到 2025 年 3 月 31 日本书截稿之时，已上市发行的公募 REITs 均未出现合规性

问题。

（三）透明度高

公募 REITs 作为在公开资本市场交易的金融产品，采用十分严格的信息披露制度，为投资者了解资产详细情况提供了可靠途径。信息不对称是投资交易过程中买卖双方面临的重要问题，资产出售方天然在拟出售资产信息上具有优势，而投资方进行投资决策必须减少信息不对称。公募 REITs 通过多种方式应对信息不对称问题，主要体现在以下三个方面。

第一，公募 REITs 底层资产类型相对单一，业务具体直观。例如，高速公路 REITs 的底层资产就是一条或几条高速公路，投资人能够较为直接、便利地对资产收入进行判断。

第二，在发行环节，公募 REITs 须提供基金的招募说明书，全面涵盖底层资产基本情况、资产评估报告、财务状况和经营业绩分析、现金流测算分析、项目运营管理安排等内容，便于投资人详尽了解项目情况，作出投资决策。

第三，公募 REITs 上市后在严格的法律监管下，遵循信息披露、利润分配、运行限制等行业规范，严格执行信息披露要求，定期发布季度报告、年度报告、收益分配公告等文件，供投资者了解基金运作状态。

（四）有增长空间

从资产运营角度来看，基础设施项目发行公募 REITs 后将接受各方监督，有利于促使运营管理机构不断提升运营管理能力，进而提升项目的收益水平和投资价值。

从扩募成长角度来看，公募 REITs 本身是资产收购平台，可以通过资产收购形成多元资产组合，从而实现外生增长、提高资产组合抗风险能力，同时让投资人享有新资产带来的估值增长和分红累积。

三、从金融产品角度来看公募 REITs 的投资价值

在金融市场中，公募 REITs 凭借其自身特殊的制度设计、风险收益特征等，在众多投资产品中占据着独特的地位。从金融产品的视角，公募 REITs 的投资价值主要体现在以下几个方面。

（一）公募 REITs 独特风险收益特征彰显的资产配置价值

公募 REITs 兼具债券的稳定性与股票的增长性两大特征，回报和风险介于债券与股票之间。根据现代投资组合理论，要在一定预期回报率水平下降低投资组合风险，须找到相关性低的大类资产，如此才能发挥分散风险的作用。从风险分散视角来看，公募 REITs 与其他资产的相关系数较低，从而使其成为能够分散风险、提升总体回报率、优化投资组合的有效资产。我国公募 REITs 于 2021 年 6 月 21 日推出，截至 2024 年 12 月 31 日，公募 REITs 指数的年化收益率高于 A 股指数，波动率明显低于 A 股指数，与 A 股指数和债券市场指数的相关性低，这表明我国公募 REITs 试点产品充分展现出与 REITs 制度设计相符的风险收益特性。

（二）公募 REITs 分红带来的持续稳定收益价值

公募 REITs 的高分红特性由 REITs 制度予以保障。《基础设施基金指引》规定：基础设施基金应当将 90% 以上合并后基金年度可供分配金额以现金形式分配给投资者。我们选取 2020 年以来海外各国 REITs 市场分红收益率、沪深 300 股息率、中债高等级信用债到期收益率与我国公募 REITs 分红收益率进行比较。数据显示，同期美国、澳大利亚、日本、新加坡 REITs 市场的平均分红收益率分别为 3.74%、4.27%、3.82%、5.45%；沪深 300 的平均股息率为 2.22%，中债高等级企业债平均到期收益率为 3.14%，中国公募 REITs 的平均分红收益率为 3.58%。由此可见，同期公募 REITs 的分红收益率表现优于同期沪深 300 股息率和中债高等级信用债到期收益率。从全球范围来看，海外 REITs 市场的分红率与我国公募 REITs 分红率在同一时期亦表现良好。

（三）与高股息股票和长期债券相比，公募 REITs 更具平衡性

1. 与高股息股票的对比

对于高股息股票，并无准确的学术定义，结合中国股市情况，一般认为股息率能达到 4% 即为高股息股票。

在资产性质与收益来源方面。公募 REITs 主要投资于基础设施或持有型房地产，其资产收益主要源于租金或收费的营运收益；投资者收益以底层资产营运收益的高比例分红为主，辅以公募 REITs 二级市场的资本利得或亏损。高股

息股票的上市公司通常涉及多种业务类型，其底层收益来源往往不是稳定的资产运营收益，更多的是通过产品及服务赚取增值收入，经营效果具有较大不确定性。

在分红政策方面。国内公募 REITs 有强制分红规定，每年需要将 90% 以上可供分配金额以现金形式分配给投资者，这意味着公募 REITs 能提供较高的分红回报。截至 2024 年 12 月 31 日，共有 41 只公募 REITs 实施过分红，合计分红金额约 171.73 亿元，累计分红率达到 13.04%。从股票市场来看，最终分红收益率的保障较弱。2023 年度有分红统计的上市公司共计 379 家，仅为全部 A 股的 7.00%，平均股息为 1.81%。

在风险特性方面。公募 REITs 收益主要来自底层实体资产的运营分红，年度波动性不大，可为投资人提供较为稳定的分红回报。同时，通过投资多个物业和地产项目，能够在一定程度上分散特定单一物业的风险。而上市公司多从事竞争性很强的生产经营活动，市场波动大，风险系数高，另外股市波动也不可避免。

2. 与长期债券的对比

在收益率方面。2023 年末以来，长期债券利率屡创新低，10 年期国债到期收益率降至 2.50% 以下。而公募 REITs 作为长期资产的配置价值逐步显现，截至 2025 年 2 月底，产权类 REITs 市值加权派息率为 4.24%，收益权类 REITs 市值加权 IRR 为 5.41%，比 10 年期国债到期收益率（1.80%）分别高 2.44 个、3.61 个百分点，显示出公募 REITs 整体具备较好投资价值。

在资本增值潜力方面。公募 REITs 投资于实体不动产，资产价值随市场条件变化而波动，除分红收入外，公募 REITs 投资者还可能从资产价值增长中获益。长期债券的资本增值潜力主要源于利率变动导致的债券价格波动，若利率下降，现有债券价格上升，可能带来资本增值，但这种增值通常低于公募 REITs。

在风险特性方面。公募 REITs 的风险适中，主要受经济发展、利率变动、资产运营等多重因素影响，公募 REITs 价格也会受股票市场波动影响。长期债券则相对稳定，仍面临利率上升时债券价格下降的风险，以及债券发行人违约的风险。

四、经济周期下公募 REITs 的投资价值

公募 REITs 的收益主要来源于现金分红（依赖底层资产现金流）和二级市场增值（受市场情绪、利率环境等影响）。在经济周期的不同阶段，公募 REITs 因其底层资产的特性及收益结构，展现出差异化的投资价值。

保障性租赁住房、能源基础设施等防御性资产，对经济波动敏感度低，需求稳定，租金收入抗周期性强。例如，保障性租赁住房 REITs 在 2024 年涨幅显著，部分产品年内涨幅超过 40%。受益于政策支持与长期需求，能源类 REITs 在低利率环境下表现突出。

产业园区、仓储物流等周期性资产，受经济周期波动影响较大，在经济下行或衰退期，往往因业绩下滑而表现疲软，在经济复苏和扩张期出租率和租金水平等同步回升，投资价值潜力得以较为充分的显现。

第二节　投资风险

投资公募 REITs 过程中，无论是市场系统性因素的冲击，还是行业层面的潜在变动，抑或运营管理环节可能出现的问题，都有可能对投资收益产生影响，都是潜在的投资风险。

一、市场系统性风险

金融市场的系统性风险，是指由影响市场上所有经济主体的因素所引发的风险。这类因素造成的后果具有普遍性，会以相同的方式对所有证券的收益产生不利影响。对于公募 REITs 投资者而言，系统性风险源于外部因素，无法通过投资组合有效分散。宏观经济因素是主要的系统性风险来源，如利率、通货膨胀率、经济形势和不动产市场变化等，这些因素会引起租金收入、收费和物业市值的变动，进而导致公募 REITs 在经营、分红及价格等方面出现波动。

（一）宏观经济风险

证券市场受宏观经济运行的影响，而宏观经济运行具有周期性，通常会经

历从经济下滑到企稳、回升、繁荣，再到下滑的循环发展过程。在周期变化的不同阶段，公募 REITs 底层资产的运营面临不同的经济环境，经营结果各异，从而致使产生的现金流发生变化，进一步带来资产价值和价格的变动风险。此外，在不同的宏观经济环境下，资金的投资意愿和偏好也有所不同，这也会对资产价格产生影响。

（二）利率和汇率风险

利率的变化会直接影响采用收益法评估价值时的分母，即折现率。折现率由无风险利率、风险溢价和流动性溢价构成，因此无风险利率是折现率的关键影响因素。理论上，无风险利率与折现率变动呈正相关，其变动会影响折现率的取值，最终影响资产估值。

从历史数据来看，利率变动似乎并非公募 REITs 中长期表现的主要驱动力，主要原因在于驱动利率变动的因素可能通过另一机制影响资产估值。例如，强劲的经济增长不仅能提高公司和资产收益，还可能引发更多信贷需求，从而导致利率上升。若利率上升由当前的经济增长和通货膨胀预期驱动，那么公募 REITs 基本面改善带来的正面影响可能超过折现率上升导致的负面影响，无风险利率的提升不一定会对公募 REITs 价格产生负面影响。因此，要评估无风险利率变化带来的风险，须深入探究其上升背后的原因，包括宏观、行业、区域、资产类别等影响因素，综合评判无风险利率波动对公募 REITs 价格的影响。另外，利率变化会对公募 REITs 的负债端产生影响，改变负债成本，导致可分配现金流发生变化，进而影响其价值和价格。

汇率对部分成本端或收入端涉及外汇结算的项目有一定影响。例如，目前上市的鹏华深圳能源 REIT，其成本端采购天然气以美元计价，人民币对美元汇率的波动会导致成本变化，影响可分配现金流，进而影响公募 REITs 的价值和价格。

（三）流动性风险

公募 REITs 采用封闭式运作基金模式，不设申购、赎回，投资者只能在上市后通过二级市场买卖。流动性风险是指投资者在需要资金时，由于市场交易不活跃，难以以合理价格顺利卖出资产的风险。当公募 REITs 的流动性较差时，市场交易活跃度低，买卖价差可能扩大，导致投资者在卖出时可能面临较大的价格损失。我国公募 REITs 市场运行三年后仍以机构投资者为主，投资预期和交易行为趋同，易引发流动性不足的问题，可能无法满足投资者买卖需求，或买卖操作会对二级价格造成较大冲击，给投资者带来损失风险。

（四）其他特定风险因素

例如，公募 REITs 战略配售份额解禁后，二级市场可流通份额供给增加；由于我国公募 REITs 市场以机构投资者为主，投资者预期和行为具有趋同性，若部分解禁投资者选择在二级市场卖出，可能导致二级市场价格大幅波动。此外，公募 REITs 项目在运营期间可能面临多种不可抗力风险，包括但不限于地震、台风、洪水等自然灾害，这些都可能影响底层资产的正常运营，导致项目经营现金流中断或下降，资产估值降低，引发二级市场价格波动风险。

二、行业层面潜在变动

公募 REITs 底层资产所处行业各不相同，行业的政策变化、发展趋势、竞争程度、技术变革、上下游稳定性等，均可能对底层资产经营产生影响。

（一）行业政策变化

国家会根据经济和社会发展需要及时调整行业政策，可能影响 REITs 资产经营，进而给资产估值带来风险。以新能源行业为例，国家出台可再生能源补贴政策推动行业发展，但补贴到账时间的不确定，可能导致公募 REITs 底层资产可分配现金流预测与实际情况偏差较大，使市场期望的现金流分派无法在当年实现。目前已推出的垃圾焚烧发电、风力发电、光伏发电等能源类公募 RE-ITs，均面临国补退坡风险。根据国家发展改革委、财政部、国家能源局相关文件，发电补贴实行"新老划断"，这将对风力发电、光伏发电、生物质发电行业的经营收入产生较大影响。补贴退坡后，底层资产经营收入可能较大幅度下降，而项目公司是否参与绿证交易以及通过绿证交易获得的收益能否弥补国补退坡影响，尚存在较大不确定性。尽管发行时评估值已考虑补贴退坡风险，但投资者仍可能面临市场对补贴退坡预期不足或对绿证交易收益预期过于乐观的风险。目前已上市新能源发电项目的补贴情况及退坡时间如表 5.2 所示。

表 5.2　能源类 REITs 补贴情况

项目	收入补贴占比（%）	收益年期	退坡时间
中航首钢绿能 REIT	约 15	2041 年	2029 年
中航京能光伏 REIT	约 60	湖北晶泰 100MW 电站到 2040 年 1 月；榆林江山永宸 300MW 电站到 2042 年 4 月	湖北晶态项目 2035 年退坡；榆林江山项目 2034 年退坡
中信建投国家电投新能源 REIT	约 54	H1 # 100MW 发电机组到 2041 年 6 月；H2 #400MW 发电机组到 2043 年 6 月	H1 # 100MW 风电场到 2036 年退坡；H2#400MW 风电场到 2038 年退坡
中国建投明阳智能新能源 REIT	约 40	黄骅旧城风电场到 2038 年 7 月；克什克腾旗红土井子风电场到 2037 年 4 月	黄骅旧城风电场项目和红土井子风电场项目预计分别于 2033 年和 2030 年后不再享受中央财政补贴
华夏特变电工新能源 REIT	约 75	哈密光伏项目到 2041 年 6 月	2036 年后
工银蒙能清洁能源 REIT	约 50	华晨风电项目到 2037 年 3 月 恒润一期风电项目到 2033 年 7 月	华晨风电项目于 2033 年不再享受中央财政补贴资金，恒润一期风电项目不存在国补退坡的情况

数据来源：招募说明书及季度报告。

对于高速公路行业，政府为保障供应链通畅、促进货物运输流通，常采取阶段性降低收费政策。如 2022 年 9 月 28 日交通运输部和财政部联合发布通知，要求 2022 年 10 月 1 日 0 时起至 12 月 31 日 24 时，全国收费公路在现有减免政策基础上，对货车通行费再减免 10%。从行业经营角度来看，此类政策虽能在一定程度上刺激货车流量增加，但可能无法弥补收费价格降低的影响，最终导致经营收入减少，影响公募 REITs 的可分配现金流，给投资者带来二级价格下跌和现金流分派收益下降风险。

（二）行业发展趋势

随着宏观经济环境变化以及社会进步和科技发展等，行业可能面临供给过剩或需求减少的局面，底层资产运营遭遇困难，收益下滑，资产价值下降。传统零售商业资产就是一个典型例子。随着移动互联网快速发展，网购兴起，传统线下零售业受到较大冲击，无法快速转型的传统百货商场经营状况日益恶化，物业租金收入和资产价值下降；而新型零售商业资产转型为集餐饮、娱乐、教培、购物等于一体的购物中心，吸引了更多客户，增强了客户黏性，经营收入提升，资产价值得以体现。我国公募 REITs 的底层资产多处于需求稳定行业或朝阳行业，行业衰退风险相对较小，但并不能排除未来因科技进步、社会需求变化和大众行为模式改变等因素，导致行业发展趋势下行的可能性。

（三）行业竞争风险

行业竞争风险主要源于潜在进入者威胁、现有企业竞争威胁和替代品替代威胁等。目前公募 REITs 虽以需求稳定的基础设施类资产为主，但仍存在行业竞争风险。以高速公路行业为例，近年来高铁和支线航空大规模发展建设，丰富了社会大众的出行选择，挤压了高速公路车流量增长空间，影响其收入增长预测，给投资者带来一定风险。又如天然气发电资产，其主要作用是电网调峰调频，随着储能行业快速发展，可能在一定程度上替代天然气发电资产的调峰调频功能，导致天然气发电需求降低。对于光伏发电行业，技术更新迭代迅速，公募 REITs 底层资产现有设备可能面临升级换代，存在超预期大额资本性支出风险，影响底层资产运营收入和预期收益实现。

（四）行业上下游稳定性

公募 REITs 底层资产经营大多依赖下游用户提供收入，下游用户的稳定性决定了底层资产经营现金流的稳定性，下游用户稳定性的变化会引发资产估值风险。部分资产类型还存在上游资源供给风险或上游原料价格波动风险。以收取租金为主的产业园、仓储物流等资产为例，下游租户经营状况稳定与否决定着此类资产经营的稳定性。垃圾焚烧发电、风力发电、光伏发电等能源类资产，发电量受垃圾供给、风力、太阳光照时间等资源供给端制约，若供给低于预期，可能影响发电量，进而影响运营收入，存在上游资源供给风险。天然气发电资产需采购天然气，若天然气价格大幅上涨，可能导致原料采购支出超预期增加，使资产净现金流下降甚至为负，产生较大投资风险。

三、运营管理风险

公募 REITs 底层资产的运营管理是公募 REITs 价值创造的核心要素，其管理质量直接决定资产经营的收入与成本，进而影响资产估值及公募 REITs 市场价格。

（一）运营风险

运营风险是指在资产运营过程中，因运营管理能力变化、资产所处区域外部环境，以及自身经营不当等因素，导致运营绩效产生波动。

1. 运营管理机构风险

运营管理机构风险包括运管团队自身风险、运管团队替换风险，以及同业竞争、关联交易等利益冲突风险。运管团队自身风险主要源于其能力不足，尤其是随着收购资产规模扩大，运营管理机构面临的管理压力剧增，对其管理能力形成严峻考验。同时，科技进步促使运营管理向智能化、数字化转型，也对运管团队的专业素养提出更高要求。此外，在运管团队积极性与稳定性方面，考核激励机制不合理可能导致团队积极性受挫，进而影响底层资产运营效益。团队中高级管理人员或技术骨干离职后，若从事与原公募 REITs 存在竞争关系的同类项目运营业务，可能给底层资产运营带来重大不利影响。

运管团队替换风险主要体现在替换难度较大。由于各类底层资产运营和管理模式差异明显，且特定资产长期由特定管理方运营，若该运管团队管理不善，在市场上迅速找到合适替换团队难度较大，这可能引发公募 REITs 底层资产的经营风险。此外，难以替换还可能导致现有考核机制失效，使运管团队无所顾忌，进一步加剧底层资产经营风险。

多数公募 REITs 的第三方运营管理机构为原始权益人的关联方机构，除管理公募 REITs 底层资产外，还管理原始权益人的其他同类资产，可能引发同业竞争。若运管机构未能公平对待各管理项目，可能对公募 REITs 底层资产经营产生不利影响。在公募 REITs 收购新资产时，可能涉及收购现有运管机构持有的基础设施项目，从而产生关联交易风险，与公募 REITs 存在利益冲突。

2. 资产所处区域风险

公募 REITs 底层资产所在区域相对固定，可能面临所在地区用地规划、产业规划、扶持政策等调整，给基础设施项目经营带来不利影响。同时，周边同类基础设施项目的市场竞争、人口流入流出变化和经济下滑导致的市场低迷等因素，也会给基础设施项目经营带来风险。

高速公路 REITs 项目受所在区域经济发展状况、汽车保有量、燃油价格变动、公路收费方式、交通方式变化、现有平行国道分流、新建平行高速公路竞争，以及区域内公路系统衔接性等多方面因素影响，进而影响底层资产的经营收入。产业园 REITs 项目主要受所在区域经济发展状况、产业扶持政策、区域同类产业园供应量等因素影响。若产业园所在区域经济发展放缓、市场竞争力下降，或相关产业政策扶持力度不足、产业发展水平滞后，将导致市场对产业园或类似物业需求不足；同区域类似产业园区供应过剩，竞争激烈，会面临租户分流问题，对底层资产的出租率和租金水平产生不利影响。

仓储物流 REITs 项目所在区域的交通发达程度至关重要。若区域交通运输网络发生重大变化，可能改变项目的交通条件或其作为仓储物流节点的重要性地位，影响项目对租户的吸引力，对项目经营造成不利影响。区域新增土地供应和竞争对手加入，可能增加周边竞品供给，对项目出租率及租金水平产生负面影响。对于部分港区内的保税仓储物流设施，租赁需求与进出口贸易景气度高度相关，若港区内进出口贸易量下滑或国际贸易环境变化，可能导致市场租赁需求下降，进而影响项目的租金及出租率。

3. 资产自身经营风险

公募 REITs 底层资产自身经营风险因经营特征而异。出租类资产可能面临租约集中到期、租户集中度过高或租金收缴困难等导致运营收入下降的风险。若租约结构不合理，存在短期内大量租约集中到期的情况，可能出现续租率低且到期面积无法快速出租的问题，从而损害资产经营，导致收入下降。部分仓储物流类资产和产业园中的厂房类资产，租户数量较少且集中度较高，若个别租户退租或欠租且短期内无法快速替换，可能对整体资产经营收入产生较大影响。产业园区类资产或保障性租赁住房类资产可能存在经营困难的中小商业租户群体或低收入租户群体，租金收缴存在不确定性，进而影响经营收入。

经营权类资产的风险可能源于成本端的不可控，如人力成本、原材料成本意外增加，或项目未来大修改造等大额资本开支超预期增长。高速公路、能源类基础设施项目对后期日常养护、修缮要求较高，在实施大中修或改扩建时，可能面临技术标准、操作流程、材料工艺升级更新导致人力和材料设备成本大幅增加，行政许可申请时间和施工周期长于预期等问题，导致项目运营支出增加，同时维修改造期间项目运营效率降低，运营收入减少，对经营现金流产生不利影响。

此外，基础设施项目在维修保养、生产运营过程中可能遭遇未有效防范的安全问题，引发安全事故，这也会影响基础设施项目运营，降低资产现金流。

（二）治理风险

治理风险源于基金投资中的委托代理关系，若治理机制不完善，委托代理问题突出，将影响资产运营绩效，损害投资者利益。目前我国公募 REITs 大多是"基金份额持有人大会+基金管理人+第三方运营管理机构"的三级治理架构。可能存在治理效率风险以及不同治理层级目标不一致导致的利益冲突风险。

首先是基金投资者与基金管理人目标不一致引发的风险。基金管理人通常按管理规模收取一定比例的固定管理费，受自身利益驱动，可能倾向于收购更多资产以扩大管理规模，而未充分从投资者角度选择优质资产、争取有利交易条件和合理价格，同时为维持规模较少考虑处置劣质资产，这些行为可能损害投资者利益。此外，基金管理人为扩大管理规模可能管理多个同类型资产的公募 REITs，这使得同类型资产的不同公募 REITs 投资者面临同一管理人的潜在利益冲突风险。

其次是原始权益人与其他公众投资者目标不一致带来的风险。在外部管理模式下，公募 REITs 底层资产由原始权益人或其关联机构运营管理，且原始权益人及其关联方作为高比例份额持有者，在投资决策、底层资产经营和风险等方面具有信息优势，与其他外部投资者存在严重信息不对称。原始权益人和运管机构在日常运营及重大事项决策中可能更多考虑自身利益，而非其他投资者利益。尽管基金份额持有人大会决策机制设有关联交易回避等投资者保障措施防范利益冲突，但在未触发这些措施的事项中，如解聘、更换外部管理机构等，原始权益人及其关联方凭借高比例份额对决议事项表决结果影响重大，可能导致其他投资者的表决意见无法有效落实。

最后是基金管理人与原始权益人目标不一致产生的风险。原始权益人或其关联运营机构倾向于将公募 REITs 打造为资产上市和管理平台，服务自身长期发展，而基金管理人可能更希望将其作为市场化并购资产平台，不断扩大管理规模。因此，在公募 REITs 持续收购资产，尤其是收购非原始权益人相关的外部资产时，原始权益人及其关联方可能利用高比例表决权阻止收购完成，或收购完成后原外部运营机构消极运营原有资产，给公募 REITs 带来不利影响，最终损害投资者利益。

（三）关联交易风险

公募 REITs 参与主体众多，关联交易机会较多。从投资者角度出发，应重点关注底层资产运营过程中的关联交易风险以及公募 REITs 资产购入或处置时的关联交易风险。

目前担任公募 REITs 底层资产运营管理机构的多为原始权益人关联方，在运营管理过程中可能存在关联交易。例如，部分产业园区类或仓储物流类资产的租户中关联方租户占比较高，其租金、物业费等价格及增长水平的公允性须重点关注，若低于市场公允水平，将降低基础设施项目经营收入，损害投资者利益。此外，高速公路类、能源类资产中，运管机构可能向原始权益人及其关联方采购公路养护、维修、租赁输电线路等服务，存在关联交易风险，须关注采购价格的公允性。

在公募 REITs 购入或处置资产时，交易对手很可能是原始权益人或其关联方，容易发生关联交易。目前已完成首次扩募的 4 只公募 REITs 和公告扩募收购资产的 9 只公募 REITs 均为向原始权益人或其关联方收购的关联交易。投资者须重点关注收购或出售标的资产定价的公允性以及交易条款的公平合理性。基金管理人可能出于自身利益与原始权益人保持一致，部分基金管理人甚至与原始权益人存在关联关系，在购入资产时可能倾向于支付高价或承担更多义务，出售资产时可能倾向于低价出售或约定宽松付款条件，这些行为都将损害投资者利益。

（四）杠杆运用风险

根据《基础设施基金指引》，公募 REITs 能够对外借款，用于基础设施项目的日常运营、维修改造和基础设施项目收购等用途，然而基金总资产不得超过基金净资产的 140%，其中用于基础设施项目收购的借款金额不得超过基金净资产的 20%。因此，我国公募 REITs 的杠杆率上限（总负债除以总资产）约为 28.57%，相较于其他国家或地区更为严格。美国、日本、澳大利亚、法国未对 REITs 的杠杆率加以限制，中国香港、新加坡、印度、德国的 REITs 杠杆率上限分别为 50%、50%、49%、66.25%。截至 2024 年 12 月 31 日，已上市或披露招募说明书的公募 REITs 在财务杠杆的使用上相对审慎，仅有 13 只存在对外借款情况，平均占发行规模比率约为 15.22%，如表 5.3 所示。

表 5.3　REITs 产品的杠杆运用情况（截至 2024 年 12 月 31 日）

项目	募集规模（亿元）	外部借款（亿元）	利率	期限（年）	杠杆率（%）
博时招商蛇口产业园 REIT	20.79	3.00	3.50%	5	12.61
平安广交投广河高速 REIT	91.14	10.00	4.25%	15	9.89
浙商沪杭甬 REIT	43.60	5.00	3.85%	1	10.29
华夏越秀高速 REIT	21.30	3.50	5 年期 LPR-122BPS	15	14.11
建信中关村产业园 REIT	28.80	4.61	5 年期 LPR-70BPS	15	13.80
华夏中国交建高速 REIT	93.99	13.00	5 年期 LPR-65BPS	20	12.15
中金安徽交控 REIT	108.80	13.00	5 年期 LPR-120BPS	7	10.67
华夏和达高科 REIT	14.04	1.50	3.20%	15	9.65
华夏华润商业 REIT	69.02	12.03	5 年期以上 LPR-122BP	10	15.13
中金印力消费 REIT	32.60	5.98	浮动利率；5 年期以上 LPR 加/减标的基点	15	15.50
华夏南京交通高速公路 REIT	27.26	3.00	5 年期以上 LPR 减 129 基点	7	9.91
招商高速公路 REIT	34.96	3.73	5 年期以上 LPR 减一定基点	12	9.64
平安宁波交投 REIT	80.88	23.20	1 年期 LPR 减 40 基点/5 年期以上 LPR 减 85 基点	8	22.29

注：杠杆率=外部借款/（募集规模+外部借款）。

资料来源：招募说明书。

REITs 投资者面临的杠杆运用风险主要体现在以下三个方面。

第一，宏观环境发生变化时，公募 REITs 对外负债的利率会随之变动，进而引发公募 REITs 负债成本的波动风险。由于底层资产产生的现金流须优先用于偿还债务利息和本金，偿还顺序优先于可分配现金流的分配，因此利率变化最终会影响投资者派息收益的变动。对于公募 REITs 的存量债务，若为固定利率，负债到期重新续借时将面临利率变化风险；若为浮动利率，利率上升时，须支付更高的利息成本，从而导致可分配现金流下降，投资者面临派息减少的风险，以及可能引发的二级价格波动风险。

第二，通常情况下，公募 REITs 底层资产经营期限较长，而对外负债的久期一般短于资产经营期限。鉴于公募 REITs 底层资产现金流相对稳定，对债务利息的偿还有一定覆盖倍数，但倘若需要一次性偿还债务本金，则可能出现覆盖不足的情况。因此，存续债务到期时，公募 REITs 往往须通过再融资借新还旧。当经济环境变化或信用紧缩时，可能面临债务到期无法再融资或需要接受更苛刻融资条件的局面，从而导致更高的再融资成本。若无法成功续借而不得不偿还本金，由于公募 REITs 底层资产流动性较差，当公募 REITs 现金流无法偿还本金时，可能需要折价变现底层资产，从而产生较高债务风险，造成资产价值大幅损失，投资者可能面临无派息收益以及二级市场价格大幅下跌的风险。

第三，新增杠杆或杠杆到期再融资时，若公募 REITs 的负债利率成本低于资产回报率（ROA），增加杠杆将有利于提高公募 REITs 的净现金流分派率，产生"正杠杆"效应；反之，若负债利率成本高于资产回报率，增加杠杆率则会降低公募 REITs 的净现金流分派率，形成"负杠杆"风险。这一方面会使投资者派息收益下降，另一方面也会导致二级市场价格波动。尤其在加息周期中，对于浮动利率成本或面临负债到期再融资的公募 REITs，"负杠杆"风险可能持续扩大，对公募 REITs 的现金流形成巨大压力，进而带来较大投资风险。

（五）扩募用于收购或改扩建的风险

公募 REITs 可通过资产循环为投资者创造价值，扩募新购入资产或用于改扩建是实现资产循环的重要方式。然而，扩募事项本身需经国家发展改革委、中国证监会、沪深证券交易所相关审核程序，同时可能还需份额持有人大会审议。对于扩募拟购入资产的出售方，可能还需取得国有资产监督管理部门的相应批复。因此，扩募存在相关程序能否顺利通过、批复能否顺利获得以及相应时间的不确定性，公募 REITs 的二级市场价格可能随之出现波动风险。

公募 REITs 在扩募发售期限届满时，若出现沪深证券交易所扩募业务指引所规定的募集失败情形，则扩募发售失败。一方面，公募 REITs 二级市场价格可能波动，带来投资风险；另一方面，参与扩募的投资者面临无法按预期投资公募 REITs 扩募份额的风险，已缴纳资金虽可获得同期银行活期利息，但可能无法覆盖资金成本。

若通过扩募收购资产时收购价格过高，可能导致该次收购对公募 REITs 的每份额可分配现金流提升幅度有限、无提升甚至降低的风险，同时也可能引发二级市场价格波动风险。若通过扩募收购的资产在未来运营中未达到收购时预测的经营收益水平，则可能导致可分配现金流低于预期，进而造成价值和价格下降，投资者一方面面临分派收益减少，另一方面可能面临二级市场价格下跌的风险。

若公募 REITs 拟通过扩募进行底层资产的改建、扩建，可能面临改建、扩建项目能否顺利按时完成以及经营情况能否达预期的风险。改建、扩建项目本身可能存在诸多风险，如招投标环节可能出现流标或项目公司未中标风险、实际支出超预算风险、融资难以顺利实现或融资成本较高风险、改建扩建期间资产运营停滞或运营效率降低风险、改建扩建项目完工后运营不达预期风险等。例如，国金铁建高速 REIT 项目在招募说明书中披露后续拟通过扩募进行高速公路扩能建设，面临项目公司未能中标扩能、基金提前终止风险，项目扩能改造融资借款失败风险，扩能期间车流量降低风险，扩能建设总投资额超概预算风险，扩能完毕后车流量不达预期风险，扩能改造后运营收费期和收费标准不确定风险等。

第三节　市场估值

公募 REITs 资产价值的"锚"在哪里，如何正确判断其投资价值，一直是市场各方，尤其是投资者最为关注和热议的话题。

一、境外 REITs 市场估值方法

境外 REITs 市场通常采用两类估值方法来对其进行评判：一类是基于 REITs 资产产生的现金流进行估值；另一类则是基于 REITs 资产的公允净资产（net asset value，NAV）进行估值。

（一）基于现金流的估值方法

以美国 REITs 市场为例，由于 REITs 底层资产具有较强的保值增值能力，而折旧摊销在较大程度上影响会计意义上的净利润。如果仅按照净利润来评价 REITs 的价值，会明显低于其真实价值。因此，美国房地产信托投资协会（NAREIT）在 1991 年提出了营运资金（funds from operations，FFO）这一指标。该指标通过调整折旧摊销科目对 REITs 底层资产项目的价值进行评估分析，从而能够获得更为准确、合理的估值结果。FFO 指标获得了市场的广泛认可，并被作为 REITs 估值的基础指标之一。在随后市场的不断发展过程中，FFO 的具体含义也得到了补充和完善，形成了调整后营运资金（adjusted funds from operations，AFFO）这一改进指标。AFFO 进一步细化了 REITs 的估值指标，更精确地反映 REITs 资产为投资人创造自由现金流的能力。

FFO 并不是标准会计指标，而是专门针对 REITs 的特有指标，其计算公式为 FFO＝净利润+折旧+摊销-出售不动产所获得的非经常性损益等。类似于股票市场中常用的市盈率（price-earnings ratio，P/E）倍数估值方法，REITs 市场通常使用市营运资金率（price/funds from operations，P/FFO）来计算 REITs 每股价格对应每股产生的 FFO 的倍数。通过这一倍数，与市场上其他 REITs 以及历史的估值倍数水平进行对比，进而评判其估值的高低程度。

根据 NAREIT 的数据，2000—2024 年，美国权益型 REITs 的平均 P/FFO

倍数在 5—25 倍之间波动。截至 2024 年三季度，总体市场平均 P/FFO 乘数为 16.2 倍。

AFFO 相比 FFO 则更加细化。由于 FFO 在计算时没有考虑 REITs 底层资产用于维持运营的一些资本支出，这可能会导致经营现金流情况被高估。因此，投资者提出了调整后营运资金这一指标。该指标在 FFO 的基础上，扣减持续发生的资本支出以及其他会计科目调整等，更有效地反映了 REITs 为股东创造自由现金流的能力。其计算公式为 AFFO＝FFO−资本支出（装修维护、租赁佣金等）−权责发生制和收付实现制的差异调整。

不过，由于 AFFO 在计算时具有一定的主观性，投资者在调整相关会计科目时需要自行判断计算，并且要考虑权责发生制和收付实现制的差异等情形，所以不同投资者计算出的 AFFO 相互间可比性较差。另外，由于多数 REITs 并不披露 AFFO 数据，这使得其数据可得性也较差。基于数据的通用性和可得性考虑，市场更多还是采用 P/FFO 估值方法。

其他基于现金流的方法，还有股息率（distribution per unit yield，DPU yield）等。其计算公式为 DPU yield＝DPU/P，即用 REITs 每股分红除以股价。这一指标直接反映了投资者按当前价格买入 REITs 能够获得的分红回报水平。而 REITs 的分红实际上来自底层资产的 FFO，并且 REITs 通常要求大比例（不低于 90%）分红，所以从本质上看，股息率与 P/FFO 反映的都是资产创造现金流的能力。

（二）基于净资产的估值方法

REITs 作为资产上市平台，相对股票而言，重资产属性更为明显。REITs 的价值显然会受到底层资产市场价值的较大影响，二者之间存在明显的锚定关系，具有一致性。因此，REITs 的估值可以以底层资产价值为基础来进行评判。通常会使用 REITs 的资产净值，即公允净资产（net asset value，NAV），其计算公式为 NAV＝基金的资产−基金的债务，每份额 NAV＝NAV/基金份额。

基金的资产项中可能包含较多科目，尤其是非现金类资产项，比如股权资产、不动产资产、土地资产、无形资产、在建工程等，这些都需要进一步评估其公允价值，通常由第三方评估机构定期评估给出。基金的债务科目中可能包括银行贷款、各类债券及应付账款等其他债务。

NAV 计算的核心在于对非现金计价资产公允价值的评估。对于 REITs 来说，主要就是其持有的能够产生现金流的不动产。通常会采取直接资本化方法或者现金流折现方法来估算底层资产价值。

1. 直接资本化法

直接资本化法是指将资产未来 1 年所产生的运营净收益（net operating income，NOI）除以市场中可比资产成交价格所反映出的资本化率（capitalization rate，Cap Rate），即可得到该资产的公允价值。其计算公式为资产价值 = NOI/Cap Rate。其中，NOI = 资产未来 1 年的运营收入 − 资产未来 1 年的运营成本。在预测时，应尽量剔除非经常因素的影响，比如处置资产的收入等，从而计算出资产能产生的相对持续、稳定的净现金流收益。资本化率是指资产的 NOI 与资产价格的比值，它反映出该资产的投资回报水平。资本化率的选取是影响估值的关键因素。投资者需要参考市场上可比同类资产近期交易价格所反映出的资本化率，并结合目标资产的类型、区域位置、品质、建成时间、交通配套、其他竞争力特征等多维度因素，作出主观判断并进行合理调整。

2. 现金流折现法

现金流折现法相当于需要预测资产未来每年产生的净现金流，然后将未来每年的净现金流折现，进而得到资产价值的评估值。其计算公式如下：

$$P = \sum_{t=1}^{n} \frac{CF_t}{(1+r)^t}$$

式中，P 为资产现在的价值，CF 为每年运营净收益的预测值，r 为与资产所采用的折现率，n 为资产的全生命周期。在 CF、r、n 这三个参数中，每年净现金流 CF 的预测及折现率 r 的选取更为主观，是影响资产价值计算的最重要参数。CF 的测算需要结合资产自身情况，在未来较长期的经营中考虑收入端及成本端的各个科目可能的表现，其中包括受到宏观经济、资产所处区域发展、通货膨胀水平、同类资产竞争、管理人运营管理能力等多角度的影响等。折现率的选取通常有三种方法，即加权平均资本成本法（weighted average cost of capital，WACC）、风险累加法和行业平均收益法。

在投资实际应用 NAV 方法进行估值时，通常使用每股价格与每股 NAV 的比值，即 price/net asset value（P/NAV），它表示市场价格相对其 NAV 的折溢价程度。当 P/NAV>1 时，说明市价高于 NAV，属于溢价交易；当 P/NAV<1 时，说明市价低于 NAV，属于折价交易。REITs 的二级价格往往与 NAV 并不完全一致，折价或溢价交易是普遍现象。一般来说，当多数投资者看好某一 REIT 时，该 REIT 更有可能出现溢价交易，反之亦然。P/NAV 与股票中的市净率（price/book value，P/B）指标类似，可以用来进行各种比较，进而评判估值的高低。横向可以比较不同行业的折溢价水平、比较同行业不同资产的折溢价水平；纵向可以比较整个市场、不同行业、不同资产当前的折溢价水平在过往历史表现中所处的分位。

二、中国公募 REITs 市场估值定价方法探析

中国公募 REITs 按照底层资产收益来源的不同，可分为产权类资产和经营权类资产。这两类资产特征差异显著，现金流分配的"内涵"不同。因此，在进行投资时，估值方法也需要有所区分，以反映二者的差异性。我们参考境外成熟 REITs 市场的估值方法，分别从现金流角度和资产公允价值角度对这两类 REITs 的估值方法进行探析。

（一）基于现金流的估值方法

产权类 REITs 和经营权类 REITs 每年的现金流内涵不同，故基于每年现金流的估值方法应分别进行考量。

1. 产权类 REITs 的估值方法

现金流分派率作为基础设施 REITs 的关键财务指标，也可用于二级市场估值，其计算公式为：

现金流分派率＝可分配现金流/总市值

可分配现金流取值可选三种口径数据：一是上一年的可分配现金流数据；二是最近 4 个季度的可分配现金流合计数据；三是对于当年的可分配现金流的预测值，需要投资者结合已有数据作出一定的主观测算。与经常提到的派息率相比，虽然 REITs 要求不低于可供分配金额的 90% 需分派给投资人，派息率近

似于现金流分派率，但在实际操作中，不同产品分派的比例并不完全一致，且不同产品的派息频率也不一样。因此，从估值对比的角度来看，采用可分配现金流计算的现金流分派率更加合理。而且，无论是招募说明书还是季度、年度财务报告中均会披露当期可供分配现金流，数据可得性也比较好。

2021 年 6 月上市以来，产权类资产总体及各细分行业的现金流分派率走势如图 5.1 所示。

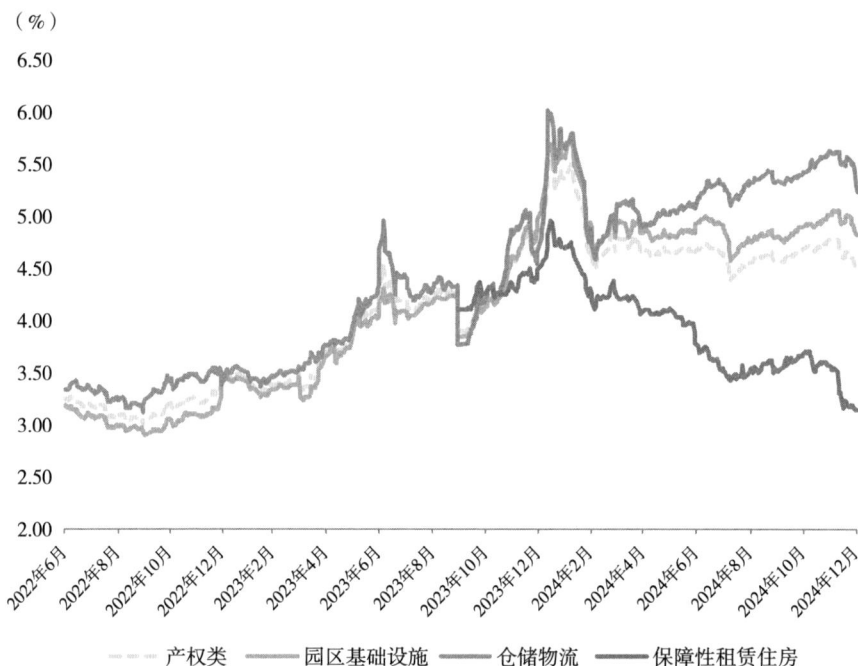

图 5.1 2022 年 6 月 30 日—2024 年 12 月 31 日公募 REITs 行业平均分派率走势
注：分红数据采用滚动 4 个季度报告披露的分红，因此满足条件的走势起始于 2022 年 6 月 30 日。
数据来源：Wind。

进一步研究分析可供分配现金流指标的计算过程时，会发现在息税折旧摊销前利润（EBITDA）的基础上存在一定的调增或调减科目，这样可能造成不同项目之间可比性不强，故而可以进一步采用 EBITDA 指标来代表 REITs 底层资产经营产生的现金流，由于我国公募 REITs 目前不存在资产处置等可能产生较大额非经常性损益的情况，故类似境外市场的 P/FFO，可以用 EBITDA 指标替代作为 FFO 指标，计算 REITs 的 P/FFO。公式如下：

P/FFO＝每份价格/（EBITDA/总份数）

式中，EBITDA 可采取三种口径：一是上一年的 EBITDA 数值；二是最近 4 个季度的 EBITDA 合计额；三是当年 EBITDA 的预测值，需要投资者结合已有数据作出一定主观测算。2021 年 6 月上市以来，产权类资产总体及各细分行业的 P/FFO 历史走势如图 5.2 所示。

图 5.2　2022 年 6 月 30 日—2024 年 12 月 31 日公募 REITs 行业平均 P/FFO 走势

注：分红数据采用滚动 4 个季度报告披露的基金收入，因此满足条件的走势起始于 2022 年 6 月 30 日。

数据来源：Wind。

2. 经营权类 REITs 的估值方法

由于经营权类资产的现金流分派中含有"本金摊还"部分，而且目前对于本金和利息并没有统一的拆分规则。对于剩余期限不同的资产而言，每期现金流所含的"本金摊还"比例必然存在差异。这就意味着不同经营权类资产每年的现金流构成含义各不相同，导致上述现金流分派率和每可供分配资金倍数（P/FFO）指标仅在比较相同剩余期限的经营权类资产时具有一定的可比性，而在对目前不同剩余期限的经营权类 REITs 进行估值比较时存在明显的局限性。因此，上市产权类 REITs 所使用的现金流分派率和 P/FFO 指标不太适用于经营权类 REITs 的估值。

经营权类资产存续期内部收益率（IRR）作为投资可行性分析的重要指标，通常也被用于二级市场估值评判。IRR 反映了经营权资产在剩余年限产生现金流的能力，同时，由于成熟的经营权类资产各年度收益相对平稳，IRR 也能更好地反映资产存续期内各年的盈利能力预期。一方面，IRR 本身的计算逻辑解决了经营权类资产现金流包含"本金摊还"的问题，无须拆分本息；另一方面，也解决了不同经营权类资产剩余期限不一致所导致的不可比问题。因此，IRR 指标较为适合用于经营权类资产的估值比较。

对于投资经营权类 REITs，相当于投资者以现价支付一笔现金流获得一定份额的 REITs，进而获得该资产剩余期限内相应份额所分派的现金流。基于此，可以列出如下公式来计算 IRR：

$$P = \sum_{i=1}^{n} \frac{\mathrm{DPU}_i}{(1 + \mathrm{IRR})^i}$$

式中，P 为支付的价格，n 为该资产剩余期限，DPU（distributable per unit，每单位可供分配金额）为每期所分派现金流，使得上述公式相等的折现率 IRR 即为所求的内部收益率。

在实际使用 IRR 指标时，每期的 DPU 需要投资者进行一定的主观预测。尤其对于现金流有一定波动的资产，以及剩余期限越长的资产，预测难度越大，预测准确性越低。目前，经营权类 REITs 在招募说明书或者份额解禁提示公告中会披露按照拟发行价格或者实际发行价格测算的全剩余期限内的 IRR 数值，但并没有连续披露的数据，这就需要投资者自行测算，对投资者的专业能力提出了更高的要求。

截至 2024 年 12 月 31 日，已上市经营权类 REITs 披露的按照拟发行价或发行价测算的全周期 IRR 数据如表 5.4 所示。

表5.4 已上市经营权类 REITs 披露 IRR 数据情况（截至 2024 年 12 月 31 日）

代码	简称	资产类型	（拟）发行价格（元）	上市日期	对应 IRR（%）
508001.SH	浙商沪杭甬 REIT	高速公路	8.7200	2021 年 6 月 21 日	5.30
180201.SZ	平安广交投广河高速 REIT	高速公路	13.0200	2021 年 6 月 21 日	5.74
180801.SZ	中航首钢绿能 REIT	环保	13.3800	2021 年 6 月 21 日	6.60
508006.SH	富国首创水务 REIT	环保	3.7000	2021 年 6 月 21 日	6.12
180202.SZ	华夏越秀高速 REIT	高速公路	7.1000	2021 年 12 月 14 日	5.69
508018.SH	华夏中国交建 REIT	高速公路	9.3990	2022 年 4 月 28 日	6.55
508008.SH	国金中国铁建 REIT	高速公路	9.5860	2022 年 7 月 8 日	5.26
180401.SZ	鹏华深圳能源 REIT	能源	5.8960	2022 年 7 月 26 日	—
508066.SH	华泰江苏交控 REIT	高速公路	7.1275	2022 年 11 月 15 日	6.12
508009.SH	中金安徽交控 REIT	高速公路	10.8800	2022 年 11 月 22 日	5.34
508096.SH	中航京能光伏 REIT	能源	9.7820	2023 年 3 月 29 日	6.33
508028.SH	中信建投国家电投新能源 REIT	能源	9.8000	2023 年 3 月 29 日	5.33
508007.SH	中金山东高速 REIT	高速公路	7.4625	2023 年 10 月 27 日	6.58
508026.SH	嘉实中国电建清洁能源 REIT	能源	2.5825	2024 年 3 月 28 日	6.56
508033.SH	易方达深高速 REIT	高速公路	6.8270	2024 年 3 月 29 日	6.94
508086.SH	工银河北高速 REIT	高速公路	5.6980	2024 年 6 月 28 日	7.05
508089.SH	华夏特变电工新能源 REIT	能源	3.7290	2024 年 7 月 2 日	7.10
508015.SH	中信建投明阳智能新能源 REIT	能源	2.0534	2024 年 7 月 23 日	—
508069.SH	华夏南京交通高速公路 REIT	高速公路	5.3980	2024 年 11 月 1 日	6.63
180701.SZ	银华绍兴原水水利 REIT	水利	2.6548	2024 年 11 月 8 日	5.79
180203.SZ	招商高速公路 REIT	高速公路	7.0000	2024 年 11 月 21 日	6.50

续表

代码	简称	资产类型	（拟）发行价格（元）	上市日期	对应 IRR（%）
180402.SZ	工银蒙能清洁能源 REIT	能源	5.3370	2024 年 12 月 10 日	5.89
508036.SH	平安宁波交投 REIT	高速公路	7.5800	2024 年 12 月 26 日	6.24

注：华泰江苏交控 REIT、中金山东高速 REIT、易方达深高速 REIT、嘉实中国电建清洁能源 REIT 对应 IRR 的价格为拟募集规模对应的拟发行价格，其余 REITs 对应的 IRR 价格为发行价格；鹏华深圳能源 REIT、中信建投明阳智能新能源 REIT 未披露 IRR。

数据来源：REITs 解禁公告、招募说明书。

（二）基于净资产的估值方法

根据公募 REITs 相关规则要求，无论是产权类资产还是经营权类资产，底层资产评估均需使用收益法，也就是现金流折现法来进行测算。并且，除了在申报发行、扩募收购等不定期的情况下进行披露之外，每年还需更新评估一次。类似于境外市场的每份额资产净值（NAV）估值方法，基于评估值，基础设施 REITs 也可以计算 NAV 值，进而使用每份额资产净值倍数（P/NAV）估值，通过折、溢价程度来评判二级市场价格是否高估或低估。同时，由于现金流折现法是从"全周期"角度进行统计，每期现金流是否含本金或者本息如何拆分等问题都不会影响折现值，所以基于此的 P/NAV 对于产权类 REITs 和经营权类 REITs 均适用。

在计算 P/NAV 指标时，P 为当前市场价格，NAV 为该 REIT 的每份额净资产，即 NAV =（REIT 基金总资产－REIT 基金总负债）/REIT 基金总份额。这里的关键点在于 REIT 基金总资产中包含的底层资产价值该如何取值计算。结合公募 REITs 发行上市和存续期披露报告的情况，可以有三种取值口径。

第一，在公募 REITs 发行上市时，底层资产评估值即为最近更新的评估值，基金层面合并报表中披露的基金净资产已考虑到底层资产的评估值。因此，此时的 NAV 就是招募材料中披露的基金净资产除以发行份额数量，可以将其称为"初始 NAV"。

第二，在公募 REITs 上市后的存续期内，中期报告和年度报告中会披露基金层面合并报表，并且会披露"基金份额净值"。这个基金份额净值是用账面净资产除以基金总份额计算得出的，该数值为强制披露内容，也可以作为 NAV 的一种取值口径，被称为"账面 NAV"。

第三，少数公募 REITs 产品在年度报告中会披露"基金份额公允价值参考净值"。这个数值是将底层资产评估值替换账面值后计算得出的 NAV，更具合理性。然而，多数产品并不披露该数值，需要投资者根据项目的年度更新评估价值自行计算，这具有一定的专业性要求。对于一些更为专业的机构投资人，还会基于自身对资产经营情况、分红情况等的跟踪分析，进一步自行估测调整底层资产评估值。这个 NAV 可被称为"公允 NAV"。

这三种口径的取值在实际使用时各有优劣势，如表 5.5 所示。

表 5.5　三种口径 NAV 指标取值优劣势对比

	初始 NAV	账面 NAV	公允 NAV
更新频率	初始招募披露	中期报告、年度报告披露	年度评估报告披露
数据可得性	较好	较好	较差，除个别资产披露外，大部分需投资人自行计算，有一定专业性要求
有效性	在上市初期较为有效，但随着后续中报、年报披露，则不再有效	在上市前期有一定有效性，后期可能失真。资产账面价值按会计准则计算，与实际评估值可能偏差较多，尤其对于产权类资产随着存续期拉长，账面价值因折旧摊销大幅减少，与实际评估值偏差较大	按评估值更新后的 NAV 反映公允价值，较为有效

以下从初始 NAV 和账面 NAV 两种口径统计全部公募 REITs、产权类 REITs、经营权类 REITs 以及各细分行业的 P/NAV 走势情况，如图 5.3 和图 5.4 所示。

（三）各估值方法对比总结

通过上述分析可知，公募 REITs 作为特殊权益类资产，与股票二级市场投

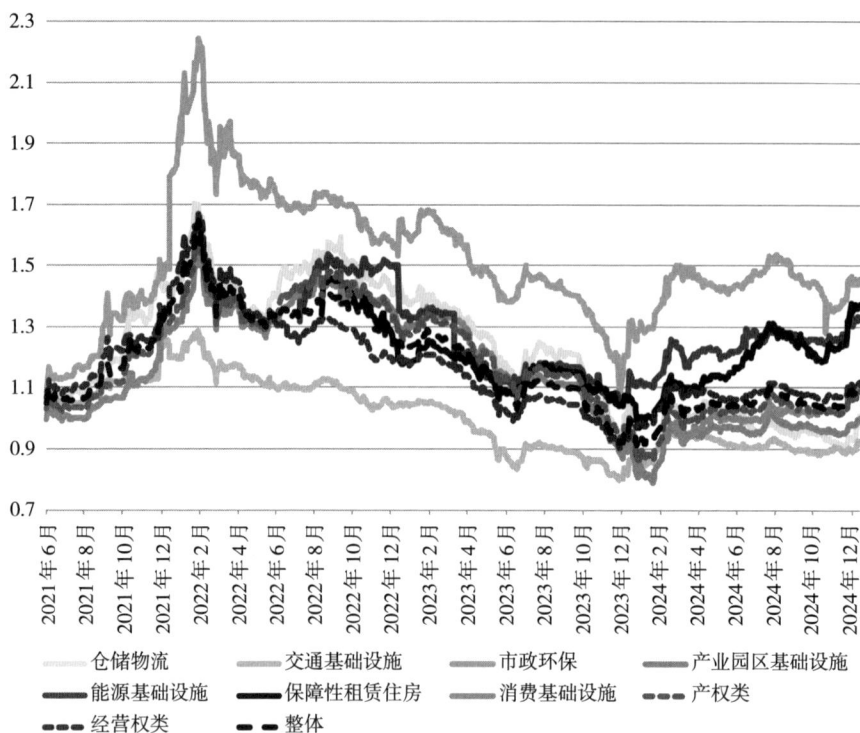

图 5.3　2021 年 6 月—2024 年 12 月公募 REITs 相关行业
平均 P/NAV 走势（初始 NAV）

数据来源：各项目招募说明书及公开披露信息。

资分析所使用的市盈率（P/E）、市净率（P/B）估值指标类似，在 REITs 市场进行投资估值时，也分别从现金流和资产净值的角度使用现金流分派率、P/FFO、IRR 及 P/NAV 等指标。但由于产权类资产和经营权类资产具有不同的风险收益特征，在现金流估值指标的选取上存在差异，产权类资产可以选取现金流分派率或者 P/FFO，而经营权类资产则选取 IRR 指标。

估值指标的意义在于方便进行比较，进而判断资产价格是贵还是便宜，与其他资产相比性价比如何，以此来支持投资决策。从 REITs 与其他类资产对比的角度来看，一方面，通过总体测算 REITs 资产的现金流分派率、IRR 等指标，可以横向与固定收益类资产收益率、高股息股票资产的股息率等进行比较，进而判断 REITs 资产的收益水平是否具备吸引力；另一方面，通过一段时

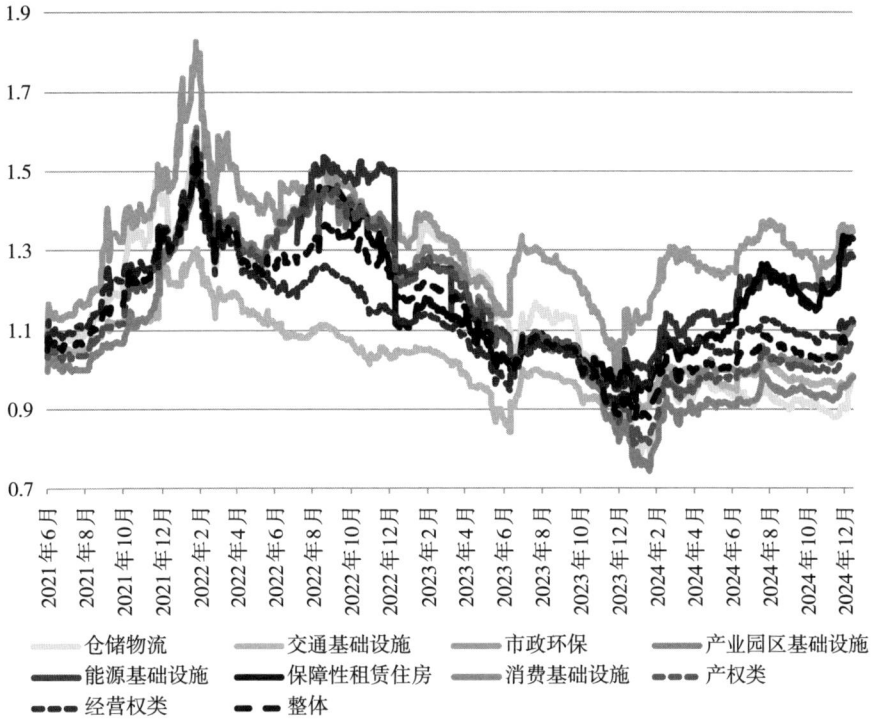

图 5.4 2021 年 6 月—2024 年 12 月公募 REITs 相关行业
平均 P/NAV 走势（账面 NAV）

数据来源： 各项目招募说明书及公开披露信息。

间序列的数据，可以纵向比较 REITs 资产的收益水平与无风险利率、不同信用级别债券、红利股票指数股息率的利差水平变化，进而判断 REITs 资产当前估值水平与其他类资产相比性价比处于历史上的什么分位水平。从 REITs 资产自身角度来看，一方面，横向可以对比不同行业资产、同一行业不同标的资产之间的估值差异，结合基本面等其他研究来判断这种差异是否合理，哪些资产相对便宜，从而更具有投资性价比；另一方面，可以纵向比较整体市场、产权类和经营权类资产、细分行业资产、具体标的资产等的估值水平处于历史水平的什么分位上，进而判断当前资产估值的高低程度。

在投资实操中，估值指标固然非常重要，但并非全部。投资者需要对宏观经济、资本市场、行业发展、资产经营、资产管理人能力、未来扩募收购潜力等因素进行综合分析，然后结合当前的估值指标作出投资决策。以 P/FFO 举例，假设产业园 A 的估值指标高于产业园 B 的估值指标，这并不一定代表 A 资产定价就比 B 资产更贵，有可能 A 资产本身在区域位置、租户结构、管理人能力、未来扩募增长潜力方面比 B 资产更具优势；以 P/NAV 指标为例，保障性租赁住房行业溢价，产业园行业折价，这反映出当前投资人对两类资产的判断，认为保障性租赁住房相较于产业园经营更加稳定，在当前宏观经济形势较弱的情况下，保障性租赁住房更具吸引力，所以享受更高的估值。

三、基于估值方法公募 REITs 已上市资产实践表现

在公募 REITs 市场中，准确的估值方法是衡量资产价值、指导投资决策的关键。通过对已上市资产的深入分析，我们可以清晰地看到不同估值维度下的表现，以及市场影响因素如何塑造资产的价值与价格走势。这不仅有助于投资者深入理解公募 REITs 的投资逻辑，也为市场参与者把握市场动态、优化投资策略提供了重要参考。

结合前面的方法论内容，对于资产估值主要关注两个维度。一方面是底层资产评估值的变化情况，这其中涵盖了评估过程中的预测假设以及预期可能出现的变化；另一方面则是结合底层资产评估值以及基金层面净资产所出现的变化，进而对应分析二级市场的估值水平。

（一）底层资产评估值指标

从 2021 年上市资产的评估值以及其相应的变化来看，产权类资产的底层资产评估值在上市以来到 2024 年 12 月之间的变化范围处于 -8.94%—2.41%。这种变化主要源于预测假设的调整以及对应期限所产生的影响。经营权类资产的变化范围则在 -8.13%—3.25%，主要是因为随着年限的缩短，现金流会相应减少而产生影响。

公募 REITs 已上市资产的年度评估值以及变化详情如表 5.6 所示。

表 5.6 2021—2023 年公募 REITs 评估值的变化情况

项目属性	资产类型	2021 年评估值平均变化（%）	2022 年评估值平均变化（%）	2023 年评估值平均变化（%）
产权类	产业园区基础设施	0.41	0.27	−2.10
	仓储物流	1.37	1.15	−3.84
	保障性租赁住房	—	0.39	0.51
经营权类	能源基础设施	—	11.13	−4.98
	生态环保	−5.60	−5.15	−5.20
	交通基础设施	−1.25	−0.48	−3.49

数据来源：根据公开资料整理。

（二）二级市场估值指标

综合考虑二级市场价格的波动以及基金净资产的变化情况，整体而言，产权类与经营权类资产在三年多时间内都经历了行业的轮动与变化。从 2023 年的整体水平来看，在产权类资产中，园区基础设施的 P/NAV 平均值为 0.92，仓储物流的 P/NAV 平均值为 1.07，保障性租赁住房的 P/NAV 平均值为 1.07。在经营权类资产中，能源基础设施的 P/NAV 平均值为 1.05，生态环保的 P/NAV 平均值为 1.15，交通基础设施的 P/NAV 平均值为 0.91。

从二级市场估值维度进行考查，除了上述提到的市净率（P/NAV）之外，主要指标还包括产权类的分派率水平以及经营权类全周期内部收益率水平（由于各资产预测的内部收益率 IRR 没有连续公开披露，因此采用中债金融估值中心有限公司发布的中债估值收益率作为近似参考）。经过市场2021 年 6 月—2024 年 12 月三年多的运行，各个行业也逐步形成了相对差异化的指标区间，这反映出在当时宏观经济环境下，投资人对于各行业资产的价值评判。2023 年末，在产权类资产中，产业园区基础设施的分派率区间为 3.30%—5.99%，仓储物流的分派率区间为 4.33%—5.30%，保障性租赁住房的分派率区间为 4.10%—5.75%。在经营权类资产中，能源基础设施的中债估值收益率区间为 4.09%—6.46%，分派率区间为 10.97%—11.28%；生态环保的中债估值收益率区间为 6.72%—7.31%，分派率区间为 8.52%—

8.61%；交通基础设施的中债估值收益率区间为 7.72%—12.86%，分派率区间为 6.22%—13.64%。

表 5.7　2021—2023 年公募 REITs 的 P/NAV

项目属性	资产类型	2021 年平均 P/NAV	2022 年平均 P/NAV	2023 年平均 P/NAV
产权类	产业园区基础设施	1.28	1.30	0.92
	仓储物流	1.38	1.45	1.07
	保障性租赁住房	—	1.19	1.07
经营权类	能源基础设施	—	1.26	1.05
	生态环保	1.45	1.36	1.15
	交通基础设施	1.21	1.05	0.91

数据来源：根据公开资料整理。

第四节　投资决策

一、公募 REITs 的投资策略

基于公募 REITs 的投资价值，选择与投资者适配的 REITs 投资策略，是作出合理投资决策的前提。结合整体宏观经济环境的变化以及公募 REITs 资产的风险收益特征，投资者可以考虑的投资策略有配置型策略、行业轮动策略、扩募成长策略和事件交易型策略等，各自的逻辑和适用条件不尽相同。

（一）配置型策略

REITs 主要投资于成熟且运营稳定的不动产资产，将底层不动产资产产生的长期、稳定的现金流作为主要收入来源。在强制分红的规定下，REITs 能够为投资者提供长期、稳定的分红收益。配置型策略主要以买入并长期持有为主，通过以合理价格买入资产，长期持有来获得资产的分红和增值收益。当二级市场价格出现短期上涨过快，导致二级市场估值远高于合理价值时，则考虑卖出以兑现收益。配置型策略能够较好地匹配公募 REITs 的资产特性。投资者

通过长期持有基金份额，能够分享公募 REITs 稳定的期间分红以及不断成长所带来的增值空间。从大类资产配置的角度来看，REITs 资产属于另类资产，在收益端和风险端能够较好地与传统资产形成互补，进而达到增强收益回报、分散风险的作用。

从境外 REITs 市场的发展历史来看，股利收益和资本升值共同推动 REITs 核心资产拥有较大的长期累计收益空间，采取配置策略进行长期持有是获得 REITs 品种投资收益的有效方式之一。一方面，REITs 资产稳定的分红对投资回报率起到了较好的支撑作用。以美国市场为例，自 1973 年以来，美国权益型 REITs 年化回报率约 11%，从长期来看，其投资回报率水平高于传统股债资产。其中，平均分红收益水平稳定性较高，平均分红收益率约为 7%。2014—2023 年，美国 REITs 平均分红收益率约为 4%，分红收益占 REITs 总年化回报率的比例超过 60%。

另一方面，通过结合对宏观经济环境不同情况的判断，自上而下地选择对 REITs 进行配置的时点，有可能增加投资获得超额收益的概率。以美国 REITs 市场发展历程为例，在不同宏观经济周期与流动性环境下，投资人投资 REITs 资产获得绝对收益与相对收益的概率有所不同。相关美国 REITs 市场研究表明，REITs 在经济扩张前期表现更佳，其内在逻辑在于，随着经济的触底复苏，市场对 REITs 底层资产的运营表现给予了较好的预期。同时，随着经济活动逐渐活跃，REITs 底层资产的需求也得以提升，从而使其价值逐步提升，REITs 的权益特征将带来二级市场价格的上涨。因此，当经济处于复苏阶段时，REITs 资产更有可能提供一定的绝对收益。

此外，REITs 的底层资产属于不动产相关资产，且其收益方式大多与不动产收取的租金及运营利润有关。因此，当发生通货膨胀时，租金和不动产自身估值都会相应增长，进而提高 REITs 的可供分配现金流和估值。基于这一逻辑，REITs 被认为具备一定的抗通胀性。由于 REITs 具备一定的抗通胀属性，当宏观经济处于滞涨环境时，相较于股票市场，REITs 更有可能为投资人提供超额收益。而当通胀符合预期时，REITs 资产的表现通常优于通胀超预期时的表现。在美国 REITs 市场的历史多次加息周期中，大部分时期其表现弱于同期股票资产的收益表现。

（二）行业轮动策略

目前，我国公募 REITs 市场已上市标的涉及的行业包括产业园区、仓储物流、保障性租赁住房、消费商业、新能源、高速公路、生态环保、水利设施、市政设施等九类。其中水利设施和市政设施各有 1 个项目，且上市时间不久，暂不纳入分析范围。我国公募 REITs 行业指数走势如图 5.5 所示。

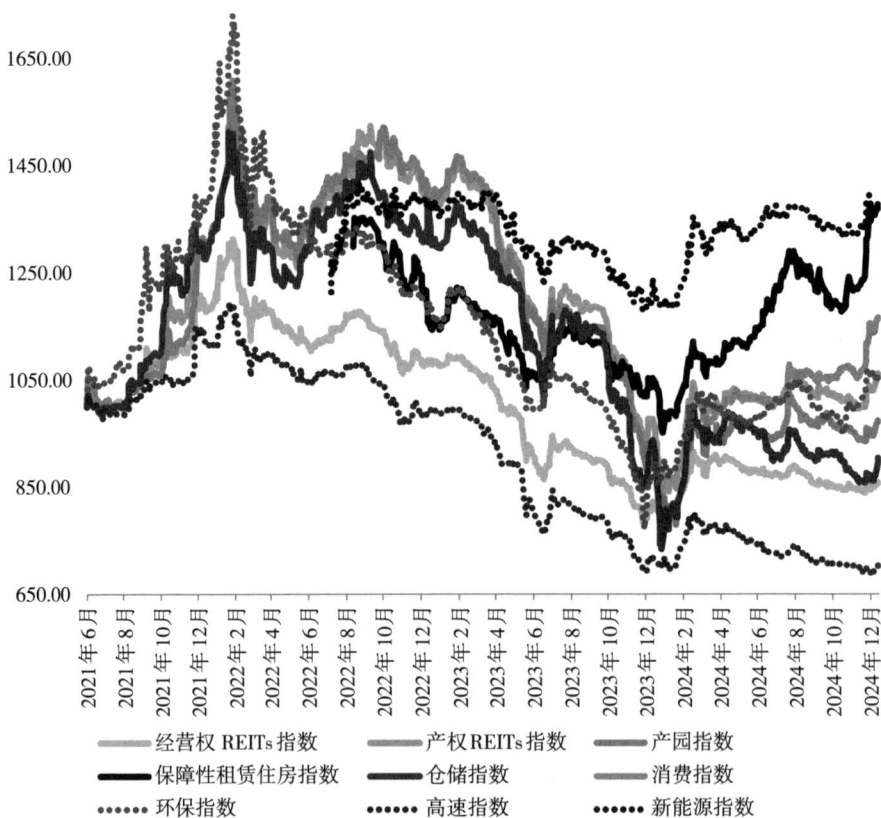

图 5.5　2021 年 6 月—2024 年 12 月公募 REITs 行业指数走势

数据来源：根据公开资料整理。

从行业配置角度来看，通过对不同行业进行有效分类，综合考虑各行业的周期性、预期收益和波动性，分析其对宏观因素变化的敏感性程度和影响方向，进而决定不同行业的配置比例，并根据经济周期的变化进行行业轮动配置。

当市场处于不同经济周期阶段时,各行业板块跑赢市场平均收益水平的概率有所不同。当经济处于复苏阶段时,基建类资产通常作为主要刺激经济的财政手段会有较好表现。当经济周期处于向上区间时,产权类资产进攻性更强,表现优于经营权类;当经济周期向下时,经营权类资产防御性更突出,尤其是像新能源类和生态环保类具有保障民生、弱周期特征的资产。当通胀水平上升时,产权类资产更为受益,其租金水平将随通胀上升。其中,产业园区类资产由于租约期限通常短于仓储物流类资产,租金上调将更快,能更快受益于通胀。

因此,按照不同行业特性与宏观因素的关联度,在对 REITs 资产进行配置时,可根据不同经济周期、宏观环境进行行业轮动调整。

(三)扩募成长策略

从境外 REITs 市场的发展经验来看,REITs 首发上市后,通过不断收购新资产来扩大规模是普遍的发展路径。而其收购新资产的资金来源包括负债和增发股本(扩募份额),这两类融资方式基本各占一半比例。扩募作为 REITs 市场实现规模增长的主要方式之一,能够有效地盘活存量资产,形成多元资产组合,从而达到实现外生增长、提高资产组合抗风险能力的效果。

从美国 REITs 市场来看,REITs 上市后通过扩募增发募集的资金是首发募集资金的 10 倍以上,近年来,年度扩募金额已达到 300 亿—500 亿美元。从新加坡 REITs 市场来看,近年在不断的项目扩募推动下,新加坡 REITs 市值年复合增速超过 15%。从历史上境外 REITs 市场的经验来看,具有较强持续扩募能力和资产运管能力的 REITs 二级市场估值中枢相对更高。以新加坡凯德综合商业信托(CapitaLand Integrated Commercial Trust,CICT)为例,作为目前新加坡市值最大的 REITs,该基金于 2020 年年底完成合并上市后,基金每份额派息(distribution per unit,DPU)实现了有效增长,同时资产组合也更加多元。

REITs 区别于股票以及债券类标准化资产,其价值不仅体现在高分红稳定资产方面,更多的价值在于 REITs 平台上市后不断收购资产的长期价值。

在不断扩募的过程中收购新资产，能够享受新资产带来的估值增长和分红累积。

回顾我国公募 REITs 市场，四只首发基金已于 2023 年 6 月完成首批扩募项目上市发行。受制于市场情绪、扩募形式、制度基础等因素，首批扩募项目在扩募期间的总回报未能全部跑赢市场基准。不过，扩募对于 REITs 基金及底层资产组合持续成长，以及运管效率、分派能力、抗风险能力提升的逻辑依然存在。未来，随着基础制度的不断优化，良性扩募将持续推动我国公募 REITs 增厚基金份额持有人的投资收益。

（四）事件交易型策略

事件交易型策略的主要逻辑是以公募 REITs 内在价值为锚，当短期出现价格较大幅度波动时，通过交易型策略进行低买高卖以获取差价。交易型机会主要来自因各类事件导致的价格波动，如首发上市、扩募、限售解禁、信息披露、分红、行业政策、对应相关上市公司异动等。

二、构建合理的 REITs 投资考核评价机制

近年来，随着资本市场的不断发展和深化，对投资端的改革和长期资本形成的促进变得尤为重要。作为发挥"指挥棒"作用的考核评价机制如何更科学地构建和优化，提升投资管理的质量和效率，引导中长期资金入市，持续壮大"长钱"规模，打造"耐心资本"，这不仅有助于提升投资行为的稳定性，还能促进资本市场投资、融资相互之间形成良性循环高质量发展。

从全球范围来看，REITs 作为大类资产具备持续稳定高分红的特征，且一些优秀的 REITs 标的随着运营管理能力的提升和资产组合的收购、处置等，也会带来一定成长性，较适合长期投资。由于我国公募 REITs 市场尚处于初期，运行时间较短，历史数据长度不够，因此我们考察运行时间最长的美国 REITs 市场。根据 NAREIT 公告数据，美国权益 REITs 指数（FTSE Nareit Equity REITs）在持有期 1 年、3 年、5 年、10 年的滚动年化收益率数据如图 5.6 所示，从中可以清晰看出：（1）每年的收益有正有负，波动幅度较大；（2）持有时间越长，获得正收益率的概率越大，年化收益越稳定；

（3）持有10年以上，年化收益均为正收益。这些数据充分说明此类资产更适合长期持有。

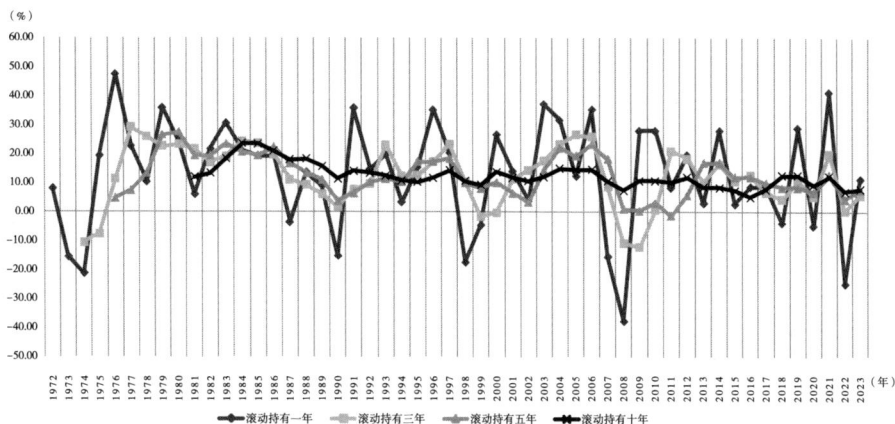

图5.6　1972—2023年美国REITs滚动持有年化收益情况

数据来源：NAREIT。

　　进一步来看，REITs资产以高分红为显著特性，虽然市场在不同年份里价格会有一定幅度的涨跌波动，但REITs每年的分红是较为稳定的。以美国市场为例，从1972年到2023年数据来看，年度分红收益水平区间为2.51%—22.42%，平均为7.20%，年度总收益水平区间为−37.73%—47.59%，平均为12.74%，这说明分红部分是收益回报的主要来源，如图5.7所示。从波动率水平来看，分红部分要远远小于价格部分，每年表现更加稳定，而通过长期持有获取稳定且较高的分红收益，进而大大降低了短期价格波动的影响，这就是长期持有年化收益为正收益的原因所在。

　　我国公募REITs上市3年多时间，虽然短暂，但也明显表现出价格波动较大、每年分红稳定的类似特征，以中证REITs价格指数为例，以2021年9月30日作为起始日，相关数据如表5.8所示。

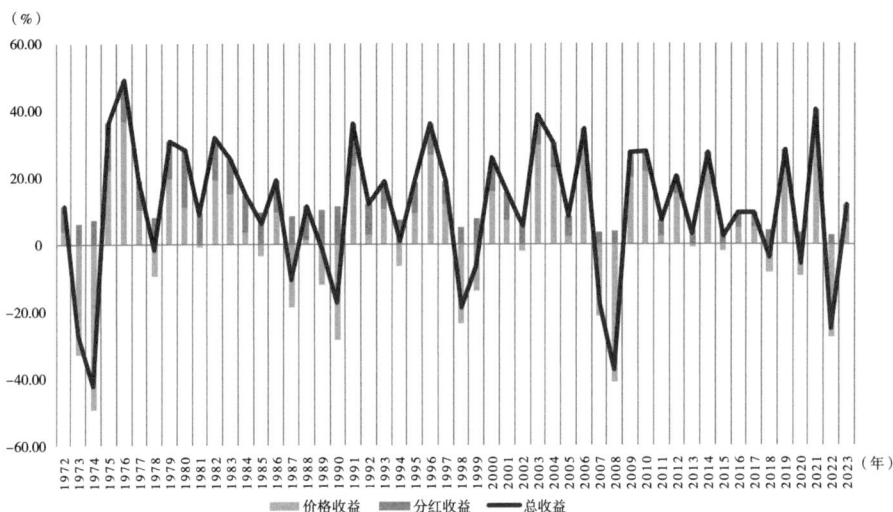

图 5.7 1972—2023 年美国 REITs 历史收益情况

数据来源：NAREIT。

表 5.8 中证 REITs 价格指数收益情况 单位:%

年份	中证 REITs 价格指数涨跌幅	中证 REITs 全收益指数涨跌幅	分红收益回报
2021	9.55	11.42	1.87
2022	−3.75	0.02	3.77
2023	−28.26	−22.67	5.59
2024	4.38	12.31	7.93
全周期	−21.04	−3.21	17.83

数据来源：根据公开资料整理。

通过以上分析，可以清晰得出以下结论：（1）公募 REITs 资产二级市场价格短期波动难以避免，但分红相对稳定，在长期回报中分红贡献主要比例；（2）公募 REITs 持有期越长，年化投资回报为正的概率越大，且回报水平越稳定。

在针对公募 REITs 投资设置考核机制时，如果按照目前普遍采用的每年考核方式，就不得不面临短期价格波动的问题，从而导致投资者迫于考核压力无法长期持有，也就无法获得长期年化回报。现阶段我国公募 REITs 的底层资产类型较为单一且体量较小，投资人行为单一，市场流动性不足，行业景气度、资产运营情况等因素对公募 REITs 价格容易造成更大影响，加大了短期价格波动幅度。但从长期来看，价格不会过多偏离底层资产的公允价值，二级市场价格长期会表现为向资产内在价值回归。所以在构建针对公募 REITs 投资的考核评价机制时，应降低短期考核权重、淡化短期考核压力，拉长考核周期，鼓励投资者从中长期配置角度制定并实施投资策略，从而真正匹配公募 RETIs 资产特性，获得应有的长期年化回报。

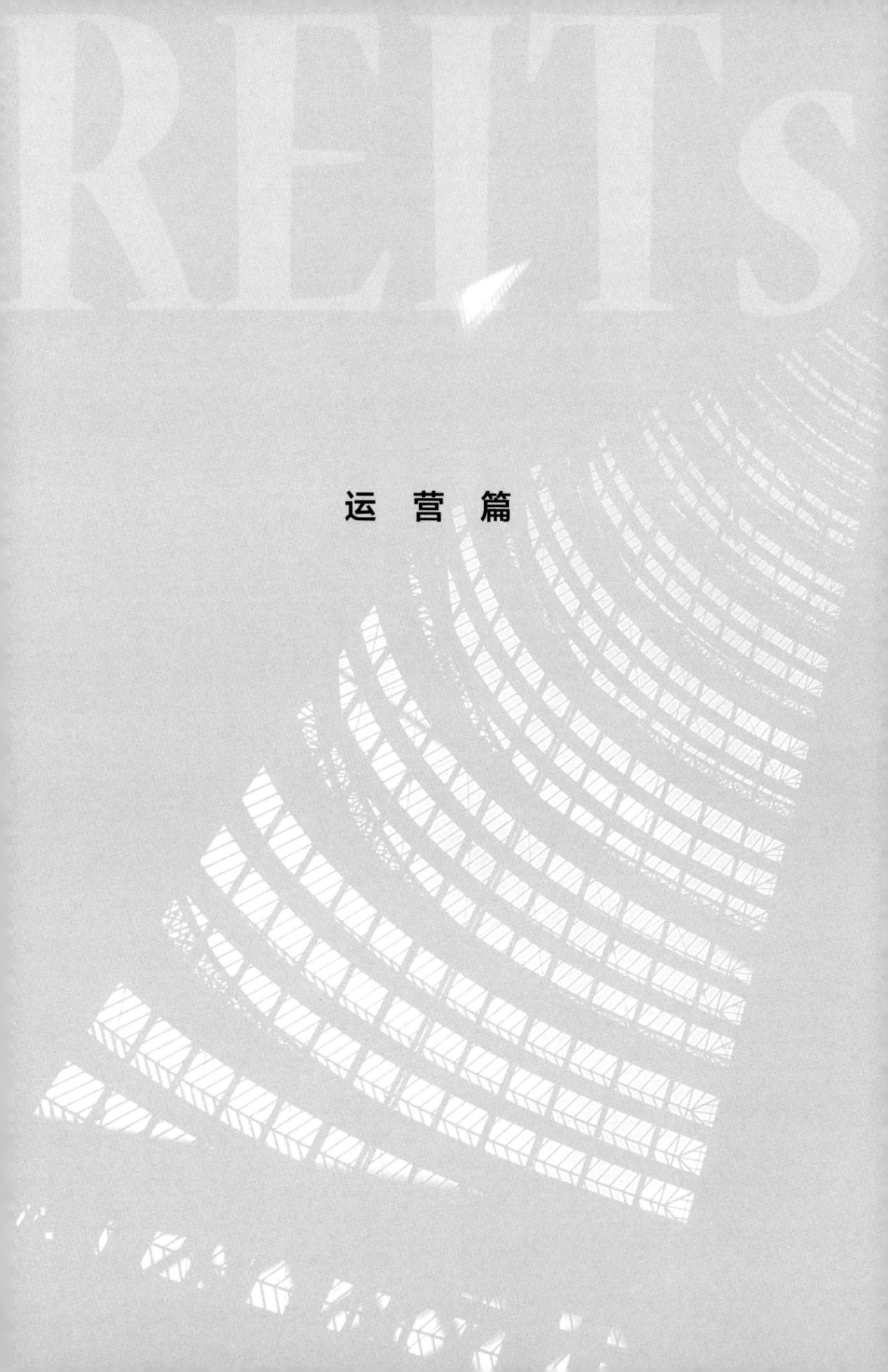

运　营　篇

第六章 中国公募 REITs 运营概况

自我国公募 REITs 试点启动以来，底层资产的运营管理一直是反复强调的重点之一，这是由公募 REITs "资产上市"这一本质特征所决定的。公募 REITs 的主要收益来自底层资产运营所产生的现金流，底层资产运营良好是公募 REITs 市场平稳健康发展的基石。

第一节 运营管理机构

一、运营管理机构的设置

（一）运营管理机构的重要性

在我国公募 REITs 的制度规则中，明确由运营管理机构负责底层资产的日常运营，因此运营管理机构的设置对于公募 REITs 而言非常重要。由于底层资产的复杂性、专业性，往往需要具有丰富实操经验的专业运营管理机构，才能保障其正常高效运营。运营管理机构可以协助公募基金管理人做好基础资产的运营管理，弥补基金管理人可能存在的资产运营能力短板，从而提升公募 REITs 的业绩表现和保护投资人利益。国家发展改革委在关于做好公募 REITs 工作的一系列政策文件中，多次强调对运营管理机构的诸多要求。中国证监会在《基础设施基金指引》中，对运营管理机构的运营管理能力设定了量化门槛，如须配备至少 2 名具备 5 年以上项目运营经验的专业人员等。

基金管理人和运营管理机构应签署《运营管理协议》，明确双方的权利义务、费用收取、外部管理机构考核安排、运营管理机构解聘，及协议终止的情形和程序等事项。基金管理人代表基金份额持有人，监督运营管理机构的工作和底层资产的正常运营；运营管理机构在监管规定及基金管理人授权权限的双重限定下，提供底层资产的运营服务；双方协同分工，共同确保公募 REITs 底层资产的运营表现。

运营管理机构应结合项目情况，依法合规创新运营模式，科学合理制订运营计划，做好底层资产更新维护，提升项目运营质量和收益能力，实现项目公共属性和经济属性的有机统一。

（二）运营管理机构的设置模式

根据《基础设施基金指引》第三十八条、第三十九条的相关规定，基金管理人可以设立专门的子公司承担基础设施项目的运营管理职责，也可以委托外部管理机构负责部分运营管理职责。从已发行的公募 REITs 来看，运营管理机构设置一般包括以下三种模式。

一是由原始权益人担任外部管理机构，如华夏北京保障房 REIT、中金联东科创 REIT、中金安徽交控 REIT、建信中关村产业园 REIT 等。

二是聘请原始权益人的关联方担任外部管理机构。例如，华泰宝湾物流 REIT 聘请原始权益人的母公司担任外部管理机构；银华绍兴原水水利 REIT、中航京能光伏 REIT、中信建投明阳智能新能源 REIT 和华夏首创奥莱 REIT 等聘请原始权益人的子公司担任外部管理机构；招商基金蛇口租赁住房 REIT、华夏大悦城商业 REIT、易方达广开产园 REIT 和东吴苏园产业 REIT 等聘请与原始权益人受同一最终控股方控制的关联方担任外部管理机构。

三是新设外部管理机构。例如，华安张江产业园 REIT 的运营管理机构上海集挚咨询管理有限公司，是由原始权益人和专项计划管理人的全资子公司共同出资设立。

截至 2024 年底，已发行上市的 58 个公募 REITs 项目中，由原始权益人的关联方担任外部管理机构的有 40 个，占比 69%；由原始权益人直接担任外部管理机构的有 17 个，占比 29%；新设外部管理机构的有 1 个，占比 2%。如图 6.1 所示。

从市场实践来看，我国已发行的公募 REITs 更倾向于将运营管理职责交由

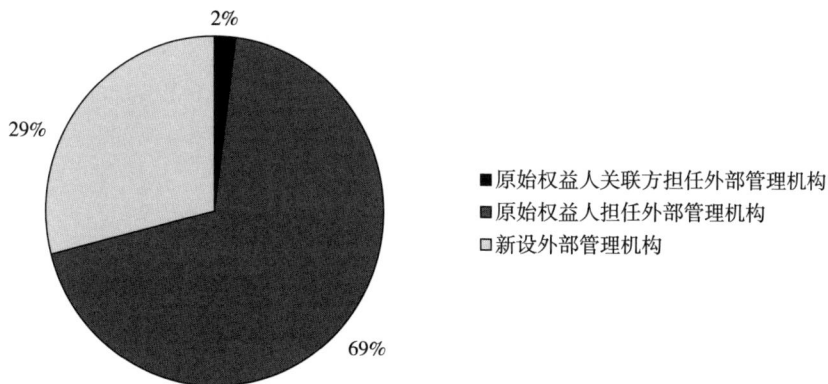

图 6.1 已发行公募 REITs 的运营管理机构设置情况

数据来源：公募 REITs 招募说明书、公告。

项目发行 REITs 前的运营管理团队继续管理，以保障项目运营管理的稳定性。

但需要注意到，如果运营管理机构是原始权益人的关联方，其协调难度往往大于运营管理机构为原始权益人本身的情况。当运营管理机构为原始权益人本身时，产权与资产划转过程相对简单直接，运营策略和规划易于保持一致，且利益分配与激励机制更容易实现内部统一。若运营管理机构为原始权益人的关联方，则产权与资产的划转会更为复杂，运营策略和规划上可能存在差异，同时在利益分配与激励机制上也容易出现矛盾。

二、运营管理机构的激励机制

支撑公募 REITs 市场表现的核心基础是底层资产的运营状况，底层资产的收益和风险都会映射和体现到二级市场的价格上。如何采用合理的治理和激励机制，既让运营管理机构勤勉尽责、防范风险，又能激发其主观积极性、提升业绩表现，是公募 REITs 市场建设的重要内容。

（一）现有运营管理取费模式

运营管理机构收取的管理费包括两类，即基础运营管理费（管理费率为固定数值，也称为"固定管理费"）和激励运营管理费（管理费率为浮动数值，也称为"浮动管理费"）。其中，固定管理费用以覆盖日常运营的刚性成本，根据历史数据推算确定，而浮动管理费与运营净收入、EBITDA 等核心经营指标挂钩，实行差额奖惩机制，对运营管理结构形成激励和约束。截至 2024 年年底，已发行上市的 58 只公募 REITs 外部运营管理费基本均由固定管理费与浮动管理费构成。

1. 固定管理费取费机制

固定管理费率由运营管理机构根据历史运维成本设定，核心在于维持项目的稳定正常运营。根据各只 REITs 的运营管理费用说明，绝大多数 REITs 的固定管理费与底层基础设施营业收入挂钩，另有部分 REITs 按照基金募集规模比例计算，如中航易商仓储物流 REIT、中金普洛斯 REIT，以及部分 REITs 以固定数值（每年按照一定比例增加）收取基础运营管理费，如工银蒙能清洁能源 REIT。

有 29 只 REITs 披露固定管理费只按照项目公司年度收入的固定比例计提，取费比例分布如图 6.2 所示：

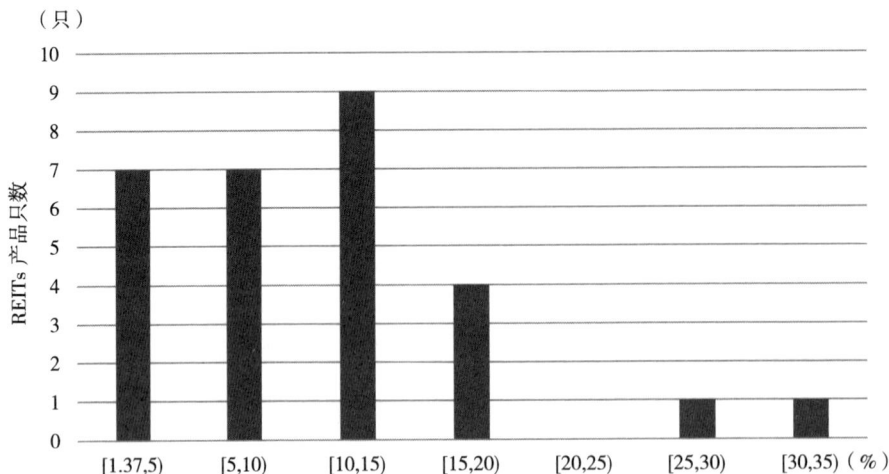

图 6.2 29 只公募 REITs 固定管理费费率（固定管理费占项目公司收入比例）分布图
数据来源：各只公募 REITs 招募说明书及/或年报。

从各只 REITs 的取费费率看，大部分 REITs 固定管理费占项目公司营业收入比例低于 15%，占比 79.3%。其中，固定管理费率最高的两只 REITs 为华夏首创奥莱 REIT（逾 30%）与华夏金茂商业 REIT（27%），究其原因，一是两只 REITs 固定管理费取费机制为包干制，包含各类项目运营维护的成本；二是，消费基础设施具有更为复杂的运营模式和更高的市场化水平，较高比例的固定管理费符合其行业特征。

2. *浮动管理费取费机制*

浮动管理费取费标准与 REITs 底层资产核心经营指标挂钩，核心目的在于对资产管理方形成激励和约束，实现投资人与管理人风险、收益共担的效果，以鼓励运营管理方提高管理效率，实现更高的运营收益。

纵观 58 只 REITs 的浮动管理费取费机制，除个别高速公路 REITs 未设置浮动管理费外，多数 REITs 的取费机制与 EBITDA、NOI 等经营指标挂钩，大致可分为以下几类费率机制，且部分 REITs 的浮动费率可为负值（从固定管理费中扣减）。

（1）固定费率机制

计算方式为（实际经营指标与目标值差额×固定费率）。如国泰君安临港创新产业园 REIT、国泰君安东久新经济 REIT 的浮动管理费取费机制为：（项目运营实际 EBITDA−目标 EBITDA）×15%。该类取费机制清晰简洁，计算方式直接。

（2）全额累进机制

该类浮动管理费以相应的运营指标目标值为基准，针对不同的完成区间，设置阶梯式浮动管理费计提比例，完成度越高，激励管理费计提比例越高，形成了较好的激励效果。

如易方达广开产园 REIT 的浮动管理费取费机制为：运营收入×R，R 基于 X（运营收入净额实际值/运营收入净额目标值）确认：当 X > 120%，R = 0.3%；当 110% < X ≤ 120%，R = 0.15%；当 90% ≤ X ≤ 110%，R = 0%；当 80% ≤ X < 90%，R = −0.15%；X < 80%，R = −0.3%。

（3）超额累进机制

该类浮动管理费取费机制将超额收益划分成多个区间，每个区间对应不同的浮动管理费计提比例，形成"超额越多，奖励越多"的运管费激励效果。

如红土创新深圳安居 REIT 的浮动管理费取费机制为：以 A（含税实际运

营收入）与 X（年度运营业绩目标）比较为准：1）如 A 处于 X 的 100%—125%区间，则该区间的运营奖励费 =（A－X）×13%；2）如 A 处于 X 的 125%—150%区间，则该区间的运营奖励费 =（A－125%X）×25%；3）如 A 超过 X 的 150%，则该区间的运营奖励费 =（A－150%X）×45%。上述 3 项分档计算的运营奖励费累加计算得出该年度的运营奖励费。

我国 REITs 市场的各只产品固定管理费率收取方式较为统一，亦简单明了，但浮动管理费取费机制仍具有较大差异性。一是，每只 REIT 产品因项目特异性而形成最恰当的激励机制，二是，可以考虑在已有的市场实践基础上，适当明确和统一浮动管理费取费机制，提高效率，也增强资方获取信息的便利性。

（二）运营管理取费模式的变化趋势

根据 2023 年年报披露，公募 REITs 实际支付的运营管理费与其约定费率基本相符。目前 RETIs 的固定管理费占比高于浮动管理费，不同项目发放的浮动管理费比例存在较大差异，如图 6.3 所示。

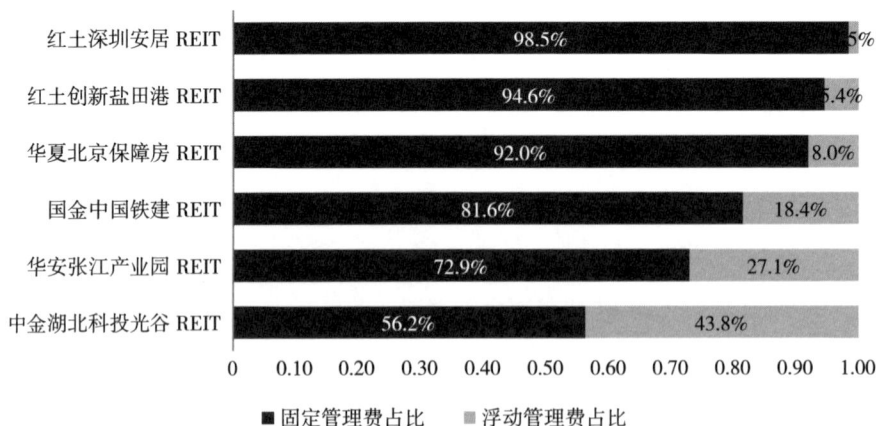

图 6.3　2023 年公募 REITs 管理费用支付情况

数据来源：公募 REITs 年报。

随着公募 REITs 试点的逐步深入，运营管理费的取费模式正在逐渐形成行业共识：第一，首批公募 REITs 项目在取费设置原则方面相对多元化，有些基金管理人费用与可供分配金额完成情况挂钩，有些运营管理机构的费用与基金规模挂钩，口径多元化导致相互之间的可比性一般。目前公募 REITs 市场的主流趋势是基金管理人基于规模取费，而运营管理机构则基于经营收益表现取费，取费原则趋同让同业的可比性得以提高。第二，早期运营管理机构取费的基数、口径和费率浮动机制相对复杂（如取费基数有收入、现金流、分红、规模等多种口径），浮动费率的确定则可能涉及多个年度。目前市场趋势是趋于简化，运管费主要基于收入和净收入取费，浮动费率仅根据当年业绩确定。

（三）对过往取费模式的修订

新发公募 REITs 项目普遍注重运营管理环节的激励机制，多在浮动管理费中设置了兼具正向和负向的考核机制，督促运营管理机构履行主动管理义务，提升公募 REITs 整体绩效。一些早期发行、已经处于存续期的公募 REITs 也主动调整激励机制，修订和优化取费模式。

首先是加入浮动绩效取费和双向考核机制。中航首钢绿能 REIT 在 2024 年二季报中披露，基金管理人和原始权益人、运营管理机构三方签署了新一期《运营管理服务协议》，对此前的固定费率模式进行调整，按照与目标收入差额部分的 65% 对运营管理机构进行激励（按照运营管理机构 45%、运营管理团队 20% 的比例进行分配）。同时，新运管协议增加了对运营管理机构未完成年度预期收入基数的负向考核，在实际收入未达到发行预期收入的情况下，按照差额部分的 65% 扣减运营管理机构的运营管理成本。

其次是在激励运营管理团队的报酬比例不断提高的同时，对于激励到人的导向和配套政策也在逐渐完善。东吴苏园产业 REIT 在 2024 年 10 月发布公告，对激励机制进行针对性调整：计提浮动管理费，并将其 75% 作为绩效管理费支付给运营管理机构；同时约定将不低于 50% 的绩效管理费作为团队绩效激励到岗位个人。若当年年度基础设施资产净收入未达到对应目标金额时，运营管理机构也将参考公司年度目标考核责任书对员工进行绩效扣减。

另外，中航京能光伏 REIT 所采取的团队跟投模式，是加强激励机制的更高级别形态，对于提升运营管理积极性有明显的推动作用。但公募 REITs 市场上的跟投模式案例还相对有限，可能是因为目前原始权益人以央国企为主，而国资委关于员工持股等政策多针对 A 股上市公司，对于非上市央国企以及公募 REITs 这一创新金融产品还缺乏相应的政策规定。团队持股和跟投的案例，预计会在未来公募 REITs 市场的发展建设中逐渐增加。

三、原始权益人与基金管理人的合作

（一）双方紧密合作至关重要

除了运营管理机构外，基金管理人和原始权益人也都深入参与公募 REITs 项目的运营管理过程，两者的功能定位与有效配合，对于公募 REITs 的运营品质和整体表现也至关重要。

现有政策要求公募 REITs 基金管理人对基金投资运作各项事宜履行实质管理责任。《基础设施基金指引》规定，基金管理人应当主动履行基础设施项目运营管理职责，与外部管理机构签订运营管理服务协议，明确双方的权利义务、费用收取、外部管理机构考核安排等事项；基金管理人要在内部组织架构、制度流程安排、基础设施专业人员等方面结合 REITs 产品的需要进行配置，对基金投资运作各项事务履行实质管理责任。

与此同时，《基础设施基金指引》第十八条明确要求，原始权益人或其同一控制下的关联方要持有至少20%的基金份额。在我国公募 REITs 实践中，一般情况下原始权益人是最大份额持有人，且多数项目实行并表安排（见表6.1），运营管理机构又多为原始权益人或其关联方。所以整体而言，原始权益人身兼重要投资人、运营管理人等多重角色，并未因为发行公募 REITs 而丧失对项目的控制权。

表 6.1 已发行公募 REITs 项目的原始权益人及其
关联方持有比例（不含扩募配售情况）

原始权益人及其关联方持有比例	[20%, 33.33%)	[33.33%, 50%)	[50%, 66.67%)	[66.67%, 100%)
项目个数	15	24	17	2
出表/并表	出表	出表/并表	并表	并表

注：截至 2024 年底已成功发行的 58 只 REITs 公募统计，不含扩募配售情况。
数据来源：公募 REITs 招募说明书。

基金管理人长期从事股票债券投资等公募基金业务，并不具备基础设施的运营管理经验，虽然可以通过人员招聘、团队组建等方式尽量补齐能力短板，但需要较长的培育和适应过程。原始权益人长期持有和运营基础设施项目，具有深厚的行业经验积累以及对入池资产的深入了解，通过担任运营管理机构，可以有效保障资产的稳定经营，给予基金管理人专业支持。对公募 REITs 而言，无论是基金管理人，还是原始权益人，都是不可或缺的重要利益相关方，两方合作关系的好坏将直接影响公募 REITs 运营的成败。

（二）优化双方合作的可能方向

客观而言，目前基金管理人的能力范畴仍主要集中在金融端，需要来自产业方的原始权益人提供支持，因此在公募 REITs 市场建设初期，原始权益人及运营管理机构在产品发行、扩募、运营管理等环节扮演了重要角色，从而不可避免地与基金管理人的权责范围存在一定交叉重合。运营管理机制的有效运行，需要对各方责权利和工作界面进行更加清晰的划分与界定。

多数发行 REITs 的原始权益人有其多元化的利益诉求。一类是扩张性的利益诉求。很多原始权益人在投融资和一、二级市场的资本运作方面也拥有丰富经验，在公募 REITs 运行中不甘于只担任重要投资人和运营管理机构的角色，而是希望发挥更多作用。但是在目前的治理结构中，原始权益人的发挥空间比较有限。另一类是防御性的利益诉求。如希望通过保留运营管理权来维持对底层不动产的控制力，在运营管理协议设计上可能安排对运营管理机构更有利的考核条件，或者让运营管理机构难以被替换等。长远来看，限制原始权益人在治理和运管机制中的深度参与，不利于激发其积极性，也不利于公募 REITs 市场稳定运行，在公平公正和权责利对等的原则下，可以鼓励原始权益人更深度的参与。

无论是国际成熟市场的经验，还是国内公募 REITs 市场的实践，都表明"产融结合"是 REITs 市场行稳致远的基础保障，是 REITs 服务实体经济的制度支撑。在目前的公募 REITs 相关政策中，并没有对运营管理机构的股权构成和关联关系进行约定或限制，但市场参与机构已经在进行各种形式的有益探索。在红土创新深圳安居 REIT 案例中，基金管理人与原始权益人合资组建运营管理机构，并探讨设置运营统筹机构、构建多层次运营管理体系的可能性；在华安张江产业园 REIT 案例中，基金管理人的母公司与原始权益人合资组建运营管理机构，探索基金管理人对于运营管理机构的深度参与。这些都是中国公募 REITs 市场在基金管理人和原始权益人之间寻找更有效的利益结合方式和治理机制而进行的宝贵探索。

第二节　实际运营表现

一、主要运营指标完成情况

（一）运营及收益主要指标完成情况

衡量公募 REITs 项目运营好坏的关键，是其底层资产带来的收入；而影响收入高低的主要是其主营业务的数量指标和价格指标的完成情况。在数量指标、价格指标和运营收入的基础上，再计算和调整出 EBITDA 和可供分配金额等指标。

1. 数量指标

资产类别不同，数量指标亦不相同。在租金类项目中，出租率是核心指标，一般披露的是期间平均出租率或期末出租率；在能源类项目中，上网电量是衡量取费规模的直接基础；在收费公路类项目中，通行量是衡量交通数量的指标，基于不同口径可分为自然车流量、标准车流量等。生态环保类项目的收入来源较为多元，如首钢绿能项目的收入来源于垃圾处理、垃圾收运和生物质发电，不易判断综合量价水平，主要通过运营收入、EBITDA 和可供分配金额等指标进行整体判断。

对比已上市公募 REITs 在 2024 年实际完成的数量指标及其与预测指标的完成率，可以观测公募 REITs 项目的整体经营情况。由于收费公路选取增长率指标完成情况，故只对比 2023 年四季度前上市的项目。

44 只 REITs 中，有 2 个项目的偏离度超过 5%，18 个项目的偏离度低于-5%，如表 6.2 所示。偏离度较高的项目中，华安百联消费 REIT 和嘉实物美消费 REIT，两个消费基础设施项目均为 2024 年上市，出租率超预测水平完成。偏离度较低的项目中，建信中关村产业园 REIT 自 2022 年二季度以来出租率持续不及预期，主要原因包括周边区域产业园供给多导致空置率持续上升、在线教育行业和互联网企业受政策影响业务收缩和外迁等；中金安徽交控 REIT 主要受到周边路网变化、路段改扩建的影响；中信建投明阳智能新能源 REIT 受风力资源不及往年影响，发电量明显下降。

表 6.2　2024 年各公募 REIT 数量指标完成情况

序号	基金简称	完成率/偏离度（%）	行业
1	华安百联消费 REIT	8.59	消费基础设施
2	嘉实物美消费 REIT	5.08	消费基础设施
3	华夏深国际 REIT	3.95	仓储物流
4	中金山东高速 REIT	3.58	交通基础设施
5	中金厦门安居 REIT	3.36	保障性租赁住房
6	华夏首创奥莱 REIT	3.23	消费基础设施
7	华泰宝湾物流 REIT	2.99	仓储物流
8	华夏大悦城商业 REIT	2.72	消费基础设施
9	中金联东科创 REIT	2.20	产业园区基础设施
10	国泰君安东久新经济 REIT	2.04	产业园区基础设施
11	华夏基金华润有巢 REIT	2.04	租赁住房
12	华夏华润商业 REIT	1.54	消费基础设施
13	国金中国铁建 REIT	1.37	交通基础设施
14	国泰君安城投宽庭保租房 REIT	0.88	保障性租赁住房
15	华夏北京保障房 REIT	0.80	保障性租赁住房
16	华夏金茂商业 REIT	0.74	消费基础设施
17	中金印力消费 REIT	0.36	消费基础设施
18	嘉实京东仓储基础设施 REIT	0.00	仓储物流
19	博时津开产园 REIT	−0.49	产业园区基础设施
20	中信建投国家电投新能源 REIT	−0.89	能源基础设施
21	红土创新盐田港 REIT	−0.89	仓储物流
22	国泰君安临港创新产业园 REIT	−1.41	产业园区基础设施
23	红土创新深圳安居 REIT	−1.98	保障性租赁住房

续表

序号	基金简称	完成率/偏离度（%）	行业
24	鹏华深圳能源 REIT	-2.99	能源基础设施
25	博时招商蛇口产业园 REIT	-3.19	产业园区基础设施
26	华安张江产业园 REIT	-3.26	产业园区基础设施
27	华夏合肥高新产园 REIT	-5.21	产业园区基础设施
28	浙商沪杭甬 REIT	-6.51	交通基础设施
29	华夏特变电工新能源 REIT	-7.08	能源基础设施
30	东吴苏园产业 REIT	-7.52	产业园区基础设施
31	中航京能光伏 REIT	-7.85	能源基础设施
32	华夏越秀高速 REIT	-7.96	交通基础设施
33	中金普洛斯 REIT	-9.08	仓储物流
34	华泰江苏交控 REIT	-9.27	交通基础设施
35	易方达广开产园 REIT	-9.47	产业园区基础设施
36	华夏中国交建 REIT	-9.53	交通基础设施
37	平安广交投广河高速 REIT	-11.76	交通基础设施
38	中金湖北科投光谷 REIT	-12.98	产业园区基础设施
39	招商基金蛇口租赁住房 REIT	-13.22	保障性租赁住房
40	嘉实中国电建清洁能源 REIT	-13.58	能源基础设施
41	华夏杭州和达高科产园 REIT	-14.45	产业园区基础设施
42	中信建投明阳智能新能源 REIT	-16.53	能源基础设施
43	中金安徽交控 REIT	-18.71	交通基础设施
44	建信中关村产业园 REIT	-19.80	产业园区基础设施

注：1. 产业园区基础设施、仓储物流、保障性租赁住房和消费基础设施项目数量指标偏离度为 2024 年期末（实际出租率-预测出租率）/预测出租率。

2. 能源基础设施项目数量指标完成率为（2024 年实际上网电量-发电量预测数）/发电量预测数。

3. 交通基础设施项目数量指标偏离度为［（1+2024 年车流量同比增长率）-（1+2024 年车流量预测增长率）］/（1+2024 年车流量预测增长率）。

数据来源：各只公募 REITs 季度报告。

2. 价格指标

价格是衡量公募 REITs 运营效果的重要指标。通过历史纵向对比以及行业横向对比，可以考察管理人在市场供需环境持续变化情况下的定价能力，一定程度上是其综合运营能力的体现。

本小节重点关注各只公募 REIT 底层资产的价格指标完成情况，如表 6.3 所示。产业园区基础设施、仓储物流、保障性租赁住房、消费基础设施资产均以实际租金与预测租金的偏离度衡量价格指标完成情况①，能源基础设施则以实际电价相对预测电价的偏离度衡量价格指标完成情况。数据主要是 2024 年四季度期末价格指标同比增长率与 2024 年预测增长率的对比。参加对比的公募 REITs 产品共计 23 只，其中有 5 只完成了预测的价格指标。

表 6.3　2024 年各公募 REIT 价格指标完成情况

序号	REITs 名称	价格指标完成率（%）	基础设施类型
1	鹏华深圳能源 REIT	3.73	能源基础设施
2	中航京能光伏 REIT	1.78	能源基础设施
3	中金厦门安居 REIT	1.68	保障性租赁住房
4	华夏杭州和达高科产园 REIT	1.07	产业园区基础设施
5	红土创新深圳安居 REIT	0.68	保障性租赁住房
6	华夏特变电工新能源 REIT	-0.67	能源基础设施
7	国泰君安东久新经济 REIT	-1.69	产业园区基础设施
8	华安张江产业园 REIT	-2.01	产业园区基础设施
9	嘉实京东仓储基础设施 REIT	-2.23	仓储物流
10	国泰君安临港创新产业园 REIT	-2.27	产业园区基础设施
11	东吴苏园产业 REIT	-2.73	产业园区基础设施
12	博时招商蛇口产业园 REIT	-3.17	产业园区基础设施
13	中金普洛斯 REIT	-3.42	仓储物流
14	华夏北京保障房 REIT	-3.61	保障性租赁住房
15	中信建投国家电投新能源 REIT	-3.97	能源基础设施
16	华夏合肥高新产业 REIT	-4.77	产业园区基础设施
17	华夏基金华润有巢 REIT	-5.12	保障性租赁住房
18	中金湖北科投光谷 REIT	-5.26	产业园区基础设施
19	中信建投明阳智能新能源 REIT	-9.28	能源基础设施
20	红土创新盐田港 REIT	-10.72	仓储物流
21	嘉实中国电建清洁能源 REIT	-17.63	能源基础设施

---

① 价格指标完成情况 =（T1 期租金实际值−T1 期租金预测值）/T1 期租金预测值

续表

序号	REITs 名称	价格指标完成率（%）	基础设施类型
22	华夏深国际 REIT	−20.44	仓储物流
23	建信中关村产业园 REIT	−22.57	产业园区基础设施

数据来源：各公募 REITs 季度报告。

从具体完成情况来看，各板块产品均有一定程度的分化，而产业园区和能源 REITs 的价格完成率分化更为明显。产业园区中，华夏杭州和达高科产园 REIT 的租金指标比预测值高 1.07%，但建信中关村产业园 REIT 的租金指标完成率为−22.57%。能源基础设施中，鹏华深圳能源 REIT、中航京能光伏 REIT 的上网电价相较预测更高，而嘉实中国电建清洁能源 REIT 的底层资产五一桥水电站 2024 年电价签约模式向分月签约转变，导致丰水期电价同比降低，2024 年三季度综合结算电价同比降低 12.5%，价格指标完成度不佳。

保障性租赁住房资产整体的价格指标完成较好。红土创新深圳安居 REIT、中金厦门安居 REIT 底层资产均完成价格递增目标，华夏北京保障房 REIT、华夏基金华润有巢 REIT 底层资产租金水平微降，整体运营情况平稳。仓储物流与产业园资产均面临供需失衡局面，供给压力大，运管方采取"以价换量"的策略主动调整，整体价格承压。

3. EBITDA

EBITDA 是评估公募 REITs 财务健康和经营效率的重要指标，能够反映企业的运营成果和核心盈利能力。较高的 EBITDA 通常意味着公募 REITs 具有较强的盈利能力和强劲的现金流，也是预测其未来发展和投资吸引力的重要依据，如表 6.4 所示。

表 6.4　2024 年各公募 REITs EBITDA 完成情况

序号	基金简称	EBITDA 完成率（相较 100%差值）（%）	行业
1	嘉实物美消费 REIT	32.73	消费基础设施
2	国金中国铁建 REIT	30.03	交通基础设施

序号	基金简称	EBITDA 完成率（相较100%差值）（%）	行业
3	中金山东高速 REIT	29.98	交通基础设施
4	华夏华润商业 REIT	12.03	消费基础设施
5	平安广交投广河高速 REIT	11.97	交通基础设施
6	国泰君安东久新经济 REIT	5.93	产业园区基础设施
7	富国首创水务 REIT	5.44	生态环保
8	中金印力消费 REIT	5.24	消费基础设施
9	华夏北京保障房 REIT	4.77	保障性租赁住房
10	华夏基金华润有巢 REIT	3.51	保障性租赁住房
11	中信建投国家电投新能源 REIT	3.04	能源基础设施
12	国泰君安城投宽庭保租房 REIT	3.01	保障性租赁住房
13	红土创新盐田港 REIT	2.71	仓储物流
14	华夏深国际 REIT	1.43	仓储物流
15	中金厦门安居 REIT	1.28	保障性租赁住房
16	华夏金茂商业 REIT	0.51	消费基础设施
17	浙商沪杭甬 REIT	0.01	交通基础设施
18	嘉实中国电建清洁能源 REIT	−2.16	能源基础设施
19	华安张江产业园 REIT	−2.54	产业园区基础设施
20	红土创新深圳安居 REIT	−2.82	保障性租赁住房
21	博时招商蛇口产业园 REIT	−4.88	产业园区基础设施
22	华安百联消费 REIT	−4.91	消费基础设施
23	工银河北高速 REIT	−5.85	交通基础设施
24	东吴苏园产业 REIT	−6.20	产业园区基础设施
25	嘉实京东仓储基础设施 REIT	−7.22	仓储物流
26	华夏合肥高新产园 REIT	−7.43	产业园区基础设施
27	国泰君安临港创新产业园 REIT	−8.50	产业园区基础设施
28	华夏越秀高速 REIT	−8.80	交通基础设施
29	华夏特变电工新能源 REIT	−8.90	能源基础设施
30	中航首钢绿能 REIT	−9.25	生态环保
31	中金湖北科投光谷 REIT	−9.28	产业园区基础设施
32	中航京能光伏 REIT	−11.26	能源基础设施
33	中金普洛斯 REIT	−13.48	仓储物流

续表

序号	基金简称	EBITDA 完成率（相较 100％差值）（％）	行业
34	华夏杭州和达高科产园 REIT	−13.86	产业园区基础设施
35	华夏中国交建 REIT	−14.89	交通基础设施
36	华泰江苏交控 REIT	−16.38	交通基础设施
37	中金安徽交控 REIT	−16.64	交通基础设施
38	中信建投明阳智能新能源 REIT	−20.23	能源基础设施
39	易方达深高速 REIT	−22.28	交通基础设施
40	建信中关村产业园 REIT	−30.23	产业园区基础设施
41	鹏华深圳能源 REIT	−36.57	能源基础设施

注：指标完成率基于招募说明书披露，报告期内营业收入、EBITDA 和可供分配金额占当年基金实际存续天数对应预测水平的完成比例。无当年预测数的项目参考上一年实际完成情况，下同。
数据来源：各公募 REITs 季度报告。

整体来看，发布 2024 年完整四个季报的 41 只 REITs 中，8 只 REITs 2024 年前三季度合计 EBITDA 完成率超过 105％，19 只 REITs EBITDA 完成率低于 95％。完成率较高的项目中，嘉实物美消费 REIT 和华夏华润商业 REIT 得益于高水平的出租率和稳步增长的租金价格，收益指标超预期完成；国金中国铁建 REIT、中金山东高速 REIT 和平安广州广河 REIT 受路网改善影响，通行费收入较高。

完成率较低的项目中，中信建投明阳智能新能源 REIT 受到风力资源同比下降、调峰辅助服务分摊费用上升、风力资源季节性波动等因素影响，电费收入不及预期；建信中关村产业园 REIT 主要受到北京研办类产业园区出租率和租金双端承压影响，尤其是采取以价换量的策略后，租金显著低于预期水平；鹏华深圳能源 REIT 2023 年经营指标大幅高于预测数，导致 2024 年比较基准较高，叠加 2024 年广东省降水较多和一次能源价格下行等因素影响，电费价格下行，故 EBITDA 较 2023 年水平有明显下降。

4. 可供分配金额

可供分配金额体现公募 REITs 可以用于分红的金额，是衡量其运营成果、盈利能力和投资价值的关键指标。该指标在季报、年报等定期报告中会进行披露，通常是将可供分配金额的实际完成金额与招股说明书或其他信息披露里的预测值进行对比。

本小节分析 2024 年各只 REITs 的可供分配金额完成情况，如表 6.5 所示。整体来看，参加对比的 41 只 REITs 中，超额完成预期的有 21 只；未达标的有 20 只，完成率低于 70% 的只有 1 只。总体而言，REITs 的可供分配金额完成率较高，大部分 REITs 完成率在 80% 以上。

表 6.5　2024 年各公募 REITs 可供分配金额完成情况

序号	REITs 名称	可供分配金额完成率（%）	基础设施类型
1	工银河北高速 REIT	131.42	交通基础设施
2	中信建投明阳智能新能源 REIT	126.30	能源基础设施
3	嘉实中国电建清洁能源 REIT	117.16	能源基础设施
4	中信建投国家电投新能源 REIT	111.10	能源基础设施
5	华夏深国际 REIT	109.09	仓储物流
6	中金山东高速 REIT	105.05	交通基础设施
7	华夏特变电工新能源 REIT	104.64	能源基础设施
8	中航京能光伏 REIT	104.57	能源基础设施
9	嘉实京东仓储基础设施 REIT	104.55	仓储物流
10	中金厦门安居 REIT	103.70	保障性租赁住房
11	红土创新盐田港 REIT	103.16	仓储物流
12	中金印力消费 REIT	102.92	消费基础设施
13	华夏华润商业 REIT	102.56	消费基础设施
14	华夏金茂商业 REIT	102.53	消费基础设施
15	易方达深高速 REIT	101.55	交通基础设施
16	华安百联消费 REIT	101.34	消费基础设施
17	中金普洛斯 REIT	101.23	仓储物流
18	华泰江苏交控 REIT	100.67	交通基础设施
19	国泰君安城投宽庭保租房 REIT	100.65	保障性租赁住房
20	嘉实物美消费 REIT	100.48	消费基础设施
21	华夏合肥高新产园 REIT	100.31	产业园区基础设施
22	华夏北京保障房 REIT	98.13	保障性租赁住房

续表

序号	REITs 名称	可供分配金额完成率（%）	基础设施类型
23	红土创新深圳安居 REIT	97.85	保障性租赁住房
24	国金中国铁建 REIT	97.72	交通基础设施
25	平安广交投广河高速 REIT	96.80	交通基础设施
26	中金湖北科投光谷 REIT	96.77	产业园区基础设施
27	博时招商蛇口产业园 REIT	96.43	产业园区基础设施
28	国泰君安东久新经济 REIT	95.75	产业园区基础设施
29	华夏杭州和达高科产园 REIT	95.30	产业园区基础设施
30	浙商沪杭甬 REIT	94.90	交通基础设施
31	华安张江产业园 REIT	94.65	产业园区基础设施
32	富国首创水务 REIT	92.93	生态环保
33	东吴苏园产业 REIT	90.18	产业园区基础设施
34	国泰君安临港创新产业园 REIT	84.83	产业园区基础设施
35	鹏华深圳能源 REIT	84.80	能源基础设施
36	华夏中国交建 REIT	82.65	交通基础设施
37	华夏越秀高速 REIT	77.98	交通基础设施
38	华夏基金华润有巢 REIT	77.06	保障性租赁住房
39	中金安徽交控 REIT	76.92	交通基础设施
40	中航首钢绿能 REIT	70.39	生态环保
41	建信中关村产业园 REIT	51.80	产业园区基础设施

数据来源：各公募 REITs 季度报告。

从行业板块来看，消费基础设施与仓储物流全部超额完成预期的可供分配金额。2024 年，消费 REITs 二级市场表现亮眼，底层资产运营情况同样不负众望。宏观层面各项刺激消费的政策利好接连出台，叠加资产本身的区位优势和积极的运管调整，令消费基础设施 REITs 在登陆资本市场的首个年度就取得"开门红"，给投资人带来丰厚回报。能源基础设施类 REITs 可供分配金额完成度同样较为优异，其中只有鹏华深圳能源 REIT 未能 100% 完成可供分配金额目标，主要由于该只 REIT 2023 年经营指标大幅高于预测数，可供分配金额也显著超额完成，导致 2024 年比较基准较高，叠加 2024 年不利因素影响

EBITDA，故可供分配金额同比下滑。仓储物流、交通基础设施累计可供分配金额完成度较好，部分原因是预测值的调整。2024 年两板块中部分项目的可供分配金额预测值为上一年度的实际完成值，而 2023 年度的可供分配金额基数较低，因此 2024 年实际数据回升时可供分配金额的完成率数据会阶段性偏高。

稳定分红是公募 REITs 的突出特点，也是区别于其他大类资产的鲜明特征，所以可供分配金额是公募 REITs 在二级市场的生命力，也是评价公募 REITs 及其基金管理人、资产运管方实际表现的核心指标。在市场供需波动或者资产运营阶段性承压时，公募 REITs 基金管理人及资产运管方在规则允许的范围内可以通过现金调节、业绩承诺等方法维持可供分配金额的稳定性，保障投资人收益，以提高公募 REITs 的市场竞争力，这本身也属于市值管理的一部分。

（二）运营及收益主要指标一致性分析

营业收入、EBITDA 和可供分配金额，是最常用的反映公募 REITs 运营及收益情况的三项指标。可供分配金额在计算时有一定调节空间，而公募 REITs 基金管理人往往倾向于通过各种方式保障可供分配金额的完成率，因此短期内三项指标可能有所背离，但从较长周期来看，三项指标的走势应趋于一致。

我们对 2023 年及以前上市的 29 只公募 REITs 历年营业收入、EBITDA、可供分配收入的完成率情况进行了分析，发现多数公募 REITs 三项指标的变动呈现一致性特征，只有 6 只公募 REITs 出现了明显偏离情况。

1. 非经营性因素影响可供分配收入

华夏基金华润有巢 REIT 2023 年可供分配金额达到预测数的 125%，远高于 10.25% 的 EBITDA 完成率，主要受到期初预留现金、基金募集阶段产生的孳息等因素影响；以 2023 年的实际可供分配金额作为 2024 年预测值时，比较基准较高，导致 2024 年可供分配金额完成率下降。

中航首钢绿能 REIT 2021 年的 EBITDA 完成率为 53%，主要原因为该 REIT 基金运营管理费集中在年末结算，导致运营成本偏高；2021 年可供分配金额完成率较高，主要是收到政府固定资产补助金额 4298.42 万元（一次性补助）；

2023 年可供分配金额完成略不及预期，主要受国补申费回款周期影响。

中金安徽交控 REIT 底层资产 2023 年因周边道路改扩建等不利因素导致车流量及通行费收入下降，但由于期初预留 1.2 亿元现金调节，因此可供分配金额完成率显著高于 EBITDA，2024 年经营业绩修复明显，但由于 2023 年的可供分配金额基数较高，导致 2024 年可供分配金额完成率反而降低。

以上三只公募 REITs 收益指标完成情况如图 6.4 所示。

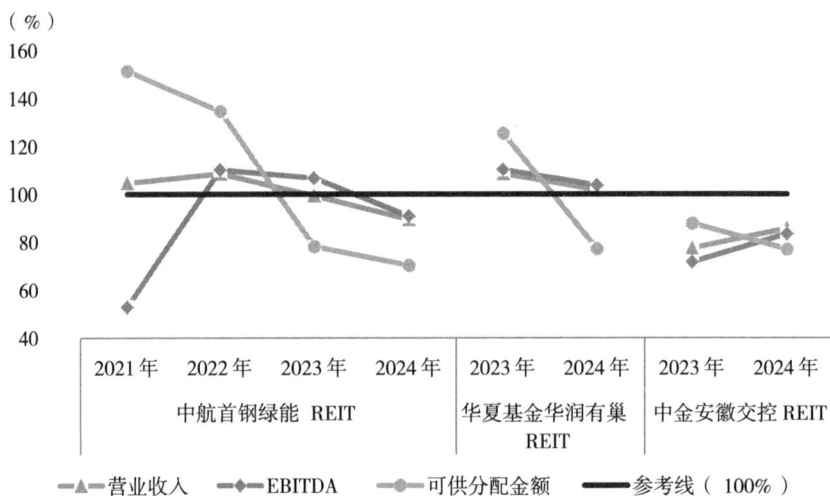

图 6.4　中航首钢绿能 REIT、华夏基金华润有巢 REIT、
中金安徽交控 REIT 收益指标完成率

数据来源：公募 REITs 季度报告。

2. 行业特征（尤其是季节性波动）导致偏离

从 2024 年前三季度来看，中信建投国家电投新能源 REIT EBITDA 完成率达到 102%，但营业收入和可供分配金额大幅低于预测数，其中风力资源下降、机组集中检修等因素导致营业收入下降，二季度发生"两个细则"返还与分摊费用金额-2327.47 万元（不含税），结付电费时调减收入。同时，2023 年运营管理费在 2024 年集中支付，2024 年前三季度可供分配收入不包含国补应收账款回款、保理融资取得资金，进一步导致可供分配金额下滑。

但是，以 2024 年全年视角来看，中信建投国家电投新能源 REIT 的三大指标走势一致：营业收入、EBITDA、可供分配金额完成率分别达到 97%、

103%、111%，说明上述导致指标走势偏离的因素，属行业特征，且具有一定周期性，因此分析能源 REITs 指标变动时，应考虑更长的周期，以平滑季节性因素的影响，如图 6.5 所示。

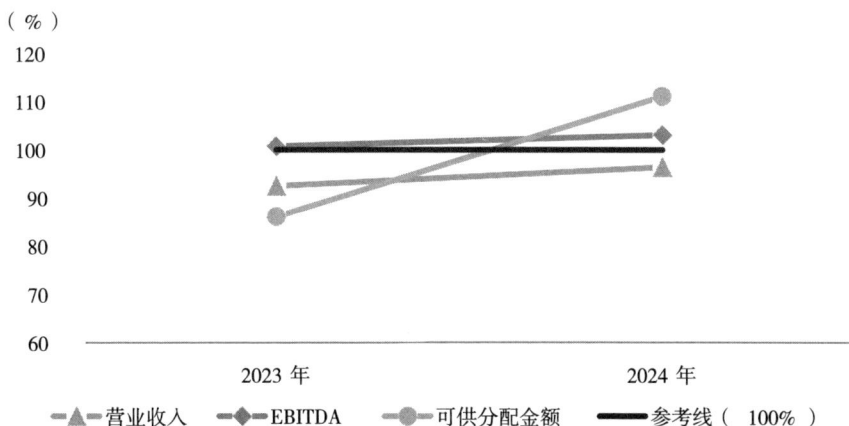

图 6.5　中信建投国家电投新能源 REITs 收益指标完成率

数据来源：公募 REITs 季度报告。

3. 管理人应对外部变化的主动调整

2022 年以来，研发办公类产业园区 REITs 普遍面临业绩压力，运管机构通过多种方式维持可供分配收入稳定。

2022 年，建信中关村产业园 REIT 项目基于政策要求对部分租户减免 3—6 个月的租金，导致当年营业收入完成率低，但原始权益人通过减免运管费等方式对分派收益进行补足，未影响可供分配金额完成情况。

2023 年，华安张江产业园 REIT 资产受哲库租户退租事件影响出租率大幅下降，营业收入不及预期，但原始权益人对此作出业绩承诺补偿，使得可供分配金额仍符合预期。

2024 年，建信中关村产业园 REIT 资管方采取"以价换量"策略，积极招商运营，保障出租率和营业收入，也因此在报告期内面临招商改造等费用集中支付的成本项提升，拉低了可供分配金额水平，如图 6.6 所示。

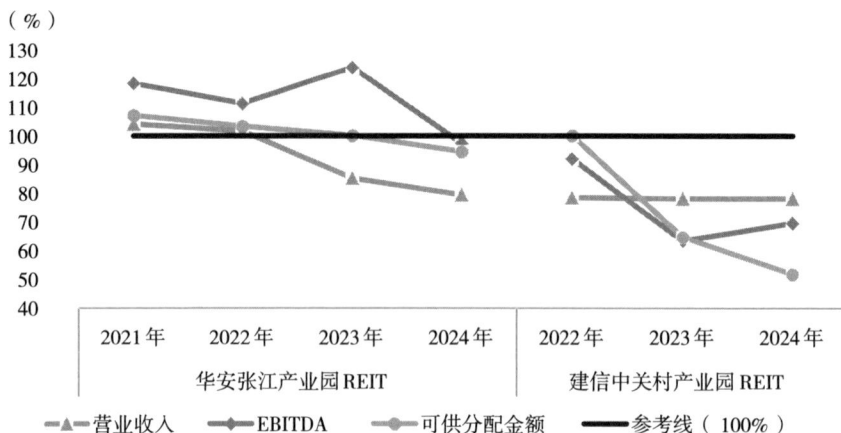

图 6.6　华安张江产业园 REIT、建信中关村产业园 REIT 收益指标完成率
数据来源：公募 REITs 季度报告。

二、运营情况的行业内比较

虽然公募 REITs 项目的运营情况不尽相同，个别项目的运营表现不尽如人意，但与同行业其他未发行 REITs 的项目相比，公募 REITs 项目的整体运营情况较为理想。

（一）产业园区基础设施

2023 年以来，经济面临弱复苏态势，产业园区的租赁和运营整体承压，产业园区基础设施 REITs 底层资产面临供需失衡压力。例如，建信中关村产业园 REIT 三处底层资产的整体出租率在 2023 年一季度时由上季度的 81.29% 大幅下降至 68.47%。然而，面对产业园区复苏之路上的挑战，依然不乏企业凭借专业实力脱颖而出。观点指数研究院结合各项指标、数据进行分析研究，选出了 30 家优秀园区运营企业，发布了"卓越指数·2024 产业园区运营企业卓越表现 30"。其中，作为发行过 REITs 的招商蛇口、张江高科、联东集团、中新苏园工业园区、临港集团、东湖高新、东久新宜、中关村发展集团、成都高投集团入围，且占据了榜单前四位。2024 年 12 月，工业和信息化部发布 2024 年国家高新区综合评价前 50 名名单，发行过 REITs 的中关村科技园区、上海张江高新技术产业开发区、苏州工业园区、武汉东湖新技术开发区、成都高新技术产业开发区、广州高新技术产业开发区、合肥高新技术产业开发区位列前 12 名之中。

此外，部分产业园区基础设施 REITs 由于其资产的特殊性等原因，出租率始终保持稳定水平。2024 年四季度，上海产业园区总体空置率为 28.2%，环比上升 0.8 个百分点，同比上升 5.7 个百分点，而国泰君安临港创新产业园 REIT 与国泰君安东久新经济 REIT 两只 REITs 的月末时点出租率分别为 95.63%、100%，租金同样保持稳定。究其原因，一方面有赖于积极主动的运营管理，另一方面是这两只 REITs 的底层资产以生产制造型厂房为主，租户黏性更大，在产业园区市场整体下行的背景下，具有独特优势。

（二）仓储物流

根据仲量联行公布的 2024 年四季度中国物流地产概览，2024 年四季度全国 50 城租金水平每日每平方米环比下跌 0.99% 至 1.00%，出租率小幅回升至 80.4%，整体依旧承压。但从披露 2024 年四季度季报的 5 只仓储物流 REITs 的底层资产经营情况来看，出租率均不低于 85%，租金也维持在较为稳定的水平，体现出发行公募 REITs 的资产质量在行业中具有比较优势，有较强的经营韧性，如图 6.7 所示。

2023 年，我国仓储物流市场前期积压的供给纷纷入市，但仓储需求相对疲软、增长不及预期，阶段性的供需失衡导致各个区域市场都面临租赁和运营压力。各仓储物流 REITs 在面对市场低迷和运营压力的时候，采取了多种资产运营管理的举措稳定出租率、增强租户稳定性；同时，主动组织投资人交流和调研活动，加强与投资人的沟通，增强投资人对基础资产和运营管理的信心。

（三）消费基础设施

首批消费基础设施 REITs 项目于 2024 年一季度正式上市，截至 2024 年四季度，7 只消费类 REITs 发布季度报告。从细分行业来看，5 只为购物中心业态，1 只为奥特莱斯业态，1 只为超市业态。嘉实物美消费 REIT 的底层资产为超市，可参考行业数据较少，但从项目自身运营情况来看，出租率始终保持在 96% 以上，租金收入环比小幅提升。5 只底层资产为购物中心的消费 REITs 底层资产出租率维持在 95.5%—99%，以奥特莱斯为底层资产的华夏首创奥莱 REIT 底层资产出租率也在 98.07% 的高位，运营表现稳中有进。

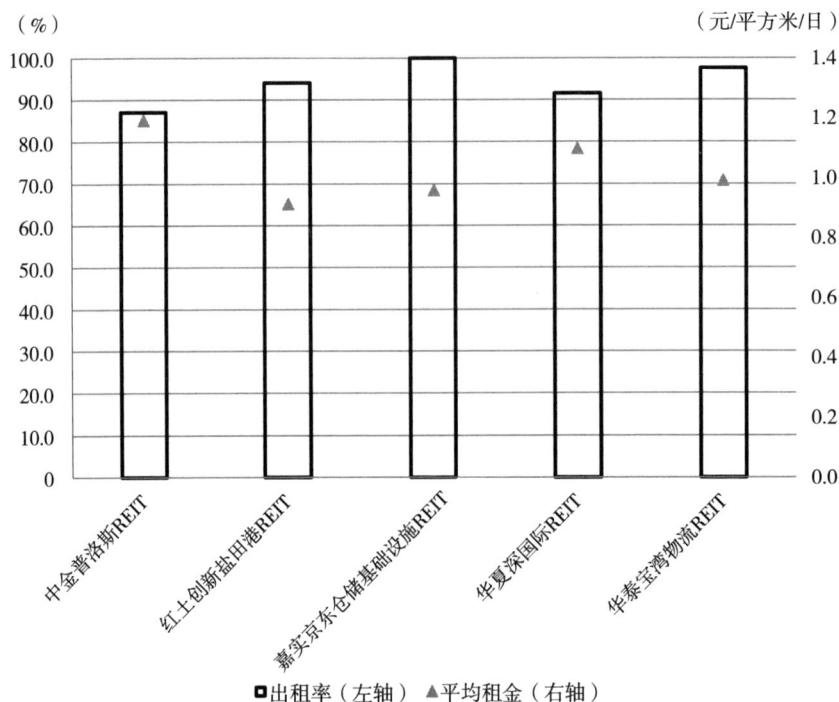

图 6.7　2024 年四季度仓储物流 REITs 底层资产出租率与租金单价对比

数据来源：各只仓储物流公募 REITs 季度报告，仲量联行报告。

　　根据仲量联行数据，2024 年一季度至四季度，消费 REITs 项目所在城市零售物业平均出租率区间在 89%—92%，2024 年内季度波动较小。2024 年，全国零售物业租金增长乏力，尤其是进入二季度后，一线、新一线和二线城市平均租金均有小幅下滑。购物中心 REITs 项目底层资产的运营表现均优于其所在区域同业资产，不仅在出租率方面持续领先行业平均值，租金水平也在普降压力下实现逆势增长。截至 2024 年四季度，金茂览秀城、华润万象城、西溪印象城、百联又一城、成都大悦城期末出租率分别高于区域平均水平 9.33%、7.10%、7.55%、6.56%、8.70%，如图 6.8 所示。

　　（四）保障性租赁住房

　　市场化租赁住房已被纳入公募 REITs 资产范围，但截至 2024 年底未有具体项目发行，目前市场已上市的 6 只租赁住房 REITs 的底层资产均为租金低于

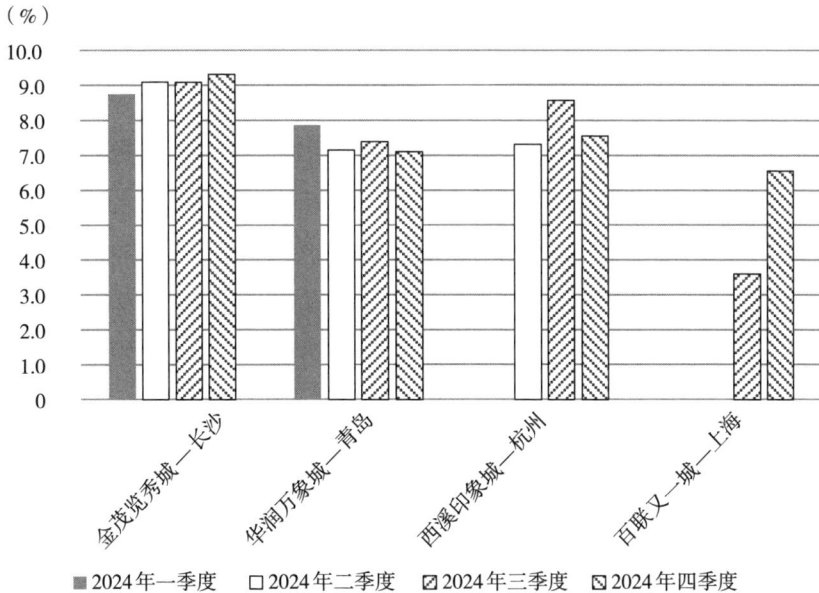

图 6.8　消费基础设施 REITs 底层资产出租率与对应区域同业水平差值

数据来源：各只消费基础设施 REITs 季度报告、仲量联行报告。

同地段市场化租赁住房的保障性租赁住房或公租房项目。保障性租赁住房板块以高度的资产运营稳定性受到资方青睐。

2022—2023 年，多地超预期筹集保障性租赁住房，保障性租赁住房的集中入市给市场带来供给压力。2024 年上半年，租赁住房市场租金承压，50 城住宅租赁价格指数持续下滑，但保障性租赁住房 REITs 底层资产的租金水平和出租率保持了较高的稳定性，体现出保障性租赁住房的资产优势。以上海租赁市场为例，2020—2023 年上海服务式公寓出租率由 89% 降至 84%，出租率下降明显，但位于上海的保障性租赁住房 REITs 华夏基金华润有巢 REIT 两处资产出租率 2023 年全年维持在 93% 以上，展现出高度的运营稳定性。

总体来看，中金厦门安居 REIT、华夏北京保障房 REIT、红土创新深圳安居 REIT、华夏基金华润有巢 REIT、国泰君安城投宽庭保障性租赁住房 REIT 等 5 只保障性租赁住房 REITs 自上市以来，每个季度的出租率几乎全部保持在 90% 以上，如图 6.9 所示。2024 年 12 月，全国租赁住房市场整体出租率保持稳定，但租金水平明显下滑，全国 40 个大中城市租金挂牌均价环比下跌

0.18%，同比下跌 1.32%；而已上市保障性租赁住房 REITs 本身具有租金优势，在租金水平保持稳定的情况下，出租率也维持在较高水准。

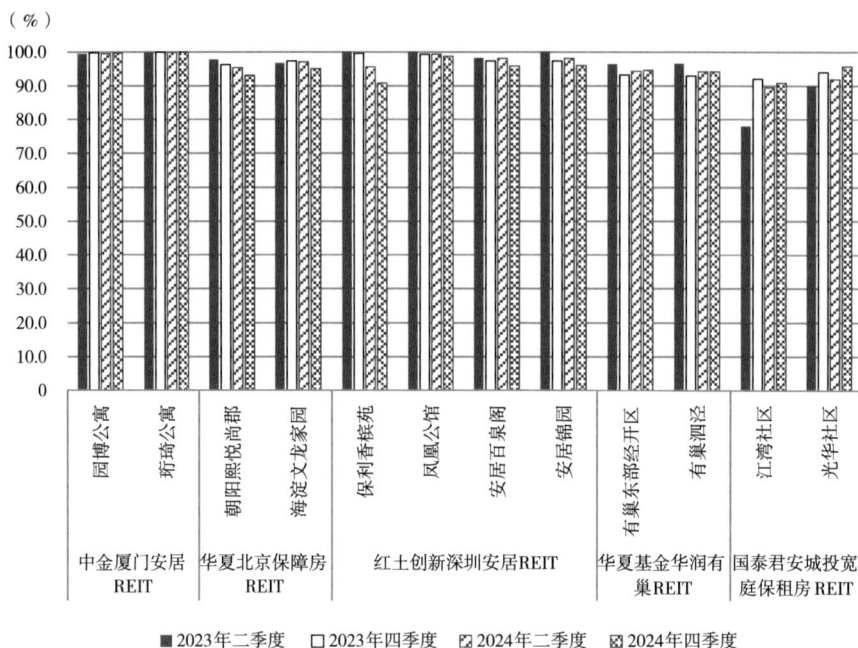

图 6.9　保障性租赁住房 REITs 底层资产出租率

数据来源：各只租赁住房 REITs 季度报告。

（五）交通基础设施

根据交通运输行业发展统计公报，截至 2023 年底，我国高速公路总里程数 18.36 万公里，通行费收入 6600 亿元，单位公里通行费收入 359.48 万元。而对于各只收费公路 REITs 披露的 2023 年数据的分析显示，单公里营业收入均超过 500 万元，算术平均值高达 730.25 万元/公里，远高于行业总体水平，说明交通基础设施 REITs 基础资产的总体质量高于行业平均水准。

交通基础设施 REITs 具体产品间的分化显著。平安广州广河 REIT 底层资产营业收入 1122.85 万元/公里，单公里营业收入为高速公路 REITs 最高。2022—2023 年度，披露 2 年完整数据的 3 只高速 REITs 营业收入均有增长，浙商沪杭甬 REIT 底层资产单公里营业收入上涨 24.11%，上市后表现强劲，如表 6.6 所示。

表 6.6　交通基础设施 REITs 单公里营业收入

REITs 简称	单公里营业收入 （2023 年度） （元）	单公里营业收入 （2022 年度） （元）	2023 年单位公里 收入增长率 （％）
平安广交投广河高速 REIT	11228463.55	9344283.61	20.16
浙商沪杭甬 REIT	6097917.09	4913361.93	24.11
华夏越秀高速 REIT	6735631.02	5690607.96	18.36
华夏中国交建 REIT	5042673.73	—	—
国金中国铁建 REIT	8270522.41	—	—
华泰江苏交控 REIT	7788005.13	—	—
中金安徽交控 REIT	5954475.01	—	—

数据来源：各只交通基础设施 REITs 季度报告。

三、运营情况的周期性特征

经济周期是指经济运行中周期性出现的经济扩张与经济紧缩交替更迭、循环往复的现象，一般可以分为繁荣、衰退、萧条和复苏四个阶段。如果某类资产的运营表现与经济周期不同阶段呈现较强关联的同向波动，可认为其具有"顺周期"属性；如果在经济周期不同阶段的表现基本稳定，则可以认为其具备一定的"逆周期"属性。

我们选取营业收入这一最直观的指标，构建各资产板块的收入指数，观察其收入变化与经济周期是否相关。另外并选择部分具有代表性的板块（产业园区基础设施、保障性租赁住房、能源基础设施），以具体观测其周期属性。

（一）整体周期性特征

由图 6.10 可见，生态环保、能源基础设施、消费基础设施与保障性租赁住房行业四个板块呈现出较强的稳定性和韧性，能够较好抵御周期的影响。这四类具有"逆周期"特征的行业，主要得益于其刚性需求带来的底层资产稳定性，以及政策支持的持续性。

交通基础设施、仓储物流和产业园区基础设施均呈现出顺周期特征。具体而言，经济周期通过影响货车流量进而影响收费公路的收入；通过影响商贸活

营业收入指数点位

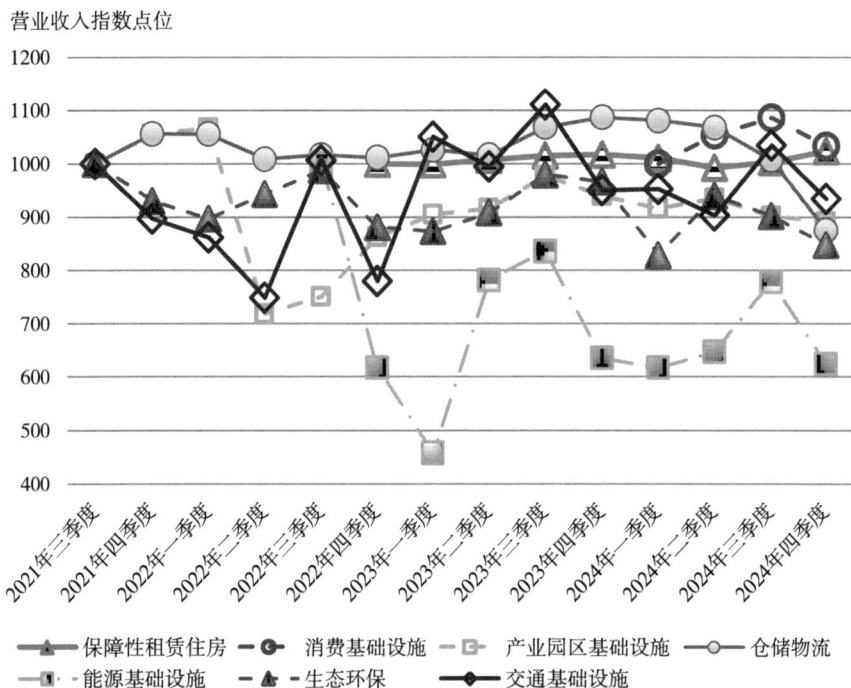

图 6.10 2021 年三季度至 2024 年四季度公募 REITs 各行业板块营业收入表现

数据来源：各只公募 REITs 季度报告。

动调节仓储物流市场的供需平衡；通过影响企业入驻率左右产业园区基础设施的兴衰。

（二）板块内部的差异性

我们选取产业园区基础设施、保障性租赁住房、能源基础设施这三类资产，对其板块内的 REITs 业绩进行分析。

1. 产业园区基础设施

产业园区基础设施是典型的顺周期板块，但拆解板块内部不同 REITs 的表现后发现，周期特征存在明显分化。例如，东吴苏园产业 REIT、国泰君安东久新经济 REIT 两只公募 REITs 的底层资产表现出一定的抗周期性，各季度营业收入较为稳定（东吴苏园 2022 年二季度受减免租金影响，营业收入大幅下滑，但非可持续性原因）。以出租率指标衡量，多只园区 REITs 底层资产在 2024 年经营依旧承压，但临港、东久两处产业园区的出租率从上市以来始终

营业收入指数点位

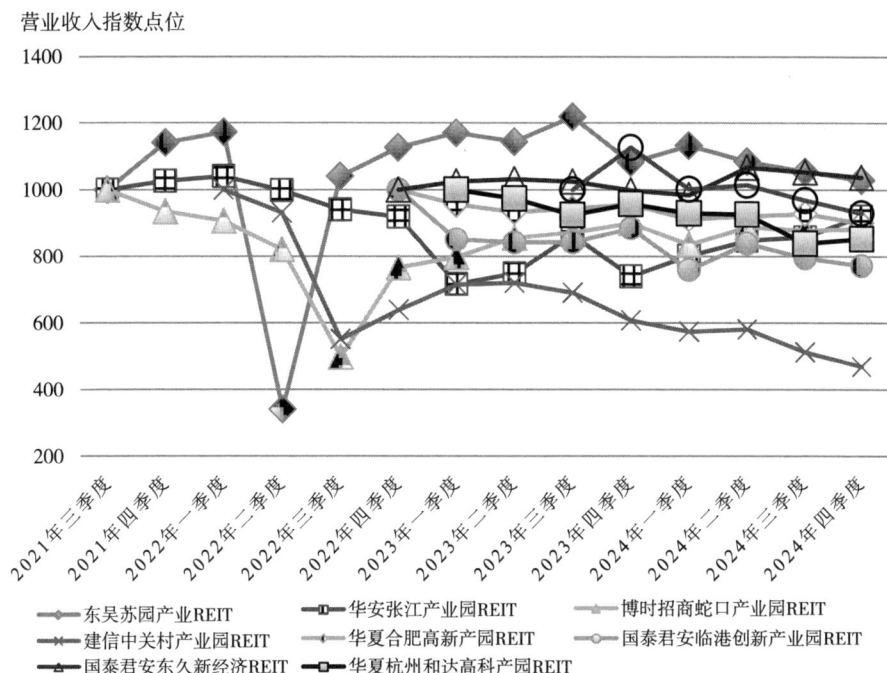

图 6.11 2021 年三季度至 2024 年四季度产业园区基础设施
板块内各 REITs 产品营业收入表现

数据来源：各只产业园区基础设施 REITs 季度报告。

维持高位平稳，体现出抗周期的特性，如表 6.7 所示。

　　东吴苏园产业 REIT 和国泰君安东久新经济 REIT 两只公募 REITs，从资产
类别（苏园为研发办公，东久为制造业厂房）到地域分布（苏园两个项目都
位于苏州工业园区，东久四个项目位于四个长三角城市）都存在明显差异，
却体现出了相似的抗周期属性，说明对于某个行业而言，不能简单一刀切地认
定为顺周期或者抗周期，而需要在各个 REITs 层面进行具体分析。

表 6.7 产业园区基础设施板块内各 REITs 产品出租率 　　单位：%

REITs 简称	2023 年二季度	2023 年三季度	2023 年四季度	2024 年一季度	2024 年二季度	2024 年三季度	2024 年四季度	2024 年四季度环比
东吴苏园产业 REIT	—	—	—	—	—	—	78.16	—

续表

REITs 简称	2023 年二季度	2023 年三季度	2023 年四季度	2024 年一季度	2024 年二季度	2024 年三季度	2024 年四季度	2024 年四季度环比
①国际科技园五期 B 区项目	93.80	94.90	88.50	86.60	86.15	82.70	79.82	-3.48
②2.5 产业园一期、二期项目	86.41	84.59	82.30	80.33	80.63	75.70	75.29	-0.54
华安张江产业园 REIT	82.30	67.60	72.00	81.03	81.88	85.20	91.90	7.86
博时招商蛇口产业园 REIT	93.00	92.00	94.00	94.00	93.00	92.00	91.00	-1.09
建信中关村产业园 REIT	67.84	63.73	63.75	72.00	78.80	72.49	72.09	-0.55
华夏合肥高新产园 REIT	91.18	91.81	89.87	86.53	87.23	85.52	85.31	-0.25
国泰君安临港创新产业园 REIT	96.32	97.03	97.63	94.07	94.07	94.07	94.36	0.31
国泰君安东久新经济 REIT	100.00	100.00	99.39	97.48	96.90	100.00	100.00	0.00
华夏杭州和达高科产园 REIT	89.70	89.50	—	—	—	—	—	—
①和达药谷一期项目研发办公及配套商业部分	99.90	99.80	99.40	96.87	94.14	91.67	94.71	3.32
②和达药谷一期项目	96.60	93.80	98.80	98.32	98.28	91.11	90.91	-0.22
③孵化器项目	82.70	82.70	81.60	80.14	73.76	68.03	66.67	-2.00
中金湖北科投光谷 REIT	—	87.60	85.10	86.95	87.84	81.38	80.06	-1.62

注：个别未披露资产整体出租率的公募 REITs，列示其每处底层资产各自的出租率。

数据来源：各只产业园区 REITs 季度报告。

2. 保障性租赁住房

保障性租赁住房 REITs 所体现出的抗周期性，是各个资产类别中最为突出的，其出租率、租金都具有较高的稳定性，营业收入的波动性整体较低。

从配租规则角度，可以将保障性租赁住房 REITs 分为偏政策性和偏市场化两类，前者包括华夏北京保障房 REIT、中金厦门安居 REIT 和红土创新深圳安居 REIT，后者包括华夏基金华润有巢 REIT 和国泰君安城投宽庭保租房 REIT。但是从历年营业收入变化来看，中金厦门安居 REIT、华夏基金华润有巢 REIT 的表现最为亮眼，两者的营业收入都保持了持续增长，如图 6.12 所示。厦门是房价租售比较低、人口持续增长、需要重点发展租赁住房的城市，中金厦门安居 REIT 所适用的保障性租赁住房配租规则具有较强的政策属性；华夏基金华润有巢 REIT 两个项目均位于上海，租赁规则更加市场化，租赁市场的竞争

营业收入指数点位

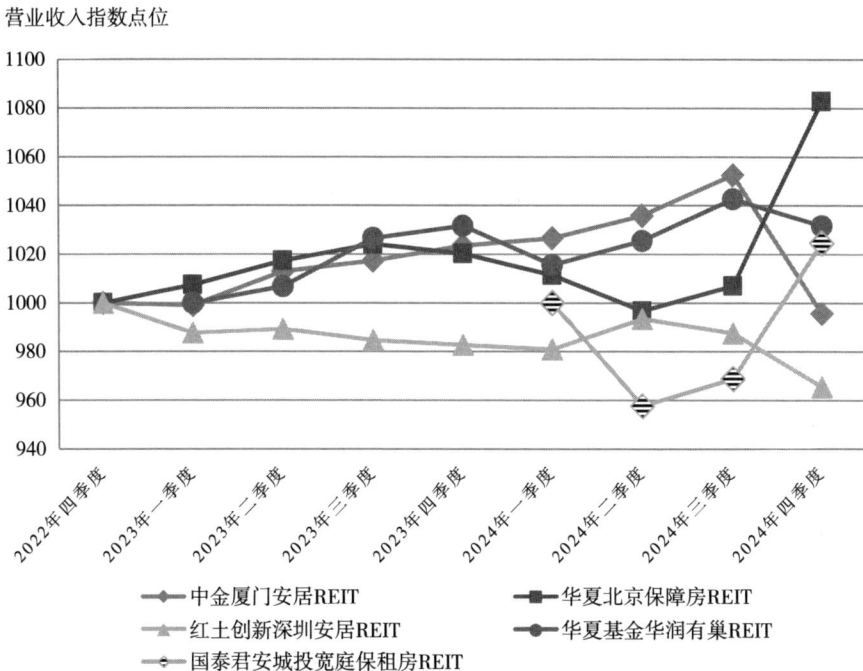

图 6.12 2022 年四季度保障性至 2024 年四季度租赁住房
板块内各 REITs 产品营业收入表现

数据来源：各只保障性租赁住房 REITs 季度报告。

也更加激烈，华夏基金华润有巢 REIT 营业收入持续增长只能归因于较强的主动管理能力。所以，租赁规则只能作为判断保障性租赁住房 REITs 周期性的参考因素之一，运营管理能力和其他方面的变量也需要综合考量。

3. 能源基础设施

能源基础设施 REITs 自上市以来，一直受到市场青睐。能源基础设施 REITs 的营业收入波动更多是由于行业本身的波动性，如风、光发电在不同季度的出力不均匀，以及不同季节的电力需求波动（夏多冬少）等，与宏观经济周期的相关性并不明显。能源基础设施 REITs 项目的营业收入情况如图 6.13 所示。

营业收入指数点位

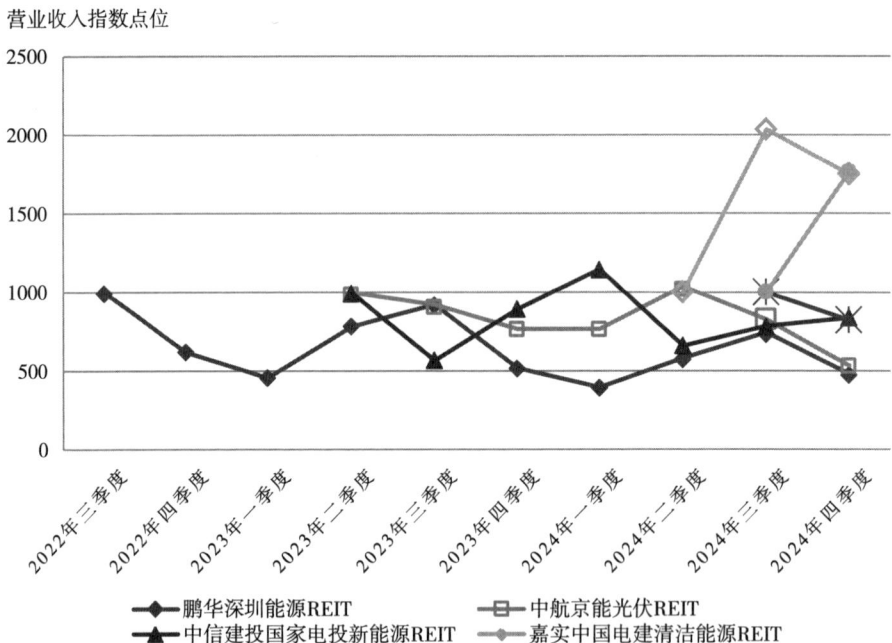

图 6.13　2022 年三季度至 2024 年四季度能源基础
设施板块内各 REIT 产品营业收入表现

数据来源：各只能源基础设施 REITs 季度报告。

从能源基础设施 REITs 各处具体电站的发电量和电价来看，运营指标具有较大波动性；因此，在分析其投资价值时，一定要关注具体的资产区位，详细分析发电自然资源禀赋和电力交易机制。正在全国范围内逐渐铺开的电力市场化交易，将是影响能源电力 REITs 表现的重点因素之一。随着电价波动性增大，电力交易能力将成为衡量各只能源基础设施 REITs 运管能力的重要方面。

第三节 影响运营因素

公募 REITs 的运营表现受到多种因素影响。既有宏观经济环境、不可抗力等外部因素，也有自身运营管理能力的强弱。此外，上市时对未来运营水平预测值的高低，也有非常直接的影响。

一、宏观经济环境

2021 年 6 月首批基础设施 REITs 上市以来，我国宏观经济整体"承压复苏，迎难而进"。名义 GDP 当季同比增速走低趋稳，GDP 平减指数持续走低，如图 6.14 所示，宏观经济面临通缩压力；投资增速下降，消费明显放缓，产能利用率较低，需求总体偏弱。宏观经济对一些行业造成的压力超过预期，尤其是一些顺周期特征明显的行业恢复迟缓，拖累了 REITs 项目的运营表现，进一步加重了市场对某些 REITs 资产基本面的负面情绪。

（一）产业园区基础设施

产业园区基础设施的主要定位是服务于不同种类的产业集聚。比如，中关村园区是互联网产业的重点聚集区，和达高科园区是医药产业的重点聚集区，临港园区是以汽车制造为主的高端制造业聚集区。因此，各产业园区的收益水平与其所服务的产业经济景气度高度相关。

以建信中关村产业园 REIT 为例，2023 年三季度其出租率降至 63.73%，较 2022 年底降低了 17.57 个百分点。中关村区域的空置率大幅上升，是整个北京市产业园市场高度承压的缩影。宏观经济走弱，叠加针对互联网和教培企业的整顿措施，给北京市相关产业的载体行业带来了很大冲击，企业在经营状况不佳的情况下会寻求降本增效、压缩租赁面积，甚至可能提前退租。2023年，北京市产业园区租金水平持续走低，净吸纳量持续为负，三季度产业园区

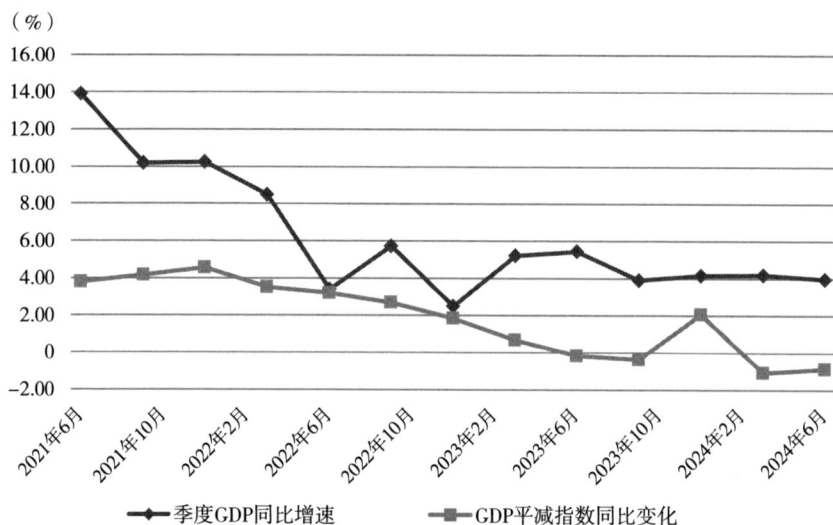

图 6.14　2021 年 6 月—2024 年 6 月我国 GDP 数据

平均租金约 122.20 元/平方米/月，全市产业园区空置率上升至 21.10%，如表 6.8 所示。

表 6.8　北京产业园区市场行情

	2023 年上半年	**2023 年全年**	**2023—2025 年平均**
需求（平方米）	−231	168000	260000
供应（平方米）	1700	1248000	695000
租金增幅（%）	下降 2.6	下降 2.8	下降 1.8
租金（元/平方米/月）	122.0	121.8	118.5
空置率变化率（%）	上升 1.45	上升 3.8	上升 1.4
空置率（%）	17.9	20.4	20.7

数据来源：高力国际。

与中关村和北京市产业园区市场形成对照的是，国泰君安东久新经济 REIT 出租率持续稳定在 100%，未有较大波动，如表 6.9 所示。其租户主要集中在信息、精密机械、高新材料和汽车装备等战略新兴产业领域，而且对于优质生产制造厂房的黏性较高，其重要现金流提供方平均剩余租赁期限在 3 年以上。

表 6.9　不同聚集型产业经济的景气度对 REITs 产业园区的出租率影响

REITs 简称	2023 年四季度	2024 年一季度	2024 年二季度	2024 年三季度	2024 年四季度
建信中关村产业园 REIT	63.75%	72.00%	78.80%	72.49%	72.09%
国泰君安东久新经济 REIT	98.80%	97.48%	95.73%	100%	100%

数据来源：公募 REITs 季报。

国泰君安东久新经济 REIT 和建信中关村产业园 REIT 的经营业绩差异，体现了产业园区 REITs 运营管理的独特属性，即与其租户的产业发展趋势息息相关。根据工业和信息化部发布的数据，2022 年，中国规模以上互联网和相关服务企业总收入为 1.46 万亿元，同比下降 1.1%，这是该数据自统计以来（2013 年）首次出现同比下滑，与互联网产业聚集的北京上地区域产业园区市场趋于疲弱在时间上基本同步。根据建信中关村产业园 REIT 公告披露，其资产所在的上地区域受到需求不足影响，全年净吸纳量为 -20.4 万平方米，整体市场表现乏力。建信中关村产业园 REIT 自 2022 年初至 2023 年末，出租率持续下滑，从 96% 下降至 64%。2024 年起，建信中关村产业园 REIT 采用"以价换量"的运营策略，出租率有所回暖，2024 年全年出租率维持在 72% 以上，但租金水平出现明显下滑。

除了宏观经济形势和产业发展趋势之外，区域市场的供需状况也是重要影响因素之一。地方政府出于发展经济和招商引资的考虑，往往积极鼓励产业空间载体的开发建设。但随着办公楼和产业园区供应量持续增加，一旦新增租赁需求乏力，势必造成空置率上升、招租压力较大、租金下滑、不同园区以价格战同质化内卷的局面。

（二）仓储物流

中国经济在过去一段时期曾经持续高速增长，城市化率不断提升，居民消费水平逐步提高，电子商务、品牌零售、第三方物流等行业增长迅速，为仓储物流行业的发展创造了有利的外部环境。近年来，宏观经济增速放缓、消费增长乏力，对仓储物流行业造成不利影响，现有租户续租意愿和租金支付能力下降，新增租户拓展难度加大，令仓储物流资产的出租率及租金水平都面临巨大压力。

从已上市仓储物流 REITs 项目的经营业绩来看，整个板块普遍承压，其中广为业内所知的是 2023 年底的嘉实京东仓储基础设施 REIT 武汉项目续租事件。嘉实京东仓储基础设施 REIT 底层武汉项目的租约于 2023 年底到期，为确保项目续约条款的公平性，嘉实京东仓储基础设施 REIT 聘请第三方进行市场调研，结果显示市场与上市时相比发生了重大变化：武汉项目周边市场在 2019 年的市场平均净有效租金为 32.24 元/平方米/月，但截至 2023 年三季度，武汉市东西湖区同区位可比物业净有效租金在 19.15—25.6 元/平方米/月之间，市场平均净有效租金为 22.20 元/平方米/月，降幅约 30%。2024 年 1 月嘉实京东仓储基础设施 REIT 发布武汉项目续租公告，表示自 2024 年 1 月起，武汉项目续租首年起始净有效租金为 28.98 元/平方米/月，相比 2023 年的租金单价 33.37 元，下降了 13.16%，但仍然高于市场平均水平。然而，无论是对于仓储物流市场的快速恶化，还是对于嘉实京东仓储基础设施 REIT 的租金大幅调降，投资人都缺乏理解和预期，从而导致嘉实京东仓储基础设施 REIT 二级市场价格曾一度出现较大幅度波动。

（三）高速公路

高速公路 REITs 的业绩表现与宏观经济的关联度较高，是顺周期特征明显的板块之一。此外，由于区位差异、通行车辆客货比差异等因素，不同高速公路项目之间也存在一定分化。2023 年以来，高速公路客运通行量迅速反弹，但是货运通行量受工业和经济增长放缓、油价提高、交通竞品等影响，恢复不及预期。

根据招募说明书披露，各高速公路 REITs 客货比在 41%—83% 之间，如图 6.15 所示。其中，平安广交投广河高速 REIT 客车比例最高，是典型的客运公路；中交项目货车占比 49%，中金山东高速 REIT 货车占比高达 59%，通行费收入主要来源于货运。从业绩恢复情况来看，2023 年高速公路通行量恢复最显著的是客车占比较高的项目，浙商沪杭甬 REIT、平安广交投广河高速 REIT、华夏越秀高速 REIT 收入同比增长分别高达 24%、20%、18%，而货车占比 49% 的华夏中国交建 REIT 收入同比增长仅为 10.51%。

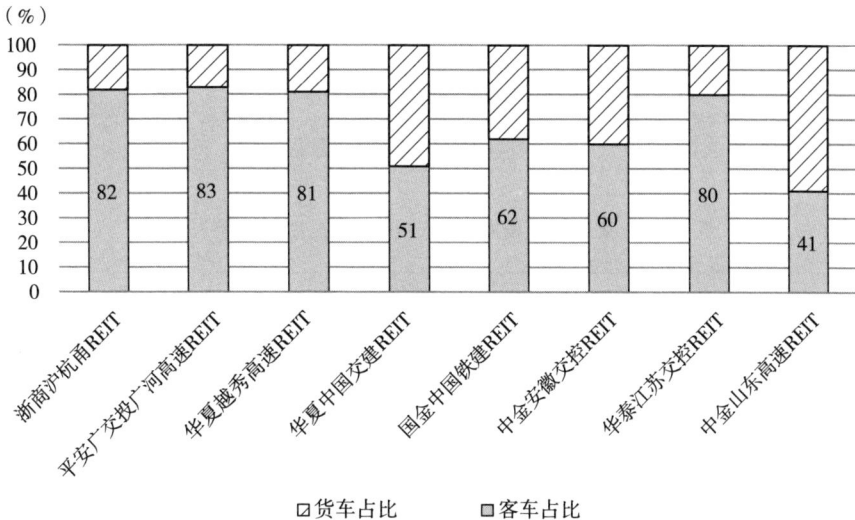

图 6.15 2023 年交通基础设施项目客货比

数据来源：REITs 招募说明书。

二、不可抗力

不可抗力也是影响 REITs 底层资产运营表现的重要因素之一。地震、台风、洪水等自然灾害，或者战争、恐怖活动、瘟疫等社会不稳定因素，都可能导致基础设施项目的持续经营能力受到较大不利影响，经营现金流减少甚至中断。

（一）公共卫生事件影响

2021—2022 年，受公共卫生事件影响，许多小微企业经营压力增大，续租率下降，甚至不少企业提前退租，直接影响了不少产业园区的出租水平。2022 年，有关部门发布小微企业和个体工商户房租减免政策，博时招商蛇口产业园 REIT、东吴苏园产业 REIT 和建信中关村产业园 REIT 全年累计减免租金分别为 2039.43 万元、6075.50 万元、2225.80 万元。虽然上述 REITs 的租金减免工作均在年度内落实，并通过减免管理费的方式尽可能降低对于项目营收的影响，但剔除减免租金影响后，博时招商蛇口产业园 REIT 和建信中关村产业园 REIT 的年度营业收入仍低于预测值。

截至 2024 年底，已经上市的交通基础设施 REITs 共有 13 只，为 REITs 第一大板块。2021—2023 年，高速公路板块受到公共卫生事件的极大冲击，其中车流量大幅下降是最直接的影响。2022 年，几乎所有已上市交通基础设施 REITs 项目的通行费收入都较 2021 年出现较大幅度下滑，如表 6.10 所示。

表 6.10　交通基础设施 REITs 项目历史通行费收入情况

REITs 简称	通行费收入（百万元）						2018—2023 年 CAGR（%）	剩余收费期限（年）
	2018 年	2019 年	2020 年	2021 年	2022 年	2023 年		
浙商沪杭甬 RET	529	582	452	643	596	762	7.6	8
平安广交投广河高速 REIT	681	700	541	746	659	817	3.7	13
华夏越秀高速 REIT	170	182	153	226	199	244	7.5	13
华夏中国交建 REIT	—	453	365	521	432	467	0.8	24
国金中国铁建 REIT	593	660	528	793	639	767	5.3	11
华泰江苏交控 REIT	—	361	296	394	298	393	2.2	9
中金安徽交控 REIT	863	968	778	1154	1098	987	2.7	15
中金山东高速 REIT	222	251	215	259	276	333	8.5	17

注：华夏中国交建 REIT 和华泰江苏交控 REIT 采用 2019—2023 年通行费收入 CAGR。
数据来源：公募 REITs 公告。

通行费收入的下降直接影响交通基础设施 REITs 项目的分配能力。公共卫生事件导致的收入减少使得一些交通基础设施 REITs 不得不削减或延迟分红，2023 年起经营状况有所改善，2023—2024 年整体运营出现部分分化，如表 6.11 所示，区域经济的活跃度对交通基础设施 REITs 的业绩产生了显著影响。

表 6.11 2023 年和 2024 年交通基础设施 REITs 项目实际可供分配金额完成情况

单位:%

REITs 简称	2023 年	2024 年
浙商沪杭甬 REIT	144	147
平安广交投广河高速 REIT	114	99
华夏越秀高速 REIT	119	78
华夏中国交建 REIT	77	83
国金中国铁建 REIT	106	98
华泰江苏交控 REIT	101	101
中金安徽交控 REIT	88	77

注：完成度为实际完成金额占发行预测金额的比例。

数据来源：REITs 公告。

(二) 自然灾害

气候条件是影响新能源项目运营状况的主要因素之一。例如，光伏发电项目受光照条件影响，风电项目受风力强度和稳定性等影响，而光照条件、风力强度等通常具有明显季节性差异，由此导致光伏发电、风电项目的运营收入波动较大。受气候条件的影响，同样是在 2023 年四季度，中航京能光伏 REIT 发电收入环比下降 17%，而中信建投国家电投新能源 REIT 发电量环比提升 77%。

短期极端天气或中长期气候变化还可能对生态环保 REITs 造成影响。2023 年三季度，北京特大暴雨导致中航首钢绿能 REIT 项目厂区外道路中断，垃圾物料等无法运输，对生产运营造成一定影响；暴雨期间，项目生活垃圾处置量及上网电量均有所下降。2022 年，受长江流域严重干旱的影响，富国首创水务 REIT 的处理水量大幅降低，合肥项目三季度的产能利用率只有 75%。

恶劣和极端天气也会给高速公路带来不利影响。2024 年上半年，汉孝高速受冻雨和大雪等恶劣天气影响，中金山东高速 REIT 底层资产则接连经历了 2 月的降雪、冻雨以及 5 月、6 月的高温和降雨等极端天气影响，直接影响就是通行费收入和车流量显著下降。

三、运营管理机构的主观能动性

宏观经济环境和不可抗力都是难以掌控的外部因素，但影响 REITs 运营表现的还有很多内部因素，特别是运营管理机构能否积极作为、主动管理，对项目持续稳定运营至关重要。

（一）对运营管理的依赖度

不同类型底层资产的现金流来源与特征、市场竞争格局、管理门槛等各不相同，其对运营管理机构的能力要求和依赖程度也不尽相同。

产业园区、消费基础设施等底层资产类型，市场竞争比较充分，有实力的运营管理机构数量众多，对运营管理的主观能动性要求较高，项目运营表现和收益水平对运营管理能力的依赖度较强。

供水供热、高速公路等公益属性和自然垄断性较强的底层资产类型，较多受到政府定价、宏观环境和项目区位等因素的影响，对运营管理能力的依赖度相对较低。相应地，可供选择的提供市场化运营管理服务的机构数量也相对有限。

尽管不同类型的底层资产对运营管理能力的依赖度各有不同，但对于公募 REITs 而言，精细化管理是在不同经济环境和周期下为投资人持续创造收益的关键，存续期内的运营管理对于公募 REITs 二级市场和业绩表现至关重要。

（二）运营管理的优化方向

为了给投资者创造持续稳定的收益，运营管理机构应当从开源和节流两个方面优化项目管理。一方面，运营管理机构应当发挥自身优势，对资产进行主动管理，通过优化运营策略、调整运营措施、提高产品服务质量等，努力提升项目运营收入；另一方面，运营管理机构应尽量降低项目无效低效费用支出，从节省开支的角度为投资者创造价值。

在开源层面提升运营效率主要包含两个方面：第一，引入科技手段提升运营效率。例如，高速公路项目中，国金中国铁建 REIT 通过推行智慧化收费、避峰养护施工等方式加强引流增收；华夏基金华润有巢 REIT 独创的"3i 体系"数字运营平台为租赁住房项目提供全覆盖的智能化解决方案，还可以实现租房业务全场景线上化和自助化，实现基金管理人等 REITs 管理机构的数据化接入等，提升沟通和管理效率。第二，创新商业模式和挖掘项目价值。国泰君安临港创新产业园 REIT 项目的运营管理机构采取租户预付租金、收取保证金等较强的缓释措施来保障年度租金收入的实现，同时由运管机构为欠缴租金提供流动性支持以确保不会因为账期原因导致投资人派息受到影响；浙商沪杭甬 REIT、平安广交投广河高速 REIT 等交通基础设施项目通过营销旅游主题提升车流量。

在节流层面提升运营效率主要包含两个方面：第一，加强成本控制和费用管理。例如，国金中国铁建 REIT 在日常养护、安全管理等方面持续推行精细化管理工作，以制度和机制保障做好成本管控，有效降低费用支出。第二，提升人才素质和专业能力。华夏基金华润有巢 REIT 建立了面向门店员工的"巢学堂"专业化培训体系及"运营管理提升"专项行动，对内实现精益化管理。体系化提升运营团队的专业能力，是提升运营质量的长久之计。

（三）原始权益人的加持与赋能

运营管理机构毕竟是轻资产服务机构，实力相对有限，在特定情况下，还需要原始权益人的赋能和支撑。项目在发行或存续阶段，都可能遇到一些负面市场因素的冲击，信息不对称可能导致投资者和发行人之间缺乏互信，需要原始权益人提供阶段性支持。无论原始权益人是通过协议对突发事件提供潜在托底，或是用意向承诺来增强市场信心，都有助于降低信息不对称，保护投资人利益，维护项目平稳运营。

2023 年 5 月，华安张江产业园 REIT 原始权益人对于拟扩募项目重要租户突发退租事件（哲库事件）承诺收益补偿，从而在 2023 年项目出租率远低于预期的情况下，可供分配金额依然完成了预测目标。2024 年 1 月，嘉实京东仓储基础设施 REIT 先后发布武汉项目续签租金下降和风险缓释措施公告，承诺因武汉项目新签租约形成的租金收入差额由运营管理机构承担，包括协商降低物业费用和减免部分运管费用等，也有效缓释了市场的负面反馈。

这些来自原始权益人（发起人）的支持，是在特定市场状况下的阶段性安排，并不是 REITs 市场的标准规则，可以视为广义市值管理措施的内容，长期来看不会改变 REITs 的权益投资产品的定位。

四、上市时预测水平

公募 REITs 试点以来，个别 REITs 的实际运营表现不尽如人意，和上市时的预测水平差距较大，除宏观经济环境、不可抗力、运营管理机构的主观能动性等因素外，上市时预测值过高也是重要原因之一。

（一）预测值过高的原因分析

导致公募 REITs 预测值与实际运营情况差异较大的原因较为复杂，往往是多种因素综合作用的结果。

一是原始权益人缺乏估值和定价经验，难以合理把握。在过去以银行贷款为目标导向的融资行为中，资产方倾向于让评估机构做高估值，评估方法同时采用市场法、成本法和收益法中的至少两种，也为评估值偏高提供了空间。

二是发行时点 REITs 二级市场表现良好，同类项目的战配份额供不应求，助长了乐观情绪。尤其是在市场涨势较好的时期，许多 REITs 产品普遍存在 20%—30% 的涨幅，发行人倾向于和已发行 REITs 的价格进行对标，也会导致高估。

三是会计师事务所、资产评估机构把关不严。在资产方的压力下，评估机构作为乙方，不排除会配合采取更为乐观的评估假设。尤其是在资产方是国资的情况下，出于资产增值等考虑会希望评估机构适当做高估值，避免询价时出现定价低于账面值的情况。

四是对未来的特殊情况预计不足。目前已上市 REITs 项目的历史业绩大多来自市场持续上行期，对于车流量、出租率或租金水平递增的预测，在当时的市场环境下可能有其合理性。但现在市场环境发生了重大变化，再简单套用以前的历史数据，相当于忽视了经济增速放缓、供需关系失衡等负面风险，过于乐观的参数假设必然导致价值高估。

此外，REITs 项目发行询价时资产估值可以有一定的浮动空间（0%—15%），但有些项目可能出于资产保值增值要求等原因，只接受估值上浮而不接受估值下浮，也在一定程度上导致预测水平偏高。

（二）预测值过高的具体情形

一是租金类项目的出租率和租金预测偏乐观。多数产业园区基础设施和仓储物流项目首发评估中，市场化租金增长率预测水平在 2%—5%，但实际存续期间，市场环境趋于疲弱，为了维持出租率水平，租金增长难以实现，甚至部分项目出现了租金单价负增长的情况。例如，3 只一线城市研发办公类 REITs 项目均于 2021 年发行，当时历史财务和运营指标相对良好，预测参数设置偏乐观。但从后续业绩表现看，博时招商蛇口产业园 REIT 2023 年四季度平均租金较首发时点下跌，华安张江产业园 REIT 和建信中关村产业园 REIT 则是出租率较首发时点大幅下降。

二是交通基础设施项目的交通量预测未充分预计周边线路分流和改扩建的影响。以中金安徽交控 REIT 为例，项目 2023 年业绩完成情况不及预期，尤其是营业收入完成率较低（77%），主要是周边 4 条道路改扩建对其现金流造成重要影响，而从车流量报告来看，分流道路 G318 池殷段、G236 查殷段改扩建未纳入车流量预测考量，对周边区域交通网络发生变化的风险未能充分预判。

三是多数项目未充分考虑极端天气的影响。例如，浙商沪杭甬 REIT 受 2021 年冬季雨雪天气影响，封道分流、入口关闭等交通管制较多，2022 年 12 月以来大雾、冰雪恶劣天气频繁，导致出行车辆一定程度减少。再如，2023 年 7 月底到 8 月初，北京出现特大暴雨，中航首钢绿能 REIT 的垃圾物料等无法运输，项目生活垃圾处置量及上网电量均有所下降。

（三）预测值过高的应对措施

一是监管机构加强估值审核。例如，2024 年 3 月，根据沪深证券交易所的反馈意见，在充分考虑租金收缴率、出租率水平、基础设施资产运营成本等评估参数的基础上，博时天津科工产业园 REIT 的估值下调 2.31 亿元，降幅为 15.95%；易方达广开产园 REIT 的估值下调 3.85 亿元，降幅为 16.03%。

二是投资人加强独立投研决策。在发行阶段对估值进行人为压降，虽然可以解决部分问题，但无法一劳永逸。要真正解决公募 REITs 市场的估值定价问题，需要投资者形成自己的投研体系和定价能力，综合多种信息对公募 REITs 的运营假设参数作出独立研判并形成买方估值，进而通过交易形成有效的市场定价。

第四节　基金管理人的作用

除了运营管理机构之外，基金管理人也深度参与公募 REITs 项目的运营。根据《基础设施基金指引》，基金管理人要"主动运营管理基础设施项目"，将基金运营管理中的重大事项提交基金份额持有人大会表决通过，当基础设施项目运营情况、现金流或产生现金流能力发生重大变化时要做好信息披露工作。

一、基金份额持有人大会

基金份额持有人大会是公募 REITs 的最高决策机构，在基金层面对核心重要事项进行表决。《基础设施基金指引》规定，需要提交基金份额持有人大会投票表决的情形有：扩募、项目购入或出售等重大事项以及基金管理人运用基金财产收购基础设施项目后从事其他重大关联交易等情形。

REITs 基金份额持有人大会与上市公司股东大会难以等同。上市公司股东大会作为公司治理结构的重要组成部分，其运作机制与表决规则均受到公司法的严格规范。而 REITs 则更多地体现为一种委托关系，即基金份额持有人将资金委托给专业的管理团队进行投资管理。这种委托关系的本质，决定了 REITs 基金份额持有人大会在运作上与上市公司股东大会存在差异。

目前基金份额持有人大会召开的门槛较高，次数有限。截至 2024 年 12 月底，已发行上市的 58 个 REITs 项目中，只有 4 个在存续期召开了基金份额持有人大会，都是针对向特定对象发售扩募份额并以扩募募集资金新购入基础设施项目的事项进行表决。

基金份额持有人大会召开频率低，主要有三个方面的原因：第一，触发条件要求高。根据相关法律法规与基金合同的规定，只有当特定条件（如基金份额持有人权益受损、基金运作出现重大异常等）触发时，才需要召开基金份额持有人大会。因此，在大多数情况下，基金份额持有人大会由于未达到触发条件难以召开。第二，持有人参与积极性不足。由于公募 REITs 基金的投资决策与运营管理通常由专业管理团队负责，在大多数情况下，基金份额持有人对于会议结果的影响力有限，一定程度上削弱了其参与会议的积极性。第三，时间成本与人员成本偏高。从会议筹备、议程设置到表决流程，每一环节均须遵循严格的法律法规与监管要求，确保会议的合法性与公正性。复杂的流程提高了会议组织的难度。

作为公募 REITs 最高决策机构的基金份额持有人大会召开难度大、频率低，而投资决策委员会等针对公募 REITs 日常运营进行决策的机构往往是基金管理人的内部会议，原始权益人/运营管理机构没有角色、无法实际参与，这是公募 REITs 治理机制方面存在的深层次问题，需要持续优化。

二、信息披露

一个成功的 REIT，一定是一个信息披露充分、公开透明的 REIT。作为面向公众投资者的上市平台，信息披露对公募 REITs 的长期稳健发展和投资者保护至关重要。证监会、沪深证券交易所出台了一系列相关政策和规则指引，着重以底层资产为核心，细化基础设施项目运营的披露要求，加强穿透式监管。

（一）信息披露监管要求与时俱进

随着公募 REITs 市场的快速发展和投资者群体的日益成熟，监管机构对于信息披露的要求也逐渐细化。2024 年 11 月 29 日，上海证券交易所发布《公开募集基础设施证券投资基金（REITs）规则适用指引第 6 号——年度报告（试行）》《公开募集基础设施证券投资基金（REITs）规则适用指引第 7 号——中期报告和季度报告（试行）》，深圳证券交易所发布《公开募集基础设施证券投资基金业务指引第 6 号——年度报告（试行）》《公开募集基础设施证券投资基金业务指引第 7 号——中期报告和季度报告（试行）》，进一步完善以"管资产"为核心的基础设施 REITs 存续期规则体系建设，持续提升信息披露的规范性、有效性和针对性，如表 6.12 所示。核心原则之一，是充分考虑基础设施 REITs 的资产特性，充分披露基础资产运营情况，提高信息披露的针对性、有效性。

表 6.12　分行业基础资产披露要求

基础设施项目类型	报告期内披露的关于基础设施项目运营情况内容
产业园区基础设施、仓储物流、保障性租赁住房、消费基础设施	（一）基础设施项目营业收入的主要构成情况，包括但不限于租金收入、物业管理费收入等。（二）基础设施项目营业成本以及费用的主要构成情况，包括但不限于租赁成本、物业运营成本、折旧摊销成本等。（三）租赁相关运营指标，包括报告期末可供出租面积、报告期末实际出租面积、报告期末出租率、报告期内租金单价水平、报告期末剩余租期情况、报告期末租金收缴率。（四）基础设施项目类型为产业园区、仓储物流或者消费基础设施的，应当披露报告期末租户总数以及租户结构，报告期内前五名租户的租金收入情况和占全部租金收入的比例
交通基础设施	（一）基础设施项目营业收入的主要构成情况，包括但不限于通行费收入、广告收入（如有）等。（二）基础设施项目营业成本以及费用的主要构成情况，包括但不限于折旧摊销成本、养护成本、运营管理成本等。（三）报告期内日均自然车流量情况、客货车型分别对应的日均自然车流量情况、客货车分别对应的通行费收入情况（如有）。其中，日均自然车流量应当以自然车流量中清分车流量作为计算依据，无法获取的，可以选用出入口车流量，但应当明确披露为出入口车流量。（四）报告期内收费标准、通行费减免政策变化情况。存在重大变化的，还应当披露相关变化对基金份额持有人权益的影响。（五）报告期内收费公路特许经营权摊销方式调整的，应当披露会计估计变更项目的调整原因、对财务报表科目和基金份额持有人权益的影响
能源基础设施	（一）基础设施项目营业收入的主要构成情况。（二）基础设施项目营业成本以及费用的主要构成情况，包括但不限于原材料（如有）、土地租赁成本（如有）、折旧摊销成本等。（三）报告期内设备使用情况、发电量、等效利用小时数、结算电量、结算电价、结算电费。存在不同售电模式的，应当分别披露不同售电模式的售电量及其占比、售电收入及其占比与平均上网电价。（四）涉及能源采购的，应当分别披露采购模式，前五大能源供应商与采购量占比、采购均价。（五）上网电价涉及中央和地方财政补贴的，披露补贴占比及其回款情况、补贴文件，包括补贴价格、补贴电量等（如有）。（六）报告期内发现设备存在影响机组正常运行问题的，披露相关检测情况，并结合检测结果分析对基础设施项目经营的影响以及应对措施
生态环保	（一）基础设施项目营业收入的主要构成情况。（二）基础设施项目营业成本以及费用的主要构成情况。（三）报告期内实际处理量、产能情况、平均单价。（四）报告期内发现设备存在影响机组正常运行问题的，披露相关检测情况，并结合检测结果分析对基础设施项目经营的影响以及应对措施

数据来源：《上海证券交易所公开募集基础设施证券投资基金（REITs）规则适用指引第6号——年度报告（试行）》《上海证券交易所公开募集基础设施证券投资基金（REITs）规则适用指引第7号——中期报告和季度报告（试行）》。

（二）信息披露的主动性与专业性稳步提升

基金管理人作为项目公司运营的主责方，需要将项目运营的重要数据及时向投资人披露，以提升投资人对底层资产运营情况的了解，但对于信息披露的范围、频次与颗粒度的要求和实践标准，并非一步到位，而是经历了持续的探索与优化。

在 REITs 市场启动之初，基金管理人仅参照传统公募基金产品的标准和公募 REITs 信息披露监管的最低要求进行信息披露。产权型项目的各种市场数据相对容易获取，但经营权型项目的经营和市场数据往往难以获取，导致投资人无法及时了解底层资产运营的核心数据以及行业情况，从而缺乏及时判断的能力。例如，交通基础设施 REITs 起初并不披露考量高速公路运营水平的最主要指标——车流量数据，信息披露不充分导致市场容易出现异常波动和同质化交易，这在二级市场大幅下跌时期更加明显。在监管部门和市场参与机构的共同努力下，交通基础设施 REITs 于 2023 年 9 月份开始按月公布车流量数据，有效降低了信息不对称的程度。

与此同时，部分公募 REITs 的基金管理人结合资产特性，探索建立了一系列信息披露机制。以中航京能光伏 REIT 项目为例，在行业中最早设立了投资者关系专岗，重点负责信息披露与投资者关系；多次组织投资者业绩说明会及现场调研活动，并以微信公众号等多种方式及时通知广大投资人；定期报告方面，及时披露重大行业变化情况和国家重要政策，详细披露底层资产电量交易、电价变动等情况，便于投资者研判；临时信披方面，针对重要信息指标建立分工和监测机制，定期跟踪，确保及时发现、及时跟进、及时披露。中信建投基金、鹏华基金等在此方面也都有优秀表现。

（三）信披渠道和方式多元化

公募 REITs 管理的核心是管资产，信息披露的核心也应该是穿透基金层面去清晰展示底层资产的运营情况。从这个角度理解，公募 REITs 的信息披露和投资者关系建设，与传统的公募基金并不相同，可以更多参考上市公司的相关制度安排。

例如，中航基金管理的 2 只 REITs 均设置了专职岗位维护投资者关系，增进投资者互动的频次和质量，畅通存续期 REITs 管理沟通渠道。博时招商蛇口产业园 REIT、中金普洛斯 REIT、华夏越秀高速 REIT 等充分利用网络媒体平台，设置公众号作为底层资产运营信息发布渠道，在沪深证券交易所信息披露系统之外打造更加灵活的投资人交流及沟通平台，向市场提供定期报告之外的更多互动，并开展项目定期实地调研、业绩说明会等多种活动，增加投资人对项目运营的了解。

基金管理人及时可靠的信息披露，有助于投资者了解项目运营的最新情况，形成更有效的投资价值判断；尤其是在出现突发情况时，信息披露有助于缓释投资者可能出现的恐慌情绪，避免信息不对称所导致的猜疑，甚至避免股价的大幅异动。从公募 REITs 市场 2021 年 6 月以来的运行经验来看，无论是中航首钢绿能 REIT 对于突降暴雨影响项目运输条件的信息披露，还是华安张江产业园 REIT 对于拟扩募项目主力租户意外变动的处理，都说明在遇到突发情况时，及时做好信息披露并与投资者加强沟通交流，是避免过度恐慌和集体踩踏的最佳选项，信息透明和有力应对的组合有利于市场信心的恢复。

三、突发事件处理

底层资产经营情况发生重大变化，短期内可能导致公募 REITs 二级市场价格大幅波动，甚至产生长期影响，必须高度重视，切实做好应急处理。

（一）华安张江产业园 REIT "哲库事件"

2022 年 9 月，华安张江产业园 REIT 发布公告，拟将张润大厦作为扩募项目发行上市。2023 年 4 月 1 日，华安张江产业园 REIT 扩募获批。在基金份额持有人大会即将召开前夕，2023 年 5 月 12 日，OPPO 宣布关停旗下芯片子公司哲库科技，而哲库科技占据张润大厦可租赁面积的 45.91%。最大租户突发提前退租，项目扩募面临巨大挑战。

5 月 13 日，华安张江产业园 REIT 第一时间发布公告，回应可能发生的哲库科技退租情况及应对措施，为市场注入信心。5 月 15 日晚，华安张江产业园 REIT 发布临时公告，表示将充分保障基金份额持有人利益，审慎评估本次扩募工作后续推进安排。5 月 16 日、17 日，华安基金接连发布公告，披露哲库科技退租事项的进展情况以及应对措施，紧急启动有租赁意向租户的推介工作。

2023 年 5 月 18 日（基金持有人大会计票停牌日），华安张江产业园 REIT 以 94.13% 的同意票数顺利通过了《扩募并新购入基础设施项目的议案》，并成功向 18 名发售对象完成了扩募份额的募集工作，基金管理人的积极态度得到了投资人的认可与信任。

5 月 25 日，华安张江产业园 REIT 宣布增持计划，主动开展市值管理。5 月 26 日，发布招租进展公告，向市场及时同步处理情况。同日，发布《哲库科技退租事项缓释措施的公告》，根据有关缓释措施，在 2024 年 7 月 31 日前哲库退租基本不会对基金投资人收益产生影响，这也为运营管理团队招商换租争取了时间。

上述及时、密集且充满针对性的应对措施一定程度上打消了市场疑虑，二级市场在短暂下挫后企稳回升。公募 REITs 作为上市交易品种，二级市场价格对于突发事件的反应非常迅速，需要及时向市场传递真实信息并采取应对措施。本次事件中，原始权益人、基金管理人和运营管理机构之间通力配合、高效应对，为公募 REITs 的突发事件处理树立了良好标杆。

（二）嘉实京东仓储基础设施 REIT 调整租约事件

嘉实京东仓储基础设施 REIT 在 2023 年末和 2024 年末各有一次租约调整，两次应对处理和市场反应之间的差异，是中国公募 REITs 市场投资者关系和市值管理的典型案例。

2024 年 1 月 4 日，嘉实京东仓储基础设施 REIT 发布关于武汉项目主要承租人续租情况的公告，受项目周边租金水平下滑影响，该承租人按招募说明书已披露的续约合同条款，自 2024 年起下调续租的租约单价。嘉实京东仓储基础设施 REIT 于 2023 年 2 月 8 日上市，不到一年就要大幅降租，投资人一时难以接受，由此引发了对嘉实京东仓储基础设施 REIT 的不信任，并蔓延为对整个物流仓储板块的悲观情绪，引发了二级市场的接连下挫。公告次日（2024 年 1 月 5 日），嘉实京东仓储基础设施 REIT 跳空低开，全天下跌 7.571%，截至 1 月 10 日累计下跌 25.86%。

嘉实京东仓储基础设施 REIT 的发行人和基金管理人采取了多项措施,如使用自有资金进行增持、租金收入差额由运营管理机构采取相应措施承担等。这些应急措施短期内稳定了二级市场价格,嘉实京东仓储基础设施 REIT 价格止跌回升。在嘉实京东仓储基础设施 REIT 公告续约降租之前,投资者虽然意识到了仓储物流市场不容乐观,但对具体变化程度没有充分预期,因此在市场大幅下跌后,尽管发起人和基金管理人快速提供补足和增持安排,但投资人还是心有余悸。

事后来看,其实国内物流仓储市场从 2023 年开始就迅速降温,出租率和租金都有明显下滑,只是当时的 REITs 投资人对于一级市场冷暖的了解比较有限,才导致了 2024 年初的惊吓与踩踏。

随后,嘉实京东仓储基础设施 REIT 重庆项目将于 2024 年底租约到期。在租约到期之前的几个月,运营管理机构京东东鸿及其母公司京东产发,便会同基金管理人嘉实基金,提前和关联租户京东物流进行谈判,争取最佳的商业条件;同时从各种渠道主动向投资人解释说明,京东物流和京东产发虽然同属于京东集团,但都是独立运营的市场化主体,而且京东物流是香港上市公司,对于从京东产发手中租赁仓库这种关联交易更是小心谨慎,需要遵循市场化原则,并非像一些投资人设想的那样:京东体系的兄弟单位可以随意用高租金来稳定资产的估值。2024 年 12 月 27 日,嘉实京东仓储基础设施 REIT 连发几条公告:一方面是重庆项目顺利续约,租金有所降低但仍高于周边市场;另一方面是京东集团实控人刘强东及其一致行动人承诺在未来 24 个月之内增持不超过 1 亿元。

得益于扎实有效的运营管理和积极主动的投资人沟通,让投资者对于嘉实京东仓储基础设施 REIT 的运营模式和管理能力有了更深刻的理解,再加上增持等一系列市场化操作,有效扭转了市场对于嘉实京东仓储基础设施 REIT 长达一年的疑虑和负面形象。自公告发布到 2025 年 1 月 13 日,嘉实京东仓储基础设施 REIT 累计上涨约 20%,远超仓储物流板块的整体表现,并引领了仓储物流产业园 REITs 板块的反弹。

（三）建信中关村产业园 REIT 应对租赁波动

以北京中关村软件园部分项目为底层资产的建信中关村产业园 REIT，在 2021 年底上市之初，得到了市场的普遍关注，截至 2022 年 2 月底，一度上涨高达 45%。

建信中关村产业园 REIT 在 2022 年一、二、三、四季报里披露的出租率分别是 96.15%、89.28%、84.87%、81.29%。虽然出租率逐渐下滑，但建信中关村产业园 REIT 在 2022 年的多份季报中都表示：通过对 2017—2020 年上地地区的新增供应、净吸纳量和租金之间的统计可以发现，区域的平均净吸纳量可以超过平均新增供应量，并且 2021 年上半年租金依然保持稳步上升趋势。结合历史上的去化数据以及统计到的上地区域未来供应，预计上地未来新增的供应项目对存量项目的租金波动影响不大。据此，很多投资人认为项目的基本面还比较稳健。

建信中关村产业园 REIT 真正破位下行，发生在 2023 年 3—4 月，当时发布的一季报披露，出租率下降到 68.47%，让很多投资人大感意外，超出了其心理预期，进而引发了连续的跌势，导致了二级市场的大幅波动。基金管理人推动采取了增持、投资者关系活动、业绩说明、推动招租团队机制调整等一系列举措，但收效不够明显，建信中关村产业园 REIT 的底层资产出租率在 2023 年全年一直维持在 60%—70% 区间。

业绩拐点发生在 2024 年初，建信中关村产业园 REIT 的 2024 年一季报显示，资产出租率提升至 72%，如考虑已经签约但尚未起租的则为 81.23%。重要原因之一，是发起人中关村发展集团完成了新领导层的任命与交接，新的管理层特别强调了对做大做强 REITs 平台的重视，并采取了一系列有效措施。

运营方面的改善体现在几个方面：首先，为尽快提升项目出租率，维护广大投资者利益，发起人、基金管理人、原始权益人及运营管理机构共同建立三方联动工作机制；其次，成立了由中关村发展集团主要领导牵头的工作小组，针对招商租赁这个核心矛盾，在原有一个招商团队的基础上新增多个招商团队，在内部形成赛马机制；最后，在激励机制上有所侧重，对于提升出租率作出突出贡献的子公司及个人给予考核加分和专项奖。

虽然建信中关村产业园 REIT 在信息披露和危机应对方面遇到过不少困难，但相关各方在不利的市场环境中努力寻求优化调整和破局之法，依然值得肯定，也为其他 REITs 提供了借鉴。

第七章 中国公募 REITs 运营治理结构

一个良好的运营治理结构，如同稳固的基石，直接关系到各参与主体的利益分配、风险承担以及整体市场的健康稳定。因此，深入剖析中国公募 REITs 的运营治理结构，探讨其优化路径，对于推动公募 REITs 市场的长期健康发展具有重要意义。

第一节 现行运营治理结构

公募 REITs 涉及众多参与主体，各个主体各司其职的同时，自身利益诉求也存在天然差异。构建公平合理的公募 REITs 治理结构，可以有效平衡各参与主体之间的责权利关系，形成激励相容的机制，促进实现 REITs 的多赢目标。

一、公募 REITs 运营治理的重点主体

（一）相关参与主体

在现行公募 REITs 架构下，其运营阶段涉及原始权益人、基金管理人、资产支持证券管理人、项目公司、运营管理机构、投资人、基金及资产支持专项计划（ABS）托管人等主体。

原始权益人以最大份额持有人身份及对运营管理机构的影响力参与公募 REITs 运营治理。依据《基础设施基金指引》，基础设施项目原始权益人或其同一控制下的关联方参与基础设施基金份额战略配售的比例合计不得低于基金份额发售数量的 20%，其中基金份额发售总量的 20% 持有期自上市之日起不少于 60 个月，超过 20% 部分持有期自上市之日起不少于 36 个月。通常，原始

权益人是持有公募 REITs 份额最多的投资人，可凭借基金合同赋予投资人的权利来影响公募 REITs 的运营治理。此外，运营管理机构一般由原始权益人或其同一控制下的关联方担任，原始权益人也可对基础设施项目的运营管理施加影响。

基金管理人须依照法律法规及基金合同约定，接受投资人委托对基金和基础设施项目进行管理。根据《基础设施基金指引》，基金管理人可设立专门子公司承担基础设施项目运营管理职责，也可委托外部管理机构进行运营管理，但依法应承担的责任不因委托而免除。

资产支持证券管理人主要配合基金管理人管理项目公司和基础设施项目。在现行公募 REITs 架构中，基金通过资产支持专项计划间接持有项目公司全部股权。资产支持证券管理人的主要工作包括管理资产支持专项计划、通过收取项目公司借款本息或分红向上提取分红现金流等。

项目公司是基础设施项目的法人主体。公募 REITs 成立后，项目公司的高级管理人员一般由基金管理人委派，基金管理人通过这些高级管理人员对基础设施项目进行管理和监督。

运营管理机构由基金管理人委托，为基础设施项目提供运营管理服务并承担部分运营管理职责。我国公募 REITs 的运营管理机构通常由原始权益人或其同一控制下的关联方担任。

公募 REITs 的投资人可通过基金份额持有人大会行使权利，对基金扩募、重大关联交易、金额较大的资产买卖、法定情形外解聘运营管理机构等可能对基金份额持有人利益产生重大影响的事项进行表决。

基金及专项计划托管人依据法律法规、基金合同和托管协议，履行保管权属证书、监督账户及资金流向、监督投资运作和信息披露等职责。

（二）各主体之间的关系分析

上述各主体之间的关系如图 7.1 所示。根据《基础设施基金指引》，公募 REITs 的运营管理存在两层委托关系：第一层是投资人委托基金管理人管理基金及其投资的基础设施项目；第二层是基金管理人委托运营管理机构管理基础设施项目。

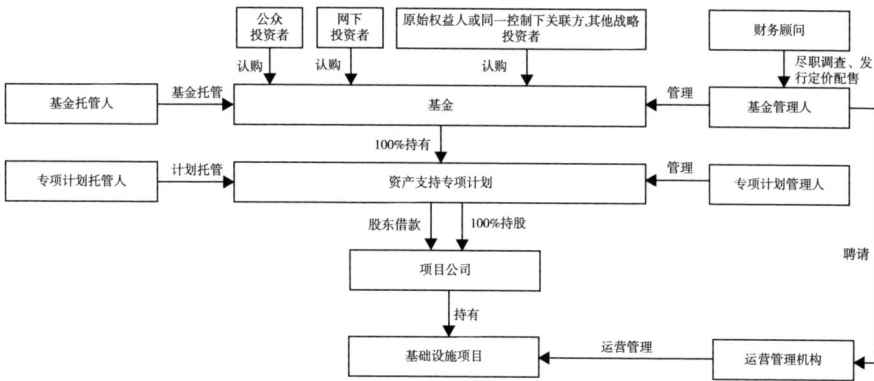

图 7.1　公募 REITs 运营治理结构

在这两层委托关系中，基金管理人作为基金的受托管理方，承担着主要管理责任，须对公募 REITs 的整体运营治理结果负责，以保障投资人利益。

原始权益人在公募 REITs 治理结构中具有多重角色且贯穿两层委托关系：其一，原始权益人作为公募 REITs 份额最大的投资人，在第一层委托关系中有较大话语权；其二，运营管理机构常由原始权益人或其关联方担任，且原始权益人作为基础设施项目原所有方，对基础设施项目的了解更加充分，因此原始权益人在第二次委托关系中也具有举足轻重的作用。

综上所述，尽管公募 REITs 运营治理形式上参与主体众多，但起关键作用的是原始权益人、基金管理人、运营管理机构和投资人。这四个主体构建了公募 REITs 运营治理的主体框架和主要关系，其他主体则为这四个主体间的主要关系提供服务。

二、四类重点主体之间的权责利关系

（一）原始权益人

原始权益人作为基础设施项目原所有方、公募 REITs 最大持有人和运营管理机构（或其关联方），在公募 REITs 运营治理中须参与并决策一系列事项，包括但不限于：项目初期选定基金管理人；决定基金管理费的费率；作为战略投资者认购基金份额，部分原始权益人甚至会对基金进行并表；决定运营管理机构；参与二级市场市值管理、风险处置；发起扩募。

具体而言，在公募 REITs 的实际执行过程中，原始权益人作为基础设施项目的原所有方，一般会通过招投标的方式选定基金管理人，并且可以在法律法规及监管机构允许的范围内通过招投标中的报价决定基金管理费的费率。

在公募 REITs 发售时，原始权益人或其同一控制下的关联方需要根据《基础设施基金指引》的要求参与战略配售，认购不低于基金份额发售数量的 20% 且满足持有期限要求。部分原始权益人认购远超 20% 的份额，目的是将公募 REITs 和基础设施项目纳入合并财务报表，保持对基础设施项目的控制。

在公募 REITs 运营管理中，原始权益人深度参与。一般情况下，运营管理机构由原始权益人、其下设子公司或关联方哪一方担任，均由原始权益人决定，再与基金管理人建立委托运营管理关系。

在公募 REITs 成立后，原始权益人会参与二级市场市值管理及风险处置，尤其是 REITs 二级市场价格显著下跌时，原始权益人可以通过增持基金份额维护二级市场价格，增强投资人信心。

同时，公募 REITs 长期健康发展依赖份额增加和规模持续增长，在当前市场环境下，从交易难易程度和市场认可度来看，新扩募的基础设施项目一般由现有原始权益人提供。

总体而言，虽然《基础设施基金指引》对原始权益人在公募 REITs 运营管理环节的权利和义务约定相对较少，但实际执行中，原始权益人在运营治理结构中的地位十分重要，甚至在很多情况下起到决定性作用，这与《基础设施基金指引》中的相关规定不完全相符。

（二）基金管理人

基金管理人作为公募 REITs 法定管理机构，需严格执行法规要求，对基础设施项目进行控制和运营管理，同时做好基金层面的收益分配、信息披露与份额持有人大会召开等工作。

在基础设施项目控制权方面，依据《基础设施基金指引》，基础设施基金成立后，基金管理人应将 80% 以上基金资产投资于与其存在实际控制关系或受同一控制人控制的管理人设立发行的基础设施资产支持证券全部份额，并通过特殊目的载体获得基础设施项目全部所有权或经营权利，拥有特殊目的载体及基础设施项目完全的控制权和处置权。公募 REITs 成立后，基金管理人须按法律法规和基金合同约定主动履行职责，包括有效管理基础设施项目现金流、妥善管理项目的各种印章、为基础设施项目购买足够的财产保险和公众责任保险、制定及落实基础设施项目运营策略、签署并执行基础设施项目运营的相关协议、执行日常运营服务、实施基础设施项目维修和改造、依法披露基础设施项目运营情况等。目前，基金管理人均能实现对基础设施项目的控制，整体履职情况良好。

在基础设施项目运营管理方面，基金管理人可设立专门子公司或委托外部管理机构承担运营管理职责，但依法应承担的责任不因委托而免除。委托外部管理机构时，基金管理人须设置合理监督机制，防止外部管理机构侵害投资人利益，必要时可按规定解聘并聘任新的外部管理机构。目前实际操作中，基金管理人均采用委托外部管理机构方式管理基础设施资产。

在召开基金份额持有人大会方面，当发生可能影响投资人利益的重大事项，如公募 REITs 扩募购入新基础设施项目、发生重大关联交易、基础设施项目拟进行重大更新改造、除法定情形外解聘运营管理机构等，基金管理人应当召集基金份额持有人大会，将相关重大事项提交表决。

在收益分配方面，基础设施基金应将 90% 以上合并后基金年度可供分配金额以现金形式分配给投资者，且每年收益分配在符合分配条件的情况下每年不得少于 1 次。每次进行收益分配前，基金管理人须测算可供分配金额，经基金托管人复核无误后，按约定向投资人分配。目前已上市的公募 REITs，基金管理人积极进行收益分配，部分项目还主动提高分配频率，实现每季度分配。

此外，基金管理人还须按法律法规和基金合同约定严格履行信息披露职责。公募 REITs 信息披露包括定期报告（季度报告、中期报告、年度报告）和临时报告（发生可能对基金份额持有人利益或基金资产净值产生重大影响事项时发布）。充分的信息披露有助于投资者了解基础设施项目经营情况，作出合理投资决策。

（三）运营管理机构

根据《基础设施基金指引》，公募 REITs 的基础设施项目运营管理机构可由基金管理人设立专门子公司或聘请外部管理机构担任。专门子公司可负责全部运营管理职责，而外部管理机构只能负责部分运营管理职责。目前已上市的公募 REITs 均由基金管理人聘请外部管理机构担任运营管理机构，尚未有设置专门子公司进行管理的情况。这与公募 REITs 当前发展阶段有关，现阶段公募 REITs 整体规模有限，基金管理人在基础设施项目管理方面须依托原始权益人积累的经验，较难形成专门子公司进行管理。

外部管理机构负责的运营管理职责包括为基础设施项目购买足够的财产保险和公众责任保险，制定及落实基础设施项目运营策略，签署并执行基础设施项目运营的相关协议，收取基础设施项目租赁、运营等产生的收益并追收欠缴款项，执行日常运营服务，实施基础设施项目维修、改造等。

（四）投资人

在公募 REITs 运营治理结构中，投资人作为基金份额持有人，可通过基金份额持有人大会参与重大事项表决，从而参与 REITs 运营治理。公募 REITs 的基金份额持有人大会类似上市公司股东大会，负责对影响基金份额持有人利益的重大事项进行表决。但由于其在《基金法》框架下设置，实际运作中整体召开频率不高。

三、与境外 REITs 治理结构的对比分析

（一）境外 REITs 治理结构

境外 REITs 主要存在两种治理结构，即公司型治理结构与契约型治理结构。公司型 REITs 以发行股份的形式组建投资公司，具备法人资格。REITs 投资者作为公司股东，依据相关法律与公司章程享有权利并承担义务，股东大会是公司型 REITs 的最高权力决策机构。契约型 REITs 则是依据基金份额持有人与受托人签订的基金合同，借助信托关系开展运作的基金。契约型 REITs 不具有法人地位，基金各方的权利和义务主要通过基金合同加以约定，基金份额持有人可通过持有人大会行使相关权利。

从全球实践来看，契约型 REITs 通常与外部管理模式相结合，公司型 REITs 多数与内部管理模式相结合。外部管理模式是指 REITs 本身作为公司、信托或基金实体，委托外聘的管理人执行部分或全部管理职责。内部管理模式是指 REITs 自身拥有不动产资产和资产管理人，由 REITs 的内部管理部门或管理公司负责执行所有管理职责。这两种管理模式的关键区别在于，专注于底层资产层面的资产管理人是否为独立第三方。这里的独立第三方是相对于 REITs 主体而言的独立，而非相对于原始权益人或其控股集团的独立。在许多外部模式下的 REITs 管理公司（或不动产管理公司），尽管不受 REITs 主体控制，但可能与 REITs 或 REITs 管理公司隶属于同一原始权益人集团，从原始权益人集团的角度来看，这也可视为一种变相的内部管理。

（二）境内外 REITs 治理结构的对比

目前，我国公募 REITs 均为契约型 REITs，在治理结构方面与国外公司型 REITs 存在较大差异，该差异主要体现在前文所分析的公司型 REITs 与契约型 REITs 的不同之处。

同时，我国公募 REITs 与国外契约型 REITs 存在相似点，但也有一些差异。我国公募 REITs 和国外契约型 REITs 都倾向于选择外部管理模式，然而，国外契约型 REITs 的基金管理人与聘请的外部管理机构一般隶属于同一原始权益人集团，而我国公募 REITs 的基金管理人通常与聘请的外部管理机构并无关联关系，而是外部管理机构与原始权益人属于同一集团。因此，从治理角度而言，我国公募 REITs 的基金管理人相较于国外的基金管理人，独立性更强。

第二节　运营治理实践中的挑战

尽管公募 REITs 已构建起基本的运营治理框架，但在实际运作过程中，仍面临诸多挑战。这些挑战涉及基金管理人、原始权益人、运营管理机构和投资人等关键主体，如基金管理人实施核心管理职责困难、原始权益人角色定位模糊、运营管理机构机制不完善，以及投资人参与度不足等。这些问题的存在，不仅影响了各主体职能的有效发挥，还在一定程度上制约了 REITs 的整体发展，亟待解决。

一、基金管理人有效实施核心管理职责的难点

（一）基金管理人地位相对弱势

对于原始权益人而言，公募 REITs 是其盘活存量资产、探索轻资产运营模式乃至打通"募投建管退"闭环的关键投融资手段，往往会得到原始权益人领导层及股东层面的高度重视。基金管理人作为实现原始权益人发行基础设施 REITs 目标的核心角色，自然成为公募 REITs 架构中原始权益人最为关注的服务机构。在发行公募 REITs 前，原始权益人有权选择服务于发起 REITs 项目的基金管理人，通常会采用公开招标等选聘方式，基于基金管理人的专业能力、服务水平等条件进行筛选，最终完成对基金管理人的选聘。REITs 的发起设立过程是"先有资产、再有 REITs"，对于持有优质资产的原始权益人，基金管理人总体处于被选择的地位，客观上导致基金管理人在原始权益人面前处于相对弱势地位。

（二）基金管理人相对缺乏基础设施项目的运营管理经验

与常规基金产品不同，公募 REITs 需要实际运营管理基础设施项目，其作为资产的上市载体，并非一次性交易，运营管理水平是未来数年至数十年内 REITs 能否持续为投资人创造价值的关键所在。基金管理人作为基础设施项目的主动运营管理者，根据《基础设施基金指引》的规定，须设置独立的基础设施基金投资管理部门，配备不少于 3 名具有 5 年以上基础设施项目运营或基础设施项目投资管理经验的主要负责人员。在公募 REITs 发行上市后的运营管理实践中，基金管理人一般会在单个公募 REIT 项目中安排数名符合上述要求的员工，常见的安排形式为向项目公司委派管理层和财务负责人等，从而参与项目公司的经营管理。

一个基础设施项目要保持持续稳定运营，根据基础设施规模和行业类型的不同，可能需要工程、运营、招商和财务等多个前、中、后台部门的协同支持。依据不同基础设施项目的特征，通常需要几十甚至上百名员工实际参与项目的经营管理，负责项目现场具体的经营事项和紧急情况的处理。在实践中，

无论是与上游供应商的商务谈判，还是对下游客户的服务和维护、设施设备的维修等，都依赖于项目现场具体的运营管理人员来实施。然而，基金管理人作为金融机构，本身对基础设施项目的经营管理缺乏经验，即便配备了部分具有相关基础设施项目运营或投资管理经验的人员，但在面对不同资产类型下极为复杂的底层资产运营事务时，仅 3—4 人的管理团队显得力不从心。

因此，在当前公募 REITs 架构下，基金管理人主要通过聘请外部管理机构，由项目原本的经营管理团队继续管理底层项目，而基金管理人对基础设施项目的管理更多侧重于重大事项审批、整体经营预算管控，对各类经营事项和财务收支进行审批，难以全面细致地参与项目的日常经营管理。

（三）基金管理人的收费与其承担的成本和风险可能不对等

基金管理人难以深度参与项目日常经营的背后，是其当前面临的经济性问题。目前基金管理人的收费一般采用固定管理费形式，以合并报表层面基金净资产为基数，大部分项目的年度费率不高于 0.2%，且该费率中还包含了计划管理人收取的资产支持专项计划（ABS）管理费，部分项目可能还需要承担财务顾问费。相对应地，基金管理人需要承担委派到项目公司的相关运营管理人员的人力成本，以及为实现基金日常经营所需的相关中后台人员、营销投入和系统使用等成本。此外，现阶段虽然委托了外部管理机构对基础设施项目进行管理，但基金管理人实际上仍承担着运营管理的责任。随着后续管理产品的数量及规模持续扩大，REITs 运营过程中因经济周期、区域发展、同业竞争、不可抗力等因素，不可避免地会出现各类经营业绩波动，甚至可能产生不可预见的责任纠纷等，这给基金管理人带来了一定风险。

值得注意的是，基金管理费收费的基数并非固定不变，在不扩募的情况下，基金净资产会因资产的折旧摊销等原因逐年下降，这意味着基金管理费的收费会逐年降低，基金管理人管理公募 REITs 面临的经济压力将越来越大，收入与成本及风险承担的不匹配性将愈发显著。

由此可见，相较于基金管理人需承担的成本和风险，当前基金管理人的收费标准较低，难以提供运营基础设施项目的全班人马配备，更难以承担相应风险，在一定程度上可谓"赔本赚吆喝"，只能依靠提升管理规模来提高经济可行性。

（四）扩募的主动权掌握在原始权益人而非基金管理人手中

公募 REITs 的扩募机制是其保持长久生命力、形成资产协同效应、降低集中度风险的重要途径。然而，在扩募方面，基金管理人的决定权较弱。当前实践中，公募 REITs 的扩募标的通常为首发项目原始权益人或其关联方的储备资产，尚未有市场化收购第三方资产的先例。因此，尽管基金管理人有权决定发起扩募，但实际上单只公募 REIT 能否持续扩募，在很大程度上取决于原始权益人是否有符合条件的基础设施项目及其主观意愿，扩募的主动权掌握在原始权益人手中，基金管理人无法强制要求原始权益人将其资产用于扩募。

（五）难以对运营管理机构进行有效监管

除了在与原始权益人的关系中处于弱势地位，基金管理人对运营管理机构的约束能力也较弱。如前文所述，基础设施项目的持续经营和业绩的实现很大程度上依赖于基金管理人委托的运营管理机构，其运营管理能力及意愿对基金收益影响较大。目前基金管理人对运营管理机构的具体监督和约束措施主要依赖双方签署的运营管理服务协议，仅为单纯的合同关系，难以从法规和行政层面有效监管运营管理机构。

综上所述，尽管《基础设施基金指引》赋予了基金管理人对基础设施项目主动管理的职责，但受限于基金管理人在与原始权益人关系中的弱势地位、自身运营管理经验的不足、管理公募 REITs 的经济性欠佳，以及对运营管理机构的约束能力有限等因素，基金管理人目前的管理职责实施效果仍不理想。

二、原始权益人具备能力和意愿，却难以找到适合的角色和定位

发行公募 REITs，是原始权益人盘活存量资产、改善资产负债状况、优化商业模式的重要途径，是众多原始权益人的战略选择，属于长期有益之举。底层资产运营情况及公募 REITs 二级市场表现的优劣，在很大程度上会对原始权益人的扩募可持续性、企业和公募 REITs 平台的公开市场形象以及运营管理能力的体现等方面产生重要影响。同时，根据《基础设施基金指引》，原始权益人须持有 20% 以上的基金份额，本身也是 REITs 的重要投资人。因此，公募

REITs 发行上市后，原始权益人通常有强烈的动力确保基础设施项目保持高效运营、业绩稳健，以体现资产价值，增强投资者信心。

原始权益人不仅有动力管理运营好底层资产，而且具备足够的能力和财力实现这一目标。原始权益人往往是相关基础设施与不动产领域具有行业影响力、地域影响力的企业，管理着大量同类型基础设施项目，拥有一定的专业人才和行业上下游资源，具有丰富的基础设施运营管理经验。此外，当公募 REITs 二级市场价格出现明显偏离经营情况的超跌现象时，原始权益人有财力通过增持基金份额等方式提振市场信心。

尽管原始权益人"有心有力"管理运营好底层资产，但在现行规则下，原始权益人实际上"无名无分"。运营管理公募 REITs 的职责更多地赋予了基金管理人及其委托的外部管理机构，原始权益人并未被赋予直接管理公募 REITs 的职责，且更多面临的是约束性规定。例如，《基础设施基金指引》第四十三条规定，基础设施基金原始权益人不得侵占、损害基础设施基金所持有的基础设施项目，并应当履行下列义务……因此，原始权益人难以找到合适的角色定位来为基础设施项目的持续稳健运营发挥作用，其主观能动性未能得到充分发挥。

总体而言，在当前公募 REITs 治理架构下，基金管理人的运营管理职责履行效果欠佳，而原始权益人"有心有力"却"无名无分"，形成了基金管理人"小马拉大车"，原始权益人"大马拉不了车"的局面。在这种架构下，不仅可能无法实现最优的运营管理效果，甚至可能因原始权益人动力不足等原因影响未来的扩募，从而对 REITs 的长期稳健发展构成一定阻碍。

三、运营管理机构的内外部机制亟待完善

（一）运营管理机构独立性不足

《基础设施基金指引》赋予基金管理人主动管理基础设施项目的职责，同时允许其设立专门子公司承担运营管理职责。然而在实践中，鉴于基础设施项目运营管理的复杂性，基金管理人通常委托外部管理机构负责部分运营管理工作。这些外部管理机构多为原始权益人或其下属、关联机构，旨在延续项目发

行公募 REITs 前的管理模式和团队，以保障项目持续稳定运营。但这种管理模式也引发了独立性不足的问题。作为原始权益人的关联方，外部管理机构能否完全站在公募 REITs 投资人立场，以最有利于实现项目运营业绩及持续稳定性的方式管理项目？能否以更公平合理的方式避免同业竞争？是否会从原始权益人（亦为公募 REITs 大股东）角度侵占小股东利益？这些问题在实践中须予以关注。

（二）基金管理人对运营管理机构的制约与监管乏力

当前公募 REITs 运营管理模式的独立性瑕疵问题，须通过基金管理人更好地发挥制约和监督作用来缓解，但目前这一制约效果有限。一方面，基础设施项目运营管理专业性强，日常事务烦杂，基金管理人配备的运营管理人员有限，且相关人员经验难以覆盖项目管理各方面，可能因精力或经验不足，难以对外部管理机构的日常经营实施有效监督；另一方面，现行规定下，基金管理人解聘和更换外部管理机构在实践中操作难度较大。

首先，《基础设施基金指引》虽明确了解聘外部管理机构的三种法定情形，但这些情形要么在实际中很少发生，要么难以判定（如因故意或重大过失给基础设施基金造成重大损失），导致执行困难。其次，对于法定情形之外的解聘、更换，须提交基金份额持有人大会决策，且须参会份额持有人所持表决权的 1/2 以上通过，与外部管理机构有关联关系的基金份额持有人在解聘、更换事项上无须回避表决。在此情况下，基金管理人若要解聘或更换外部管理机构，面临较高门槛，尤其在原始权益人自持 REITs 份额超过 50% 且不同意时，理论上无法解聘或更换与原始权益人有关联关系的外部管理机构。

（三）运营管理机构奖惩机制不健全

运营管理机构的运营服务能力及意愿对项目经营业绩和持续稳健运营至关重要，因此其奖惩机制尤为关键。但当前实践中，该机制的设置和实施存在诸多问题，整体尚不健全。

第一，《基础设施基金指引》规定基金管理人须建立防范外部管理机构履约风险的机制，并在运营管理服务协议中明确考核安排；证券交易所相关规则明确运营管理机构浮动报酬应与项目运营业绩挂钩，以体现激励与约束。然而，关于奖惩机制的具体设置方式缺乏细则规定，实践中主要由基金管理人与外部管理机构商务谈判确定。尽管监管机构已有方向性意见，如侧重奖惩对等、激励到运营团队或个人等，但因规则未明确，缺乏依据，实践中各方难以达成一致。

第二，对运营管理机构及其团队或人员的奖惩措施在实践中可能受限。例如，国有企业实施奖惩机制可能需经国有资产监督管理机构审批和监管，具体表现如因国资体系限薪难以将部分激励管理费直接用于团队或人员业绩激励，或因内部管理要求，运营管理机构高管或员工无法参与公募 REITs 跟投，难以实现利益一致。

第三，部分项目奖惩机制合理性存疑。如个别公募 REITs 项目运营管理机构收费标准叠加基于基金净资产的取费，与项目实际经营业绩无直接关联，并非考核运营管理能力和业绩表现的合理方式；部分基础设施行业不同项目运营管理费收费标准差异大，如购物中心行业存在商业管理平台向项目公司收取商业平台费的情况，导致运营管理费取费标准在业内差异大，若基础设施经营业绩不佳，可能对基金份额持有人收益产生较大影响。

第四，目前公募 REITs 多采用外部管理模式，委托外部管理机构负责部分运营管理职责，外部管理机构常与原始权益人（也是公募 REITs 份额持有人）有关联关系，虽有基金管理人及奖惩机制约束监督，但对于外部管理机构管理层、运营团队或个人而言，可能存在内部人控制现象，即所有者与经营者利益不一致，经营者可能控制公司追求自身利益，导致信息披露不规范、过度投资、资产耗用、不公平对待公募 REITs 底层资产等问题，损害投资人长远利益。

四、投资人缺乏深度参与公募 REITs 事务的途径和意愿

作为公募 REITs 份额持有人，投资人在当前公募 REITs 治理架构中的参与度较低，单个投资人对公募 REITs 影响力普遍较弱。具体而言，投资人主要通过基金份额持有人大会参与基金治理，但该大会仅针对重大事项表决，实践中很少召开。而对于与项目经营业绩和基金收益密切相关的项目年度经营计划、预算及日常运营管理事务，投资人缺乏直接参与途径。此外，单个投资人持有的公募 REITs 份额比重通常较低（除原始权益人及其关联方外，单个市场化投资人持有基金份额一般最高不超过 10%），在原始权益人及其关联方持有较高份额比例时，单个投资人话语权有限。

因此，投资人一般难以参与公募 REITs 管理，难以对基金管理人、原始权益人和运营管理机构进行有效日常监督，更多的是被动接受信息披露和基金管理人的投资者活动来了解项目情况。面对项目经营不善或投资价值不足时，投资人主要通过"用脚投票"表达意愿，而非通过主观能动性改善经营或管理状况。

五、总结

总体而言，尽管当前公募 REITs 治理结构中各角色均有法定职责、权利和义务，但在实践中因多种原因，存在职责与能力或意愿不匹配的现象。基金管理人虽承担重要运营管理职责但履行职责受到制约；原始权益人"有心有力"，多数时间受到"无名无分"的困扰；运营管理机构独立性和奖惩机制不健全，制约和监督不足；投资人作为实际持有人缺乏深度参与途径和意愿。当前公募 REITs 治理架构存在的问题和挑战有待进一步解决或缓解。

第三节　优化运营治理的探讨

在实践中持续优化运营治理结构是我国公募 REITs 发展的趋势，也是实现蓬勃发展的必然要求。纵观全球 REITs 市场，运营治理结构的不断改进优化是产品实现跨越式发展的关键。

我国公募 REITs 基于"公募基金+资产支持证券（ABS）"的产品架构构建了现有运营治理结构，实现了"从 0 到 1"的突破。然而，在落实基金管理人核心管理职责、调动原始权益人积极性、提升运营管理机构独立性和专业性、提高投资人基金治理参与度等方面，仍有较大优化空间。本节针对公募 REITs 运营治理重点主体面临的问题，探讨改进现有运营治理结构的方法，探索短期内改善治理结构的有效路径。

一、基金管理人

(一) 强化运营管理能力建设

作为公募 REITs 的核心管理主体，基金管理人主要负责公募 REITs 产品整体运营及对运营管理机构等相关主体的监督管理。若缺乏对底层资产的必要认知，仅依赖相关主体传递信息，可能无法履行主动管理职责。

因此，建议基金管理人加强运营管理能力建设，如配备更多具有基础设施项目管理运营经验的人员，提升运营管理能力和经验；建立并完善专项用于公募 REITs 管理的电子信息化系统；健全底层资产管理相关制度等。专业基金管理人的参与有助于运营管理机构追求多元化价值导向和经营目标，在重大事项处理中，通过基金管理人与运营管理机构分工协作，实现 "1+1>2" 的效果。同时，基金管理人应在汲取产业方经验的基础上，整合管理思路，形成体系化管理模式，给运营管理机构赋能，充分实现中国 REITs 的产融结合。

(二) 合理确定基金管理费收取标准

当前我国公募 REITs 基金管理费率处于公募基金较低水平，管理费收入与成本不匹配，基金管理人较难实现盈利。在此背景下，建议采取以下措施，提高基金管理人参与积极性，促使其全面履行职责。

1. 由投资人决定基金管理费设置

根据《中华人民共和国公司法》第五十九条规定，股东会负责决定有关董事、监事报酬事项；《中华人民共和国证券投资基金法》第四十七条第四款规定，基金份额持有人大会决定调整基金管理人、基金托管人的报酬标准。因此，建议公募 REITs 基金管理费的决定权交由投资人，即由基金份额持有人大会决定基金管理人报酬事项；也可考虑采用另外一种方式，即由基金管理人提出取费标准，投资人用脚投票，选择是否购买该 REIT。由投资人决定费率水平，可平衡原始权益人与基金管理人在公募 REITs 项目前期洽谈关系，避免承揽阶段恶性竞争。

2. 采取 "固定+浮动" 取费标准

借鉴海外成熟 REITs 市场经验，建议公募 REITs 基金管理费取费标准采用

"固定+浮动"机制。固定部分沿用现有常见收费模式，以基金净资产等指标为基数，按固定频率计提支付，以覆盖日常基本支出；浮动部分与公募 REITs 经营业绩、分红情况、二级市场表现等挂钩，根据基金管理人管理能力及产品综合表现设置，并提交基金份额持有人大会审议表决。上述管理费调整建议有助于进一步落实基金管理人核心管理职责，提升其开展公募 REITs 业务整体效能，保障我国公募 REITs 市场长远健康发展。

3. 加强对运营管理机构的监督

在我国公募 REITs 现有运营治理结构下，基金管理人作为独立于原始权益人的第三方金融机构，以基金份额持有人利益优先，代表投资人进行总体管理和监督，一定程度上缓解了外部管理模式下的道德风险。随着自身专业能力提升和运营经验积累，基金管理人应在不过多干预运营管理机构日常运营的基础上，加强监督，落实运营管理服务协议权责规定，依据协议加强考核，提升运营管理机构独立性和专业性。

4. 依规开好基金份额持有人大会

基金份额持有人大会由全体基金份额持有人组成，是公募 REITs 最高权力机构，负责决定基金重大事项，如扩募、延长合同期限、修改合同重要内容、提前终止合同、更换管理人和托管人等。根据《中华人民共和国证券投资基金法》第八十三条规定，基金份额持有人大会由基金管理人召集；基金份额持有人大会设立日常机构的，由该日常机构召集，该日常机构未召集的，由基金管理人召集；基金管理人未按规定召集或不能召集的，由基金托管人召集。公募 REITs 基金管理人应依据上述规定，及时高效召开基金份额持有人大会，并根据底层资产行业特性和运营情况，适时提高召开频率。

二、原始权益人

公募 REITs 作为兼具不动产属性与金融属性的创新投资工具，充分释放其制度价值，发挥基金管理人与原始权益人在金融产品端与项目运管端的比较优势，形成良好合力，对公募 REITs 市场的健康发展至关重要，也关乎各利益相关方参与产品发行的动力与信心。

为进一步调动原始权益人的主观能动性，原始权益人可通过与基金公司设立专门公司开展公募 REITs 业务，实现与公募基金的深度绑定，从而更积极地参与公募 REITs 管理。这与海外成熟市场模式趋同，有利于更好地发挥原始权益人的综合能力，促使其加强对底层资产运营的重视，并通过扩募等形式保障公募 REITs 的长期发展。同时，须防止和限制原始权益人不正当干预基金管理人正常履职，双方应形成良好的协作与制衡关系。

（一）鼓励基金管理人与原始权益人合资成立专门的子公司

建议鼓励基金管理人与原始权益人合资成立专门从事公募 REITs 业务的子公司，视情况担任基础设施项目的运营管理机构。子公司可由基金管理人发起，吸收一个或多个原始权益人参与；也可由原始权益人发起，吸收公募基金公司参与。子公司的股权比例在法规允许范围内，可根据双方意愿和能力灵活确定，以充分发挥各方优势，规范和约束各方责权利。为此，须放开基金管理人设立子公司的数量限制。基金管理人可设立一个子公司，吸引一个或多个原始权益人参与；也可与不同原始权益人分别成立子公司。

通过成立合资子公司，原始权益人将更理性地看待公募 REITs 业务，更易将其视作自身业务板块或公司战略一部分，实现管理赋能下的价值增长，减少将公募 REITs 简单视为融资工具和资产出售方式的冲动。通过成立合资子公司，基金管理人能够在一定程度上将子公司业务风险与母公司隔离，优化公司公募 REITs 业务内部管理机构，并给予一定业绩激励，促进公募 REITs 业务发展。

（二）设立合资子公司须做好保护投资者权益的制度安排

不同基础设施行业管理需求既有共通之处，也存在明显差异，原始权益人的行业背景、资源禀赋、管理方式、风险管控等各不相同。因此，基金管理人与不同原始权益人成立合资子公司时，须结合其特点，有针对性地设计子公司制度安排。同时，原始权益人往往持有大规模同类型基础设施项目，运营过程中同业竞争、利益冲突情况更显著。对于潜在利益冲突问题，基金管理人须通过一系列规定和要求，使合资子公司具备基金公司的合规管理水平；对于单纯以出让资产为目的的原始权益人，基金管理人须主要承担相应职责，做好投资者权益保护工作。

三、运营管理机构

根据《基础设施基金指引》第三十九条规定，基金管理人可设立专门子公司承担基础设施项目运营管理职责，也可委托外部管理机构负责部分运营管理职责，其依法应承担的责任不因委托而免除。当前我国公募 REITs 产品的运营管理机构基本都由原始权益人或其关联机构担任，这有利于维持底层资产运营的一贯性，但会导致运营管理机构缺乏独立性，基金管理人难以有效制约、监管运营管理机构，且当前针对运营管理机构的奖惩机制不健全，其独立性和专业性有待提升。为解决上述问题，建议在《基础设施基金指引》规定下，进一步拓展运营管理机构的主体范围。

（一）建议鼓励发展以下三类主体担任运营管理机构

1. 原始权益人、基金管理人合资成立的子公司作为运营管理机构

如前文所述，为进一步调动原始权益人主观能动性，建议原始权益人可通过与基金公司设立专门公司从事公募 REITs 业务，并担任公募 REITs 的运营管理机构，实现与公募基金的深度绑定，充分调动原始权益人的资源，赋能公募 REITs 底层资产运营管理。

2. 发展独立第三方的专业运营管理机构

结合海外成熟市场经验，聘请独立第三方的专业运营管理机构可解决当前公募 REITs 运营管理机构缺乏独立性的问题。基金管理人或合资公司通过市场化招标等方式聘请主业突出、合规运营稳健、专业能力适配的第三方专业运营管理机构，可保障运营管理机构的独立性和专业性，提升底层资产业绩表现。

3. 仍由原始权益人或其关联机构担任

部分公募 REITs 项目行业属性较强，原始权益人或其关联机构运营管理能力显著，则仍可由原始权益人或其关联机构担任运营管理机构。

上述三类主体均可成为未来公募 REITs 运营管理机构的主要力量，但无论采用何种模式，基金管理人或合资公司都要制定科学合理的奖惩机制，加强对运营管理机构的监督，落实运营管理服务协议的权责规定。

（二）建议对运营管理机构予以适当监管

根据《基础设施基金指引》第四十条规定，运营管理机构应按照《中华人民共和国证券投资基金法》第九十七条①规定经中国证监会备案。当前公募 REITs 的运营管理机构备案一般采取"随产品获批即完成备案"模式，随着公募 REITs 市场规模扩大和运营管理机构主体多样化，建议由中国证券投资基金业协会或相关监管部门对运营管理机构予以适当监管。

四、投资人

投资人的积极参与是我国公募 REITs 市场迅速发展的根基，当前公募 REITs 投资人参与产品运营治理程度有待提升，建议通过完善基金份额持有人大会机制、设置日常机构等形式逐步提高投资人参与度。

（一）开好开实基金份额持有人大会

基金份额持有人大会由全体基金份额持有人组成，是公募 REITs 的最高权力机构，基金管理人须切实履行组织召开会议职责。建议从规则层面对基金份额持有人大会召开频率进行强制性规定，例如每个自然年度至少召开一次，并进一步明确和规范会议表决内容。

（二）鼓励设立基金份额持有人大会的日常机构

根据《中华人民共和国证券投资基金法》第四十八条规定，基金份额持有人大会可以设立日常机构，行使召集基金份额持有人大会、提请更换基金管理人和基金托管人、监督基金管理人投资运作、基金托管人托管活动等职权。建议进一步鼓励公募 REITs 产品根据上述规定设立日常机构，成员由基金份额持有人大会选举产生，负责监督基金管理人投资运作等职权，进一步提升投资人参与度。

（三）落实持有人大会一定条件下更换基金管理人的权利

根据《中华人民共和国证券投资基金法》第四十七条规定，基金份额持

---

① 《中华人民共和国证券投资基金法》第九十七条：从事公开募集基金的销售、销售支付、份额登记、估值、投资顾问、评价、信息技术系统服务等基金服务业务的机构，应当按照国务院证券监督管理机构的规定进行注册或者备案。

有人大会职权包括决定更换基金管理人、基金托管人。参考海外市场经验，当公募 REITs 基金管理人难以履行主动管理职责，或因基金管理人原因导致公募 REITs 出现较大损失和风险时，基金份额持有人大会可履行更换基金管理人职权，保障全体持有人利益。

（四）基金管理人须切实做好信息披露，便于投资人更好"用脚投票"

信息披露是公募 REITs 信息披露义务人面向投资者和社会公众全面沟通的信息桥梁，是贯穿资本市场的生命线。通过信息披露义务人充分、透明和可靠的信息披露，方能构建有序、健康、可持续发展的金融市场秩序。

首先，基金管理人须尽快建立完善的信息披露制度，实现信息披露有据可依，以完整反映资产状况及公募 REITs 经营情况，减少投资者与运营管理机构、投资者与基金管理人之间的信息不对称，为投资者进行公募 REITs 投资、价值判断创造客观公正环境。一是加强信息披露针对性，信息披露义务人应结合基础设施资产行业特点、业务模式、会计政策、运营状况等，充分揭示可能对基础设施项目稳定运营、基金份额持有人权益等产生不利影响的风险因素，披露内容应具有针对性、适用性和可读性。二是保持信息披露口径一贯性，核心披露指标如出租率、租金、通行费收入等，不同报告期披露口径应具有可比性，不得任意调整相关数据计算方法或指标口径。三是加强信息披露规则完善，对披露途径、披露时间、保密义务、主体责任、特殊信披内容管理等事项明确要求。

同时，对于内幕信息及知情人士也须建立相关监管制度及信息披露制度，避免知情人士利用内幕信息开展有失公允的交易。此外，建议明确自愿披露原则相关要求，在基本信息披露要求基础上进一步鼓励自愿披露，实现上市项目信息流动更充分、更透明。

第四节 REITs 立法与运营治理

我国在公募 REITs 试点阶段采用的"公募基金+ABS"模式，是现行法律法规框架下的优选方案。长远来看，以明确法律定位、提升治理效能、强化产融结合为目标的公募 REITs 立法则势在必行，有助于减少公募 REITs 运营治理中可能出现的一系列问题。

一、公募 REITs 立法原则

（一）立法应一步到位，摒弃过渡模式

我国公募 REITs 产品的产生与发展经历了试点工作的过渡阶段，目前已进入常态化发行阶段。通过近几年的试点，积极探索、持续完善，积累了丰富经验，也面临一些亟待解决的问题。为给公募 REITs 常态化发行提供完备的制度保障，在法规建设方面，须充分总结前期过渡期试点经验，扎实推进立法工作，应当直接实现主要目标，确保产品结构和 REITs 特征的适配性，一步到位，不再采用过渡模式。

公募 REITs 立法工作应兼顾科学性与可行性，将各类亟待解决问题的影响程度与相关政策法规现状有机结合。针对影响我国公募 REITs 市场长期发展的顶层设计问题，如公募 REITs 的整体治理模式等，这些可能是制约我国公募 REITs 行业发展的系统性、基础性问题，长远来看，可考虑运用法律手段加以解决。解决这些问题的方案通常具有"稳定性"和"长期性"特征，在法律层面予以明确，可彻底消除限制公募 REITs 市场发展的长期障碍。

（二）具体立法内容应契合中国国情并与国际接轨

公募 REITs 作为一种创新金融产品，对我国资本市场发展具有重要意义。其具体立法内容的构建至关重要，须在符合中国国情和与国际接轨之间找到平衡。

从中国国情出发，我国基础设施规模庞大、种类丰富，公募 REITs 立法应充分考虑如何将这些资产有效纳入其中。同时，我国金融市场投资者以中小投资者为主，立法须重视保护其权益，设定合理的信息披露要求，防止中小投资者因信息不对称遭受损失。此外，国内法律体系和监管框架独具特点，立法要与现行的《证券投资基金法》《证券法》《公司法》等法律协调一致，确保公募 REITs 合法合规运行，还须考虑税收政策、土地政策等对公募 REITs 运营成本和收益的影响。

在与国际接轨方面，国际上成熟的公募 REITs 市场经验丰富，值得借鉴。例如，在产品结构设计上，美国、新加坡、中国香港等地采用了各具特色的公募 REITs 产品架构，并据此明确各方权利义务关系，值得我们借鉴；在运营管理上，引入国际先进的资产管理理念和标准，提高资产运营效率和收益水平；在信息披露上，借鉴国际成熟公募 REITs 市场的标准和规范，增强市场透明度，吸引国际资本参与。

只有构建既符合中国国情又与国际接轨的公募 REITs 立法内容，才能推动公募 REITs 产品在我国健康、有序发展，使其在基础设施建设融资、金融市场完善等多方面发挥更大作用，提升我国资本市场的全球竞争力和影响力，为实体经济提供有力支持，推动经济结构优化升级。

（三）"公募基金+ABS"架构成效显著，常态化下须优化升级

我国公募 REITs 采用的"公募基金+ABS"模式在试点阶段发挥了诸多积极作用。该模式以现有证券投资基金及资产支持证券产品为基础，创新组合出具有中国特色的公募 REITs 产品架构。在没有重大法律法规突破的情况下，解决了公募 REITs 的节税效应、公众投资者投资可行性、投资标的为基础设施项目等问题。"公募基金+ABS"架构成功为我国基础设施资产上市开辟了道路，有效盘活了大量基础设施领域的存量资产，拓宽了基础设施建设融资渠道，吸引了社会资本参与，在一定程度上缓解了资金压力，同时为投资者提供了相对稳健且多元化的投资选择，丰富了资本市场产品体系。

然而，"公募基金+ABS"模式的局限性不容忽视，其本质上只是权宜之计。该模式结构设计相对复杂，众多参与主体和复杂交易链条给运营管理带来诸多挑战。实际运作中，各环节相互交织、关联，信息传递延迟、利益诉求差异等因素可能导致衔接不畅，产生摩擦，使运营效率降低，管理成本上升。随着我国公募 REITs 进入常态化发行阶段，投资者群体不断壮大，相关政策法规持续完善，现有的"公募基金+ABS"架构须优化升级。当前，须探索更优化、能提升运营效率且具有长远适应性的公募 REITs 模式，为行业注入新活力与动力，推动公募 REITs 行业持续稳健发展，实现可持续的高质量发展。

二、打造公募 REITs 为独立金融品类

（一）继续依附现有金融产品难以体现公募 REITs 特性

公募 REITs 兼具股性与债性的独特资产上市特征，使其模式构建存在多种路径。若采用"公募基金投资非上市公司股权"或"ABS 公募化"方式，虽可能在立法程序上简便，但存在明显弊端。一方面，这种方式可能使市场参与者更多将 REITs 视为债性产品，偏离其"股性+债性"特性，不利于全面发挥其在资产配置与融资等方面的功能；另一方面，其与公募基金产品和 ABS 产品的传统定位存在差异。公募基金产品长期有特定投资范围，ABS 也有固有运作模式和定位。在公募基金直投股权或 ABS 公募化模式下，容易引发市场概念混淆，导致投资者对不同金融产品界限认知模糊，可能影响金融市场规范性提升，因此在公募 REITs 模式探索中须谨慎权衡。

（二）打造全新金融品类将拓展更大空间

我国公募 REITs 立法不妨采取更果敢、更具前瞻性的策略，一步到位将其定义为全新金融产品，"一张白纸上好作画"，能拥有最大限度的自由度和灵活性。明确其全新金融产品定位后，相应制度建设将更为顺畅。从监管框架搭建看，可依据其独特性质量身定制规则，避免与其他传统金融产品监管模式混淆冲突，使监管体系更清晰高效。在市场准入方面，能精准设定符合其特性的标准，筛选优质适配项目和参与主体。在投资者保护机制上，也可基于新金融产品定位创新设计，全方位保障投资者权益，推动公募 REITs 市场健康、有序、蓬勃发展。

三、选择适配的公募 REITs 的法律载体

公募 REITs 立法进程中，选择公司制还是契约制成为核心焦点，此问题至关重要，亟待明确界定。契约制以信托契约为核心，设立和运作灵活，可根据投资者需求和市场变化调整契约条款，更专注于投资目标实现和收益分配。公司制模式下，REITs 具有独立法人地位，内部治理结构完善，能以公司名义开展业务活动，在责任界定和运营管理上遵循公司法规范体系，有助于保障各方

权益和业务有序推进。两种制度各有利弊，其选择将深刻影响公募 REITs 发展路径、监管框架构建、投资者权益保障，以及市场整体稳定性和活力，关乎公募 REITs 生态未来格局，必须谨慎考量并明确界定。

（一）考虑现有架构及海外产品衔接，宜以契约型为主

在公募 REITs 确定立法载体时，选择以契约型为主有充分理由。首先，从与现有"公募基金+ABS"的衔接角度来看，目前我国公募 REITs 产品为契约型架构，未来沿用契约型架构可实现平滑过渡与整合，减少制度变革冲击和摩擦，保障市场稳定运行。其次，亚太地区的新加坡、中国香港等地的 REITs 采用契约型模式，这些地区在 REITs 领域经验丰富、市场范例成熟，选择契约型可更好借鉴其成功经验，促进区域交流合作，提升我国公募 REITs 在亚太地区的协同性和竞争力。最后，内地优质资产有在新加坡和中国香港发行公募 REITs 的情况，若我国公募 REITs 立法采用契约型，将便利资产在本土与海外发行运作的衔接，降低发行成本和交易风险，吸引更多资本投入，推动公募 REITs 市场繁荣发展，在全球 REITs 市场格局中占据更有利地位。

（二）若同时引入公司型架构，则在现行法律下做相关修订

若公募 REITs 结构允许同时采用公司型，则在现行法律下做相关修订。《公司法》规定公司在弥补亏损、提取公积金、缴纳所得税后，税后利润才可向投资者进行分配，同时折旧摊销等非现金损益也将减损净现金流转为净利润的比例。为满足公募 REITs 高比例分配的要求，采用公司型 REITs 需要修订《公司法》并对税收政策进行调整。此外还需要简化《公司法》中职工代表大会、监事会等治理结构相关要求，避免增加公募 REITs 运作成本。如果采取特殊目的公司（SPC）的形式，要对《证券法》公司首次发行股票应当"具备健全且运行良好的组织机构"等条件作出解释，以兼容 SPC 的特殊情况。另外，《首次公开发行股票并上市管理办法》对公司 IPO 设定了主体资格、规范运行、财务会计等各项准入条件，SPC 较难满足，需要另行制定符合 REITs 的 IPO 相关规则。

四、关于运营管理机构

在公募 REITs 产品运营管理机构设置上，可采用基金管理人与原始权益人

合作成立的子公司或独立运营机构主导的模式。基金管理人在公募 REITs 运作中具有专业资金管理和投资运作经验，能在资产投资、风险管控、资金募集和调配等方面发挥关键作用。原始权益人对基础资产了解深入，熟悉其运营细节、市场潜力和潜在风险挑战。二者合作成立子公司，可充分整合优势资源。子公司能根据基础资产特性精准制定运营策略，提高资产运营效率，实现资产保值增值。独立运营机构可在灵活架构下协调基金管理人与原始权益人的利益诉求和业务协同，避免利益冲突矛盾。这种模式有利于建立长期稳定的运营管理机制，提升公募 REITs 产品市场竞争力和吸引力，进一步提高投资者回报，也有助于推动公募 REITs 市场规范化和专业化发展，促进市场规模持续扩大和成熟。

五、关于发行人

REITs 的法律载体决定了其法定的发行人。例如，中国香港采取信托载体，那么法定发行人是受托人；我国目前采取公募基金载体，发行人则是基金管理人。在公募 REITs 发行主体构建规划中，可由公募基金和原始权益人联合组成独立发行主体并发放金融牌照。在发行主体层面，基金管理人在金融市场积累了丰富资金管理、投资运作和风险控制等专业经验，可为公募 REITs 发行提供坚实资金运作保障和专业金融服务支持。原始权益人对拟纳入公募 REITs 的基础资产有详尽深入了解，熟悉其运营状况、市场前景、收益潜力和潜在风险等关键要素。二者联合组建独立发行主体，能实现优势互补和资源整合。一方面，借助公募基金专业能力可确保发行过程合规、资金募集高效及后续资金管理科学；另一方面，原始权益人的资产专业知识有助于精准筛选优质基础资产，保障公募 REITs 底层资产质量和稳定性。发放金融牌照可明确发行主体合法地位和监管框架，使其在市场规范有序开展业务，增强市场信心，吸引更多投资者参与，推动公募 REITs 市场在我国蓬勃发展，进一步完善我国金融市场产品体系和结构布局。

六、关于发起模式

公募 REITs 的发起模式可由基金管理人或原始权益人一方为主联合另一方

共同发起，相得益彰。一种模式是以公募基金为主导力量，联合原始权益人共同发起。公募基金在金融领域经验丰富，具备高度专业化金融运作能力，精通资金募集、管理和调配，深谙金融市场风险把控和投资策略之道。在公募REITs发起过程中，能凭借深厚金融资源和精湛运作技艺，为项目注入强大资金动力和金融智慧。另一种模式是以原始权益人为主，联合公募基金进行发起。原始权益人扎根实体经济，对旗下基础资产了如指掌，清楚其在实际运营中的每一个细节、优势与挑战。其拥有的实体经济资产是公募REITs构建的核心基石，为其提供了实在价值依托。

公募基金与原始权益人的结合契合REITs"金融与实体经济紧密结合"的本质特性。公募基金引入的金融资源能让实体经济资产在金融市场焕发活力，获得更广阔发展空间和资金支持；原始权益人的优质资产为公募基金投资运作提供明确方向和坚实依托。这种相互交融、促进的合作模式，能有效平衡金融风险与实体经济回报，优化资源配置，提高市场效率，为公募REITs平稳健康发展奠定坚实基础，在推动金融市场繁荣的同时，为实体经济振兴注入源源不断动力，实现金融与实体经济在公募REITs平台上的双赢局面，促进整个经济生态良性循环和持续发展。

实 悟 篇

第八章　中国公募 REITs 上市感悟

一个基础设施项目发行公募 REITs 的过程，某种意义上就是一次破茧成蝶的浴火重生。在这一过程中，需克服种种困难和障碍，付出许多艰辛的努力，忍受无数痛苦的煎熬。但一旦上市，收获的不仅有成功的喜悦，更有光明的未来。

第一节　跃马扬鞭成大悦　春蕾绽放正逢春

2024 年 9 月 20 日，华夏大悦城商业 REIT 于深圳证券交易所顺利上市。项目以大悦城控股旗下位于成都市武侯区的成都大悦城作为底层资产，募集规模 33.23 亿元，是首个在开售当日就提前结束公众发售的消费基础设施公募 REITs 项目。华夏大悦城商业 REIT 的发行，标志着大悦城控股在资管业务战略转型的道路上铸就了又一座里程碑。

大悦城控股始终与中国城市发展共生共进，不仅在核心城市打造出一批引领行业创新的标杆消费基础设施项目，也在资本市场领域积极探索创新运作模式。本次参与消费基础设施公募 REITs，在定价、发行、管理等阶段，有很多心得体会，想与大家交流分享。

一、定价端：消费基础设施公募 REITs 的定价核心应主要关注"运营力"

在中国公募 REITs 目前已发行的资产类别中，消费基础设施运营商的资管能力及其对项目整体的规划操盘能力，对于资产价值的影响最为显著。对比同属租赁经营型物业的租赁住房、产业园区等，消费基础设施更能直观体现不同运营商的资管能力。集聚于同一商圈的不同项目，或许一条马路之隔便是生意和客流的冰火两重天；即使是偏居城市一隅的非核心地段，也可能在运营商精心经营操盘之下，贡献亮眼的营业收入表现，甚至撼动城市内的商圈格局。

大悦城控股对此有着最深刻的切身理解。例如，本次发行公募 REITs 的底层资产成都大悦城位于成都市西南 2.5 环与 3 环之间，并非成都市的核心商圈。大悦城控股对于项目区位进行了谨慎调研分析，将成都大悦城定位为公园式购物中心，打造"国内首个体验游憩式潮玩购物公园"，精心改善周边的交通条件和配套设施，着力打造"宠物友好""家庭友好""深度游逛"等别样的运营标签，最终呈现出一座独具特色的购物中心项目，在成都市严苛的购物中心竞争环境中占据了重要的一席之地。成都大悦城自开业以来，每年均实现双位数的营业收入增长，目前已是成都市销售额排名前列的购物中心，在全市非奢侈品业态购物中心中持续保持头部地位。成都大悦城的成功，很大程度上代表着项目运营管理的成功，是大悦城控股强大资管能力的直接体现。

中国公募 REITs 当前的运营管理模式主要是外部委托管理，对于底层资产的经营操盘基本倚仗外部运管机构的专业资管能力。消费基础设施直接面对广大的消费者和多层次、常更新的消费需求，其运营管理很难凭借资源禀赋、区位优势等一劳永逸，需要敏锐洞察市场趋势、深刻理解消费者行为，持续应对不断更新迭代的市场挑战。因此，对于消费基础设施公募 REITs，除了关注底层资产本身，更应关注其背后运营机构乃至项目具体运营团队的"运营力"。强大的资管能力，不仅是已上市项目未来经营业绩稳定的"压舱石"，更为后续扩募置入优质资产、增厚投资人收益回报提供了更广阔的想象空间。

二、发行端：消费基础设施公募 REITs 的发行需要凝结一股"向心力"

中国公募 REITs 市场每推出一种新的资产类别，都会面临各式各样的新问题、新挑战。作为在国家发展改革委 2023 年 236 号文件出台后加入公募 REITs 大家庭的新成员，消费基础设施项目也经历了同样的历程。从华夏大悦城商业 REIT 的实践经验来看，这些问题和挑战主要集中在以下几个方面：

其一，发行申报审核的探索和磨合。作为公募 REITs 市场新的资产类别，消费基础设施项目在申报审核的过程中自然会面临项目审核边界的探讨和磨合，也会暴露出消费基础设施相对常见但相较于其他资产业态较为特殊的疑难问题。例如，对于运营成熟的消费基础设施，为了满足各品牌租户的商业需求，常有在竣工验收备案后进行改扩建的情形，包括装饰装修、结构加固改造、增设夹层、向外拓展经营面积等。如何针对不同情形确定相应处理方式，在实务中不仅依赖于发行单位和第三方专业中介机构的审慎论证和专业判断，也需要与监管机构充分沟通、积极反映问题，以明晰审核边界。

其二，复杂运营管理模式向公募 REITs 的适配和过渡。在消费基础设施的运营管理中，合同多、费用繁、业态杂，往往还因需要丰富收入来源而设置多样化的营销活动和经营方式，这也导致消费基础设施的运营管理模式和相应的成本支出，相较于其他资产业态更为精细复杂。为了适配公募 REITs 的管理要求，为投资人创造更多价值，兼顾成本管控目标和业绩激励导向，项目运营管理向公募 REITs 的过渡更需要各方夯实合作基础，设置合理有效的激励方式，提升运营效率。

其三，市场认知和接受度的挑战。在公募 REITs 推出之前，消费基础设施已经是不动产投融资领域比较活跃的交易标的类型之一，积累了一批具备成熟投资经验的市场投资人；随着推入公募 REITs 市场，消费基础设施又迎来许多从未接触这一领域的专业投资人群体。不论是针对历史投资经验丰富的"老面孔"，还是面向新近踏入的"新面孔"，项目成功发行的重中之重，均在于讲好消费基础设施公募 REITs 的投资故事。华夏大悦城商业 REIT 发行窗口正值我国公募 REITs 市场整体低迷、许多产权类项目市值水平底部蛰伏的时间段，为了保障项目顺利发行，项目组对市场主流的投资人进行了广泛覆盖，组织了近 30 场线下投资人一对一路演以及多场线上路演，累计接洽投资人近百家。高频次的路演活动和坦诚深入的沟通交流，既为项目的顺利发行打下了坚实基础，也增强了与投资人的相互信任。

如前所述，消费基础设施公募 REITs 的发行筹备面临种种挑战，复杂的情况要求发行人内部各部门之间、发行人与专业中介机构之间、发行团队与投资人之间乃至发行团队与监管机构之间，都要建立高效的沟通协调机制，确保各相关方目标一致、协同工作，共同推动项目的成功发行。

三、后市管理：珍视资产上市平台和大悦城品牌，后市管理应继续倾注持之以恒的"自驱力"

华夏大悦城商业 REIT 的成功上市，不仅是对其资产价值的认可，更是对大悦城品牌影响力的肯定。为了维护和提升这一来之不易的成果，项目的后市管理必须持续不断地投入"自驱力"，推动华夏大悦城商业 REIT 不断发展，追求卓越。

首先，大悦城控股将以"自驱力"精心运营华夏大悦城商业 REIT 平台上市资产，通过公开市场产品体现大悦城控股对于大悦城商管品牌的持续投入和维护，提升大悦城品牌的知名度和美誉度。我们认为，只有项目良好经营，进而实现对投资人较好的投资回报，华夏大悦城商业 REIT 才能在二级市场上维持市值稳定并具备进一步提升的基础。

其次，"自驱力"意味着大悦城控股将主动持续推动扩募工作，将华夏大悦城商业 REIT 打造为公司的资管平台。大悦城控股将 REIT 平台视作公司未来重要的战略转型工具，计划将运营成熟的优质物业持续置入 REIT 平台，提升华夏大悦城商业 REIT 的市场规模，打造龙头效应。我们坚信，将大悦城控股一以贯之的长期主义精神投入 REIT 平台建设中，能够为投资者提供广阔的扩募想象空间和良好的价值反馈。

最后，"自驱力"还体现在对投资者关系的管理上。管理团队将协同基金管理人与投资者建立长期的信任关系，通过透明高质量的信息披露、形式丰富的主动沟通，让投资者对公募 REITs 的未来发展充满信心，投资者的信任也将促使团队不断超越投资者的期望，提供超出市场平均水平的回报。

我们期待华夏大悦城商业 REIT 如同跃马扬鞭的骏马，在"运营力""向心力""自驱力"的三力加持催发下，驰骋在资本市场的广阔天地中，展现出大悦城品牌蕴含的无限活力与潜力。公司在启动筹备之初，将华夏大悦城商业 REIT 的筹备工作定名为"春蕾项目"，正如春蕾在最适宜的季节里绽放，华夏大悦城商业 REIT 的发行恰逢其时，为公司的发展和公募 REITs 市场都注入了新的活力。让我们共同期待华夏大悦城商业 REIT 在未来的日子里平稳健康发展，大悦城控股也愿与各方勠力同心，共绘中国公募 REITs 市场的宏伟蓝图。

供稿：大悦城控股　吴立鹏、刘佳

第二节　632 天：首个光伏 REITs 诞生记

由京能国际作为发起人的中航京能光伏 REIT，是国内首个光伏 REITs，于 2023 年 3 月 29 日在上海证券交易所上市。项目从启动、筹备到基金设立、敲锣上市，前后历经 632 天，我亲身经历了这一创新产品从播种到开花、结果的全过程，回首来路，依旧心潮澎湃，一些瞬间历历在目。

2021 年 6 月 29 日，国家发展改革委印发 2021 年 958 号文件，将风电、光伏发电、水力发电等清洁能源项目纳入试点范围。发文当天，我第一时间与基金管理人取得联系，进行了深入沟通，意识到京能国际的公募 REITs 可望走进现实。京能国际是一个决策高效的公司，公司高管层很快就开展 REITs 达成一致。三天后，中航京能光伏 REIT 项目正式启动，项目的第一个微信群就叫作"0705 工作群"。

在 REIT 推进过程中，遇到了许多问题和困难。最大的难题之一，就是如何破解中央财政可再生能源补贴对风电、光伏发电项目现金流稳定性的重大影响。

2006 年《中华人民共和国可再生能源法》实施后，国家开始对可再生能源发电实行基于固定电价的补贴政策。2011 年底，国家设立可再生能源发展基金用于可再生能源补贴，其来源一是国家财政公共预算安排的专项资金，二是依法向电力用户征收的可再生能源电价附加费。2012 年《可再生能源电价附加补助资金管理暂行办法》颁布，明确了补助项目确认、补助标准、预算管理和资金拨付，标志着可再生能源补贴正式面向可再生能源企业。

国补在可再生能源项目收入中的占比很高，许多项目的补贴收入占比在

50%以上。随着可再生能源装机规模和电量贡献不断提升，可再生能源发电补贴资金不足问题日益凸显，可再生能源补贴发放的延迟性加剧，影响了可再生能源项目现金流的稳定性，难以符合发行公募REITs的要求。

因此，作为首批新能源及首个光伏REITs，首先要解决的就是"基金稳定分红"与"国补发放周期"不匹配这个难题。想要解开这个结，需要"重构"以光伏发电为代表的新能源资产现金流在时空上的分布，更好匹配公募REITs特点，增强基金分红的持续性和稳定性，最大限度保障投资人利益。

投资人投资REITs产品，主要是投资基础设施项目未来的收益，对于项目过往经营已经产生且尚未回款的国补，在公募REITs发行前剥离给原始权益人是相对较优的方案。中航京能光伏REIT 2023年3月上市，项目将2022年1月1日前形成且未回款的国补剥离给原始权益人，避免投资人用现金购买过多应收账款的问题。

对于基金存续期间项目经营产生的增量国补，大致有保理、资产证券化、原始权益人直接购买三种处理方式，表8.1呈现了三种方式的优缺点比较。经过认真研究，我们最终决定采用国家发展改革委投资司向业内推荐的保理方式来解决这一难题。

表 8.1　三种国补处理方式的比较

	保理	资产证券化（ABS）	原始权益人直接购买
处理方式	项目公司将经营产生的国补转让给银行，获得转让对价款	项目公司将经营产生的国补转让给证券公司设立的ABS，投资人通过购买ABS份额，将对价款支付给项目公司	项目公司将经营产生的国补直接转让给原始权益人，获得转让对价款
优点	1.银行作为交易对手资信强，保证交易的持续性；2.银行融资成本相对较低；3.保理属于银行的常规业务，效率有保障	ABS属于标准化产品，透明度相对较高	程序简单，效率较高

续表

	保理	资产证券化（ABS）	原始权益人直接购买
缺点	受银行信贷政策的影响，可能导致保理开展延后或失败	1. ABS 产品需要强增信，项目公司主体资信较难满足发行 ABS 的条件； 2. 发行产品，程序较为复杂，周期存在不确定性，有发行失败风险	1. 关联交易，存在转让对价是否公允的问题； 2. 过度依赖原始权益人主体信用，如原始权益人丧失购买能力，将影响国补转让

按照这一思路，中航京能光伏 REIT 选定与 REITs 托管银行华夏银行开展保理合作，确保基金资金封闭运作。基金发行前，项目公司与华夏银行签订《保理业务合作协议》，协议对保理核心要素进行约定，具体包括：（1）保理开展时间及保理标的：约定基金存续期内拟安排最晚于每个自然年度结束前 30 个工作日将上一年度的新增国补应收账款平价转让予华夏银行开展保理业务合作；（2）保理业务合作期限：与基础设施 REITs 存续期保持一致，具体为自基金合同生效之日起 20 年；（3）每笔保理业务期限：每笔国补应收账款的保理融资期限应以其实际回款时间确定，原则上每笔国补应收账款的保理融资期限不得超过 3 年；（4）保理成本：就任意一笔国补应收账款的保理业务而言，保理融资利率不超过 3.6%/年。

保理业务实施的具体流程是：（1）基金管理人决定开展保理：基金管理人根据国补回款情况及分红安排，在一年内开展一次或多次保理，每次保理的国补为上一年度已产生且未回款的部分或全部国补。（2）确定保理成本：主要根据保理开展时点市场利率确定保理成本。（3）银行完成内容程序：华夏银行收集保理业务相关资料，达到可签署保理协议的状态。（4）签订保理协议：项目公司与华夏银行签订保理协议，银行按约定受让国补并向项目公司支付对价。项目公司收到电网发放的国补后，在约定时间内将该笔国补对应的金额向保理银行偿还并支付对应期间的利息，结清保理融资款。

基金管理人根据保理融资款到账情况及项目整体经营收入，制订分红计划，择时向投资人进行分红。中航京能光伏 REIT 上市以来，截至 2024 年末，已累计分红 6.73 亿元，按照发行价 9.782 元/份测算，累计分派率达到 22.94%，产品投资回报率良好，持续为投资者创造价值。

中航京能光伏 REIT 采用保理方式解决国补发放的延迟问题，形成了很好的示范效应。截至 2024 年末，已上市 5 只新能源 REITs，均有国补保理安排，成为基金分红的"稳定器"。可以说新能源 REITs 受投资人青睐，妥善解决国补问题是关键一环。

2023 年 3 月 29 日，中航京能光伏 REIT 在上海证券交易所成功上市，发行价格为 9.782 元/份，上市首日涨幅 12.37%，收盘价 10.992 元/份，全天成交额 2.34 亿元，市场表现亮眼。本次上市意味着京能国际在境内搭建起资本运作平台，对京能国际的发展意义重大。通过发行公募 REITs，为京能国际带来了权益性资金，降低了企业杠杆率，缩短了投资周期并提高资金周转率，使企业经营更加顺畅。同时，京能国际与更多顶尖金融机构建立起紧密合作，拓宽了融资渠道，降低了融资成本，也提升了市场投资者对京能国际资信能力及资产质量的认可度。

事非经过不知难。一只公募 REIT 的诞生离不开监管部门和地方政府的大力支持，也是发起人、原始权益人和各中介参与团队信心、决心和意志力的体现。我们深深感到，公募 REITs 筹备周期长、头绪多，在任何企业都必须是"一把手"工程。作为亲历者，我们由衷地对耕耘在公募 REITs 各领域的开拓者表示感谢，并对筹备过程中各方展现的精益求精的匠人精神致以崇高的敬意。

我国公募 REITs 市场启航四年有余，已迈入常态化发行新阶段，那颗在我心底种下的种子已经生根发芽，我期待着它早日长成参天大树，也希望公募 REITs 市场在监管与市场参与主体的多方呵护下能够绿树成荫、枝繁叶茂，永葆生机勃勃。

路虽远，行则将至。

供稿：京能国际　刘东升

第三节　越秀高速：践行开路先锋的使命与担当

越秀集团作为中国 REITs 先行者，早在 2005 年就在香港发行了全球首只投资于中国内地物业的上市 REITs。自此之后，越秀集团始终积极关注境内公募 REITs 发展动态，并尽己所能为推动这一事业奉献力量。比如 2015—2017 年，越秀集团董事长张招兴在担任十二届全国人大代表期间，连续三年提出加快推进境内公募 REITs 立法和试点工作的议案。

在基础设施 REITs 试点开始前，我们就启动了前期研究工作，在 2019 年组建项目团队和中介团队并正式启动项目，投身于基础设施 REITs 试点这一伟大事业。自此历经 781 天，终成正果。

回首这段旅程，令团队印象最深刻的并不是上市庆祝的那一刻，而是 781 天里，像开路先锋一样一步一个脚印踏平坎坷的难忘故事，其中比较有代表性的有两个。

一、香港联交所的分拆同意函

第一个是我们开创先例，取得香港联交所对香港上市公司分拆发行境内基础设施 REITs 同意函的故事。

作为首家在香港上市的公路红筹公司，越秀交通①在境内发行基础设施 REITs，面临的第一个问题是项目如何定性：是卖资产还是搭建上市平台？前者简单，只需履行常规资产出售程序即可，但后者就可能构成分拆上市，面临更加复杂和严格的监管。

毫无疑问，我们发行 REITs 的初心不是卖资产，而是搭建境内上市平台，并持续与上市公司互动、培育壮大，实现向交通基建资产管理公司转型的愿景。因此，我们从一开始便选择了一条虽艰难但更有意义的路。

为实现这一目标，我们早在 2019 年就开始积极与香港联交所沟通，详细

①　越秀交通是越秀集团负责交通基建板块的子公司并在香港上市。越秀交通发起设立华夏越秀高速 REIT。

说明基础设施 REITs 的规则以及我们在其中发挥的重要作用，并与香港 REITs 进行对比说明。经过多轮沟通，香港联交所认可发行基础设施 REITs 不是卖资产而是分拆上市，适用《上市规则》的《第 15 项应用指引》（简称 PN15）。

按照 PN15，我们发行 REITs 须满足两个主要条件：一是分拆 REITs 上市后要继续符合香港联交所《上市规则》第八章规定的全部上市资格；二是要确保上市公司股东能获得 REITs 的份额或者有优先认购 REITs 份额的权利。

要实现第一个条件，在挑选 REITs 基础资产时就要考虑周全。既要保证分拆后剩余资产继续符合香港上市资格，又要确保分拆的资产符合基础设施 REITs 的要求以及我们搭建 REITs 平台的初心，需要诚心甄选优质资产。所以，这个资产不能是"皮毛"，也不能是"脊梁柱"，而应该是一条"肋骨"。

经过深思熟虑，我们最终选择了湖北汉孝高速，该项目资产优质，规模适中，可同时满足境内外有关要求，这一方案也获得了香港联交所的认可。

关于第二个条件，我们向香港联交所详细解释了基础设施 REITs 的发行认购机制，说明在 REITs 相关规则下，要确保香港上市公司股东全部满足 REITs 的合格投资者要求这一前提条件具有客观困难，最终成功取得香港联交所对这一条件的豁免。

经过多轮沟通，2020 年 12 月 17 日，香港联交所正式同意越秀交通分拆汉孝高速发行基础设施 REITs，我们也成为首家与香港联交所沟通发行境内基础设施 REITs 实现分拆上市并取得其同意的企业，作为"开拓者"起到先行示范作用。在近一年的沟通中，香港联交所对国内公募 REITs 这一新事物有了较为丰富和全面的认识，为后来其审核港股上市公司分拆上市发行 REITs 奠定了基础。

二、银行纯信用贷款的突破

第二个是我们攻坚克难，为基础设施 REITs 配套融资的落地在银行信贷方面实现突破的故事。

根据香港 REITs 市场经验，融资工具对 REITs 的成长壮大具有关键意义，因此我们 REITs 方案中一开始就考虑了融资配置，并从 2019 年 11 月起开始接触银行。同时，我们立足于降负债、增利润等战略考量，明确了必须发行出表型 REITs，这意味着融资难度进一步提高，为什么呢？这是因为根据 2020 年 4 月 30 日出台的 REITs 试点规则征求意见稿，REITs 发行前资产的他项权利必须解除；而出表安排意味着我们不能对 REITs 的银行借款提供担保，因此其他增信措施如外部担保也行不通。我们明白这对于风控合规监管日趋严厉的银行意味着什么，但为了 REITs 项目落地，必须攻克这一难关。

为此我们迅速接触了几乎所有国有商业银行和股份制商业银行，不出意料，几乎所有银行都表示，收费权质押或者发行人保证是贷款前提，不同意提供纯信用贷款。

对此，我们迅速复盘总结，找到了问题的核心，即 REITs 作为创新金融产品的强资产、弱主体信用与银行传统授信高度依赖主体信用之间的矛盾，而银行审核部门对 REITs 的认识加剧了这一矛盾。

为打破僵局，我们迅速调整策略，直接沟通总行审批部门，加强 REITs 的宣传和介绍，通过阐释 REITs 的严格监管、高现金保障倍数以及越秀交通在 REITs 领域的丰富经验和专业能力，打消银行顾虑。

方向明确后，我们马上选定重点银行开始行动。尤其是 2020 年 6 月 22 日下午，我们去一家龙头股份制商业银行总行沟通，会议室里挤满了来自总行风险管理部、投行部以及分行的 50 多人，具体情景至今仍历历在目。

沟通一开始，银行就抛出问题："如果是越秀交通这样的优质客户借款，纯信用没问题，但现在借款主体从越秀交通出表，越秀交通还不提供担保，风险太大了。"

"首先，我们发出表 REITs 绝不是撒手不管，出表 REITs 在降负债、增利润方面的优势已在越秀集团以往的 REITs 实践中得到验证，出表是我们的战略选择，我们十几年前在香港发行 REITs 是这样，现在在内地发行 REITs 也是这样；第二，资产出表并不等于公司的支持和信誉出表，发行 REITs 是我们实施轻资产战略的第一步，但这个轻资产也没有那么轻，我们仍然是持有 REITs 30%份额的最大股东，和其他份额持有人、银行还在一口锅里吃饭。REITs 经营得好，我们是最大受益者；经营得不好，我们也要承担最大的损失。这样的利益深度捆绑，让我们站在同一条战壕里，也决定了我们不会对 REITs 撒手不管。"

经过这一轮沟通，银行对出表和主体信用的担忧有所缓解，但仍有顾虑。"即便这样，还款来源只有通行费收入，但现在又没有收费权质押，我们对现金流没有优先权，还是没有保障。"

"收费权质押是一种保障，但并非唯一，严格的监管和充足的现金流也是保障，而且更加可靠。基础设施 REITs 有着比上市公司更加严格的负债率限制，可以有效抑制企业盲目举债、过度扩张的冲动，保证企业的信用与安全。比如，我们 REITs 要接受国家发展改革委、中国证监会、证券交易所，以及基金管理人的层层监管，要进行详细的信息披露，这些都比银行的监管要求更全面、更严格。举个例子，在严格杠杆率约束下，我们 REITs 基本只能配置 3.5 亿元的贷款，但项目一年的净现金流都超过了 1 亿元，两到三年就还清贷款，这种级别的现金流保障，在其他银行贷款中是见不到的。从实质来看，REITs 引入贷款后，实现了权益投资人和债权投资人之间现金流分配的优化，借助债权投资人的资金，权益投资人减少了资金投入，并通过贷款分期偿还将现金分配的时间整体提前了。而债权投资人也能够获得贷款利息收入，实现双赢。中国基础设施资产庞大，基础设施 REITs 未来将会形成万亿级市场，蕴含着巨大的业务机会。如果银行不提前布局抢占先机，因为一些常规的风控要求而驻足不前，很可能被其他竞争对手抢先而错失良机。"

在 3 个小时的深入沟通中，类似这样的思维碰撞和交锋不断进行，最终，我们按照既定策略，成功打消了银行的担忧，取得了银行审批部门对无担保、无质押融资方案的认可，同时也让银行意识到了基础设施 REITs 试点为其带来的机遇。

带着这次沟通的成果，我们先后和其他几家银行进行了总行层面的沟通，也取得了非常积极的效果，不仅确保了我们项目的贷款方案落地，也为其他项目落地类似方案创造了有利条件。

2020 年 8 月，《基础设施基金指引》正式稿发布，对于 REITs 银行借款，在解除他项权利负担之外，也明确了不能提供外部增信。这也再次证明了我们工作的前瞻性和开创意义。

先行者和开路先锋最大的挑战在于没有现成路可走，但也意味着我们迈出的每一步，都将成为新路上一道宝贵的足迹。

中国公募 REITs 事业能够在试点四年多就取得如今的不凡成就，离不开一个个类似的人和类似的故事，未来必然还会有更多这样的故事不断被叙写，推动中国公募 REITs 事业开辟新的篇章。

供稿：越秀交通　潘勇强

第四节　合肥高新产业园的"逆袭"

2022 年 10 月 10 日，安徽省首个公募 REITs 项目——华夏合肥高新创新产业园 REIT 在深圳证券交易所成功上市。网下询价有效认购倍数接近 157 倍，公众发售部分的配售比例低至 0.23%，创造并一直保持产业园公募 REITs 项目网下最高认购倍数和网上最低配售比例的纪录。本项目于 2021 年 3 月正式启动，一年半时间即成功上市，回忆这只二线城市产业园 REITs 的"逆袭"历程，其成功离不开"天时""地利""人和"。

一、天时

基础设施公募 REITs 的推出，极大契合了原始权益人的发展需求。本项目的原始权益人合肥高新股份有限公司（简称"合肥高新"），是产业园区开发建设和运营管理领域的一名老兵，先后开发运营了合肥创新产业园、中国声谷、生物医药产业园、集成电路产业园等 10 多个总面积超 500 万平方米的特色产业园区，以及近万套总面积超 50 万平方米的园区配套租赁住房，聚集华米科技、国盾量子、中盛溯源等各类科技创新型企业超 4000 家，2018—2022 年连续五年入选中国产业园区运营商 30 强。然而，和众多 REITs 上市前已成功使用境内外各类股债产品的大型企业不同，合肥高新此前在资本市场的亮相并不多。基础设施公募 REITs 的推出，使得这家资本市场新兵找到了崭新的发展路径。

在企业和资产端，传统产业园区投资建设的重资产模式，让公司的账面上一边是"回报周期超长"的重资产，另一边是"规模庞大"的高负债。启动REITs时，公司总资产规模仅 105 亿元，资产负债率高达 69%，主体评级 AA，除了银行间市场债务融资工具，尚未涉足过其他公开市场产品。在公募 REITs 的政策法规端，除了优质底层资产的基本要求，更有通过发行公募 REITs 拉动投资的根本使命：90% 回收资金需要用于新增基础设施项目投资（最新政策已更新为 85% 的回收资金用于项目建设或收购）。通过公募 REITs，公司有望打通"投资—融资—建设—管理—退出"的资金闭环，从而快速转型为轻重并举的资产投资与运营平台。

二、地利

通过对底层资产的全面梳理，及早彻底解决资产建设运营规范性方面的问题。基础设施公募 REITs 的政策法规对底层项目的合规性要求非常高，在"审、核、备"各项投资手续完备的基础上，重点关注资产权属、用途限制、经营资质、转让限制等关键问题。项目有关方在尽调阶段发现，资产实际用途并非完全符合规划用途，便在参加国家发展改革委投资司开门办公会时主动汇报了这一问题。与会专家建议，产权人在不改变土地用途的前提下，得到地方相应主管部门出具书面同意后，可以根据区域经济发展需要对原有规划进行适当调整。有了这一明确的行动路径，原始权益人立即开展工作，终于在项目正式申报前获得了主管部门合肥市自然资源规划局的相应批复。在尽调阶段准确定位关键合规问题并主动寻求解决方案，为后续顺利高效获批奠定了扎实基础。

多维度形成底层资产价值评估和核心参数假设合理性的验证闭环。公募REITs 是资产的上市，一只 REITs 产品的诞生始终围绕着底层资产价值评估这个主题。在尽职调查过程中，中信证券协助华夏基金一起通过实地走访、数据搜集、电话访谈、周边市场调研等方式，对基础设施项目的价值形成自己的评价。而原始权益人对"自家的娃"有更加深刻的理解和认识，也持续输出自身观点。待基金管理人和原始权益人对资产价值达成一致后，又完整、深入、全面地向监管机构及投资人进行说明和展示。例如，在答复深圳证券交易所的问询过程中，需要论述远期出租率 90.55% 假设的合理性，因为这个数字高于过去 6 年最高出租率 88.47%，通俗地说就是："过去多年都没租出去的面积为啥发了公募 REITs 就能租出去？"我们对此进行了充分阐述，提供了翔实数据：一是应招商要求，为满足优质企业快速落地，底层资产长期预留了 3%—5% 的优质房源；二是以详细的意向租户名称、拟租赁面积及意向起租时间作为支撑，提供了底层资产的实际出租率和蓄客数据。这些阐述和数据有力支撑了估值参数合理性，在路演阶段获得了专业机构投资人的认可。细致深入的尽职调查、严肃负责的资产估值，是华夏合肥高新创新产业园 REIT 获得市场认可的重要因素。

三、人和

上级主管部门的全力支持和企业内部高度重视保障了项目申报顺利推进。合肥高新将发行 REITs 放在了董事长亲自挂帅的战略高度。能在区里解决的问题根据需要随时开会研究，需要上级决定的事项立即汇报、实时跟踪，没有案例参考的问题集体研究决策。合肥高新区为 REITs 申报发行召开各类专题会20 余次，区财政国资、经济发展、建设规划和工商管理等超过 10 个部门和单位参与研究决策，全力提供支持。安徽省发展改革委指定专人负责申报指导和过程协调，牵头组织省地方金融局和省证监局高效完成项目初审工作。由于没有现成案例可以借鉴，每前进一步都需要开展大量解释、沟通和实施工作。特别是资产重组时向 SPV 装入资产会产生成本，一旦发行失败会面临较大损失。原始权益人基于对底层资产的信心，在中介机构无法现场参与的情况下，也毫不犹豫地实施了资产重组，并按上市标准进行运营管理，有效增强了各方对产权转移限制解除和运营规范性等各方面的信心。

各参与主体的良好互动促进二级市场表现。上市以来，基金管理人、原始权益人、运营管理机构三方通力合作、共同促进项目行稳致远。在存续期，基金管理人主动做好投资者关系维护，按照监管要求及时披露各种定期和临时报告，通过业绩说明会、现场调研等活动增加投资者对项目的理解和信心，是市场上组织投资者活动最频繁的公募 REITs 之一。原始权益人在 REITs 二级市场的艰难时刻，拿出自有资金进行增持，和投资者加深绑定、共同进退。运营管理机构致力于持续引入高质量的产业租户，确保项目租金稳中有升，出租率保持合理稳定，收缴率维持在较高水平。对于基金管理人、原始权益人、运营管理机构的倾心尽力，投资者也给予了积极回应：2024 年度本项目后复权涨幅超过 10%，在已上市的产业园 REITs 中名列前茅。

成功发行安徽省第一只基础设施公募 REITs，是合肥高新发展历程中具有里程碑式意义的事件。发行 REITs 后，公司市场影响力大幅上升，各大型金融机构纷至沓来，寻求战略合作。2023 年，公司 10 亿元公司债获批并成功发行。公司发行的各类债券票面利率屡创 AA 主体发行人新低，甚至达到 AA+ 的水平。REIT 的成功发行上市和稳健的二级走势，正在持续助推公司的"逆袭"之路。

供稿：合肥高新租赁汤仁勇、中信证券王焱、华夏基金刘京虎

第五节 首只水利 REITs 的那些"小事"

2024 年 11 月 8 日，银华绍兴原水水利 REIT 正式上市，这是全球第一只水利 REITs，具有里程碑式意义。项目网下认购倍数 106.05 倍，公众认购倍数 235 倍，产品总认购金额超 771 亿元人民币，在资本市场精彩亮相。上市以来，基金交易量活跃，市场参与度高，表明了投资者对水利领域首只 REITs 产品投资价值的认可。

2022 年 4 月，绍兴市正式启动汤浦水库发行公募 REITs 工作。我们摸着石头过河，从学习研究，到谋划筹备，再到摸索前行，最终成功发售，历时 926 天，一路走来殊为不易。

作为这一项目全过程的参与者、亲历者，我们记录了其中有意思的一些小事，这些"小事"犹如一束束微光，让我们不断看到水利 REITs 前行的希望，最终收获了成功发行的幸福和喜悦。

一、关于资产估值的"共识之事"

根据公募 REITs 的相关要求，主要采用收益法中的现金流量折现法进行估值，与重置成本法下的估值差距较大，较易产生估值预期差。同时，偏低的估值转让会带来国有资产流失、转让合理性欠缺等问题。汤浦水库工程总投资 9.4 亿元，按重置成本法估值约 60 亿—80 亿元，而按收益法估值约 16 亿元，拟建的镜岭水库工程估算投资约 123 亿元，两个水库、两种方法的价值关联与认识冲突导致意见分歧，成为项目动议决策中的最大障碍。

如何解决这个看似无解的问题？是放弃还是继续？

我们历时两个月，先后邀请浙江大学、武汉大学、中咨公司等有关方面专家开展线上线下指导，研究国内外 REITs 成功案例，并赴已发行公募 REITs 项目实地调研，最终提出构建授权经营模式，由绍兴市政府授予汤浦水库公司为期 30 年的蓄水、取水及销售等经营权，以水库 30 年经营权收益作为资产去上市，实现底层资产所有权与经营权分置设立。如果将汤浦水库比作"盛水的盆"，此次发行上市的资产并非盆本身，而是"盆里的水"，也就是供水的收益，汤浦水库的价值没有低估。

思想通了，工作也就顺了。2024 年 4 月 27 日，绍兴市镜岭水库工程建设领导小组召开第一次会议，研究决定开展汤浦水库 REIT 试点、启动镜岭水库前期审批工作。

二、关于决策机制的"共谋之事"

以汤浦水库资产开展公募 REITs 申报，最主要的动因是全力保障镜岭水库工程建设，解决绍兴市区优质水资源短缺的困境。所以，绍兴市推进 REITs 工作有一个比较独特的决策机制，即成立了市委书记、市长为双组长的绍兴市镜岭水库工程建设领导小组，组建由常务副市长领衔、12 个市级部门和 2 个区参与的 REITs 工作专班，一体谋划、一体推进汤浦水库 REIT 试点与镜岭水库工程建设。2024 年 4 月，镜岭水库项目可研报告获得国家发展改革委批复；5 月，汤浦水库 REIT 项目获得国家发展改革委正式推荐。

从已建成运营的汤浦水库，到拟新建的镜岭水库，绍兴市从决策机制开始，将两者高度关联、同步启动、相互支撑，形成合力，是落实国务院"盘活存量资产、扩大有效投资"的生动实践，取得了很好的效果。

三、关于风险管理的"共担之事"

我国公募 REITs 的产品结构为"公募基金+ABS"架构，涉及原始权益人、基金管理人、ABS 管理人、基金托管人、运营管理机构等众多角色，需要平衡好各方的利益关系，切实解决对于水利基础设施发行 REITs 的一些担忧和困惑。比如，政府部门担心水利工程防洪功能和市场追求效益的冲突性，员工担心工作和收入的稳定性，投资者担心未来现金流的不确定性等。

我们吸收借鉴已发行公募 REITs 产品方案的优点，结合水利工程的特点，设计"统筹+实施"双运管模式，尽量减少汤浦水库管理体系的变化，让政府"放心"；设计对运管机构的考核激励机制和工资增长机制，采用人员平移模式维持职工劳动关系长期稳定，让员工"放心"；设计委托代建模式将重大在建工程支出义务剥离，并通过由专业机构出具《绍兴市汤浦水库可供水量论证专题报告》，估值时考虑极端天气对供水量的影响等，充分揭示风险，设置风险缓释措施，让投资者"放心"。

"三个放心"的产品设计，作为项目风险管理的有效举措，架起了政府、原始权益人（员工）、投资者、基金管理人之间的桥梁，形成了各方多赢的良好局面。

四、关于扩募资产的"共链之事"

公募 REITs 发行的核心要义是能够持续稳定地创造价值，保障投资者的权益。汤浦水库 REITs 项目收入来源主要是原水供应，募投项目和扩募项目均为拟建的镜岭水库工程，其收入来源也是同样属性。镜岭水库计划 2028 年建成，需要平稳运营 3 年才能符合发行 REITs 要求，也就是说 2030 年前没有成熟的可扩募资产。

针对这一情况，根据国家发展改革委指导意见和浙江省委主要领导关于

"一城一主体"指示,绍兴市探索建立"先建机制,后推 REITs"的模式,于 2023 年 11 月出台《绍兴市涉水资产 REITs 平台构建方案》,明确银华绍兴原水水利 REIT 为市级唯一涉水平台,围绕原水、供水、污水全产业链,推进全市域涉水资产整合,择优将全市符合条件的涉水资产分步纳入扩募范围,作为全国首个搭建市级 REITs 平台的试点项目,为众多中等城市整合同类资源发 REITs 提供了很好的借鉴。

截至 2024 年底,原始权益人已完成 1 个水库、2 个生活饮用水厂、1 个工业水厂、2 个城镇污水处理厂资产整合。

五、关于发行上市的"共赢之事"

如果把 REITs 发行比作一场考试,那么筹备阶段是破题,申报审核阶段是答题,而发行阶段就是最后的交卷。

在证监会审核环节,我们同步开展了产品推介、路演工作,与 192 家投资机构开展一对一、一对多的路演 100 多场次,精心组织 88 家投资机构的 150 余人到汤浦水库开展现场交流,解答了供水量预测、水价调整等 40 余个问题,进一步增加投资者对底层资产直观清晰的认识和对水利项目长期投资价值的认可。

在询价定价环节,所有网下投资者报价的中位数为 3.000 元/份,加权平均数为 2.970 元/份。基金管理人综合考虑询价结果、市场情况、长期发展等因素,审慎确定发行价格为 2.828 元/份。最终,项目募集资金 16.968 亿元,实际发行规模较预测发行规模增长约 5.0%。投资者对于首只水利 REITs 给予了一个较为可观的溢价,原始权益人基于长期战略考量的理性定价,可以视为"特殊资产的特殊定价",形成了投资者和发行人互利共赢的良好开局。

2024 年 11 月,水利部在绍兴召开全国水利投融资改革工作推进会,推广汤浦水库 REIT 模式;12 月,汤浦水库 REIT 入选国家发展改革委盘活存量资产典型案例。据汤浦水库管理单位统计,2024 年深圳、湖北、安徽等 25 个省(自治区、直辖市)的水利部门、水管单位共计 200 余人次到现场考察学习。"一花独放不是春,百花齐放春满园。"期待越来越多的水利基础设施成功发行 REITs，为新阶段水利高质量发展持续注入"源头活水"。

供稿：银华基金、绍兴原水集团　许梁

第六节　改制背景下的荣乌高速如何发 REITs

2022 年 6 月，工银河北高速 REIT 项目正式启动。申报过程中，在河北省发展改革委、交通厅、国资委的精心指导下，在工商银行紧密配合和工银瑞信基金管理人的协助下，河北高速集团勇于担当、攻坚克难，着力解决了改制背景下公路性质的确认、标的公路权属变更程序合规性、土地使用权不入池等重点事项。项目于 2024 年 6 月 28 日成功上市，成为河北省首个上市公募 REITs 项目，也为改制背景下的高速公路资产发行公募 REITs 提供了示范。

一、改制背景下公路性质的确认

河北荣乌高速原为河北省高速公路管理局管理的政府还贷高速公路。2016年 11 月 3 日，中共中央办公厅、国务院办公厅印发《关于从事生产经营活动事业单位改革的指导意见》（以下简称《指导意见》），指出要推进经营类事业单位依法转制为自主经营、自负盈亏、平等竞争、自我发展的市场主体，建立产权清晰、权责明确、政企分开、管理科学的现代企业制度；要严格国有资产处置管理，转制单位的债权债务原则上由转企改制后的企业承接。

按照《指导意见》的要求，2019 年 6 月 22 日，河北省委办公厅、河北省人民政府办公厅发布《河北省高速公路管理局转企改制为河北高速公路集团有限公司方案》，将河北省高速公路管理局转企改制为河北高速集团。该方案指出：除延崇高速公路外，河北省高管局管理的相关政府还贷高速公路的全部资产（含债权）及负债由河北高速集团承接；原河北省高管局上缴省财政的政府还贷高速公路通行费收入、服务设施经营收入和公路设施损坏索赔收入，在改革后作为河北高速集团的经营收入，自主安排使用，不再上缴省财政；公路资产由河北高速集团按照固定资产计提折旧，依法纳税，使用税务票据，利润按照规定缴纳国有资本经营收益。

在申报公募 REITs 过程中，河北省有关方面认为，基于上述改制情况，河北荣乌高速已经成为由河北高速集团这一国内经济组织投资建设的公路，按照《中华人民共和国公路法》《收费公路管理条例》关于"国内外经济组织投资建设的公路为经营性公路"的规定，荣乌高速属于经营性收费公路。根据 2022 年印发的《国务院办公厅关于全面实行行政许可事项清单管理的通知》，《公路法》第八条、第六十条、第六十三条、第六十四条，以及《收费公路管理条例》第十二条、第十四条、第十五条规定，该项目所涉收费公路相关审批属于省级人民政府事权。据此，河北省人民政府于 2022 年 9 月 16 日出具了关于该项目的《经营性公路与延期确认复函》。

二、标的公路权属变更程序合法合规

由于改制的原因，河北荣乌高速的权益从原归属于河北省高速公路管理局变为归属于河北高速集团。《收费公路管理条例》第十九条规定，"依照本条例的规定转让收费公路权益的，应当向社会公布，采用招标投标的方式，公平、公正、公开地选择经营管理者，并依法订立转让协议"。而河北荣乌高速权益归属变动过程中并没有采用招标投标方式，也没有订立转让协议。于是有人提出，权属变更的程序是否合法合规？是否存在法律风险？

针对这一问题，河北高速集团请律师团队及有关方面反复研究，始终未找到解决思路和办法，仿佛成了一道跨不过去的门槛，严重制约了项目的顺利推进。

事情的转机出现在 2022 年 7 月。当时河北省发展改革委就该项目进展情况与国家发展改革委投资司进行交流，提到了这一难点问题，投资司有关负责同志给出了意见建议。按照这一建议，河北高速集团对权属变更问题进行了重新梳理，最终理清了思路。即：河北荣乌高速的权益，是因为原河北省高速公路管理局转企改制而转移到河北高速集团的，是转制后的新主体对转制前的旧主体的资产承接，并非资产在两个不同主体之间的转让交易，因而不属于《收费公路管理条例》第十九条所规范的范围，也就不存在原来所担心的是否违规问题。一个长期困扰的难题，由此迎刃而解。

三、土地使用权不入池问题

根据 2022 年河北省自然资源厅《关于核准河北高速公路集团有限公司改制涉及的第一批土地资产处置具体方案的复函》，标的公路的相关土地使用权性质并非无偿使用的划拨用地，而是由河北省人民政府以作价出资并转增国家资本金的方式增资入股河北高速集团，属于一种有偿的用地方式。常见的高速公路项目一般为划拨用地，且土地使用年限与收费年限一致；按照土地管理的有关要求，划拨用地不能采用出租方式。而本项目土地使用权性质为作价出资，与划拨用地存在本质性差异；本项目的土地使用权不入资产池，而是以授权使用的方式提供给项目公司使用，符合土地管理的有关要求。河北高速集团将标的公路相关土地使用权提供给项目公司使用，取得了相关主管部门出具的同意函。

2024 年 6 月，工银河北高速 REIT 成功设立，发行规模 56.98 亿元。上市后河北高速集团净回收资金为 11.70 亿元，全部用于 G95 首都地区环线高速廊涿段改扩建工程，带动新增投资约 70.52 亿元。

供稿：河北省发展改革委　段占东、孟军平、郝雪薇，河北高速集团　高峰，河北高速恒质公路建设集团　赵志发

第九章　中国公募 REITs 的投资与价值构造

公募 REITs 是在资本市场上公开发行和交易的金融产品。其投资价值能否得到广大投资者的真正接受和认可，决定了这一金融产品的发展前景。在此过程中，亦需要基金管理人和原始权益人的通力合作，从而最终实现各方携手共赢。

第一节　资产流转为来路　扩募添翼向坦途

诞生 4 年来，公募 REITs 已从初步试点稳步迈入常态化发行新阶段，华夏基金依托股东资源、提前布局，有幸参与了公募 REITs 这一大发展浪潮。截至 2024 年底，公司已发行并管理 13 只公募 REITs，总发售规模超过 350 亿元，为原始权益人拉动新增投资超 1000 亿元。通过一单单项目的顺利发售上市，为切实盘活存量资产、实现金融资本助力实体经济贡献了"华夏"力量。

作为坚定看好中国公募 REITs 市场发展且深度参与其中的基金管理人，我们笃行如一，也常常思索，勤于倾听市场声音。在公募 REITs 业务中，我们作为基金管理人，需要更好地寻找"平衡感"，一方面是基金管理人作为金融机构的"受托责任"，要求管理人代表投资者利益，履行受托管理职责；另一方面，又是公募 REITs 特有的服务实体经济的"使命感"，要求与原始权益人一道，盘活存量资产。4 年来，基金管理人与原始权益人一路走来，从陌生到相识，从相识到相知，通力协作、携手共赢，共同为投资者在 REITs 市场中实现价值。

一、从估值到预测，初次相遇充满分歧与磨合

基础设施项目的估值关系到投资者支付给原始权益人的对价，是受到各方重点考量的关键事项，因此，估值模型合理性和现金流预测准确性尤为重要。

（一）估值的影响因素

对于国有企业而言，基础设施项目价值主要通过两个数据体现：一是基础设施项目的账面价值，二是国有资产备案评估值。然而，公募 REITs 是"资产的上市平台"，针对基础设施项目采用基于现金流折现模型（DCF）的收益法进行评估，与其资产账面价值并无直接关系，而是基于历史与当前的经营情况，客观预测基础设施项目未来产生现金流的能力，并匹配合理折现率的过程。

在定价属性之外，估值也具备一定的博弈属性。具体而言，估值除了是对资产未来运作能力的"客观反映"，也是基金管理人作为审慎考量的买方代表与作为卖方具备合理提升资产价值诉求的原始权益人的一次"友好碰撞"。在资产评估过程中，各方不仅要确保估值模型的科学、准确，还要在多轮研讨后，在各方可接受的基础上对未来难以预测的经营风险充分计价，确保估值结果的合理审慎、估值参数的可实现性。

（二）现金流预测的准确性

基础设施项目的收益法估值，是对未来预测现金流折现的求和。现金流预测的前提假设是基于预测时点情况作出的，若宏观经济、基础设施项目所处行业、周边区域等因素出现预期外变化，现金流预测的准确性也将受到影响。

以产业园及仓储物流行业为例，此类业态与实体经济的联动紧密，在预测时点很难准确预测行业变化的程度和租户个体的行为，比如因景气度受到扰动下行而导致主力租户经营不善从而突然决定的提前违约退租等。因此，实际现金流与预测现金流的"误差"无法全部消除，基金管理人在进行现金流预测时，必须尽可能考虑宏观经济和行业的变化趋势，并结合历史数据和周边市场的详细调研，提高预测的准确性和审慎性。

此外，现金流预测数据也是项目运管考核的基准。管理人需要在基金存续

期内，持续跟踪实际现金流与预测现金流的差异，并及时与原始权益人、运管机构、市场投资者多方沟通，确保运作表现传达到位、运作奖惩客观公允、运管效率持续优化。在此过程中，基金管理人不仅要发挥专业能力，还要充当各方利益的协调者，确保项目平稳运营。

二、从节流到开源，各方在日常运营中合作愈加紧密

基础设施项目的运营管理，是"同类项目不同样"的差异源头。运作良好，便是资产价值提升的"护城河"；运作不善，则是风险暴露的"导火索"。从开源和节流两个维度看，基础设施项目的净收益主要受运营收入和运营成本的影响。

（一）提高运营收入的措施

提升基础设施项目运营收入的"工具箱"里承载着投资人的朴素期待。

当前各 REITs 广泛采用的是通过设置运营管理费的激励和处罚机制，激励运营团队提高效率。例如，设定收入增长目标，达到目标后给予运营团队一定的奖励，反之则进行相应的处罚。

进一步地，上述激励措施可以进一步落实到个人层面，部分 REITs 已率先开始施行。将激励管理费的分配精确到人、将运管责任压实到人，是充分发挥"人本"思想的创造性设计，激励效果预计将会进一步提升。

此外，还可以通过优化运营流程、引入先进的管理技术等方式，提升项目的运营效率。例如，对仓储物流项目引入智能化管理系统，可以提高仓库的利用率和物流效率，进而对项目收入产生积极影响。

（二）控制运营成本的措施

运营成本的压降则是管理人和运管团队充分配合、"精打细算"后的成果。

基金管理人需要确保运营成本与估值时的成本预测相匹配，并通过预算和成本包干等方式进行有效管理。在实际运营中，预算的编制和执行往往会遇到各种问题，如成本超支、预算编制不合理等。基金管理人可以通过定期审计和成本分析，及时发现成本超支的问题，并与运营团队共同制定解决方案；还可

以通过引入成本控制机制，例如成本包干制度，确保运营成本在可控范围内。

（三）基础设施项目降本增效的其他措施

如何通过其他措施实现基础设施项目的降本增效，是我们不断思索的方向。例如，可以通过提升项目 ESG（环境、社会和公司治理）水平降低项目的能源消耗和运营成本；通过优化供应链管理降低采购成本；通过举办定期培训提升运营团队的专业能力，从而提高项目的运营效率。

三、从首发到扩募，公募 REITs 市场将承载各方信任奉献回报

公募 REITs 市场的发展壮大，绝不仅仅是单维度依托上市数量的增加，参考境外成熟 REITs 市场经验，更在于已上市各公募 REITs 规模通过扩募方式的不断增长，通过大 IP 模式，为市场塑造"大而精"的标杆项目。

因此，扩募对于公募 REITs 下一阶段的高质量发展至关重要。时至今日，扩募项目相较于首次发售，规模仍然较小，且相关配套规则仍待进一步完善。扩募相比首次发售，其审核流程、定价机制等更为复杂，且更加需要平衡各方诉求。

首先，扩募规则的完善需要充分考虑新老投资者的利益平衡。在扩募过程中，新投资者往往希望以较低的价格购入份额，而老投资者则希望扩募不会稀释其现有收益。因此，基金管理人需要在扩募方案中合理定价，确保新老投资者的利益得到平衡。

其次，扩募规则的完善还需要考虑原始权益人的利益。原始权益人希望通过扩募获得更多的资金支持，但同时又不希望过度稀释其权益。因此，基金管理人需要在扩募方案中合理设计权益结构，确保原始权益人的利益得到保障。

最后，扩募规则的完善还需要考虑市场的流动性。扩募过程中，基金管理人需要确保市场的流动性不受影响，避免因扩募导致市场价格大幅波动。因此，建议在扩募规则中引入流动性管理机制，确保市场的稳定运行。

因此，希望给予公募 REITs 扩募更多的政策支持，尽快完善扩募的相关规则，并优化缩短现阶段扩募审核流程。

公募 REITs 作为我国资本市场的重要组成部分，未来将在常态化发行的道

路上行稳致远，逐步迈向成熟。同时，我们也希望公募 REITs 在产品载体、治理机制、扩募方式等环节不断创新，真正提升市场活力；在规模、品种上持续扩容，为投资者提供更丰富的机会和选择。

公募 REITs 的四载不过一瞬之间，未来道路也注定鲜花与荆棘并布。我们坚信，公募 REITs 将为我国实体经济注入更多活力，始终发挥金融资本助力实体经济的抓手作用。华夏基金将继续秉持"为信任奉献回报"的发展理念，作为公募 REITs 市场的积极参与者，持续发挥专业优势，助力公募 REITs 市场蓬勃发展。

供稿：华夏基金

第二节　张江 REIT 扩募之"涅槃重生"

提到 2023 年华安张江产业园 REIT（以下简称"张江 REIT"）扩募，REITs 圈的朋友无不会想到"黑天鹅"哲库退租事件。5 月 12 日是个全国悲伤的日子，对于张江 REIT 来说，也是一次毫无征兆的剧烈地震。从信心满满地筹备扩募，到即将发行阶段突发扩募底层资产面临大租户退租，整个扩募团队体验到了极致的聚变温差，更没想到还有余震。

一、标杆资产入池，张江 REIT 启扩募

2022 年中公募 REITs 的扩募制度出台，进一步完善了中国不动产信托投资基金（China Real Estate Investment Trusts，C-REITs）市场制度建设，从顶层设计上打通了 C-REITs 可持续发展的通道。张江高科在获悉扩募制度发布后，立即组建了张江 REIT 扩募小组。

张江 REIT 扩募的底层资产张润大厦，位于张江科学城千亿级集成电路产业集群——上海集成电路设计产业园中的核心区域，是优质标杆园区资产。无论是在私募圈还是在公募圈，张润大厦都享誉已久。张润大厦就像是为张江 REIT 扩募量身定制，区位、资产面积、估值各方面均与首发资产相近，且品质更优，更受投资人欢迎。

2023年3月31日，张江REIT收到了中国证监会和上海证券交易所关于扩募的相关批复。5月11日，张江REIT进行扩募路演，超过50家投资机构、近100名机构人员参加，现场气氛非常热烈。也正是这样的"火"，才会让人更加深刻地感受到未知的"寒"。

二、黑天鹅事件爆发，张江REIT扩募迎大考

一个科技公司的发展震动了张江REIT扩募。2023年5月12日上午，火爆的扩募路演余温尚在，网上就开始疯传"OPPO旗下的哲库科技公司突发关停"。哲库科技是当时张润大厦的第一大租户，承租面积占项目45.97%，其影响可想而知。投资人不停地打电话来求证，甚至问我们是否提前知晓。我们要是提前知晓这一情况，还会在前一天路演吗？这个雷把我们也彻底炸懵了。我们一度认为是假消息，毕竟哲库科技在4月才刚刚续租（已披露信息）。

直到哲库科技的官方消息发布，"原地解散"一词震惊了产业圈、企业圈，也震惊了REITs圈。消息发布后，张江REIT于5月12日和13日大幅下跌3.18%和6.22%，二级市场的反应尤为直接、迅速，更让我们措手不及。

二级市场的恐慌、投资人对后续扩募进程的不确定、拟扩募资产出租率何去何从，太多的因素聚集在一起，又是首次扩募推进的重要节点，对原始权益人、基金管理人、运管机构形成了巨大的挑战。

三、快速反应释疑虑，扩募如期进行

面对可能出现的大面积退租事件，留给扩募团队"懵"的时间不多，各方都在坐看张江REIT如何紧急应对。我们快速反应，打出了一系列组合拳。

第一步，不回避事实，积极应对：事发第二日便公告哲库科技涉及的面积和合同约定，合规情况下披露提前退租的违约责任，以及意向客户储备等应对措施，释除了部分市场焦虑。

第二步，持续跟进，理性看待：持续披露后续情况，直至哲库科技明确将提前解除租赁合同，及时告知市场真实情况。同时理性看待此次哲库科技关停是短期突发事件，并非底层资产本身出现问题和风险。

第三步，及时沟通，信息对称：在披露相关信息的同时，扩募原始权益人张江高科、张江集团，基金管理人华安基金，运管机构集挚公司同步与各投资人进行一对一路演，一档接一档线上交流至半夜，各方保持信息充分对称，避免误伤张江 REIT 扩募。

第四步，适时增持，提振信心：本着对未来发展前景的信心和长期投资价值的认可，张江高科、张江集团、华安基金联手增持，以期提振市场信心。增持更多的是表明对张江 REIT 的发展信心，希望避免因低迷、消极的情绪导致价格与价值出现严重偏离。

一系列组合拳，稳住了市场，也稳住了投资人的心，释除了部分市场疑虑，二级市场价格逐步企稳。后续持有人大会顺利通过，扩募如期进行。事后复盘，证明这一系列运作获得了市场认可，体现了原始权益人和基金管理人对扩募资产的信心，对市场负责任的态度。

四、市场调整风波起，风雨过后见彩虹

2023 年末，C-REITs 的成绩单并不理想。C-REITs 在 2022 年经历了非理性的上涨，在 2023 年 12 月迎来了剧烈"下沉"。

"黑天鹅"事件后，张江 REIT 的资产招商去化压力非常大，投资人、市场、媒体各方都在持续关注和监督。经过了半年的努力，张江 REIT 在 2023 年年末整体出租率及签约率有了一定提升，其中张润大厦的签约率达到 84.86%，较三季度末提升了 27.67%。张江 REIT 运管机构仍在持续努力，加快储备客户的转化。

但这样的努力却被淹没在 12 月的消极情绪中。年末这一波低迷行情主要还是受到估值回调、交易型资金的踩踏、流动性压力、市场恐慌后的被动减持等诸多因素影响。而张江 REIT 还叠加受到战略配售份额解禁夹击。

但随着价值回归调整到位、会计类第 4 号指引明确了 C-REITs 的权益属性，2024 年春节后，C-REITs 迎来了全面回调，市场情绪得到了缓解，真的是"风雨过后见彩虹"。

五、何以解忧，唯有沟通

截至 2024 年 12 月底，张江 REIT 的整体出租率 91.90%，较 2023 年四季度末的 72.00%，同比上升 27.64%。其中，张润大厦项目 2024 年四季度的季末出租率 92.44%。张江 REIT 在 2024 年期末考中交出了一个比较好的成绩。

回顾张江 REIT 的扩募过程，最大的感触就是沟通、沟通、沟通。

产业园 REITs 是将金融与产业进行有机结合的产品，发行初期能隐隐感受到，做金融的人不一定了解产业园，做产业园的人不一定了解金融，所以双方必然有个"磨合期"。

一是运管机构和基金管理人的高效沟通。这两个团队是真正要"搭伙"过日子的，必须高效沟通。二级市场和园区运营市场需要高度配合，相应管理方案也应做好沟通，合理的授权和沟通机制能够及时应对市场风险。

二是原始权益人和基金管理人、第三方机构的专业沟通。无论是首发和扩募，原始权益人和基金管理人都应有相应的默契沟通，与第三方机构保持专业沟通。

三是张江 REIT 和投资人的有效沟通。保持信息对称，避免被过度解读。比如在 2024 年初，有自媒体发表文章，提到张江 REIT 底层资产附近，张江高科自有园区内两栋物业完全空置。原文用"触目惊心"来形容张江园区市场的消极。可是集贤天地聚集了众多知名企业，其中一栋楼因有多个科创板上市企业和拟上市企业，被大家戏称为"科创企业上市楼"，两栋楼宇空置其实是别有他用。目前这两栋楼已经完成装修作为人才公寓使用。如果不沟通，可能又会导致一股悲观情绪的蔓延。

四是张江 REIT 和投资人、媒体机构的现场沟通。定期的类似于"投资人进园区"活动非常必要，让他们真实看到园区的"人气"会让他们更"心安"，同时也能让金融和产业互相理解。用退租举例，我们看到太多的张江企业一步步成长，从张江高科的孵化器走出来，到租半层，租整层，租几层，租一栋，买总部。企业在不同园区间腾挪，从整个张江园区的产业生态来说，这是个健康的企业成长和产业发展过程。通过这样的直面沟通，通过观点碰撞让投资人对产业有更深层次的思考。

六、繁华之后归理性，"股"性魅力凸显

哲库退租之所以受到市场高度关注，主要系首次扩募 REITs、首次重大突发事件等多重因素叠加的影响，包括 2023 年末的二级波动也是多重因素、特定环境下才会发生，在今天或者未来回头看，这些也许只是 C-REITs 发展历史长河中淡淡的一笔。长远来看，C-REITs 的发展必须面临诸多挑战。没人能够预知未来，任何突发事件、二级市场波动，是挑战，是考验，更是成长，这也恰恰是公募 REITs "股"性的魅力。

C-REITs 越来越"股"。一是二级市场价格波动。公募 REITs 的二级市场价格受到多种因素影响，包括底层资产运营情况、市场流动性、突发事件、负面舆情等。这些因素使得公募 REITs 的二级市场交易价格存在波动风险。二是不同资产类型对应的板块差异。公募 REITs 涵盖了多种资产类别，如能源基础设施、保障性租赁住房、产业园、消费基础设施、仓储物流等，这些不同类别的资产对宏观经济变化的敏感度不同，导致公募 REITs 市场表现出现分化，形成板块差异。三是周期性特征。公募 REITs 市场的整体表现与宏观经济和利率变化密切相关。在不同的经济周期和市场环境下，公募 REITs 的表现也呈现出周期性特征。四是投资回报偏好。公募 REITs 市场提供了较高的分红和适度的风险，能够吸引更多的投资者参与，类似于股票市场中的高分红股票吸引投资者。五是市场扩容。随着政策的支持和常态化发展，公募 REITs 市场的扩容为投资者提供了更多的投资选择，首发和扩募与股票市场中新上市公司和增发相似。

经历了 2021 年及 2022 年的一片繁华，经历了 2023 年的整体下挫，随着园区运营数据稳中有升、市场流动性改善、多元机构投资者参与，张江 REIT 褪去浮华归本真。有涨有跌，但不能过涨过跌，REITs 投资者更多地还是关注对底层资产的价值判断、合理估值、稳定现金流带来的高股息率等，在不同的市场环境下、不同 REITs 产品中，寻找到合适的投资策略。

七、天堑不日归通途，屹立潮头续远行

不管是张江 REIT 的首发还是扩募，一路走来，十分不易。中国公募 REITs 逐光而行，行将致远。

张江高科将深入贯彻习近平总书记提出的"强化科技同经济对接"① 的理念，以张江 REIT 为契机，持续积极参与 REITs 市场，有效盘活国有存量资产，打造张江 REIT 生态圈，将资本市场的活力有效注入科技产业的发展，进一步凸显国有企业在资本市场服务国家战略和区域发展的示范、引领作用，助推浦东社会主义现代化建设引领区和张江科学城科技产业集聚发展！

供稿：张江高科　赵海生、陈晨

第三节　中国公募 REITs 市场投资人的变与不变

瑞思不动产金融研究院正式成立于 2022 年 12 月，是专注于 REITs 的非营利智库平台，有幸见证了中国公募 REITs 市场孕育、发展和建设的过程。在市场发展初期，我们的研究重心集中在资产端，主要探讨如何找到好资产、如何发行 REITs；随着市场的日益发展壮大，我们的重心逐渐迁移到投资者一侧，更侧重市场机制建设、投资者教育和投资者关系。

我们在持续跟踪和研究市场的过程中观察到，与 2021 年相比，公募 REITs 投资者群体在覆盖范围、思维框架、业务模式、投研能力等方面发生了很多变化，中国公募 REITs 市场在慢慢走向成熟。

一、REITs 投资人群体显著壮大

关于中国公募 REITs 市场中投资者数量和投入金额的增加，已经有很多客观数据提供支撑。我们想通过自己组织的研究和研讨活动，给出一些更加鲜活和立体的例证。这里分享两个例子。

---

① 《习近平关于社会主义经济建设论述摘编》，中央文献出版社 2017 年版，第 144 页。

一是入市时间。从 2023 年开始，我们每年年末都会做一次公募 REITs 投资人问卷调研，其中关于投资者入市时间的统计结果很有意思。在参加 2025 年度调研的 93 家投资机构中，有 34.5% 的机构是从 2021 年首批公募 REITs 上市时开始投资，随后三年（2022 年、2023 年、2024 年）中进场的增量投资者分别占到 21.5%、20.4%、20.4%，这个可能稍微有一些反直觉。众所周知，中国公募 REITs 在 2022 年和 2023 年先后经历了大涨大跌，直到 2024 年初才基本回稳，按理说应该是市场上行期新入市的投资者会多一些，但是从实际数据来看，每年都有一批新的机构投资者加入公募 REITs 市场，而且节奏比较稳定，并没有因为二级市场的起伏而被打断。保险公司、券商自营、私募基金、信托、公募基金等类别，连续 4 年，每年都有新机构加入公募 REITs 投资的行列。这表明，公募 REITs 市场生态在稳步形成，越来越多机构选择着眼未来，为长远考虑进行战略性布局。

二是参与交流。我们从 2022 年三季度开始启动策略会，专门组织公募 REITs 投资者进行闭门专题研讨，第一期只有十家参加，几乎都是邀请来的保险机构；到了 2023 年的时候，我们组织过几场投资者策略会，投资者群体的类型已经更加多元化了，而且由于报名太多，开始需要筛选和劝退；到 2024 年 9 月举办第一届公募 REITs 投资人大会时，240 个席位的会场已经是人满为患，甚至还有一些外资投资机构参加。这虽然是一个局部视角，但可以管窥到公募 REITs 影响力的逐渐扩圈和投资者群体的快速壮大。

二、投资人对 REITs 的理解逐渐加深

公募 REITs 是一个新生市场，对参与市场的投资机构来说，自然也几乎都是白手起家、从零开始。参与公募 REITs 的投资者，很多是从其他业务背景转型而来，有的之前是从事债券投资的，有的是从事非标债权和 ABS 投资的，有的是从事一级市场不动产投资的，有的是从事股票投资的，对于公募 REITs 都有一个逐渐熟悉和适应的过程。

公募 REITs 有稳定分红的安排，和固收产品有一定相似之处，但最大区别在于其具有权益属性，没有类似债券的还本付息承诺，从经营业绩到估值都存

在波动的可能性。很多投资者最初还是沿袭了固收思维，对于招股书中披露和预测的出租率、租金等数据非常在意，认为这些数据一旦没有兑现就意味着巨大风险，容易陷入恐慌。而在不动产和基础设施的运营过程中，类似的经营指标是一直处于动态变化的过程中，而且从资产管理的实操来说，保留适当的空置率从长期来看是健康的，有利于项目租户品质的调整优化。市场初期发生的一些波动，很多都是由于这种固收思维与不动产经营的波动性之间存在错配。

2021 年以来的公募 REITs 市场，已经经历了多个经营指标发生重大变化的案例，投资者的反应已经从最初的惊恐逐渐趋于理性。随着市场的演进，投资者对于权益属性的价值判断、对于市场的波动性、对于不动产和基础设施的实际运营和产业逻辑，都在逐渐熟悉和接受。虽然过往的从业背景或者专业水平各有不同，但投资者们都展现出了很强的适应性和学习能力，都在围绕着公募 REITs 这个新的资产类别，逐渐形成新的投资理念和分析框架。

三、业务模式趋于多元化

目前公募 REITs 市场个人投资者比例相对较小，机构投资人是市场的主要参与力量，大类上可以分为配置型投资者和交易型投资者。通常认为，前者往往是保险资金等长线资金，注重资产配置和长期持有；后者以券商自营和私募基金为代表，倾向于频繁交易。

但我们的 2025 投资者问卷却显示，大部分投资机构的倾向持有周期不超过 3 年，超过半数机构（52.69%）对于单只 REIT 的持有周期为 1—3 年；持有周期 1 年及以下的机构由 2023 年的 15.39% 增加至近 40%，反映出投资者心态在发生变化：随着市场回暖，持短线交易型思路的投资者比例在增加，真正意义上的长线资本在市场中依然比较稀缺。

投资机构面临的考核周期偏短的情况依然存在。78.49% 的机构对公募 REITs 投资团队的考核周期仅为 1 年，考核周期 3 年及以上的机构只占不足 7%，也有 10% 左右的机构考核周期为 6 个月以内。考核期限偏短难免会导致投资者行为的短线化：我们观察到，一些中小保险机构也在做频繁的二级市场交易，一些券商自营热衷于参与网下打新、快进快出。虽然有些投资者已经采用了 FVOCI 会计记账方式，在投资行为上可能更加倾向于看长线，可以容忍短期波动，但是在考核周期普遍较短的情况下，真正做长线其实并不容易。在鼓励长线资本和耐心资本的道路上，还有很多事情要做。

我们观察到投资者对于公募 REITs 的投资思路在变得更加多元化。比如红利策略，选择派息收益率高的个股持有，并配合 FVOCI 将分红计入当期收益；比如逆境反转策略，通过深入的投研，去主动识别超跌的资产类别，敢于进行左侧交易；比如利用优质公募 REITs 的稀缺性获取战略配售份额，再结合二级市场做仓位的增减调节；比如在不同类别中识别具有龙头潜力的公募 REITs 个股重仓投资，构建自有的小型龙头指数组合；有些善于使用量化技术的投资者还积极引入了机器学习和人工智能工具，利用多种因子的分析，进行动态估值，提示买入和卖出。

有些超出单一公募 REITs 范围的混合投资策略也在形成。比如将公募 REITs 作为可投标的之一构建"固收+"资管产品，甚至构建可投资于公募 REITs 和大宗商品等多种资产的多策略全天候资管产品；比如有的投资者在投资公募 REITs 战略配售份额的同时寻求一、二级联动，和原始权益人在 pre-REITs 和私募 REITs 上进行多层次的合作；有的投资人设立了专门的私募基金，除了投资战略配售份额之外，还重点关注公募 REITs 的大宗交易市场，寻求折价上量的机会。我们有理由相信，随着指数产品和 ETF 的推出，围绕公募 REITs 的投资策略会进一步变得更加丰富多彩；将公募 REITs 纳入投资范围的产品会越来越多，有利于带动更多投资机构对于公募 REITs 的关注和投资。

四、投研体系逐渐形成

客观地说，目前公募 REITs 市场虽然已经常态化发行，但依然属于新生市场，参与者在投研体系方面还有很多提升空间。很多投资机构在积极构建自己的投研团队和能力，但是整体还处于初级阶段，距离股票和债券市场相对成熟而成规模的投研体系还有不小差距。

一是投研覆盖不足。由于公募 REITs 市场规模不大，很多机构的实际持仓量也有限，投资机构从投入产出比角度出发，难以像股票债券那样设置单独的团队进行投研覆盖，所以在 2024 年以前，各种机构所投入的人力物力资源都相对有限，很多机构里往往是由投资经理兼职在做公募 REITs 投资，而市场上连覆盖公募 REITs、为买方服务的卖方分析师都非常少。

二是研究门槛不低。对于公募 REITs 而言，底层资产的租赁、运营是支撑财务表现的重要根基，但很多固收背景的投资人，基于过去投资的路径依赖，更关心财务数据、利率利差走势和主体信用变化，很少深入资产经营层面；即便是想要深入探究底层资产的运营状态，公募 REITs 复杂多样的资产类别和信息不对称又构建了非常高的研究门槛，这一方面显著提高了公募 REITs 的研究难度，另一方面降低了投资机构开展投研的性价比。

三是数据支持不足。不动产和基础设施一级市场的突出特点是信息不对称，各种数据相对难以获取，而公募 REITs 的招股说明书动辄上千页，很多指标又缺乏统一的可比口径，导致投资者在获取信息和分析判断的过程中比较迟滞，投研效果不理想；更有甚者一些投资者根本不看招股说明书，而是基于一些二手消息作出跟风的判断。我们观察到市场有时对于一些信息披露的反应是比较迟滞的，也在一定程度上反映出投研能力的不足。

但是这种情况在逐渐改变。随着市场规模的扩大和赚钱效应的体现，投资机构对于公募 REITs 的重视程度明显提高。一些头部投资机构已经部署了专职团队进行公募 REITs 的投研，更多的机构在设置专职的公募 REITs 投资人员，覆盖公募 REITs 的卖方分析师和研究报告的数量和频次也明显增加，在监管的指导下各种各样的投资者关系活动和现场调研活动也越来越规范和频繁。

与之相呼应的，是投资者专业度的迅速提升。我们观察到，二级市场对于一些突发信息的反应已经变得更加敏捷，而且同质化交易、单边波动的情况也有所缓解。此外，公募 REITs 大宗市场交易的价差也呈现收窄趋势，这些变化都说明，一些投资者在投研力量的支持下有了更多的自主判断，而不是随波逐流、盲目跟风，进而带来了定价有效性的提高。

市场在发展，投资者就会一直变化。如果对标 A 股和几个代表性海外 REITs 市场的投资者结构，中国公募 REITs 市场目前的个人投资者是偏低的，其参与比例未来预计会持续提升；此外，随着公募 REITs 指数产品和 ETF 等的推出，直接或间接参与公募 REITs 投资的机构或个人会持续增加，市场中的投资者结构会不断发生变化。这些一直在进行的动态变化，就是市场生态的活力之源。但有一个判断是不变的：投资者是资本市场的根基，而有效的投资者教育则是市场稳健运行的坚实基座和有力保障。我们相信，在各方的共同努力下，投资者会在市场中持续成长，成为推动中国公募 REITs 市场行稳致远的重要托举力量。

供稿：瑞思不动产金融研究院

第四节　保险资金投资公募 REITs 的思考

泰康资产管理有限公司（以下简称"泰康资产"）作为首批参与公募 REITs 的保险机构之一，在国内投资人中是相对先行的机构，这得益于泰康资产在国内首批公募 REITs 发行之前便开始关注这类产品。早在 2015 年，泰康资产就开始在不动产和基础设施的重资产股权投资领域进行布局，同时发现在海外除了通过私募股权形式投资重资产以外，还可以通过 REITs 这类公开市场品种开展重资产配置。相较于私募产品，公开市场的 REITs 有更好的流动性、更公开的信息披露以及更标准的产品设计。自此，泰康资产便对国内的公募 REITs 市场充满了期待。

2020 年 4 月 30 日公募 REITs 试点启动，这是不动产和基础设施投资领域的一个新的里程碑。泰康资产迅速展开了市场调研，与潜在的基金管理人和原始权益人进行充分沟通，了解市场特征，寻找投资逻辑，最终在公司层面认定，参与首批公募 REITs 是扩大泰康资产在不动产和基础设施领域投资的重要战略机会。在首批公募 REITs 上市时，泰康资产参与了三只公募 REITs 的投资，投资规模及单数位于保险资金乃至全市场前列。

基于在 REITs 市场中的长期观察，从保险的配置逻辑、投资历程和经验、"耐心资本"等维度，将我们的一些心得体会总结如下。

一、保险资金投资公募 REITs 的长期配置逻辑

我们认为，保险资金能够从更长期的视角对 REITs 进行配置，核心在于长久期资金对于多元化资产配置的需要，这个驱动力在当前依然有效，甚至更为强烈。

（一）高息资产的供给不足

随着 2018 年资管新规颁布实施以及地方隐性债务化解的持续推进，保险资金重点配置的较高收益的非标债权类资产供给大幅减少，呈现出严重的供不应求，同时相较于标准化债券的利差在迅速收缩。在刚性的负债成本下，保险资金迫切需要找到能够提升投资收益的增量资产。

以公募 REITs 为代表的实物资产能够一定程度上补充保险资金可投的高息资产。公募 REITs 实物资产具有持续的现金分红，能够向投资人提供相对稳定的派息回报，其权益属性又能在收益上提供一定的风险溢价，同时在基本面的风险特征上相较于制造业或服务业的业绩波动更小。

（二）长久期稳定资产的供给不足

对于保险资金尤其是寿险资金而言，资产和负债久期不匹配的问题一直存在，尤其在当前利率下行的大环境下，这个问题愈发严重。较短的资产久期和较长的负债久期，为保险公司带来持续的利差损风险，对保险资金的盈利能力形成持续冲击。

在另类市场，保险资金一直在同样有较长持有期限的以不动产和基础设施为代表的实物资产中进行配置，尤其部分高确定性的核心资产，拥有长期稳定派息的能力，是保险资金高度重视的配置品种。公募 REITs 的出现，提供了以标准化渠道配置长久期实物资产的路径，能够为投资人提供持续稳定的资产供给，一定程度上缓解了资产负债匹配的压力。

（三）低相关性资产的供给不足

公募 REITs 标准化的特征，使其类似股票和债券，能够向市场提供更多的有效供给，投资机构可以通过二级市场在任意时间实现资产的配置，实现投资组合的优化。一个与传统投资领域低相关的新市场对于大型投资机构有更显著的意义，大型保险机构可以通过增加配置公募 REITs，形成更多元的配置组

合，避免在单一资产上的过度集中形成的风险。

综合以上三点，公募 REITs 虽然目前市场规模并不大，但是对于保险资金是具有战略性的投资品种，保险公司对公募 REITs 的配置逻辑核心还是围绕资产的中长期基本面展开。基于资产的运营表现，对于高确定性的资产进行超配，而高确定性并不仅仅是狭义的在经济承压下的抗周期资产，也包括在经济预期较好时弹性确定性较高的资产。在不同的市场环境中，保险公司需要对 REITs 市场中的资产进行慎重甄别和谨慎定价，挖掘真正的核心标的，再进行长期持有，与资产共同成长，享受长期稳定现金流。

二、保险资金投资公募 REITs 的历程和经验

（一）保险资金投资公募 REITs 的行业配置偏好

公开资料显示，各个公募 REITs 的前十大投资人中，保险公司普遍对产权类资产有更高的偏好，如表 9.1 所示，这与保险公司在历史上积极参与不动产投资有较大关系。产权类资产中有代表性的物流、产业园等，都是保险资金有过较丰富的私募投资经验的资产，保险资金对这些不动产项目天然地更为熟悉，也更容易形成投资决策。确定性较高的保障性租赁住房项目，天然与保险资金的属性高度契合，因此也是保险资金重点配置的方向。在使用权类资产领域，保险资金更为熟悉高速和新能源项目，过往私募投资中高速和新能源就一直是保险资金参与度较高的领域，因此我们看到高速和能源类项目中，保险资金的活跃程度较高。

表 9.1　2024 年年报各类资产类型中前十大投资人持仓占比分析

（单位:%）

资产类型	保险	券商	理财	个人
仓储物流	11	11	2	5
保租房	9	10	0	2
园区	9	9	0	4
交通	5	10	0	4
能源	3	13	0	2

续表

资产类型	保险	券商	理财	个人
消费	4	8	0	1
生态环保	5	33	2	18

* 数据来源：Wind，泰康资产整理。
* 占比＝前十大投资人中各类型资金持有份额/REITs 总份额

（二）保险资金投资公募 REITs 的参与方式

从发售公告来看，保险公司在战略配售和网下发售中都较为积极。2021—2023 年，保险公司始终是金融机构中参与战略配售比例最高的，2024 年有所下降，但依然排名前三，如表 9.2 所示；保险公司网下参与公募 REITs 的比例一直保持在相对稳定的区间，没有显著波动。对于优质项目的战略配售，保险资金的参与度是比较活跃的，尤其以另类团队主导公募 REITs 投资的公司，在战略配售上往往会更为积极，以固收团队主导公募 REITs 投资的公司则在网下发售中有更高的参与度。大型保险公司的资金体量决定了其需要通过各种形式获取合意资产，因此战略配售、网下、二级都会成为重要的投资方式，均会有所发力。从长期维度来看，只要使用恰当，所有的投资方式都可以成为获取优质资产的路径。

表 9.2　各类型资金在战略配售中的比例　（单位：%）

资金类型	2021 年	2022 年	2023 年	2024 年
保险	12	12	13	9
产业资本	12	6	10	11
关联方	51	56	48	49
基金	6	8	7	3
券商	12	14	13	15
私募基金	5	1	3	7
信托	2	3	5	6

* 数据来源：Wind，泰康资产整理。
* 关联方为原始权益人及其关联方。
* 比例＝各类型资金战配获配份额/战配总份额

（三）保险资金投资历程复盘及经验

在 3 年多的公募 REITs 市场投资中，我们看到了多次的市场波动。2022 年，市场在年初暴涨暴跌，从 5 月开始进入一轮持续上涨，其间涨幅超过 10%，产权类多个标的接连创出历史新高，新发项目首日动辄 30% 涨停，市场情绪高度乐观。在这个时点，投资人普遍高度关注公募 REITs 的债性，从而形成了以利率为主要驱动力的行情，对基本面的关注相对较少。我们关注到了市场过于乐观的情绪，也关注到部分资产在基本面上的潜在风险，因此没有过度去追逐一些高估值的资产，保留了一分清醒和理智，这也使得在 2023 年市场下行时，我们能够有一定的保护和相对充裕的资金。

2023 年是公募 REITs 最为困难的一年，市场基本上处于单边下跌状态，将历史涨幅全部回吐。到 2023 年底，有超过一半的公募 REITs 标的考虑分红后依然处于破发状态，投资人承担了巨大损失，市场不断出现止损盘，连续的资金面负反馈进一步冲击了本就脆弱的市场情绪。2023 年，市场第一次感受到公募 REITs 的权益属性，在宏观经济承压的情况下，很多资产的基本面也同步出现了下滑，市场迅速地把关注点从分母端调整向了分子端，对分子的下行产生了极为悲观的预期，从而使很多资产产生了一定的超调。我们虽然一直对资产基本面有一定的警惕，但是市场下行幅度依然远超预期，在下行的过程中，由于前期较为保守的投资，我们的损失相对可控，所以我们把更多精力聚焦在具有更强逆周期属性的资产上，以及市场因超调而产生的机会上，这对我们获取部分估值较低的底仓形成了较大帮助。我们一直坚信公募 REITs 资产的长期价值，所以我们理解短期的波动更多会成为获取优质性价比资产的机会。

目前的市场，投资机构对分子和分母的重要性重新进行了更为均衡的考虑，对基本面和利率市场都进行了更充分的定价，在 2024 年我们看到了估值的回归和波动的收敛，2024 年全年中证 REITs 全收益指数上涨超过 10%，走出了 2023 年的单边下行趋势。

三、保险资金等"耐心资本"对投资公募 REITs 的理解

观察当前市场，有很多投资人是抱着"炒新"的思路在公募 REITs 市场

进行短线投资，而保险资金则将更多的仓位聚焦于长期投资。当然，我们并不认为短线和长线有优劣之分，不同的交易策略能够提升市场的流动性，不同类型的投资人能够为市场带来更高的流动性溢价，是利好于市场发展的。但同时，我们也需要关注到，市场上依然存在一批以保险资金为代表的长期资金，是公募 REITs 市场的"耐心资本"。

当然，我们也需要认识到，保险资金虽然是长期资金，但是也并非完全没有交易，保险资金本质依然要创造收益以平衡负债端的支出，因此，当持有的标的出现中长期基本面预期显著恶化时，保险资金也需要对这类资产重新评估和定价，这是对负债端的投保人的责任。但其中有一个核心的概念，便是保险资金更多关注"中长期"预期的变化，短期的波动可能对保险资金的影响相对更小，这便是"耐心资本"的一个重要特征，它可以从更长维度来评估资产的价值。第二个特征便是保险资金受负债端的驱动，每年都有持续的配置需求，因此对于公募 REITs 的配置规模理论上应当持续提升，保险资金的"耐心"更多体现在全市场的维度，而不是对单一 REIT 的"耐心"，只要在整个市场中，保险资金的规模持续提升，对公募 REITs 市场的发展便会起到积极的作用。

在过去 3 年国内公募 REITs 市场的投资过程中，我们看到了在各方努力培育下市场不断发展，但同时也在价格起起落落的波动中对市场愈发敬畏。市场有过大涨 30%—40% 的狂热，也有止损盘持续抛售带来的恐慌；有过对公募 REITs 债性和股性的争论，也有过对产权类和使用权类资产性价比的探讨。从二级市场的角度，市场已经经历过一轮相对完整的涨跌周期，其间振幅超过 50%，虽然在市场的涨跌中，有投资人赚钱，也有投资人亏钱，但应当看到，正是市场的波动促使了公募 REITs 投资框架不断优化和成熟，投资人在盈亏中不断吸取经验教训，日益成熟和理性，对市场更加敬畏，逐步形成了一套适用于公募 REITs 的分析体系，让整个市场更加有章可循。对于公募 REITs 市场的发展，投资框架和体系的成熟才是市场长期高质量发展的基础，短期的波动，从长期来看是积极的，也是必要的。随着市场的发展，成熟的投资体系和成熟的投资人群体，会为市场形成更稳定的中枢，同时可以让更多新进入的投资人更快地适应公募 REITs，为市场带来更多的增量资金。尤其对于大型保险公司而言，公募 REITs 的成熟框架也是形成其大体量配置公募 REITs 的逻辑基础。

公募 REITs 近年来经历了高速发展，市场成熟度不断提高，规模也不断扩大。以保险资金为代表的长期资金有较强的配置意愿，而投资体系和框架的成熟为新进入的投资人提供了更完善的投资逻辑，市场未来的发展值得高度期待。

供稿：泰康资产　张钰才、欧阳智鹏

第五节　股与债之外的新大类资产

我的第一份工作是在一家美国的对冲基金从事结构化信贷套利策略的研究，很早就接触过海外 REITs 产品。由于国内一直没有 REITs 这一重要的金融产品，让我在美国对冲基金积累的经验荒废了很久。2021 年国内终于推出了 C-REITs 这一全新的金融品种，我们立刻就意识到了这一品种未来的巨大市场潜力和重要战略地位。

一、C-REITs 首秀，稀缺带来暴涨，隐忧暗藏

首批公募 REITs 上市的时候，投资者能得到的底层资产信息不是很多，项目组需要签署各种协议才能给一点点项目材料用于研究，信息披露相对较差。当时由于地产还没有经历资产重估，大多数人对产权类项目比较偏好，我们也选择了几家产业园和仓储物流进行认购。

上市之后，开始由于能参与的资金较少，市场行情缓慢上行。后来保险资金陆续可以投资，行情开始加速，整个市场一直普涨到 2022 年初，甚至一些经营权项目的内部收益率（IRR）已经为负，基金管理人反复提示风险也无济于事。我们经过计算，发现公募 REITs 产品已经不太便宜，便逐步出清了仓位，毕竟炒新是国内市场的特点，新金融品种的发展初期难免存在一定泡沫。后续我们主要通过网下申购来投资公募 REITs，只要有新的产品上市几乎都会暴涨，建信中关村产业园 REIT 和华夏北京保障房 REIT 都是首日涨停，市场

359

的火热也为后续的调整埋下了伏笔。

现在回想起来，也就是从 2022 年开始，新发行项目的评估预测变得比较激进，虽然国家发展改革委仍然要求产权项目的折现率和经营权项目的 IRR 不能太低，但是由于这些指标和估值依赖于很多对未来的预测参数，使得调整的空间比较大，一些项目发行的估值变得相对不便宜。我们简单地使用中债金融估值中心有限公司（以下简称"中债"）给的项目 IRR 进行等权处理，自己拟合了一个估值的指标，发现市场的等权 IRR 已经从初期的 6% 下降至不到 3%，几乎和当时的十年国债到期收益率一样，这显然是不合理的。彼时市场要么因为缺少足够的数据，要么因为数据本身过于乐观，在 2022 年上半年跟随着权益市场下跌了大概 20% 后，下半年强势反弹，等权 IRR 从 5% 再次下降到了 4% 的水平。到年底时，不少资产的运营数据已经开始下滑，但市场认为这只是短期阵痛，后续会快速修复。但我们依旧没有大举介入，想等待数据进一步证明，再做打算。

二、指数破发，基本面孱弱叠加退租"黑天鹅"，首次扩募与危机

2023 年开始不少项目的战略配售锁定期结束，品种的稀缺性溢价也随着上市公募 REITs 只数变多而消失。当年的二季度，在建信中关村产业园 REIT 和华夏中国交建高速 REIT 两个 REITs 项目的压力之后，市场又因为一些银行理财产品的到期赎回，出现了第一波较大幅度的调整，等权 IRR 达到 7%，全收益指数也跌破了初始的 1000 点，逼近 900 点大关。

之后第一批公募 REITs 扩募项目也在这个时点发行，但是华安张江产业园 REIT 的扩募资产遭受了哲库退租的"黑天鹅"事件，虽然最后在集团支持下惊险过关，但依旧影响了市场情绪，新生的 C-REITs 遇到了它的第一次危机。

三、研究的痛点，单向流动性不足，鸡与蛋的矛盾

我们也是在这个时间点，经过研究重新发现了公募 REITs 的价值可能存在低估，开始准备大规模布局投资。首先遇到的问题是如何评估不同公募 REITs 产品的估值，这需要客观的数据和独立的判断。那时公募 REITs 的信息披露和现在比欠缺不少，各家披露的格式和口径也不尽相同，给分析造成了很大困难。另外市场还没有形成比较一致的估值锚，有的机构看折溢价，有些直接看分红率，还有些计算 IRR 或者直接使用中债的数据，在遇到市场分歧的时候，容易大幅波动。

一些机构战略配售或者网下配置后，几乎不怎么交易，因此市场价格就会受到边际买卖的剧烈波动影响。公募 REITs 发行初期的大涨和 2023 年的大跌都有流动性不足的因素，涨的时候难以买到，跌的时候又缺少足够的资金支撑。这种现象和单纯的流动性不足还不太一样，我们在其他品种上也遇到过，我们称之为单向流动性不足，曾经的分级基金、信用债、可转债都有过类似的阶段。

市场整体规模小，估值又比较复杂，再加上流动性不足，就导致了机构即使看好该品种，也无法在二级市场大规模介入。而一旦机构无法大规模配置，那么对这一新品种的研究力量的配置自然也无法太多，短期陷入了先有鸡还是先有蛋的矛盾之中。

四、再次出手，折价经营权的本金分红修复能力

作为市场中交易比较灵活的私募机构，我们认为如果 REITs 是因为流动性不足导致的下跌，此时就应该为二级市场提供流动性。该品种意义重大，后续的政策支持必定会对市场进行修复。

我们进行了深入研究，认为经营权类 REITs 的久期较短，同样的跌幅情况会比产权类的收益风险比更高，更偏向于债券性质，此时市场正好处于债券牛市和股票熊市；另外经营权类 REITs 的分红率更高，由于分红中包含了一部分本金，有些可以达到 10%。当时我们的想法是如果市场流动性无法很快修复，维持横盘状态，每年我们也可以得到大量的现金分红，同时也在逐步回收本金；假如市场继续因为流动性下跌，我们则可以进行分红再投资，整个组合的复合收益率会越来越高。

由于此前高速公路 REITs 对未来增速的参数假设太高，经济复苏不理想的时候，容易出现车流量大幅度差于预期的情况，此时整个市场都在妖魔化该类

产品，觉得无论如何也算不过来账。我们仔细地研究了高速公路的历史增速和路段饱和度，采用了比较保守的零增速假设，发现即便如此该类产品也已经低估，等于我们买了一个下有保底上有弹性的品种。后续高速公路 REITs 的财报出来，市场便很快修复了该类产品的大幅度折价，监管机构也要求该类产品进行月度数据披露，便于投资者跟踪分析。

环保类 REITs 的经营十分稳定，理论上不应该被大幅抛售，但是由于市场不成熟或者部分机构需要变现，IRR 从初期的负数，在最低谷竟然超过了 10%，这就是典型的流动性抛售带来的机会，后续由于其他综合收益（OCI）的推出，这些产品都被买到了不可思议的高价。

五、扩募的思考，产权估值倒挂，市场曙光初现

产权类 REITs 则又是另一个故事，四单扩募虽然艰难发行成功，但是由于市场偏弱，因此发行价相对于市场价都有比较大的折让。虽然扩募份额有六个月的锁定期，但是由于参与的投资者除了一部分产业资本和原始投资人外，都是市场的老面孔，大家原本就或多或少有一些持仓，那么换仓交易就变得十分合理，但这对本来已经孱弱的市场，是难以承受的。

扩募是 REITs 做大做强的关键，我们认为比较理想的机制是扩募资产增厚原持有人的收益，分散原有资产的风险，市场给出的扩募价应该类似大宗的折扣，不应该由于锁定期而大幅折价，才是比较顺畅的市场化扩募。

2023 年四季度，由于券商自营需要对产权类 REITs 盯市估值（mark to market），为了不影响上市公司的利润表，普遍被迫进行了减仓，一度二级估值和一级市场形成了倒挂。

我们认为这是不合理的，二级相对一级流动性更好，理论上应该有溢价。加上上市的公募 REITs 资产都是优中选优，产权类 REITs 的发行人又能比经营权类 REITs 的发行人更好的进行支持，我们此时开始认为产权类和经营权类性价比相等。2023 年底公募 REITs 市场也迎来了一波修复行情，让我们对 2024 年充满期待。

六、黎明前的黑暗，京东降租，OCI 落地，新的开始

2024 年一开始，京东降租就给了市场一个下马威，刚刚有所好转的 REITs 市场，迎来了最黑暗的时刻。也就在那一刻，我们第一次开始怀疑最初的想法，就是市场只是由于流动性而非基本面造成的下跌。好在后续相关各方果断出手，很快稳住了局面。在龙年春节的前一天，监管机构终于让市场盼望已久的 OCI 制度落地，市场节后开始暴力反弹，很快就修复了年初由于京东降租带来的恐慌下跌行情。

作为私募机构，原本我们更关注价量这些因素，较少与市场其他参与者进行沟通。但 2024 年初这波行情也让我们认识到需要更加深入地关注公募 REITs 资产本身的情况，建立自己的估值模型，并和市场各方进行更多的交流学习。毕竟公募 REITs 是比较偏实业的，要想做好它，就必须关注整个宏观经济周期、每个行业供需和个体标的的运营情况。我们需要走的路还很长，该品种也处于早期阶段，未来肯定是万亿蓝海市场，越早进入则越有利。

七、行情企稳，新政暖风不断，产权类完成重估

整个 2024 年，随着行情企稳，有关部门也开始着手长期政策的推出，如常态化发行和新资产类型的引入，这也为公募 REITs 市场长期健康发展打好了基础。虽然 2024 年新增资金并不多，但是发行并没有停止，反而到达历年最快，从而让市场规模先起来，解决了先有鸡还是先有蛋的第一步。

我们观察到 OCI 推出后，高分红公募 REITs 更受市场欢迎，考核上更有利，但是高企的价格使得长期性价比变得一般。我们认为产权类 REITs 的重估接近完成，在利率大幅下行后，它的分母端变得更低，经济复苏后分子端也有望迎来修复，从而在未来迎来双击。

在对公募 REITs 的投资研究过程中，我们认识到该品种未来有广阔前景，是在股债之外又增加了一个全新的可投资的资产大类，也更加坚定了我们后续加大研究投入的决心。

供稿：上海金锝私募基金　叶挺

第六节　普洛斯公募 REITs 之路：挑战与突破

作为全球化的产业服务与投资公司，普洛斯于 2003 年进入中国市场，首次引入"高标仓"概念，逐步在全国投资布局优质仓储物流基础设施。通过多年深耕，积累了数量众多且质地优良的资产。

普洛斯很早就开始践行"资本+资产"的双轮驱动策略，2013 年设立首只专注于境内市场的物流开发基金，随后逐渐拓展到收益增值型基金、核心收益型基金，不断扩充和丰富资本端的私募产品矩阵，实现资产的有效盘活和资金的循环使用。从不动产金融的完整链条来看，永续型的公募 REITs 产品是普洛斯在中国市场资本端欠缺的最后一块拼图。普洛斯一直持续关注中国 REITs 的发展，2019 年国家发展改革委和中国证监会就公募 REITs 进行前期调研时，普洛斯作为仓储物流行业的龙头企业积极建言献策。除了实现资本运作的目的外，普洛斯管理层更希望凭借引领行业标准的优质资产以及高水准的运营管理打造我国最大的仓储物流资产的上市平台。

一、首发之路：奠定坚实基础

首发阶段，普洛斯谨遵"优中选优"的原则，精心挑选了位于北京、长三角、大湾区等区域的 7 个仓储物流园区，这些园区分布在经济活跃、产业聚集度高的一、二线城市及核心物流节点，是普洛斯资产版图中的最优质部分。其中，普洛斯北京空港物流园还承载着特殊的历史意义，曾作为 2008 年北京奥运会的重要非竞赛场馆，发挥了关键的物流枢纽作用。

作为"摸着石头过河"的新生产品，公募 REITs 首发的道路绝非坦途。在梳理项目建设与运营的合法合规性时，一些问题显现了出来。例如普洛斯通州光机电物流园项目，土地用途在证件记载与实际使用上存在差异。普洛斯积极与北京市规划和自然委员会通州分局沟通，详细阐述项目的历史背景和业态需求，最终获得了主管部门的书面确认，同意其参与公募 REITs 试点。针对存在资产转让限制的项目，如淀山湖物流园，普洛斯也积极与当地主管部门沟通。在这个过程中，虽然每个地方的具体政策和操作实践各有差异，但亦切实地感受到基础设施 REITs 作为存量资产和新增投资良性循环的创新投融资模式，受到各地方政府部门特别是地方发展改革委的高度重视和大力支持。

整体来看，项目从正式启动到完成发售，主要分三个阶段：发展改革委项目申报，沪深证券交易所及中国证监会的产品申报，基金发售。由于是中国公募 REITs 的首批试点，各方都缺乏经验，再加上普洛斯项目涉及的 7 个资产分别位于北京、江苏和广东三个省市的 6 个行政区县，可以想象在获取项目所在地土地主管部门无异议函、由省发展改革委转报国家发展改革委、最终通过答辩获得国家发展改革委推荐的过程中，工作量巨大。获得国家发展改革委推荐后，为了赶上 2021 年 6 月 21 日的首发仪式，在上海证券交易所和中国证监会的全程指导下，项目在异常紧凑的时间表下，完成了产品申报和基金份额发售。

最终，中金普洛斯 REIT 以 15 亿份额，每份额 3.89 元，合计 58.35 亿元的规模，完成了公募 REITs 的首次募集。

中金普洛斯 REIT 发行后，受到了各方关注。

首先，中金普洛斯 REIT 是首批试点项目中唯一一个非国有企业项目，也是唯一一个外资项目。涉及股转的项目公司均为外商独资企业，原始权益人也是一家注册在中国香港的公司。这体现了在国际形势风云变化的宏观背景下，我国政府持续扩大金融开放的决心和态度。

其次，中金普洛斯 REIT 是首批产权类 REITs 中发行规模最大的项目，占产权类 REITs 发行规模的比例约为 40%。首次入选的 7 个物流园区，以高度分散的租户结构和市场化的运营，受到各类机构投资人的高度认可。7 个园区的平均估值为 7.6 亿元，最大的园区估值为 16.37 亿元，最小的园区估值为 2 亿元。这样分散的资产结构，对于市值接近 60 亿元的 REITs 而言，具备极佳的资本运作条件。

更重要的是，普洛斯在中国管理着超过 400 个成熟的物流园区，这赋予了 REITs 持续扩募增长的潜力。普洛斯有能力也有意愿，为公募 REITs 平台持续不断地注入源头活水。

二、扩募之程：追求持续发展

在扩募规则正式落地前，普洛斯便开启了首次扩募的前期准备工作。扩募最重要的工作之一是资产筛选。面对持有的数量庞大的资产池，公司主要从以下几个维度去考量：

一是坚持资产合规性和运营底线不放松。一方面，首选普洛斯自建的、建设过程中文件证照齐备的项目；另一方面，在收益稳定层面上，营业收入在历史及未来的可预测范围内需要展现出较好的韧性和持续稳定的运营能力。

二是从整体的资产组合上，同步考虑资产区位上以及租户行业上的分散度。通过扩募购入与现存资产在区域分布上更为分散的资产，或是服务于不同租户行业的资产，可以有效降低集中度风险对整体 REITs 的影响，也有利于整个基金实现穿越经济周期的稳定运行。

三是兼顾稳定性和发展性。基础设施 REITs 的收益来源不仅仅是存续期间的分红。在很多成熟的 REITs 市场，REITs 收益的重要组成部分还包括资产增值，通过资产交易、吐故纳新，实现资本利得的收入。普洛斯希望在基本盘稳定的基础上，增加一些有增长潜力的基础资产，通过运营提升，为投资人创造更多的收益和价值。

综合各种考量，普洛斯选择了位于重庆、青岛和广东江门的 3 个仓储物流园区作为首次扩募资产，于 2023 年 6 月成功募集资金约 18.53 亿元，完成首次扩募及新资产收购。

三、展望未来：持续前行

回顾中金普洛斯 REIT 的发行历程，从首发的突破到扩募的持续发展，每一步都充满了挑战与创新。在各个中介机构的协作努力、监管机构的大力支持下，普洛斯凭借坚定的信念、专业的能力和积极的态度，成功应对了各种困难，实现了一步一个脚印的前行。

REITs 平台已成为普洛斯盘活存量资产、扩大有效投资的重要战略平台。中国国内消费的增长，尤其是电商行业的蓬勃发展创造了对仓储物流设施的巨大需求，而中国现代仓储设施供应相对有限，我国共建"一带一路"、京津冀一体化、长江经济带等的实施对物流业发展提出更高的要求。基于此，普洛斯坚持"重仓中国"，持续在全国性商贸物流节点城市以及区域性商贸物流城市等进行现代仓储基础设施的投资。通过中金普洛斯 REIT 的首次发行及第一次扩募，普洛斯中国净回收资金分别约 42 亿元、13 亿元，有力支持了新项目的开发建设。C-REITs 作为展示运营管理能力的平台和窗口，也很大程度上推动了普洛斯在管理流程、管理制度上的精进与细化。凭借高效优质的运营，中金普洛斯 REIT 多次得到业界权威肯定，也拓展了公司的投资人群体和资本渠道。

普洛斯在境外拥有成熟的 REITs 管理经验。普洛斯于 2012 年在日本成功发行了 J-REIT，是日本市场上最大的物流资产公募 REITs 之一。作为发起人和资产运营管理人，普洛斯在日本拥有超过 12 年的公募 REITs 管理经验，在资本运作、资产管理等方面对中国公募 REITs 具备很强的参考意义。普洛斯 J-REIT 上市以来，合计扩募发售 11 次，资产总数由 IPO 时的 30 个增长至 88 个，资产管理规模翻了 5 倍多。同时，自 2017 年以来几乎每年都会通过出售 REITs 对所持有的资产进行调仓，出售资产所获得的估值本金部分可由 REITs 再次收购新项目，而资本利得部分则可以直接向 REITs 的持有人进行当期分配。通过调仓，REITs 可以在不同的市场条件下保持资产持有的灵活性，更高效率利用现金并盘活资产。

普洛斯希望将 C-REITs 也打造成吐故纳新、具备持续生命力的战略性平台。随着中国公募 REITs 步入常态化发行，持续性扩募成为可能。普洛斯也在积极筹备下一次扩募，尝试打通私募基金资产装入 REITs 的路径，实现一、二级联动。公募 REITs 为普洛斯的私募基金资产提供了一个良好的退出渠道。在当前的规则下，基金的财务投资人面临战略配售、回收资金再投资等约束。但回顾中国公募 REITs 市场的发展历程以及普洛斯发行 REITs 过程中的点点滴滴，遇到的困难、障碍，无一不在监管、市场、各参与方的群策群力下最终得到解决。

展望未来，普洛斯将继续在公募 REITs 领域深耕，秉持高效优质运营的理念，以优秀的资产运营管理能力，在境内树立起 REITs 的标杆标准。同时，通过扩募持续优化资产组合，为投资者创造更大价值。普洛斯也将继续发挥行业标杆作用，积极践行 ESG 理念，助力中国基础设施建设和经济发展迈向更高质量、更可持续的新阶段。相信在普洛斯等企业的共同努力下，中国公募 REITs 市场将不断发展壮大，为实体经济发展注入更强大的动力。

供稿：普洛斯中国控股有限公司　王敏思、李渊俊、黄思川

第十章　中国公募 REITs 要点问题思考

中国公募 REITs 在试点成功后，已进入常态化发行新阶段，但这并不意味着从此一路坦途，还有许多要点难点问题有待进一步深入研究和不断克服。

第一节　国有大型银行如何参与公募 REITs

"十四五"规划纲要明确提出，"推动基础设施领域不动产投资信托基金（REITs）健康发展，有效盘活存量资产，形成存量资产和新增投资的良性循环"。自 2020 年 4 月试点以来，公募 REITs 市场从无到有、逐步扩容、现已步入常态化发行的新阶段，在盘活存量资产、助力实体经济发展等方面发挥日益重要的作用。

国有大型银行作为服务实体经济的主力军，积极响应国家政策号召，充分发挥"商行+投行""融资+融智"综合化金融服务优势，汇聚合力、深耕市场，为推动公募 REITs 市场持续健康发展贡献力量。以工银集团为例，截至 2024 年末，作为基金管理人发行 2 只公募 REITs，担任托管行 7 只、账户监管行 8 只，参与投资 42 只、投资金额近 20 亿元，并为 4 只公募 REITs 提供配套融资服务，其中 2 只融资模式为市场首创。

一、公募 REITs 对实体经济高质量发展具有重要意义

（一）公募 REITs 有助于稳定宏观杠杆率

近年来，我国宏观杠杆率显著攀升。公募 REITs 能够有效盘活存量资产、吸引社会资本、提供权益性资金，形成存量资产和新增投资的良性循环。公募

REITs 有助于化解存量债务，将存量基础设施资产转化为流动性强的金融产品，提供全新的融资渠道，减轻债务压力，增强地方财政的可持续性，对于稳定地方政府与企业部门的杠杆率具有积极作用。

（二）公募 REITs 有助于优化基础设施投资机制

公募 REITs 搭建了存量基础设施资产上市平台，以资产循环带动资本循环，打通了"投—融—建—管—退"全产业链，建立起轻重并举的经营模式。与整体上市相比，公募 REITs 在资产上市方面具有更显著的价值重估优势，其发行市净率（PB）显著高于 A 股相关行业及关联上市公司。此外，公募 REITs 的扩募机制能够整合区域优质资产，实现集约高效运营管理，强化产业协同集聚效应，引导金融资源更好满足产业转型升级需求。

（三）公募 REITs 有助于提升企业价值、实现金融普惠

对于实体企业而言，公募 REITs 作为创新权益融资工具，无须还本付息与主体增信，企业能够获得大额权益资金用于新的投资，还可保持核心资产控制权，并借助扩募机制实现资产滚动增长，提升品牌与市场影响力。对于社会大众而言，公募 REITs 填补了资产管理市场的产品空白，可满足居民理财、养老金、社保资金的投资需求，共享国家发展红利。公募 REITs 的"股债双性"特点，既提供了相对稳定的收益，又保留了资产增值的潜力，真正实现了金融普惠。

二、国有大型银行在公募 REITs 业务中的优势

（一）资产规模优势明显，基础设施投融资经验丰富

长期以来，基础设施领域一直是国有大型银行优质资产的基本盘和压舱石，信贷资金投向与公募 REITs 底层资产类别高度契合。当前，国内能够开展公募 REITs 的企业，几乎均与国有大型银行建立了稳固的合作关系。国有大型银行长期深耕基础设施项目，不仅沉淀了大量的历史数据，还从项目规划、运营评审到后续管理运行的全链条中，打造了一支具有竞争力的专业人才队伍，具备高水准的投融资和风险管理经验，能够为各类公募 REITs 项目匹配最优解决方案，并为项目各阶段运营管理和投资者决策提供公允有益的视角。

（二）综合服务集成，建立"一站式"金融服务生态

国有大型银行金融牌照齐全，能够实现公募 REITs 业务角色全覆盖。实践中，以某国有大型银行为例，不仅能够担任公募 REITs 基金管理人、专项计划管理人，还能担任托管行角色，并提供配套融资和相关结算服务，同时参与投资，为公募 REITs 项目提供全方位、"一站式"的金融服务。企业无须再去多方寻找不同机构来满足各个环节的需求，大大提高了项目推进的效率，降低了沟通协调成本，确保各个环节紧密衔接、协同运作，为项目的成功实施提供有力保障。

（三）品牌与价格双优，通过长期合作与企业共同成长

国有大型银行在公募 REITs 业务中具有显著的品牌与价格优势。公募 REITs 要求金融机构与发行人在资产端实现 20 年以上的深度绑定。国有大型银行凭借其稳固的品牌优势，能够与企业建立深厚信任关系，共同携手穿越市场周期。同时，国有大型银行将公募 REITs 业务作为战略性业务，聚焦长期价值创造，通过综合贡献度弥补短期投入成本，从而形成持久的竞争优势，为企业提供高性价比、高附加值的金融服务，也为公募 REITs 市场的稳健发展提供坚实的后盾。

三、对国有大型银行深度参与公募 REITs 市场的建议

（一）构建全生命周期服务体系，强化资产培育与价值重估

国有大型银行立足产业链视角推动公募 REITs 业务，可将其作为基础设施投融资领域产业重塑的关键环节。基于资产全生命周期维度，将公募 REITs 底层资产进一步细化为设立、培育、重组、发行、存续管理、新建投资、扩募安排和退出八个阶段。依据资产在不同发展阶段呈现出的特点以及投融资需求，综合运用项目贷款建设、资产并购重组、预资产证券化（Pre-ABS）和 Pre-REITs 孵化、类 REITs 阶段性培育、私募 REITs、基础设施公募 REITs 上市、配套贷款跟进、并购扩募新资产等多元化金融工具与服务模式，构建围绕资产的全产品链服务体系，高效满足资产各阶段、各层级的服务需求。

（二）强化投贷联动，注入商行增值服务

国有大型银行可强化投贷联动，在公募 REITs 项目实施中提供配套贷款、产品托管、资金监管、战略投资、基金代销和综合金融顾问等一体化服务。在战略投资方面，国有大型银行体系内可认购资金来源多元，包括银行理财、保险、基金、信托等，可作为基石投资人参与公募 REITs 战略配售，为项目提供长期的资金支持，也可参与网下配售和二级市场的投资，保障项目成功发行和后续稳定运行。在配套贷款方面，可提供并购投融资服务帮助原始权益人完成基础资产的剥离、分立或重组等股权重构环节，可提供保理融资降低底层资产波动，提升基金存续期内现金流稳定性。在产品托管、资金监管方面，依托专业的托管系统和严格的监管流程，确保资金的安全存放、规范使用及透明合规，防范资金挪用风险，保护投资者权益。此外，还可为公募 REITs 资产产业链上下游企业提供结算服务等，促进整个产业链的资金流转顺畅，提升整体运营效率。

（三）拓展服务价值链，共筑公募 REITs 服务生态圈

国有大型银行是服务实体经济的主力军，将金融的政治性、人民性摆在首要位置，在与监管部门和政策制定部门的汇报交流中，积极建言献策，并及时做好政策传导与响应。针对制约公募 REITs 高质量发展的痛难点问题，联合同业机构深入开展深度研究与专题调研。持续推动分支机构加强与当地发展改革委、国资委、财政厅、交通厅、住房城乡建设厅、能源局、文旅厅、水利厅、住保中心等政府部门的沟通，做好公募 REITs "一揽子"顾问服务。同时，深化与基金公司、证券公司、会计师事务所、律师事务所、不动产私募管理机构、评级公司、评估公司的联动协同，建立健全公募 REITs 综合服务体系，助力企业高效推进公募 REITs 发行，共筑公募 REITs 服务生态圈。

供稿：中国工商银行投资银行部

第二节　中国公募 REITs 涉税实务分析

随着中国资本市场的不断深化发展，基础设施公募 REITs 作为一种创新的

金融工具，逐渐成为资本市场的重要组成部分。然而，税收问题作为不可忽视的重要因素，对公募 REITs 的运作模式、收益分配以及市场估值等方面产生了深远影响。本文旨在分析中国公募 REITs 特有的"小股大债"结构及其涉税问题，并探讨潜在风险与未来展望。

一、海外成熟 REITs 市场的税收优惠政策

在海外成熟 REITs 市场中，普遍存在针对 REITs 的专门税收优惠政策。这些政策的核心在于税收中性，即 REITs 在满足一定的收益分红比例、收入来源和投资方向要求后，其分红部分的收益在 REITs 层面上享有所得税豁免。税收优惠政策的推出往往对 REITs 市场的发展起到明显的推动作用。

（一）美国：REITs 分红允许企业所得税税前抵扣

1960 年，美国国会通过了《不动产投资信托法案》（*Real Estate Investment Trust Act*），并于同年修改了美国《国内税收法典》（*Internal Revenue Code*），给予 REITs（组织形式上仅限于非法人信托或非法人组织）和共同基金同等的税收优惠，使其拥有税收中性特征，为 REITs 的诞生奠定了制度基础。而后 1976 年美国国会通过的《1976 年税制改革法》（*the Tax Reform Act of 1976*），首次允许成立公司型不动产投资信托，自此美国 REITs 市场进入了高速发展时期。

根据美国《国内税收法典》（*Internal Revenue Code*），在满足收益分红要求、收入来源要求以及投资方向要求后，美国 REITs 的分红部分收益可以在所得税税前予以扣除，避免了双重征税，从而有效降低了投资者的综合税负，显著增强了 REITs 的收益率及吸引力。

（二）澳大利亚：合并纳税制度

澳大利亚的合并纳税制度，即受同一集团全资控股的澳大利亚企业可以选择成立单一合并纳税集团，进行合并纳税申报。

合并纳税后，大多数合并纳税集团内部成员之间的交易在所得税方面几乎没有成本；合并纳税集团成员的税务损失和其他项目可以汇总，且合并纳税集团在会计期间仅须提交一份合并纳税申报，合规成本和操作成本均大幅下降。

二、我国公募 REITs 企业所得税涉税痛点

(一) 涉税环节

目前，我国公募 REITs 的税费成本主要发生在发行前的重组阶段、发行时的股权转让阶段以及发行后的存续阶段，具体分析如下：

重组阶段：该阶段主要涉及通过购售、分立、划转等方式对资产、人员、负债进行正向或反向剥离重组，为后续的公募 REITs 构建符合要求的、资产范围清晰的标的资产。该环节主要涉及的税费包括企业所得税、印花税、契税、土地增值税、增值税、附加税等。其中，因资产增值导致的企业所得税往往是重组阶段最主要的税费之一。特别地，由于公募 REITs 的申报发行受市场情况、监管政策、原始权益人商业安排等多方面因素影响，即使完成重组，后续发行也存在一定的不确定性。因此，重组阶段较重的税费往往成为原始权益人的"沉没成本"，导致众多原始权益人望而却步。

发行阶段：税费主要产生于原始权益人将项目公司股权转让给公募 REITs 的环节，涉及的税种包括印花税、企业所得税。其中，因项目公司股权增值导致的企业所得税往往是发行阶段最主要的税费之一。

存续阶段：税费主要包括项目公司在日常经营中需缴纳的增值税、企业所得税，以及专项计划层面的增值税等。其中项目公司的企业所得税是存续阶段最主要的税费。

(二) 我国公募 REITs 税收优惠政策

2022 年 1 月，财政部联合税务总局推出了我国首个针对公募 REITs 试点税收的优惠政策——2022 年 3 号公告。3 号公告明确：（1）在重组阶段的资产划转可适用特殊性税务处理，原始权益人和项目公司可不确认所得，不征收企业所得税；（2）在公募 REITs 设立阶段，原始权益人就转让项目公司股权实现的增值所需缴纳的企业所得税可递延至公募 REITs 完成募资并收到股权转让价款后缴纳，且针对原始权益人自持基金份额部分对应的企业所得税允许递延至未来实际转让基金份额时缴纳。3 号公告的推出，极为有针对性地解决了原始权益人在重组阶段及发行阶段的税费成本痛点，显著提升了原始权益

人申报发行 REITs 的经济效益及积极性。

（三）我国暂无存续期项目公司企业所得税优惠政策

与海外 REITs 税收政策最大的不同点在于，当前我国暂未推出存续期间对公募 REITs 项目公司企业所得税的税费优惠政策。鉴于我国公募 REITs 的底层资产多是优中选优、具有较好盈利能力的基础设施项目，项目公司所承担的较高企业所得税给 REITs 的分派率带来严重影响，进而对公募 REITs 市场的估值和发展产生了较大影响。

三、实践创新：中国公募 REITs 特有之"小股大债"结构

在我国暂未对 REITs 项目公司存续期间企业所得税出台税费优惠政策的背景下，依据现行的税收政策，我国公募 REITs 基本均通过搭建"小股大债"的结构来实现最大限度优化项目公司所得税的目的。

具体操作中，在公募 REITs 设立时，专项计划将总募集资金以 1∶2 的股债比向底层项目公司进行股权及债权的投资。部分 REITs 因受限于项目公司原本的股债结构无法直接搭建 1∶2 股债比，因此采用设立 SPV 公司作为中间工具，即先由专项计划以全部募集资金向 SPV 公司进行 1∶2 的股债投资，再由 SPV 向原始权益人收购项目公司全部股权，最后由项目公司反向吸收合并 SPV 公司，进而承继专项计划对 SPV 公司的股债结构，最终实现专项计划对项目公司的 1∶2 股债比投资架构。

根据《财政部　国家税务总局关于企业关联方利息支出税前扣除标准有关税收政策问题的通知》（财税〔2008〕121 号文，简称《通知》），在计算应纳税所得额时，对于非金融企业向关联方的借款不超过关联方权益投资 2 倍的部分，企业实际支付给关联方的利息支出准许税前扣除。因此，在公募 REITs 存续期间，通过向项目公司抽取股东借款利息的方式向上抽取标的资产运营收益，并以此向投资人分红。在《通知》允许的股东借款规模范围内，借款利息可在所得税税前抵扣，从而优化税费结构，提高投资人收益。

以中信建投国家电投新能源 REIT 为例，其吸收合并前的整体架构如图 10.1 所示。

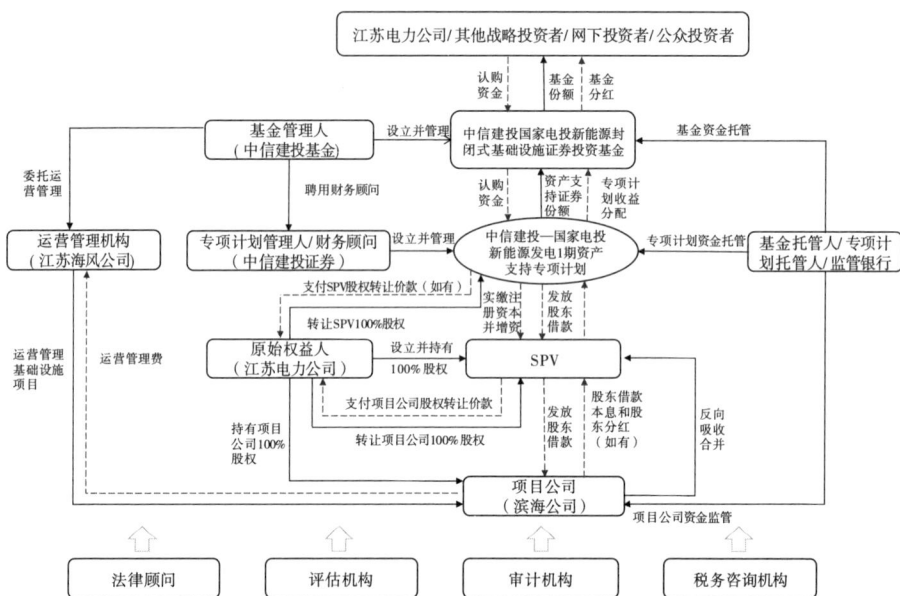

图 10.1 基金整体架构（吸收合并前）

在中信建投—国家电投新能源发电 1 期资产支持专项计划设立后，专项计划管理人中信建投证券股份有限公司（代表专项计划）向原始权益人国家电投集团江苏电力有限公司（简称"江苏电力公司"）购买其持有的 SPV100% 股权，并在成为 SPV 股东后向 SPV 实缴注册资本并增资，合计缴纳资本金约占总募集金额的 1/3。同时，专项计划向 SPV 发放股东借款，规模约占总募集金额的 2/3，实现专项计划对 SPV 的 1∶2 股债比搭建。

SPV 在收到注资及股东借款资金后，一部分资金用于向原始权益人收购项目公司 100% 股权，剩余资金向项目公司发放股东借款。随后，项目公司的股权被转让至专项计划，成为专项计划的全资子公司，进而再由项目公司吸收合并 SPV，承继 SPV 的全部资产、负债、业务、资质、人员、合同，及其他一切权利与义务。最终实现基金持有专项计划全部份额，专项计划以 1∶2 股债比的形式直接持有项目公司，形成了"小股大债"的结构。基金吸收合并后的整体架构如图 10.2 所示。

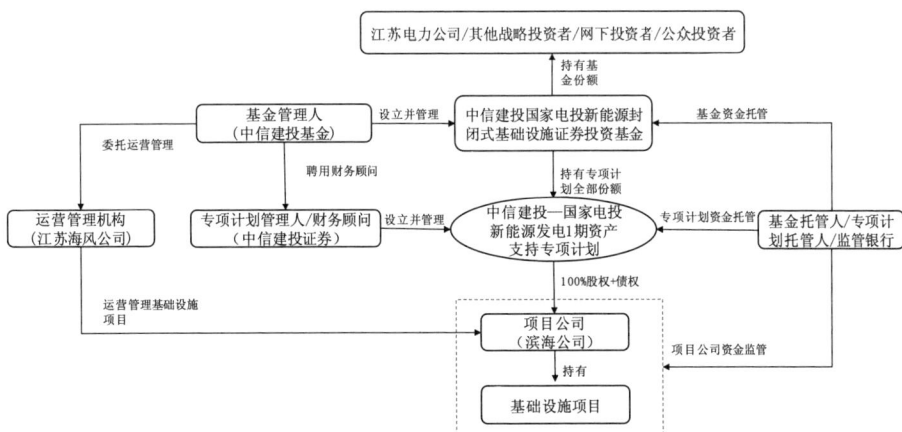

图 10.2　基金整体架构（吸收合并后）

四、潜在风险

中国公募 REITs 特有的"小股大债"结构作为当前我国无 REITs 存续期企业所得税优惠政策下的权宜之计，在实际操作中还存在若干潜在问题。

一是各地主管税局的实际执行口径不同，尤其是针对股东借款利息准许在所得税前扣除的利率水平存在不同的理解。根据《中华人民共和国企业所得税法实施条例》，对于非金融企业向非金融企业借款的利息支出，不超过按照金融企业同期同类贷款利率计算的数额的部分准予扣除。根据《国家税务总局关于企业所得税若干问题的公告》（国家税务总局公告 2011 年第 34 号），"金融企业同期同类贷款利率"需为本省任何一家金融企业提供的同期同类贷款利率情况，既可以是金融企业公布的同期同类平均利率，也可以是金融企业对某些企业提供的实际贷款利率。即使有上述约定，在实际操作中各地数据对于"金融企业同期同类贷款利率"也存在不同的理解及认定理由，因此目前各地税局对公募 REITs 的股东借款可税前抵扣的利率上限也未能有明确的执行标准。

二是公募 REITs 作为新兴金融产品，各地税局对于公募 REITs 是否适用、如何适用相关税法规则尚在研究和了解阶段。同时，相较发行公募 REITs 前，发行后的"小股大债"通常会减少项目公司层面的企业所得税，因此促使各地税局对公募 REITs"小股大债"结构的税务处理趋严。

三是"小股大债"结构所依据的相关税法的出台早于公募 REITs，其制定的背景及目的并非是针对公募 REITs，未来税收政策的变动可能影响"小股大债"结构的税筹效果，增加项目的涉税风险及收益的不确定性。

五、未来展望

期望未来中国公募 REITs 市场可以借鉴海外成熟 REITs 市场的税收政策框架，尽快推出具有针对性的税收优惠政策，以降低公募 REITs 业务存续期的税收成本，提高市场吸引力。

一是在推出正式的公募 REITs 存续期所得税优惠政策之前，国家税务总局可以通过发布对公募 REITs"小股大债"这一具体问题的解释或公告的方式，加强地方税局对公募 REITs 这一创新金融产品的税务处理理解，在全国范围内明确各地方主管税局对于"小股大债"这一架构的执行及认定标准，包括股债规模、可抵扣借款利率的标准，以及在吸收合并环节的债务承继及计提利息操作规范。

二是参考美国、新加坡 REITs 市场，对于满足要求的公募 REITs 分红部分实施企业所得税免税，一方面这将显著降低项目公司层面的企业所得税成本；另一方面公募 REITs 也无须再搭建"小股大债"的结构，大大简化了发行设立阶段的操作，同时还能减少专项计划层面因收取项目公司利息而须缴纳的增值税及附加费用，全面降低公募 REITs 各个层面的税费成本，提高公募 REITs 收益水平。

三是在上述基础上，可进一步参考澳大利亚的合并纳税制度。目前公募 REITs 存续期间企业所得税涉及项目公司层面的企业所得税申报，随着未来公募 REITs 不断扩募，单只公募 REIT 持有的项目公司及专项计划数量还将不断上升，税务处理将越发复杂。若将单一公募 REIT 作为一个合并纳税主体，将其项下持有的所有项目公司进行合并纳税申报，可有效提高内部税务处理的灵活性，同时也简化了税务申报和合规流程。

期待尽快出台针对性的公募 REITs 税收政策，为我国公募 REITs 的发展提供有利条件，促进市场的成熟和有序发展壮大。

供稿：国家电投　何召滨

第三节　中国公募 REITs 的资产估值体系

自 2021 年首批项目上市以来，我国公募 REITs 市场建立已 4 载有余。短短 4 个寒暑，中国 REITs 市场即取得了举世瞩目的斐然成绩，一跃成为亚洲已发产品数量第一的 REITs 市场，切实推动存量资产盘活，有效赋能实体经济的进一步发展。与此同时，也初步建立起基础设施与不动产资产的价值评估体系，为未来打通多层次的 REITs 市场奠定了估值定价的基础。作为从 2008 年就参与内地 REITs 研究的"老兵"之一，笔者有幸全程参与我国 REITs 市场的初步探索、试点培育、常态化发行各个阶段，亲眼见证了其间诸多的艰辛不易，感怀良多。在此记录下我们从评估角度的体悟，望对读者回顾来路有所帮助。

一、坚持不懈：REITs 的破茧攻坚之路

2020 年 4 月，中国证监会、国家发展改革委联合发布了推进基础设施 REITs 的试点通知，期待多年的公募 REITs 终于来到，整个市场都为之振奋，不动产与基础设施领域的资产盘活路径终于要打通了！在激动之余，我们也少不了忐忑之心，首批不动产资产的评估工作有较多项目是由我们团队承担，如何克服公募首秀评估过程中的诸多挑战，是摆在我们团队面前的重要课题。

面临的重要挑战之一在于发行阶段，对估值及其参数合理性的论证工作。大部分可发行的公募 REITs 底层资产此前并未形成成熟的大宗交易市场，缺少可直接提取的公允的资产价值数据，同时申报材料的审核标准非常高，需要对资产估值相关的细节论证合理清楚。尤其在面对不同资产类型的首批项目时，问题更为突出，此时大家都是"摸着石头过河"，各方对参数选取、预测结果等存在非常多的理解差异，只有以客观、公允、扎实的方式呈现估值及其参

数，才能获得一致的认可。为此，我们在实践中形成了横一纵两个维度的工作机制。

横向维度主要指是每个项目普遍遵循的一系列基础性安排，包括资料收集与项目尽调、市场调研与行业研究等。其中，资料清单与项目访谈清单按照申报要求、业态特点甚至项目特殊性编制，尽可能确保信息获取的齐备性；由于底层资产的未来收益表现与运管团队的管理水平息息相关，富有经验的估价师在访谈中可以从多维度获取资产全面有效信息，更有利于我们对底层资产估值各项参数的把握。其次，市场调研与行业研究也是非常重要的工作，估值公允的前提是对该行业充分地认识，既要全面掌握全国和地方的定价、交易、税收等政策信息，也要详细调研项目所处城市及其周边区域的市场动态、竞品项目等，因此我们在每一个项目的评估工作中，会调动全公司如物流产业部、商业部、大宗交易资本市场部等多个业务线及项目本地评估部的力量共同完成这一项全面的研究，以更为客观科学合理的方式进行该项目的参数选取和预测工作。

纵向维度是指对不同类型资产的首批项目或者一些特殊项目，需要针对重点参数展开的专项研究或调研工作。以保障性租赁住房为例，此前这类资产是没有市场化交易的，因此遇到的第一个参数选取难题就是折现率怎么定。考虑到保障性租赁住房的住房租赁特征，我们主要采取了两种方法同时提取，一是以《中国 REITs 指数之不动产资本化率调研报告》（以下简称"Cap Rate 报告"）中服务式公寓的 Cap Rate 调研结果为基准，对比服务式公寓与首批保障性租赁住房项目的特征差异，作出调整判断的方向。因为同是租赁住房业态，一定程度上可以反映投资人对这个大类资产的风险和收益率判断。二是采用风险累加法，根据具体项目的区位、流动性、收益性等特征对风险进行累加。最后两种方法形成交叉印证，给出一个较为合理的结果。

针对国内相对细分的业态类型也会参考成熟市场的数据作为提取基准。以奥特莱斯资产为例，由于这类资产数量稀少，也不是常见的商业资产类型，对这类资产的理解共识达成相对要花费更多的时间。考虑到奥特莱斯资产已经在海外 REITs 产品中存在相当长一段时间，因此我们对美国和日本的奥特莱斯资产进行了较为系统的分析，特别分析了美国著名 REITs Simon Property Group 旗下遍布全球的 Premium Outlets，截取其连续 15 年的数据，对每一个奥特莱斯资产的经营表现、评估方法及参数尤其是折现率的选取等作了充分分析，在此基础上，对比中国与美国奥特莱斯资产在收费模式、区位选择、租户结构等方面的差异，作为我们在进行奥特莱斯资产评估时的重要参考。

此外，由于不同类型的资产运行效率受到的影响因素不同，因此在评估不同类型资产时，需要针对性地考虑影响因素。如产业园要重点考虑园区类型、级别、定位与产业集聚度等；仓储物流要重点考虑仓储类型、客户结构以及对外交通便利性等；租赁住房则更关注城市的产业、地理位置、配套设施，人口净流入趋势，以及地方的定价政策等；消费基础设施则多受到城市消费能级及活力、产品定位、招商运营能力、辐射人口范围等的影响；清洁能源则要考虑自然条件、区位分布、设备性能、电价约束、补贴优惠等因素。

二、积极行动：REITs 资产估值的动态调整

面临的第二个挑战在于，估值时点性原则下，资产价值会随着基准日的变动而变化，尤其是面临外部环境出现波动之时。我们知道，评估师会基于一个评估基准日进行资产评估，当基准日发生变化，资产自身情况以及外部环境均会发生变化，因此资产价值会随着基准日的变动而变动。这一变动既来源于时间变化所带来的收益期限的缩短，也来自市场情况变化带来的参数选取及收益—风险的调整。因此，不同评估基准日下的价值表现是不同的。价值时点反映出的另一个重要现实是，市场价值反映的是已经发生以及虽未发生但市场预期将会发生的事情，而无法反映事前无法知道、也无预期会发生的事情。因此我们可以认为，资产估值的合理性是基于价值时点、在市场可预期范围内的合理性，当外部环境发生未预期到的变化时，新时点的估值应对各项参数进行完整充分的分析。

评估机构对公募 REITs 估值工作目前主要在发行筹备阶段的资产评估，以及上市后的资产年度跟踪评估。对于筹备发行阶段，由于 REITs 发行工作周期较长，且估值在基准日起 6 个月内有效，大部分项目在筹备及申报发行阶段存

在更新时点的需求。基于资产经营表现、市场环境变化、经营期限变化的多重影响，项目资产估值在更新时点时往往会有所变动。年度跟踪评估也面临类似的问题。

此前常有朋友问我们两个问题：一是如果项目经营不及预期是否说明我们的资产估值估高了，二是资产估值是否受到二级市场价格的影响。

对于第一个问题，上文已经给予一定的解答，估值具有时点性，评估师在每个基准日的评估工作开展时，都会独立完整地履行评估程序并对资产价值进行充分分析。在勤勉尽责的尽调基础上，随着市场变化，仍然有经营不及预期或超过预期的可能，这也是对估值不断追踪的意义所在。此外，我们还观察到一个规律，在复杂的市场环境中，现金流预测能否落实除了市场及资产本身外，也与项目运营团队对项目的主动运营与积极管理有一定的关系。目前我们评估过的项目中，经验丰富市场化程度更高的项目运营团队，对资产的了解更为清晰，也能积极调整运营策略应对变化的市场环境，使得现金流的预测与实际发生的现金流拟合度更高。

对于第二个问题，就评估师而言，资产估值仅关注与资产运营相关参数对其价值的影响，二级市场价格、换手率等因子不进入资产估值模型中。相反，根据当前发售定价制度，二级市场的发售价格与资产估值高度相关。但二者同时会受到资产运营层面的影响，以及利率等市场风险变化的扰动。二级市场的价格在一种情形下可能会影响到资产估值，即当发行 REITs 的数量和种类足够多且多层次不动产投融资市场链条足够畅通完备时，二级市场价格形成的分派收益率影响到前端如 Pre-REITs 投资人的交易价格，这时在做资产评估时的市场价格、Cap Rate 等参数选取很可能受到这些交易价格的影响。

三、理想之舟：REITs 市场的行稳致远

自 2021 年 6 月至 2024 年 6 月，公募 REITs 经历了一个较完整的市场周期。2024 年 7 月，随着国家发展改革委 2024 年 1014 号文件的发布，基础设施公募 REITs 迈入常态化发行的新阶段，新要求有助于解决此前三年实践中的问题，为公募 REITs 市场的稳健发展保驾护航。结合此前的经验，笔者认为当前

阶段应从以下几个方面看待资产估值在公募 REITs 市场建设中的作用。

第一，我国不动产资产估值体系的建立及其传导性的重要性。随着基础设施公募 REITs 发行数量的增多以及业态更具多样化，对资产估值逻辑、参数以及项目及市场表现的公开透明披露，最终公募 REITs 的估值会以两种路径影响不动产资产估值体系的建立。第一条路径是首发估值会直接影响公募 REITs 产品的发售价格，合理的资产估值对于投资人在发行阶段判断公募 REITs 发售价格具有重要的意义。第二条路径是公募 REITs 的估值会影响多层次 REITs 市场的其他交易，如果公募 REITs 的价格体系失灵，会影响投资人对于不动产市场价格体系的判断，可能对规模化 Pre-REITs 培育市场的形成产生阻碍，进而影响公募 REITs 的发行。因此，建立一个良性的、具有公信力的公募 REITs 估值体系是公募 REITs 市场持续健康发展的重要保障。

第二，客观看待评估的连贯性及与时俱变的应变性。评估的连贯性是指前后不同时点下，估值的方法、取值依据的判断标准应当是连续一致的，这样评出的估值才有利于投资人在时间序列上做比较。与时俱变的应变性是指估值的判断应当随着市场的变化而变化，因为估值具有时点性，是建立在特定时间点资产状况的基础上同时考虑该时间点的市场因素下的判断。当市场发生较大变化时应及时地调整估值以反映这一变动，尤其是跟踪评估的价格，与上一个时点相差时间可能已有一年，那么在市场变化时做变动调整是很正常的现象。

第三，多元化资产及扩募对公募 REITs 持续壮大的必要性。当前我国基础设公募 REITs 的产品数量已经达到 60 多只，仅次于美国位列世界第二，但平均单只规模很小，总体规模尚不足中国香港 11 只产品的总和。境外 REITs 通常通过不断扩募实现市值放大，如普洛斯日本物流 REIT 从上市的 30 个资产，通过 9 次扩募扩充到当前 90 个资产。自 2024 年扩募指引出台后，激励了一些公募 REITs 积极扩募，但可以扩募产品仍是少数。建议从以下三个方面提升单只产品的规模：一是放宽扩募资产的类型多元化，境外 REITs 有重仓单一资产的产品，但也有非常多的综合业态 REITs，建议未来可以探讨扩募时资产的多元化。二是放宽扩募资产的来源多元化，目前的扩募资产主要以发行人存量资产为主，但存在符合条件资产不足的问题，建议未来允许公募 REITs 通过收购外部资产，逐步实现扩募安排。三是随着我国企业在基础设施建设的成熟，以及工业、商业不动产的布局，大量的优质海外项目也可以成为具有潜力的入池资产。

第四，持续性的市场调研及市场信息披露对于资产估值及产品估值的重要性。近四年公募 REITs 市场反映的一个经验是，及时获取市场信息对投资人决策具有积极的作用。公募 REITs 是高比例分红产品，收益主要源自资产层面的运营表现。当前在发行阶段各方对市场情况非常重视，但存续期信息披露规则仅对资产本身的运营披露提出了较高的要求，未对市场环境表现的披露提出硬性要求。单一的资产披露很难揭示市场环境变化的趋势，也难以反映出运营差异的问题所在，建议重视市场调研信息披露的重要性，并根据市场环境变化情况，提高市场信息披露的频率，也便于投资人作出独立的投资判断。

回首我国公募 REITs 市场的发展历程，从早期探索的"星星之火"，到"摸着石头过河"的起步试点，再到如今行稳致远迈向常态化发展，每一步都凝聚着业界各方的心血与智慧。评估作为公募 REITs 资产价值评估的守门人，肩负着重要的责任。展望未来，随着不动产资产估值体系的持续优化，评估机构当继续坚守职业操守，以行动为楫、创新为帆，为中国基础设施公募 REITs 市场的稳健发展牢筑根基。

供稿：戴德梁行　胡峰、张骞

第四节　如何破解公募 REITs 用地合规难题

我国公募 REITs 以盘活存量基础设施资产为切入点，涵盖了大量涉及国计民生的项目底层资产。笔者有幸从试点期首批项目开始，先后参与了多个 REITs 项目的发行准备及推广工作，拟结合项目实操经验，谈谈公募 REITs 项目常见的用地合规问题及对应解决方案。

基础设施项目用地的合规性，是项目能否符合发行公募 REITs 条件的关键点之一，更是项目能否充分发挥其应有社会公益价值的重要前提。国家发展改革委遵循我国固定资产投资项目建设、运营规律，提出严把基础设施项目投资管理合规性要求，明确了三种情形下的合规性手续补正和完善要求，充分体现了监管部门对解决用地合规性等相关问题的政治智慧和务实态度，这既能够把控项目风险、维持基础设施项目平稳运营，又能维护公众投资者利益，回应原始权益人、基金管理人等各方诉求。

新中国于 1950 年 6 月公布了《中华人民共和国土地改革法》，可见土地的所有权、交易、利用制度的重要性。而基础设施项目，均离不开依法合规使用土地。

《国家发展改革委办公厅关于印发〈基础设施领域不动产投资信托基金（REITs）项目申报材料格式文本（2024 年版）〉的通知》就提升公募 REITs 项目申报材料的标准化、规范化水平作出明确规定。该通知项下"表 15 项目投资管理手续情况"所列基础设施项目的基础用地合规手续包括：建设项目选址意见书（2019 年 9 月以后为建设项目用地预审与选址意见书）、建设用地规划许可证、土地预审意见（2019 年 9 月以后为建设项目用地预审与选址意见书）、建设用地批准书（2019 年 9 月以前）、建设项目土地使用权证（或不动产权证）。项目参与机构应根据基础设施项目建设时间及建设时适用法律法规规定，确定项目用地手续的合规性，对企业及项目本身做一次全方位"体检"。

公募 REITs 对底层资产合规性要求进一步深入的标准之一在于并非仅依靠产权证照判断。原始权益人往往不理解已经取得不动产权证的项目，还要向前核查建设阶段各类手续的原因。《最高人民法院关于审理城镇房屋租赁合同纠纷案件具体应用法律若干问题的解释》第二条规定："出租人就未取得建设工程规划许可证或者未按照建设工程规划许可证的规定建设的房屋，与承租人订立的租赁合同无效。"由此可见，即便在持有不动产权证照的情况下，基础设施底层资产所形成的现金流，仍然面临不确定性挑战。

在文旅项目中，其常见用地合规问题包括用地性质、土地流转等。由于项目占地面积巨大及项目区位远离闹市区等原因，须关注项目地块种类是否符合旅游项目用地性质、项目用地模式（土地承包经营、PPP、长期租赁、先租后让、租让结合、集体建设用地入市等）、是否存在违规占用基本农田、用地权利转移限制（划拨地转让、集体建设用地流转等）。在上述用地前置手续经用地性质变更、规划调整等措施解决后，就景区内建构筑物较多、涉及建筑年代范围较广、产证办理流程较为复杂的情况，笔者建议区分建构筑物性质，分别进行产权确认，并确定是否需要补办相关产权证书及手续文件：（1）林地、湖泊等自然资源以及文物古迹等权属归国家的资产，不需要补办产权证书；（2）无法证明权属的历史建筑，不需要补办产权证书，由主管部门确认建筑的安全性与合规性，并确认历史建筑物权属归国家的资产；（3）对于景区内由产业方主体建设的景区配套设施或经营性项目设施等权属归项目公司的资产，提请主管部门补办资产权属证书及建设手续文件。

在新能源项目中，须关注项目用地是否存在占用生态红线、占用自然保护区、占用国家湿地公园、未经批准占用风景名胜区，及集电线路杆塔基础用地和送出线路的用地合规问题。如项目用地占用生态红线的，则区分是否因第二次、第三次全国土地调查线位变化所引起，如项目用地批复早于相关生态保护红线划定成果批复时间，则可根据《自然资源部关于认定自然资源节约集约示范县（市）的通知》（自然资办发〔2023〕12号）等规定论证项目零星压覆生态红线的合规性。如项目用地占用自然保护区的，应根据《中华人民共和国自然保护区条例》《在国家级自然保护区修筑设施审批管理暂行办法》等规定与主管部门沟通缴纳行政罚款、取得其同意项目用地的函件，或将该部分资产剥离。项目违规占用湿地公园及风景名胜区且无法有效整改的，应在资产重组环节将该部分资产剥离，避免在基础设施基金存续期内出现无法预期及不可控风险。如集电线路杆塔基础用地和送出线路租赁使用集体土地，除关注租赁集体土地的产权证明文件外，还应核查集体经济组织同意出租该部分集体土地的村民会议表决文件，防范土地租赁行为的有效性对项目运营所造成的不利影响，甚至在基金存续期内出现群体性事件的风险。在解决"三条红线"等土地问题时，要结合项目建设期实际情况充分检索相关职能部门及项目所在地的特殊规定，比如判断项目占用基本农田等问题，除依据《中华人民共和国土地管理法》外，还应结合《中华人民共和国基本农田保护条例》《土地卫片执法图斑合法性判定规则》等规定及项目用地批复时间与国土空间规划调整

（如涉及）的先后顺序等事实情况论证其合规性。

在水利、水电类项目中，水利基础设施确权的首要任务是明确工程的所有权归属。根据《中华人民共和国民法典》和水利部、财政部印发的《关于深化小型水利工程管理体制改革的指导意见》等相关规定，可按照"谁投资、谁所有、谁受益、谁负担"的原则进行水利工程建筑（构筑）物的确权。自2015 年 3 月《不动产登记暂行条例》（简称《条例》）实施后，国家实行不动产权统一登记制度。水利基础设施权利人可依据《条例》的规定办理登记，实现法律意义上的水利工程确权登记。同时，根据我国"房地一体"的原则，水利基础设施产权的所有权人与水利工程的土地使用权人为同一个主体，须关注两个主体及相关协议和批复主体是否一致的问题，以及淹没区用地能否办理权属登记、在无法登记情况下如何确认资产权属等问题。此外，由于水利项目在区位选择上，通常选择靠近山川、河流等水源丰富的非居住区，须关注项目用地是否占用了基本农田、林地和草地、生态红线、水源保护区等情况。其违规用地及压覆生态红线问题的处理方案与前文所述的新能源项目相同。

据不完全统计，1982 年至今，我国已经累计完成 800 万亿元的基础设施投资，其中的市政污水、保障性租赁住房、水利工程、文化旅游等项目，均是可以长期形成稳定现金流、满足人民群众物质文化需求和支持国家高质量发展必不可少的隐性国民财富，是提高百姓资产性收入的有效途径。坚持守正创新是党的二十届三中全会在总结和运用改革开放以来特别是新时代全面深化改革的宝贵经验基础上提出的重大原则之一。如果能够在坚守有关法律法规的前提下，创新性地解决基础设施项目用地的合规性问题，则将极大激发这些隐性国民财富的价值实现，充分发挥其潜在效益。笔者期待在国家发展改革委和中国证监会的规范和引领下，有更多的基础设施公募 REITs 上市，通过公募 REITs实现收益的再分配，促进我国共同富裕早日实现。

供稿：北京天达共和律师事务所　翟笋君、张璇

第五节　新型基础设施 REITs：崛起的投资风口

一、REITs 助推新型基础设施的机理分析

随着数字经济时代到来，数据作为一种新的关键要素禀赋，改变了原有要素禀赋范围；将数据成本纳入生产要素成本，相应改变了生产要素成本和总成本的构成方式。为适应新的要素禀赋和成本结构需求，新型基础设施应运而生，以数据为核心要素，重新定义生产和成本结构，推动经济发展。

数据要素具有低边际成本、规模效应、无损耗和易复制等特点，新基建作为数字化时代的基石，能够深入开发和利用数据要素，从而促进数据高效率、低成本地替代劳动及资本要素。新基建能够在传统基础设施的基础上进一步降低交易成本（如区块链在金融、供应链、物联网等领域），增强具有潜在比较优势产业的竞争优势，从而成为新产业增长的支柱。

从新结构经济学的视角而言，收入水平作为经济发展的直接衡量指标，其主要依赖于产业技术创新和高附加值新产业的涌现致使产业结构变迁，同时"硬"的基础设施和"软"的制度安排为满足新产业新技术的需求而不断完善。为此，就需要"有效市场"引导企业选择合适的产业和技术，同时也需要"有为政府"提供适合的基础设施和制度安排以降低交易成本。与传统基础设施对比来说，新基建因其边际成本递减和深度融合特征，能更有效地降低交易成本。所以，各地区政府应基于自身要素禀赋，提供合适的"硬"的基础设施以及"软"的制度安排，尤其是对新兴产业资源配置至关重要的新型基础设施建设。

新结构经济学从马克思主义基本原理出发，依据"生产力决定生产关系，经济基础决定上层建筑"的分析框架，以"一个中心三个基本点"为底层逻辑，提出要素禀赋及其结构决定经济体的比较优势，从而决定其生产结构（包括产业结构和技术结构）。但这种生产结构并非孤立存在，而是需要适当的经济基础和上层建筑与之相匹配，以确保经济的稳定与高效发展，即生产结

构内生地决定了经济基础和上层建筑的形成与发展。在数字经济时代来临之前，生产要素包括资本、劳动、技术、土地等。数字经济时代将数字作为新的生产要素，改变了原有经济基础和传统产业运作模式，催生了对 5G、大数据中心、人工智能等新型经济基础的迫切需求。

根据新结构经济学理论，一个经济体的要素禀赋结构决定了最适宜的生产结构，并进一步决定了金融需求结构，每一个经济体都应存在一个最适宜的金融结构。在这一理论框架下，REITs 作为一种创新的金融工具，发挥着至关重要的作用。一方面，REITs 可以凭借其降低融资成本、有效分散投资风险以及缓解金融交易中信息不对称问题的能力，不断为新型基础设施的快速发展提供资金支持，加速技术创新和产业升级，增强经济体的全球竞争力；另一方面，REITs 可以凭借出色的灵活性，迅速适应经济体要素和生产结构变化，为新基础设施项目提供定制资金支持，精准服务实体经济，增强经济体竞争力和可持续发展能力。如图 10.3 所示。

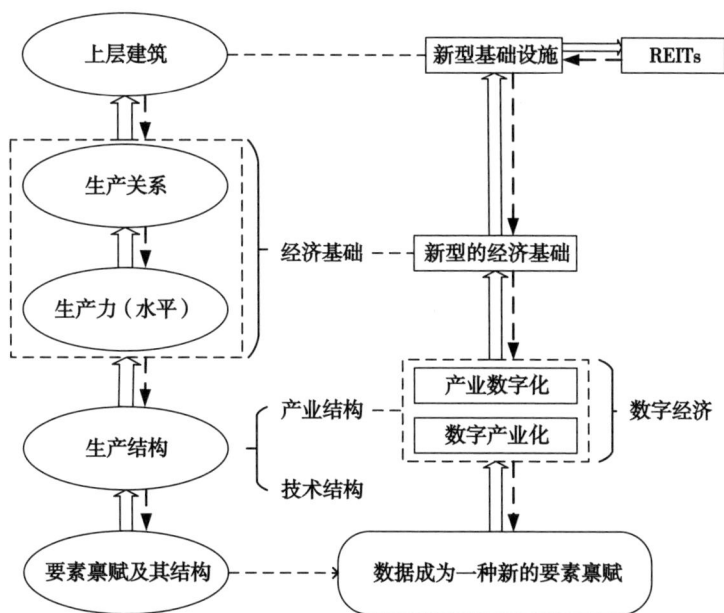

图 10.3 新结构经济学框架下 REITs 与新型基础设施

二、新型基础设施 REITs：崛起的投资风口

REITs 作为一种创新的投资工具，原本主要服务于房地产市场。随着 REITs 市场的不断成熟与拓展，其投资领域跨越到新型基础设施的多个关键领域，这一变革催生新型基础设施 REITs 的兴起。新型基础设施 REITs 通过证券化方式，把庞大且难以流动的基础设施资产转化为标准化、易交易的金融产品。这不仅将为我国存量庞大的新型基础设施资产提供有效的退出机制，也将为新基建项目开辟新的融资渠道。通过 REITs 市场，新基建项目有望吸引更多元化的投资者，包括个人和机构投资者，从而有效缓解资金压力，推动项目顺利实施。

从支撑数字经济发展的数据中心，到助力新能源汽车产业蓬勃发展的充换电储能设施，再到保障通信网络稳定运行的通信铁塔，REITs 都可以凭其独特的金融属性和灵活的投资机制，成为推动这些关键基础设施升级和优化的重要力量。

（一）数据中心 REITs 的创新实践

数据中心作为数字经济的基石，正逐渐成为未来算力的核心生产力。ChatGPT 等前沿技术的兴起，揭示了大数据、大算力、大模型三大支撑的重要性，其中算力更是被视为推动技术进步和经济转型的关键力量。近五年，我国算力规模的增长年均达到 30%，数字中心机架数量也呈现出快速增长的趋势，2022 年已达到 650 万个①，预计到 2025 年将激增至 1800 万个。这一领域的快速发展不仅反映了数字化转型的迫切需求，也预示着数据中心 REITs 的巨大潜力。

在经济效益方面，我国数据中心收入同样保持快速增长，2022 年超过 1900 亿元，近三年年均增长率高达 30.7%。特别是在北京、上海等特大城市周边区域，数字中心的机架上架率高，每个机架年收入达到 6 万—8 万元，显示出稳定且可观的收益。这一趋势为数据中心 REITs 提供了坚实的市场基础。

---

① 数据来源：《数字中国发展报告》（2022 年）。

在主体布局方面，目前数据中心市场呈现出三大运营商主导、第三方数据中心企业积极参与的格局。然而，算力不均的问题依然存在，部分区域和企业的算力资源过剩，而部分区域则面临算力不足的挑战。因此，在数据中心 REITs 的发展过程中，需要关注行业结构的平衡性，推动算力资源的合理分配和高效利用。

目前，国际上数据中心 REITs 已经有不少值得借鉴的案例，如美国的 Equinix、Digital Realty、CyrusOne、CoreSite 和 QTS Realty DC REIT，新加坡的 Keppel DC REIT 等。我国数据中心 REITs 还处于探索阶段。2024 年 4 月 18 日，上市公司润泽科技发布公告披露，拟以国际信息云聚核港（ICFZ）项目—数据中心 A18 建设项目及其附属设施设备作为底层资产，开展基础设施 REITs 申报工作。未来数据中心纳入公募 REITs 成为业界的期待，需要探索解决一些相关的挑战。

（二）充换电储能设施 REITs 的创新实践

新能源汽车充换电储能设施的建设和运营面临机遇和挑战。根据国家《新能源汽车产业发展规划（2021—2035 年）》，新能源汽车产业正迎来前所未有的发展机遇，到 2035 年纯电动汽车将成为新销售车辆的主流，充换电服务网络将实现便捷高效。事实上，新能源汽车的发展势头已经远超预期。2022 年，新能源汽车的渗透率已经突破 20%，达到 27.6%，保有量更是高达 1310 万辆①。同时，新能源汽车的产销量也分别达到了 705.8 万辆和 688.7 万辆②，连续 8 年稳居全球首位。无论是产销量、保有量还是动力电池出货量，中国在全球市场中都占据了举足轻重的地位。

然而，随着新能源汽车的迅猛发展，充换电储能设施的建设和运营也面临巨大挑战。未来，单一的充电或换电功能模式将难以满足新能源汽车补能的需求。因此，我们需要加快构建兼具充电、换电、储能功能的新型基础设施，这些设施不仅能够为新能源汽车提供便捷的补能服务，还能助力电网调峰、消纳清洁能源。在这一背景下，REITs 作为一种创新的金融工具，将在新能源汽车

---

① 数据来源：2023 年 1 月 11 日公安部网站发布。
② 数据来源：中国汽车工业协会《2022 年汽车工业产销情况》。

相关新型基础设施的融资中发挥重要作用。通过 REITs 市场，这些基础设施项目将获得稳定的资金支持，降低融资成本，并有效分散投资风险。此外，REITs 还能够提供灵活的退出机制，提升资金使用效率，确保项目的可持续发展和顺利实施。借助 REITs 的融资优势，新能源汽车基础设施项目将更好地应对挑战，助力中国在全球新能源汽车市场中保持领先地位。

目前，充换电储能设施 REITs 在全球范围内还处于初步探索阶段，成功案例还相当缺乏。未来，新能源汽车充换电设施，储能电站都可作为底层资产发行 REITs，非常值得探索发展。

（三）通信铁塔 REITs 的创新实践

通信铁塔作为移动通信网络的重要组成部分，随着 5G 网络的加速部署，其市场需求持续增长。在全球范围内，通信铁塔 REITs 展现出巨大的市场潜力和价值。其中美国市场占比领先，中国也通过中国铁塔公司迅速扩展 5G 站址数量，彰显了通信铁塔作为新基建的关键地位及业务稳定性。对比中美铁塔企业的估值，我们可以发现显著差异。美国三大铁塔公司作为新基建领域的龙头企业，其风险收益特征备受 REITs 投资人的青睐，通常通过稳定的租赁收入和增长潜力来吸引投资者。早在 2012 年，美国电塔公司（AMT. US）就成功转型为 REITs 结构。而中国铁塔的市场估值相对较低，反映出投资者对其增长潜力和市场定位的不同预期。随着 5G 技术的不断发展和普及，预计到 2025 年，我国 5G 基站数量将超过 400 万个，这是一块庞大且优质的资产。如何通过资本运作，实现这些资产的价值最大化，形成良性循环，成为一个值得深入研究和探索的问题。

三、新基建 REITs 的发展策略

（一）深化 REITs 核心应用，拓展新基建资产类型

首先，深化 REITs 核心应用，强化 REITs 在新基建项目中的融资与资产管理功能。应鼓励 REITs 产品在新基建领域中的广泛应用，特别是在 5G 基站、大数据中心、人工智能、工业互联网等新型基础设施建设中发挥重要作用。通过 REITs 的融资功能，吸引社会资本参与新基建项目的投资，降低融资成本，

提高资金使用效率。同时，利用 REITs 的资产管理功能，对新基建项目进行有效的运营和维护，提升项目的经济效益和社会效益。

其次，拓展新基建资产类型，丰富 REITs 产品的投资范围。应积极探索将更多类型的新基建资产纳入 REITs 产品体系，如智慧城市、智能交通、新能源等前沿领域的基础设施项目。这些新兴领域不仅具有广阔的市场前景和巨大的发展潜力，而且能够吸引更多投资者的关注和参与，推动 REITs 市场的多元化发展。

（二）融合科技创新，强化全生命周期管理

首先，在 REITs 产品设计初期，应充分利用大数据、人工智能等前沿科技，对新基建项目的可行性、市场需求、运营效益等进行全面、精准的评估。通过构建智能化分析模型，预测项目的长期收益和潜在风险，为 REITs 产品的合理定价和风险控制提供科学依据。同时，结合新基建项目的特点，创新 REITs 产品结构，如引入可转换债券、浮动利率债券等灵活设计，以满足不同投资者的风险偏好和收益需求。

其次，在 REITs 产品的运营阶段，应强化全生命周期管理，确保新基建项目的持续、稳定运营。通过物联网、云计算等技术手段，实时监测项目的运行状态，及时发现并处理潜在问题，提高运营效率和服务质量。同时，建立项目运营数据库，积累并分析项目运营过程中的各项数据，为 REITs 产品的后续管理和优化提供数据支持。

最后，在 REITs 产品的全生命周期管理中，应注重科技创新的持续引入和迭代升级。随着科技的不断进步和新基建项目的不断发展，REITs 产品的设计和运营策略也应随之调整和优化。通过定期评估科技应用的效果和市场需求的变化，及时调整 REITs 产品的投资策略、风险管理措施等，确保 REITs 产品能够持续适应市场变化和新基建项目的发展需求。

（三）推动专业化发展，提升市场竞争力

一方面，应积极推动 REITs 领域的专业化发展，提升 REITs 产品设计、运营和管理的专业水平。鼓励金融机构、资产管理公司等专业机构设立 REITs 业务部或成立 REITs 专业子公司，专注于新基建 REITs 产品的设计、发行、管理和运营。同时，加强 REITs 专业人才培养，通过专业培训、资格认证等方式，提高从业人员的专业素养和业务能力，REITs 管理人应结合自身优势，聚焦新基建这一特定领域，形成专业化的投资管理能力，提高市场竞争力。

另一方面，通过政策支持、市场推广、国际合作，优化产品设计和管理水平，增强吸引力和影响力。加强与政府部门的协调，争取政策支持，优化法律法规和税收政策，为 REITs 的发展创造良好的政策环境。通过市场推广和投资者教育，提高市场认知度。积极参与国际交流，借鉴成熟市场的成功经验，提升管理水平和市场影响力。

供稿：北京大学新结构经济学研究院　赵秋运、蒋美，中国社会科学院世界经济与政治研究所　吴立元，辽宁大学国际经济政治学院　万岑

第六节　我心中理想的中国公募 REITs

作为一名记者，我有幸多年跟踪中国公募 REITs 的发展，从试点推出到常态化发行，结合每次重磅政策推出或重要节点，撰写了多篇深度调研、权威解读类稿件。这些稿件播发后可以说"洛阳纸贵"，在新华社客户端的浏览量迅速突破百万，被全网广泛转载。我很高兴能用手中的笔，为更多的人知道和重视 REITs，贡献一点绵薄之力。

回顾这些稿件，仿佛看到了我国公募 REITs 踏出的坚实脚步、迸发的铿锵足音。

2020 年 4 月 30 日，经过多年探索和酝酿，我国基础设施 REITs 试点文件正式推出，当天我采写了《基础设施 REITs 试点：基建领域和资本市场的一件大事》一文，稿件仅在新华社客户端的浏览量就近 120 万，被今日头条、中国网、搜狐、网易、新浪、百度新闻等各大门户网站，以及东方财富网、同花顺等专业财经媒体争相转载，获得了镇版刷屏的效果。很多人通过这条稿子第一次了解到 REITs。"一件大事"也成为基础设施 REITs 的鲜明标签。

2023 年 3 月 24 日，结合消费基础设施被纳入 REITs 的底层资产，我播发

《REITs 推出支持消费重要举措　消费基础设施可发行 REITs》《消费基础设施发行 REITs 意在促消费的同时落实"房住不炒"》两篇稿件，在社会上引起强烈反响，仅在新华社客户端的总浏览量就接近 300 万，在全网广泛传播。

2021 年 5 月 25 日，在首批基础设施 REITs 上市之前，我撰写了评论《基础设施 REITs 试点的成功需要一整套制度体系支撑》，在新华社客户端的浏览量超过 150 万，引起业内的热烈讨论。该文还荣获第 33 届中国经济新闻奖新闻评论类二等奖。

除了上述稿件，每年我都撰写多篇 REITs 领域的重磅稿件，为基础设施 REITs 的发展摇旗呐喊、鼓舞士气。

2020 年 5 月 6 日播发的《基础设施 REITs 试点：怎么看？怎么干？》一文，提出 REITs 市场建设能够帮助国家摆脱经济低迷，为经济发展提供新动能。2021 年 6 月 20 日播发的《基础设施 REITs 上市在即　听听各方怎么说》，写在首批 9 个基础设施 REITs 试点项目即将上市的前一天，提出底层资产的合规性对于 REITs 试点的成功非常重要。

2022 年 6 月 24 日，在首批基础设施 REITs 成功上市一周年之际，我采写《一年来基础设施 REITs 进展明显　市场有望继续扩围》，提出我国存量资产规模已经超百万亿元，基础设施 REITs 发展潜力非常巨大。2022 年 8 月 31 日，在首批保障性租赁住房 REITs 上市之际，我撰写稿件《首批三只保障性租赁住房 REITs 上市 REITs 市场更具活力》，提出基础设施 REITs 成为解决保障性租赁住房资金瓶颈的重要工具之一，未来发展空间巨大。

2023 年 1 月 17 日，我采写《常态化标准化规模化　2023 年基础设施 REITs 走向高质量发展》。10 月 4 日采写《消费基础设施 REITs 引关注》，指出消费基础设施鲜明的特点，对 REITs 底层资产的把关能力和上市后的信息披露都提出了更高的要求。

2024 年 7 月 26 日，随着基础设施 REITs 正式开启常态化发行，我撰写《国家发改委发布新政　基础设施 REITs 进入常态化发行新阶段》《基础设施 REITs 进入常态化发行新阶段　申报程序简化发行范围扩大》两篇稿件，提出基础设施 REITs 试点取得成功，开启常态化发行，基础设施 REITs 的发行范围将进一步扩大，申报推荐程序将得到简化，并强调压实各方责任，确保申报项目质量……

这些年，在一次次采访中向业内人士求教，跟踪我国公募 REITs 的发展，我心中逐渐形成了一个理想的中国公募 REITs 市场的轮廓，它是这样的：

这是一个坚持创新的市场。我国公募 REITs 能够破土而出，本就是创新的成果。国际 REITs 市场多是从房地产领域起步，我国经历了十几年的探索，终于从基础设施领域实现公募 REITs 的破题，并在几年间一次次拓宽底层资产类型，这都是创新精神的具体体现。未来我国 REITs 的发展，需要财税、金融、土地、产权等一系列配套制度的支撑，而且每个基础设施项目都是独特的，都会遇到个性化问题。可以说，政策的创新、制度的创新，以及工作方式方法的创新是中国 REITs 市场重要的保障。

这是一个底层资产质量过硬的市场。项目的资产质量，是发行 REITs 产品的依据，也是整个 REITs 市场的根基。发行成熟经营的、有持续稳定现金流的基础设施项目作为 REITs 产品底层资产，是 REITs 市场安全、稳定的前提保障，也是对投资者负责的表现。

这是一个稳定、抗跌的市场。股票市场价格很大程度上由上市公司的盈利情况决定，而且受科技变化、模式变化、业态变化等影响较大。REITs 市场由于底层资产的收益更为稳定、可预期，所以价格走势应该更为稳定。尤其是在风浪来袭时，REITs 市场应该比股票市场更为"抗跌"，彰显其金子一般坚韧的品质。

这是一个投资者更为理性的市场。基础设施 REITs 产品具有收益稳健、安全性强的特点，是典型的中等收益、中等风险的金融产品。对于广大投资者来说，稳健、安全、收益中等、适宜长期持有，是 REITs 作为投资产品的"角色定位"。

这是一个有 REITs 龙头的市场。与股票相比，能够扩募是 REITs 产品的重要特色。一个成熟、强大的 REITs 市场，不应该"散而小"，而应该培育出龙头 REITs。可以通过建立绿色通道、灵活机制及完善配套政策，做优做强一批具有自我成长能力和管理能力的 REITs 龙头产品。

　　这是一个长期健康的市场。从 2020 年 4 月 30 日正式启航至今，我国的基础设施 REITs 走过了五年的历程，但从国外成熟 REITs 市场经验来看，REITs 的法律结构、配套规则和投资者认知等，往往需要经历十几年甚至几十年的发展与演变。常态化发行并不代表中国 REITs 市场已经成熟，REITs 市场的发展培育是一个长期的过程。

　　相信随着市场各方的积极参与，配套制度体系的不断完善，REITs 市场建设的稳妥推进，我们将迎来一个长期健康稳定发展的中国 REITs 市场。

供稿：新华社中国经济信息社　余蕊

展 望 篇

第十一章　中国公募 REITs 市场建设的
未来发展方向

作为金融供给侧结构性改革与国家重大战略实施的关键抓手，中国公募 REITs 市场历经四年试点探索，已从制度破冰迈入提质增效的新阶段。在服务实体经济转型升级、促进投融资良性循环的宏观命题下，公募 REITs 市场建设正面临制度创新、市场扩容、监管改革与科技赋能的系统性升级。

第一节　优化制度体系与推动专项立法

经过多年发展，公募 REITs 市场各方面制度逐步完善，形成了以《中华人民共和国证券投资基金法》为基础、《基础设施基金指引》等部门规章和规范性文件为主体、交易所自律规则为补充的规则体系。国际经验表明，建立与 REITs 相匹配的制度体系，并明确其法律关系、组织形式和监管机制，是 REITs 市场长远健康发展的基础。公募 REITs 的本质是"资产上市"，具有高度的产融结合特征，其产品逻辑、风险收益特征相较传统的股票、债券等仍有较大差异，因此针对公募 REITs 进行专项立法是公募 REITs 市场建设的重要内容。

与此同时，中国公募 REITs 被赋予了"盘活存量资产、扩大有效投资"的时代使命，对经济发展的外延式影响已经超出了单纯的金融产品。因此，包含公募 REITs 专项立法在内的制度体系建设，不单单是在产品层面制定规则，更重要的是充分理解国家战略、市场逻辑和公募 REITs 的产融属性，通过制度设计在市场化规范运作、投资者保护、有效监管等之间找到平衡点。

一、明确公募 REITs 法律定位，完善公募 REITs 制度体系

（一）推动公募 REITs 专项立法的必要性

法律定位是 REITs 制度体系的核心，决定了 REITs 未来发展的路径和方向。当前，我国公募 REITs 采用了"公募基金+ABS"模式，适配了现有制度框架，有效避免了公募基金投资未上市公司股权或不动产可能存在法律争议。根据《基础设施基金指引》第一条，"为了规范公开募集基础设施证券投资基金（以下简称"基础设施基金"）设立、运作等相关活动，保护投资者合法权益，根据《证券法》《证券投资基金法》及其他有关法律规定，制定本指引"。因而，公募 REITs 目前被定位于公募基金的新类别公开募集基础设施证券投资基金，其结构中存在资产支持证券，也受到《证券法》的约束。

目前公募 REITs 的法律定位是试点阶段的可行选择，与既有法律框架兼容度高，阻力和障碍少，有利于落地和先行先试。与此同时，也面临产品结构层级多且较为复杂、过于倚重公募基金等持牌机构、产业资本参与度相对有限、参与各方权责划分边界交叉等问题。此外，产品较新且法律层级较低，导致其在监管政策方面与其他既有法律法规政策的统筹衔接存在不足，一方面与国资、财税、规划等存在较高的跨部门沟通协调成本，另一方面在引入各种类型的投资者和资金时也存在障碍。

从公募 REITs 产品本身来看，"公募基金+ABS"架构下的多层治理结构涉及较为复杂的治理问题。从试点阶段的市场实践来看，公募基金通常自身不具备深度参与不动产市场的经验，但作为 REITs 管理人要履行职责，通过从不动产市场额外招聘、从零搭建的团队是否具有足够的专业能力代表投资人对运营管理机构形成有效的监督制衡和激励赋能，是否可以和适配传统公募基金业务的中后台、管理层、决策体系和内控体系有效衔接，已上市的各只公募 REITs 已经呈现了高度分化的表现结果。与此同时，公募 REITs 基金的发起人/原始权益人及运营管理机构扮演着重要角色，公募 REITs 更多被市场视作原始权益人的资产盘活和资本运营平台，扩募行为在很大程度上有赖于资产方是否有意愿拿出体内优质资产。但是在现有架构下，原始权益人/资产方因不具备公募

基金牌照等主体资格，在项目上市后仅可通过持有份额、担任运营管理机构等实现对公募 REITs 的相对控制，这在一定程度上降低了资产方做大做强公募 REITs 平台的积极性。

（二）公募 REITs 专项立法的展望

公募 REITs 市场运行四年取得了宝贵的实践经验，在监管部门的努力推动下，市场准入、审批指引、牌照发放、交易规则、信息披露等方面的规则不断迭代和完善，市场运行总体平稳有序，为公募 REITs 的专项立法工作奠定了良好基础。市场参与各方经历了市场的起伏波动和多方磨合，见证了政策迭代与市场表现之间的互动，对现行市场机制中的优劣势有了更直观深入的理解和认识，对于公募 REITs 市场建设未来方向的共识与期待正在形成。

在市场各方的支持和呼吁下，中国证监会一直在推动公募 REITs 专项立法工作的相关研究工作。在参与各方的持续努力下，公募 REITs 专项立法迎来契机：《国务院关于加强监管防范风险推动资本市场高质量发展的若干意见》专门提出，要研究制定不动产投资信托基金管理条例。为落实相关意见精神，中国证监会 2024 年立法工作计划也提出将配合国务院有关部门做好不动产投资信托基金管理条例的制定工作。

将公募 REITs 作为新券种进行专项立法，将市场启动以来所积累的行业共识以法律法规形式进行沉淀固化，对公募 REITs 发展过程中存在的各种机制问题进行优化，会给公募 REITs 市场参与各方提供更加多元化的发展模式和弹性空间，也会为公募 REITs 创造更加顺畅的外部环境和政策衔接，这些调整和变化都会为公募 REITs 市场打开进一步高质量发展的空间。有理由预期，公募 REITs 专项立法将成为中国公募 REITs 市场发展过程中的重要里程碑事件，开启公募 REITs 市场发展的全新阶段。

二、进一步完善交易、扩募、税收等配套机制

（一）完善多层次交易机制，优化市场流动性

公募 REITs 市场二级交易的流动性一直以来都是市场关注的重要问题。流动性偏弱是创新市场发展的必经阶段，其原因是多方面的，包括发行规模较

小、市场认知度低、参与者类型单一、流动性支持机制不足、投资者行为等。随着市场规模增大、政策完善、投资者教育深化、做市商制度引入，以及配套金融工具推出，公募 REITs 市场的流动性有望逐步改善。

做市商为 REITs 产品提供持续报价服务，缩小买卖价差，是提高市场流动性的重要力量。但在实践过程中，做市商缺乏指数 ETF 等对冲工具，持有份额有限，尤其是在单边下行的市场，很难发挥为市场提供流动性的作用。同时，相对缺少激励机制也使其在参与公募 REITs 做市商的收益和风险难以对等；需要对做市商的准入标准、配套工具、激励措施等进行系统性优化改善，让其为市场流动性积极贡献力量。

目前公募 REITs 市场的主要参与者是机构投资者，个人投资者的整体比例不足 8%，这与海外市场尤其是新加坡和日本市场存在明显差异。机构投资者的投资风格和投研判断容易趋同并导致交易的同质化，鼓励投研体系的普及与提升、增加更多类型的投资者、鼓励个人投资者参与公募 REITs 市场，都是降低市场同质化、提高市场的交易活跃度和流动性的有益举措。

（二）建立市场化扩募机制，打造资产良性循环生态

从海外成熟 REITs 市场的经验来看，强化 REITs 的自主能力、鼓励市场化并购、以资产提升和处置推动资本循环，是保证市场长期生命力的必由之路。我国公募 REITs 市场扩募仍处于起步阶段，首批定向扩募为参与者和市场提供了宝贵的经验教训。

现阶段在我国公募 REITs 市场，还是重点依赖发起人/原始权益人的资产供给，就难免会纠结于关联交易如何评估定价、如何平衡基金管理人和发起人之间利益的复杂博弈，而面向发起人外部项目的市场化收购，让发起人、基金管理人、投资人的利益更加趋于一致，是应该大力鼓励的发展方向。但同时也需要注意到，进行外部项目的收购，是正面参与市场化竞争，交易对手会要求相关主体在较短时间内完成决策和执行，与目前的申报审核流程（主要针对发起人企业表内资产项目）并不适配，需要对现有机制优化调整。

对投资者而言，扩募公告和实际操作相隔太久，投票表决时间在监管部门历时较长的审核推荐之后，投票表决与认购邀请时间间隔过短而且扩募定价受到二级市场波动的持续影响，都会导致投资者面临巨大压力。此外，老投资人在参与过程中仅具备部分信息优势，但缺少参与投资的资格比较优势，如果参与扩募，则各项条件不尽合意，尤其是在二级市场价格基础上打折确定扩募定价的情况下；但如果不参与，则其份额会被新投资人稀释。权衡利弊之下，不排除会选择先卖出砸盘再从二级市场买回的操作导致多输的局面。因此，通过探索老投资者优先认购机制，有效减少稀释效应并激发长期持有意愿，可能是优化扩募机制的方向之一。

（三）完善税收中性政策，提升发行信心和动力

在公募 REITs 实践中反映较多的涉税问题（具体包含某些环节的税负偏高或者税收影响不确定等问题），主要集中在公募 REITs 设立前重组和设立过程中的税务影响方面，如相关重组及设立阶段的企业所得税，相关重组的增值税、土地增值税、契税以及印花税，股债搭建环节的企业所得税影响等。

2022 年 3 号公告，是公募 REITs 税务领域最重要的政策文件之一，从所得税角度明晰了公募 REITs 发行前资产重组及设立环节的部分涉税问题，减轻了原始权益人发行当期税务负担，但也存在某些事项有待进一步明确，如适用政策的主体、"划转"的具体概念，以及除了原始权益人将基础资产注入项目公司之外，其他前置资产重组环节是否能同样享受 2022 年 3 号公告的企业所得税递延政策等。市场对于 2022 年 3 号公告的升级更新版本充满期待。

此外，重组环节其他税种涉及的有待明确的问题，如在资产重组过程中的增值税、土地增值税等，公募 REITs 中股债搭建环节的利息支出扣除等，期待能够出台相关税收政策进行明确，减轻重组环节原始权益人的税收负担和税收不确定带来的潜在风险，增强发行信心和动力。

三、提升公募 REITs 监管效能

（一）构建跨部门、穿透式、激励相容的监管框架

高效能的监管体系是中国公募 REITs 市场从"试点探索"向"常态发展"

转型的基石。为进一步提升 REITs 监管效能，中国公募 REITs 市场应强化全链条监管。

一是建立跨部门协同监管机制，由国家发展改革委、中国证监会、住房城乡建设部、国家税务总局等部门形成监管沟通机制，结合国家重大战略动向，自上而下形成底层资产准入标准、运营规范以及个案沟通与申诉机制，只负责制定规则并做好裁判员，并探讨将监管审核部门绩效评价与公募 REITs 市场指标体系挂钩，实现正向激励。

二是实施穿透式信息披露，在细化分类信息披露的基础上，探索管理人披露资产现金流预测模型、关键运营指标敏感性分析等深度数据，重点监控关联交易、经营参数大幅偏离等风险点；探索设立行业风险纾困、二级市场平准基金等。

三是实施分类监管并切实将不同公募 REITs 的待遇差异化。对于各方面表现优秀的公募 REITs，可以在审核环节给予绿色通道，鼓励发起人在公募 REITs 管理中承担更多角色，考虑在不动产私募基金和公募 REITs 衔接、外部资产并购等方面给予优先试点权。

（二）推进科技监管赋能，构建智慧监管体系

科技监管赋能能够显著提升中国公募 REITs 市场的透明性、效率与风险防控能力。一是在规范信息披露的基础上构建行业数据库，借助大数据、人工智能、区块链等科技工具，对项目运营、财务数据、资金流水、舆情信息、市场变化等多维度数据进行持续跟踪和系统分析，预先识别各种财务业绩和项目运营潜在风险，防患于未然。二是对二级市场进行动态监督，借助科技工具，对宏观经济和利率等指标进行跟踪，重点对于二级市场的流动性、交易量、折溢价、投资者结构、做市商表现、市场情绪等进行实时分析，搭建公募 REITs 监管信息平台并设置动态阈值预警，及时识别潜在风险点和异常交易情况，保证公募 REITs 市场的平稳运行。

第二节　进一步提升 REITs 服务实体经济能力

一、扩大资产供给，服务国家重大战略

（一）REITs 市场对经济增长的直接带动效应

到 2035 年实现中国式现代化目标，未来 10 年内中国的年均经济增长目标将维持在 5% 左右。我们知道，固定资产投资占 GDP 比重在 30% 左右，那么投资拉动 1—2 个百分点的经济增长。REITs 在丰富固定资产投融资渠道、提升投融资效率等方面发挥关键作用，对经济增长有直接的带动效应。更进一步，在大规模设备更新的背景下，存量与增量基础设施持续提质增效，REITs 将更好地发挥存量资产融资功能，支持固定资产迭代更新，拉动经济增长。

（二）REITs 扩容支持区域协调发展

REITs 作为资产上市平台，天然具有拉动区域经济发展、促进资源有效配置的作用。国家重大战略包括京津冀协同发展、长江经济带发展、粤港澳大湾区建设、长三角一体化发展、海南全面深化改革开放、黄河流域生态保护和高质量发展、共建"一带一路"等，战略目标在于区域的协调与可持续发展，优化资源配置，提升国家整体竞争力。各地区资产以 REITs 形式盘活后，回笼资金将进一步支持区域基础设施建设，支持优势产业，提高经济效益。

此外，公募 REITs 市场的发展可以促进区域间的资金流动和资源配置，推动统一大市场和区域协同发展。具体而言，欠发达地区的优势资产发行公募REITs 融资，有效缓解地区发展资金不足的问题，并且增强区域的金融竞争力和资本市场认知度；发达地区资产以公募 REITs 形式上市后，不仅能够回笼资金，还能促进企业将资金投入部分欠发达地区，挖掘投资价值洼地，推动区域间资金的平衡配置，增强市场有效性。举例而言，中西部地区的能源大基地、数据中心集群等将以 REITs 形式盘活，焕发新的活力。通过 REITs 市场的资金融通，可以将中西部地区的资源优势转化为经济优势，促进中西部地区的经济发展和产业升级，服务于区域协调发展的国家重大战略。

（三）重点政策导向下的优质资产扩面

REITs 通过为基础设施提供投融资支持，增强资产运营效益，提高资源配置效率，支持企业转型与行业发展。REITs 所涉及的重点行业又与国家重点战略方向相契合，对于推动战略发展大有裨益。REITs 的持续扩容，将在以下战略方向上持续发挥作用：

第一，双碳战略。能源 REITs 为清洁能源电力资产提供新融资渠道，发电资源清洁化又是实现双碳战略的重要环节，REITs 以金融力量支持国家达成双碳目标。第二，新质生产力发展。支撑新质生产力的底层基础设施是 REITs 的重点发展方向，如数据中心是支持新质生产力发展的底层基础设施，智慧电网、智慧交通等新兴概念也要基于资金的支持，这些类别资产借助 REITs 得以实现高效融资。第三，扩大内需，提振消费。消费 REITs 以购物中心、商场、农贸市场等商业设施为底层资产，资产的经营效益优化有利于扩大内需、提振消费，间接带动消费上涨。第四，"租购并举"的安居战略。随着市场化租赁住房 REITs 入市，REITs 将在"租购并举"战略安排中发挥更大作用。随着我国房地产市场深度调整，消化房地产开发企业持有的存量房产日趋重要，REITs 可在市场供给侧结构性改革、提升权益性融资比例等方面发挥重要作用。第五，助力养老服务改革。养老 REITs 为养老基础设施打开了资本循环的通道，一方面能够将优质资产沉淀的资金盘活，助力新项目投资建设，缓解我国养老基础设施供给不足的现状；另一方面，也将激发养老设施提升经营质效，推动行业整体服务水平提升。第六，共建"一带一路"。未来，国外资产以公募 REITs 方式在国内上市，则打通了"一带一路"基建资产的投融资循环通道，服务于海外项目的建设和运营，将有力支持共建"一带一路"。

二、打造优质 REITs 产品和平台

（一）明晰优质 REITs 平台标准

我国 REITs 产品数量已居亚洲第一位，并位于全球前列。随着市场规模壮大，REITs 会逐渐分化，优质 REITs 平台会脱颖而出。优质 REITs 产品和平台的特征应包括四个方面。

第一是稳健的资产经营。REITs 的核心在于给予投资人稳定增长的分红，而分红的根本来源是资产运营收益，资产质量是决定 REITs 质量的关键因素，也是考核 REITs 平台的核心指标。第二是完善的治理机制。REITs 产品的治理结构包括企业治理机制、投资人关系维护机制、信息披露机制、激励奖惩机制、对于关联交易和防护机制等。在市场走向成熟的过程中，各类治理机制也将逐步完善。第三是良好的流动性。流动性是金融产品的生命力，较高的流动性水平意味着二级市场上有源源不断的"活水"参与交易，以及投资人对该产品的持续高关注度，对于提高市场效率有积极作用。第四是积极的扩募预期。REITs 平台的成长性体现在通过扩募壮大产品规模，不断提升 DPU，提高投资人回报和产品影响力。优质 REITs 应是不断装入资产的"活性"平台。

（二）多方协作，打造优质 REITs 产品

资本市场的重要作用之一就是识别高质量 REITs 产品，并通过市场交易完成高效的资源配置。随着市场逐渐成熟，各参与方对于优质 REITs 的判断标准和遴选手段会形成共识，适用于 REITs 的指标评价体系将逐步完善，优质 REITs 平台将得到更多关注和资金配置。此外，应逐步完善 REITs 退市等机制，助力形成市场的良性循环与新陈代谢。这需要监管政策层面的引导和推动，也需要包括投资人在内的市场参与机构共同努力，从资产质量、产品设计、运营管理等方面持续推进 REITs 平台的完善。

（三）以扩募打造龙头 REITs 平台，树立市场示范效应

中国公募 REITs 市场产品数量已位居全球前列，但市场规模仍有较大的发展空间。从国外市场的发展历史来看，行业内部趋于分化、具有示范效应的标杆性龙头 REITs 平台崛起，是市场发展新阶段的必然趋势，而持续并购与扩募是龙头崛起的重要方式之一。

在这个过程中，建议监管部门主动识别各方面表现优秀的公募 REITs，并给予一定的政策鼓励，助力其扩募流程更加便捷高效，真正令扩募成为其外延式扩张的重要工具。在监管部门和市场参与机构的共同努力下，扩募的卡点难点问题，如新老投资人利益平衡、投资人大会对扩募事项的决定权等，会在市场实践中得到优化和解决。

三、深化多层次 REITs 市场建设

（一）私募 REITs、Pre-REITs 进入精细化发展阶段

近两年，持有型不动产 ABS（未来扩展到私募 REITs 定义）、Pre-REITs 破局并逐步走深、走实，已成为资产方和资金方参与不动产市场的重要方式。中短期内，多层次 REITs 制度规定将进一步完善，吸引各类投资者和资产方参与其中。目前，Pre-REITs、私募 REITs 仍以一事一议的方式发行，条款具有较强个性，机构参与形式、参与机会有限。未来，Pre-REITs 和私募 REITs 的灵活度将持续提升，法律法规不断完善，资产方对其认知加深，该类工具能更好地匹配不动产投融资需求。

长期来看，Pre-REITs、私募 REITs 工具成为资产生命周期内的常规投融资工具，将整体性地提升不动产市场活跃度，为资产方和资金方提供更加多元化的选择，满足不同需求。同时，私募 REITs 和 Pre-REITs 的发展，也可以为公募 REITs 市场培养和储备优质的底层资产，促进不动产行业的良性资本循环。

（二）完善多层次 REITs 衔接链条，打通资本有机循环

Pre-REITs、私募 REITs 等不是割裂的融资工具，而是构成不动产投融资循环链条的有机环节。真正用好、用活 REITs 工具，需要打通各产品的衔接，构成资产、资金、资本的循环通路。

以搭建 Pre-REITs，资产运营提升，直至公募 REITs 退出为例，发行公募 REITs 时的制度设计，包括各方权责、税筹方案、法律规范等都将进一步完善，打造更畅通的资本循环通路。未来，多层次 REITs 的工具将不是单一的存在形态，而是服务资产和企业的"一揽子"解决方案，REITs 市场的生态体系也会随之完善，如图 11.1 所示。

（三）多层次 REITs 市场发展展望

一是产品类型更加丰富。金融产品类型趋于完善，有更多种资产类型可以 Pre-REITs、私募 REITs 与公募 REITs 的形式进行融资，REITs 市场将涵盖更多类型与生命周期的资产。二是投资者结构更加多元。目前，多层次 REITs 的参

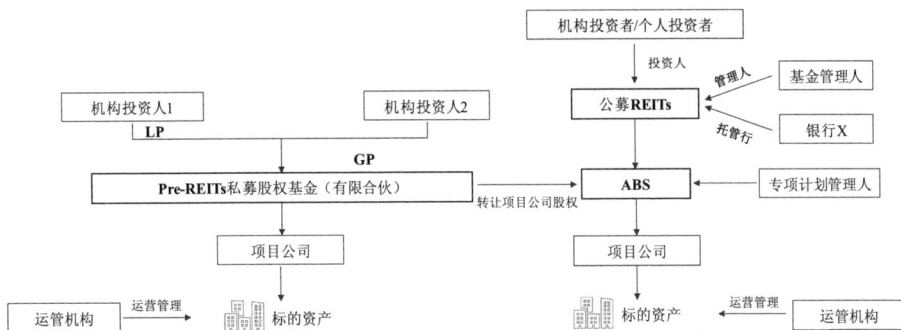

图 11.1　REITs 市场生态体系

与方有限，未来将有更多类型的机构参与其中，进一步提升市场活跃度和稳定性。三是资本循环更加顺畅。多层次 REITs 将成为不动产投融资的链条，公募与私募市场融合贯通，促进资产、资金、资本的循环，提高不动产市场的活跃度。

四、推进 REITs 市场开放进程

（一）资产国际化：国内外协同发展

外资企业持有境内资产发行 REITs、中国企业以境内资产在海外发行 REITs 均已经实现，下一步要推动中国企业持有的境外资产在国内发行 REITs，形成国际化的资产组合和资本循环。国外资产在国内发行 REITs，是 REITs 市场对外开放和融入国际市场的重大步骤，也将助力盘活我国沉淀在海外的重要资产，直接支持国际重大工程建设，服务和支持"一带一路"建设等。

（二）资金国际化：资金活水的持续流入

吸引海外资金投资中国 REITs 市场，推动中国 REITs 市场"走出去"。中国 REITs 市场的高分红、中等波动等特征匹配海内外追求中风险、中收益资金的风险偏好，国际投资者的参与空间广阔。可以加强国际互联互通、搭建 REITs 双币交易市场等方式，为海外资金投资中国 REITs 市场建立制度便利性，不仅提高资金的全球配置效率，更助力中国资本市场的全球化，增强市场

效率。REITs 有望作为对外开放的标杆性金融产品之一，有效促进海内外资本市场的链接，形成双向互动和流通的有效市场。

（三）制度设计逐步完善，支持高效的对外开放 REITs 市场

REITs 市场的跨境发展可以有效促进资金的双向流动，是人民币国际化的重要一环，但需要配套的制度设计，也相应面临诸多挑战。在守住不发生系统性风险的前提下，中国与国际市场的制度建设和规则对接将会加强，对跨境投资形成阻碍的规则制度需要逐步修订，真正为 REITs 的开放和资金资产的双向流动提供便利。

第三节　提高市场定价有效性，增强市场内在稳定性

一、优化首发和扩募定价机制

我国 REITs 市场的定价机制，一直是市场参与各方高度关注的问题。首批公募 REITs 上市至今已经接近四年，首批扩募也已经顺利实施。

（一）实践中首发和扩募定价的挑战

1. 首发定价

目前是采取了战略投资者、网下投资者、公众投资者共同参与的方式，由网下投资者通过询价确定发行价格。

一是出资金额最多、锁定时间最长的战略配售投资者在价格确定过程中没有话语权和影响力，网下投资者询价定价的过程也存在失准的情况，比如当市场情绪高涨时，采取打新策略的网下投资者占比高，往往参考询价区间的上限报价，客观上令询价环节失去了价格发现的功能；二是询价区间的设置方法有待商榷。部分项目的原始权益人因国资估值的考核压力，担心出现定价结果低于国资备案评估值的情况，所以坚持询价区间下限不能低于评估值，理论上多方参与的市场化询价得出的定价应该比评估价更能反映资产的真实价值，但是囿于现有的国资监管机制和企业风险回避的现实诉求，询价区间的上下限设置仍然无法充分做到市场化。

2. 扩募阶段

目前扩募方式以定增为主，定价以基准日前 20 日均价为基础。一是老投资者在参加份额持有人大会决议扩募事项的时点，距离实际确定基准日并操作扩募定价的时点，存在一定时滞，即持有人大会通过时的资产评估值可能与定价时点的二级市场价格存在较大差异，客观上增加了判断和决策的风险。二是目前扩募方式是以定增为主，配股等其他方式接受度有限。由于定价是参考二级市场股价的均值确定，老投资者出于提高自身持有规模比例的诉求，有可能出现提前卖出砸盘再低价接回的操作，存在道德困境。三是由于拟扩募项目需要提报国家发展改革委和中国证监会进行前置审核，且耗时较长，存在比较高的内部消息保密和内幕交易的风险。

我国 REITs 仍处试点初期，市场流动性依然不足，投资者结构以保险、券商等机构为主，一方面同质化程度较高，短期投机行为或者少量资金交易容易引发价格波动；另一方面对于底层资产的理解深度有限，多依靠第三方的评估值进行判断，加之大量资产类别缺乏一级市场的大宗交易定价相互印证，都提高了定价难度。此外，扩募流程耗时较长，审核环节繁复且可预测性不强，客观上制约了定价效率。

（二）未来优化的方向

对于首发和扩募阶段的定价机制优化，可以从以下几个方面考虑：

一是考虑对于参与各方的角色和权利进行完善，允许占发行规模一定比例以上的非关联长期战略配售方参与定价磋商，或者设置战略配售报价加权系数，增加其在定价环节的参与度。同时以政策引导和减少短炒资金利用询价环节进行打新。二是对询价区间和询价机制进行优化。考虑在打开询价区间上下限的同时，建立国资特定准入机制，允许 REITs 项目申报资产评估值时保留5%—10%价格弹性空间，当市场化询价超出备案值范围时启用听证复核程序。同步建立动态询价回溯机制，当网下报价过度集中上限时自动调增发行规模5%—10%作为缓冲。三是提升配套措施。如考虑在以收益法为主的同时披露其他评估方法的估值和参数，对于评估值偏差大的给予警示；对交通、能源等复杂程度高的特定资产类别要求更充分的参数假设信息披露；行业层面组建专门的第三方公共案例数据库，向市场公开提供客观参考。

此外，针对扩募阶段可能的优化方案还包括：一是推行混合扩募方式改革，探索定增、优先配售、配股等多种组合模式，给予符合特定条件的老投资者一定折价和优先认购权，更好地平衡新老投资人之间的利益，遏制二级市场操纵的获利空间。二是创新定价基准机制。当持有人大会决议日与定价基准日差异超过 20 个交易日时，须重新公示底层资产公允估值或者设定估值定价的修正机制。三是优化审核流程。探索建立"储架式扩募"的预审制度，对原始权益人储备项目库实施提前尽调与审核，给予扩募许可，既有利于缩短流程时限，也有利于基金管理人结合二级市场走势动态选择理想的扩募时机。

二、构建多元投资生态

（一）市场生态多元化

中国 REITs 市场经过近年来的快速发展，已形成多层次、多维度的投资生态体系。这一生态以公募 REITs 为核心，通过私募 REITs、Pre-REITs 等工具形成资产培育与退出的完整链条，并串联起投资者、资产方、服务商等多方参与者，共同推动不动产证券化市场的繁荣。

原始权益人不是简单的资产出让方，而是兼具了基石投资人、资产管理人和运营管理者等多重角色，在资产实现轻重分离的同时，也会逐渐实现业务模式的深刻转型。"投行+律所+评估机构"的服务商矩阵，会随着 REITs 的快速发展而进一步专业化和规模化，并通过对于业务和交易的开展，持续推动一级市场和二级市场的互通与联动。

（二）投资者结构多元化

中国证券市场要以投资者为本。占据市场更重要位置的，是 REITs 的投资者群体，随着规模的扩大和参与者的日趋多元化，REITs 市场预计可能呈现以下状态：

一是投资者群体壮大并逐渐分层。机构投资者将继续在市场中占据主流，但个人投资者的占比会逐步提升，随着指数产品和 ETF 等衍生产品的推出，REITs 作为普惠性投资产品的影响力会进一步扩大至全体社会大众。与此同时，除了现在的保险等机构之外，社保基金、养老金、外资机构等也会有更加活跃的参与，甚至会逐渐形成专注于 REITs 投资的专业机构。二是在多层次市场方面，多种产品繁荣共生，会实现对资产全生命周期的覆盖。以公募 REITs 为牵引，投资于资产不同阶段和状态的产品会快速发展，从 Pre-REITs 到私募 REITs，一方面为不同属性的资金和投资者提供丰富而层次鲜明的配置选项；另一方面形成资产培育与退出的完整链条，资金和资产的多维度交织串联起投资者、资产方、服务商等多方参与者，共同推动不动产证券化市场的繁荣。

三、推动交易产品创新

从国际成熟市场的实践和经验来看，以指数产品和 ETF 等为代表的被动投资正在成为市场主流。为推动 REITs 交易产品创新，中国证监会及沪深证券交易所正围绕指数产品、ETF 和衍生品等方向展开积极探索，但受限于市场发展阶段，部分创新仍须稳步推进。目前全市场已上市 REITs 底层资产类型逐步丰富，而且实时指数也已经在运行中，都为指数产品的推出奠定了基础。

监管机构在不同场合的表态中已经规划了梯度式产品发展的路线图：首先通过编制宽基指数（如中证 REITs 指数）构建底层指标体系；继而探索成立场内外指数连接基金，待市场深度拓展至一定规模后再发展 REITs-ETF 等标准化工具产品。

但中国证监会也多次指出，REITs 市场仍处于起步阶段，价格发现机制不完善、流动性不足。若仓促推出 ETF，可能面临跟踪误差大、交易不活跃等问题，需要稳健有序推进。

四、提升市场流动性

（一）流动性不足有多种原因

中国公募 REITs 市场自 2021 年试点以来发展迅速，但流动性不足仍是制约其功能发挥的重要问题。流动性不足的成因复杂，既受市场结构影响，也与制度设计相关。

一是市场参与者结构单一。当前 REITs 投资者以保险、银行理财等机构为主，投资策略趋同，易引发"羊群效应"，如 2023 年因经济预期转弱，机构集中抛售导致市场踩踏性下跌。二是流通盘规模偏小，微小交易量即可引发价格剧烈波动。三是交易机制待优化。做市商制度尚未充分发挥流动性支持作用，部分项目尾盘交易占比超 50%。四是信息不对称加剧波动。底层资产运营数据披露颗粒度不足，市场对产业园出租率、高速公路车流量等关键指标敏感，负面信息易被过度解读并跨板块传导。流动性不足导致市场定价效率低下，可能引发系统性风险。

（二）加强流动性市场建设方向

参考美国、新加坡等成熟市场经验，结合中国实际，建议从以下维度提升流动性：一是优化审批流程、尽快做大规模，借鉴新加坡"储架发行"经验，允许原始权益人 3 年内分批次注入资产。二是优化交易机制，完善做市商激励，将做市服务纳入券商分类评价，对连续报价时长超过门槛的做市商给予奖励，对日均成交额超过特定门槛的 REITs 给予做市商补贴，将流动性与基金管理人评价挂钩。三是加大投资者群体的规模扩大和结构优化。加快推出 REITs 指数 ETF 配置型工具，通过降低风险因子等方式引导险资和社保基金、养老金等增配；推动纳入互联互通并尽快落地，有效吸引境外资本参与。四是探索其他衍生品试点，如 REITs 的期货、期权产品、利率互换合约等，也包括与海外市场联通的互挂 ETF 等。五是加强流动性风险管理。完善压力测试，要求基金管理人每季度模拟极端市场情景下的流动性承压能力，并对市场极端情况做好预案，如单日换手率超 15% 时暂停交易，防止程序化交易加剧波动等。

第四节　科技赋能与可持续发展

一、推动运营管理的数字化转型

国际 REITs 市场以商业地产、住宅等传统不动产为核心载体，在 Proptech（地产科技）浪潮驱动下，从资产运营智能化、数据治理标准化、服务生态协同化三个方面推进数字化转型。例如，写字楼与公寓类 REITs 通过部署智能建筑管理系统（BMS）实现能耗降低，借助 AI 驱动的租户匹配平台提升租赁效率，与此同时，实时采集核心运营指标，建立动态资产健康度评估模型，实现运维成本优化与风险预警前置化。这种技术驱动下的运营模式革新，既回应了不动产行业对降本增效的迫切需求，也为全球 REITs 市场创造了"数字化赋能资产增值"的新型价值增长点。

数字化转型通过数字技术重构业务流程与管理范式，推动数据驱动的智能化运营体系建设。REITs 运营管理机构的日常工作涵盖从搭建项目运营管理体系、策划运营方案并推动其有效运作，到基础设施项目的日常运营维护、预算管理、经营分析与报告编制等多个方面。在如此复杂多元的工作体系下，传统运营管理模式面临着诸多挑战，难以满足高效、精准的管理需求。在 REITs 的运营管理环节中，数字化转型须以"数据驱动"为核心导向，聚焦数据整合与实时采集、业务流程集成与透明披露、智能决策与应急响应三大核心领域，深度融合信息技术与业务流程，以提升整体运营效能。

（一）搭建数据架构

基础设施项目数据烦杂，涵盖地理信息、资产性能、运维记录等，且 REITs 项目涉及底层资产形态多元，运营管理机构须构建全面且高效的数据采集与整合系统，在各类基础设施资产关键节点部署传感器等物联网设备，确保运营数据能实时、自动采集。

这一步骤对提高运营数据获取及时性意义重大，改变以往人工定期收集数据的滞后状况，让运营者第一时间掌握资产运行动态，例如交通枢纽的客流量、能源设施的实时发电量等关键数据能实时反馈至管理系统，为快速决策提供数据支撑。

（二）重塑业务流程与优化信息披露

在收集相应运营数据的基础上，还须围绕基础设施项目的全生命周期，重塑运营业务全流程，构建集成化的运营管理系统，将资产管理、运维调度、财务核算等模块融合，打破信息壁垒。例如，保障性住房运营管理涉及在房源筹建、租赁分配、资金流转等方面，与住房城乡建设部、租户等多类利益主体相关联，构建高效互通的业务模块，将有效实现政企间高频的业务联动，与租户实时的流程反馈。

同时，信息披露与内部数字化运营管理系统深度对接，整合各类运营数据、财务数据等相关信息，经系统自动汇总与分析后，生成符合规范的信息披露报告，减少人为编辑的可能错误，增强市场透明度。

（三）智能决策与应急响应

基于搭建好的数据架构所提供的实时、精准数据，运管机构可进一步构建智能决策系统，可依据海量历史数据与实时监测信息，提前模拟多种突发场景，自动生成应对预案。例如，针对能源基础设施项目可能遭遇的突发事件，如极端天气致输电线路故障、能源生产设备突发严重故障等，智能决策系统可依实际情况，从预案库筛选最优策略并动态调整。同时，应急响应机制借助数字化手段快速启动，将预警信息推送至运营管理团队及各应急执行部门，各部门依据既定数字化协同流程，迅速开展应急行动，极大提升运管应对突发事件的灵活性与高效性，保障 REITs 基础设施资产在复杂状况下稳定运行。

国内 REITs 已在资产运营全链路数字化方面进行了相应尝试，通过搭建全域物联感知网络，实现基础设施资产的实时状态监控与动态风险评估。由于底层资产涵盖收费公路、产业园区、清洁能源等多元基础设施领域，其物理属性复杂、公共服务特征显著，数字化转型须突破传统不动产的路径依赖，探索适配基础设施特性的创新模式。

未来国内 REITs 数字化转型应把握三个核心方向：一是深化"技术+场景"融合，针对不同基础设施类型开发专用数字工具包；二是构建开放共享的基础设施数字生态，推动政企数据双向流动；三是建立数字化转型评估体系，将智能运维覆盖率等纳入绩效考核指标。这种转型不仅关乎运营效率提升，更是实现基础设施领域"双碳"目标、推进可持续发展的战略支撑。

二、构建适配 REITs 市场的 ESG 体系

全球主要 REITs 市场基于区域特征与政策导向，形成了差异化的 ESG 推进路径，其共性在于均将 ESG 纳入资产全生命周期管理，通过政策引导、市场激励与行业自律实现可持续发展目标。

（一）海外 REITs 市场的 ESG 实践

美国市场以市场驱动为主导，通过投资者偏好与行业标准推动 ESG 实践。GRESB 等行业组织的评估体系提供标准化评级工具，REITs 通过参与评估提升透明度；行业协会（如 Nareit）提供有关 ESG 监督、管理、跟踪和报告的信息，引导和促进 REITs 开展 ESG 实践。据 Nareit 数据，美国排名前 100 位的 REITs 全部执行在 ESG 方面的披露，其中超 83% 的 REITs 依据 TCFD 框架实施披露。

欧洲市场依托欧盟统一监管框架，强制要求 ESG 信息披露与碳减排目标设定。《可持续金融披露条例》（SFDR）与《公司可持续发展报告指令》（CSRD）要求披露气候相关风险及减排路径，欧洲公共房地产协会（EPRA）制定了系列不动产领域可持续发展的评价体系，市场呈现高度标准化特征。其他市场如新加坡与中国香港等市场对已上市 REITs 已实施强制性的 ESG 信息披露要求，日本通过颁布原则性倡议《尽职管理守则》等方式将 ESG 纳入信披体系。此外，澳大利亚、新加坡等国通过绿色建筑认证等形成市场共识，激励底层资产实施低碳路径。

（二）与中国 REITs 市场适配的 ESG 体系探索方向

中国公募 REITs 聚焦于基础设施领域，其底层资产具有天然的社会服务属性和公共产品特征。以高速公路、能源、生态环保为代表的各类资产，不仅承载着经济增长职能，更直接关系到民生福祉与生态效益。在资产运营中须统筹经济回报与公共服务效能，ESG 体系成为平衡市场化收益与社会价值的关键工具，从绿色发展、社会责任、治理能力等方面开展 ESG 评价正是基础设施领域 ESG 框架须关注公共属性与经济属性协同的核心逻辑。从绿色发展、社会责任、治理能力等方面开展 ESG 评价，并将评价或评级结果与资产定价结合起来，实现财务回报与责任价值相统一，实现经济效益、环境责任与社会公平的可持续平衡。

目前中国公募 REITs 市场已有 8 只产品颁布 ESG 报告，包括华夏越秀高速 REIT、中航首钢绿能 REIT、建信中关村产业园 REIT、中金普洛斯 REIT、华夏北京保障房 REIT、华夏基金华润有巢 REIT、国泰君安东久新经济 REIT、华泰江苏交控 REIT。在覆盖范围与内容质量上，中国公募 REITs 市场的 ESG 的实践与信息披露均存在提升空间。

1. 环境（E）

环境维度的构建需以"双碳"目标为核心导向，强调底层资产的全生命周期绿色管理，聚焦气候战略与风险管理、温室气体排放、环境政策执行和资源高效利用四大核心领域。

设置对气候变化的战略规划及政策工具，同时识别绿色技术应用、政策补贴等气候相关机遇，并将气候因素纳入资产运营全流程。关注直接排放与购买能源的温室气体排放数据，包含排放量、强度指标及减排目标，并保证数据的可验证性与标准化，并说明能效提升项目、清洁能源替代等减排措施的实施进展。设立底层资产的环境合规性管理机制，及其执行情况，包括但不限于内部环境政策、供应链管理、碳定价策略、项目审批等。披露应涵盖所有能源消耗相关指标和公司政策、可再生能源消耗相关数据、碳排放指标来源等，同时以绿色运营为思路指引，披露与节能相关的各类运营行为。

2. 社会（S）

社会维度的构建，着重关注利益相关者的权益保障以及社会价值的创造，主要涵盖供应链管理、健康与安全、社区责任、员工多样化与发展四个关键方面。

关注供应商管理的相关制度，供应商采购制度的设计，供应链环节中可能出现的社会风险的识别，对相关供应商的 ESG 履行情况的考察等，以此确保供应链的可持续性。系统的员工健康及安全政策也值得重视，可通过量化指标，如员工缺勤率、死亡率、误伤频率等，来评估政策的实施效果，同时积极采取措施进行执行情况的改善。

社区责任层面，则需要关注内部和外部利益相关者的有效沟通和维护机制，包括正式和非正式的沟通、客户反馈、员工调查和社区外展等。在专注贡献范畴，如教育、环境事宜、劳工需求、健康、文化、体育等方面，积极投入资源（如金钱或时间）。员工多样化与发展方面，要着重披露项目运营公司的员工雇佣情况及发展。具体内容包括按性别、雇佣类型（如全职或兼职）、年龄组别及地区划分的雇员总数，按性别、年龄组别及地区划分的雇员流失比率，按性别及雇员类别（如高级管理层、中级管理层）划分的培训平均时数等。

3. 公司治理（G）

中国 REITs 市场 ESG 体系治理维度的构建须以透明度提升与风险韧性增强为底层逻辑，聚焦治理架构的独立性与 ESG 管理机制的完备性。

反贪污体系的构建应涵盖防止贿赂、勒索、欺诈、洗钱的政策制定，确保严格遵守对发行人有重大影响的法律法规，并要求披露报告期内已审结的贪污诉讼案件数目及结果。描述防范措施及举报程序，以及相关执行及监察方法，描述向董事及员工提供的反贪污培训等，形成全流程防控机制。管理风险评估层面须系统展现 REITs 发展战略与内部管理流程，同时关注安全、数据及财务风险的治理程序，以及相关风险管理手段如何融入产品整体的风险管理体系。

第十二章　中国公募 REITs 的国际化

我国公募 REITs 选择了以基础设施资产为突破口,具有鲜明的中国特色,同时亦具有巨大的国际化潜力。

第一节　国际化意义深远

一、中国公募 REITs 国际化的主要内容

中国公募 REITs 国际化,主要包括两个方面的含义。从资产发行角度来看,包括吸引海外资产到中国发行 REITs,以及中国境内资产到境外发行 REITs。从投资交易角度来看,包括中国投资者投资海外的 REITs 资产,以及吸引海外投资人投资中国的 REITs 资产。

中国境内资产赴境外发行 REITs 已有多年历史。2005 年 12 月 21 日,越秀房地产投资信托基金在香港联交所成功上市,这是中国境内资产赴境外发行 REITs 的首次尝试,之后多家中资企业开始尝试赴境外发行 REITs。截至 2024 年底,有 10 只纯中国境内资产的 REITs 在中国香港和新加坡上市,包括在新加坡上市的运通网城 REIT、北京华联 REIT 和砂之船 REIT 等,以及在中国香港上市的越秀房地产投资信托、汇贤产业信托、招商局商业房托、顺丰房托等。虽然赴境外发行 REITs 的数量有限,但渠道比较畅通。从中国投资者投资海外的 REITs 资产来看,2011 年发行的鹏华美国房地产证券投资基金是中国公募基金第一只投资海外 REITs 的 QDII 产品。目前,国内投资者主要通过 QDII 基金投资海外 REITs,渠道也相对较为通畅。

无论是中国境内资产赴境外发行 REITs，还是中国投资者投资海外的 REITs 资产，除在中国香港发行和投资的 REITs 外，最终建设的是国外 REITs 市场。而要建设中国的国际化 REITs 市场，主要应是吸引国外资产到中国（包含香港）发行 REITs，以及吸引国外投资人投资中国的 REITs 市场，最终促进中国 REITs 市场发展。鉴于此，本章研究的中国公募 REITs 国际化内容，包括如何更好吸引国外资产到中国发行 REITs，以及吸引国外投资人投资中国的 REITs 市场。

二、中国公募 REITs 国际化的重要意义

（一）助推"一带一路"建设

"一带一路"倡议提出以来，我国对共建国家和地区投资不断增加，积累了大量的优质海外资产。国务院国资委公开数据显示，中央企业累计在 140 多个共建国家和地区投资合作项目超过 5000 个，涉及金额超过 1 万亿美元。从资产类型来看，累计在共建国家和地区建设运营港口、铁路、机场等交通基础设施项目超 200 个，包含蒙内铁路、匈塞铁路、中老铁路等；承担重点水电、风电、光伏项目近 300 个，以及中哈原油管道，哈萨克斯坦、土库曼斯坦等中亚国家油气田开发等一批传统能源资产；建设运营中白工业园等 20 多个产业园区资产。从收益来看，不少项目展现出卓越的收益潜力，十分适合发行 RE-ITs。如中老铁路不仅促进了沿线贸易往来与区域经济协同发展，客运与货运收入稳步增长，还带动了周边旅游、物流等产业繁荣，为项目带来多元收益流。又如中巴经济走廊的能源项目在有效满足当地能源需求的同时，通过稳定的能源供应协议确保了理想的收益回报。再如中国长江三峡集团在巴西、西班牙、巴基斯坦等国家建设的多个水电站项目收益良好。如果这些资产到国内发行 REITs，将为共建"一带一路"基础设施建设提供新的融资渠道，加快资金回收利用，提高资金使用效率，更好支持"一带一路"项目投资建设。此外，对国内投资人来说，可以通过投资"一带一路"项目 REITs，直接参与"一带一路"项目建设，分享"一带一路"倡议带来的国际化红利，从而使得"一带一路"倡议更加深入人心。

（二）吸引外资参与我国基础设施建设

改革开放初期，外资进入中国基础设施领域主要采取直接投资方式，以新建项目为主，如火电站、高速公路等。由于基础设施项目投资规模大、回报周期长，特别是随着基础设施领域新建项目投资收益率逐渐下行，外资以直接投资方式参与我国基础设施新建项目的动力逐渐减弱。如果能够吸引国外投资人通过投资国内 REITs 的方式间接投资于基础设施项目，投资路径将更加快速、便捷，优质存量资产带来的投资回报将更为丰厚，投资退出也将更为灵活。特别是，如果投资在中国香港发行的 REITs 资产，还能实现资金更加自由的流入流出。因此，推动中国公募 REITs 国际化，有利于更高效地吸引外资进入中国，有望成为新时期我国吸引外资的重要方式。

（三）推动基础设施高质量发展

打造国际化的中国 REITs 市场，意味着国内资产和国外资产将在同一个市场发行 REITs，为国内项目与国际项目提供了公平竞争、同场竞技的机会。一方面，可以充分了解国外相关领域项目的建设实施、技术标准、组织架构、运营管理等情况，充分吸收和借鉴国际先进的建设管理理念和商业推广经验等，提高我国基础设施项目的建设和运营水平。另一方面，也可以向国际市场展示中国重大项目丰富的规划建设经验、高效的组织管理模式和严格的技术安全标准等，促进我国基础设施项目管理经验和标准在全球范围内得到更广泛的认可。

（四）促进中国 REITs 市场发展

首先，REITs 国际化有利于为我国 REITs 市场带来新的资金来源和新的资产类型。国际上的大型投资机构、养老基金、保险资金等对 REITs 产品有较高的配置需求，通过 REITs 国际化可以吸引大量国际投资人，为国内更多项目的发行和扩募提供资金支持。吸引海外资产到中国发行 REITs 有利于补充新的资产类型，丰富国内 REITs 市场的产品种类，满足不同投资者的需求。其次，REITs 国际化可以促进国内 REITs 市场学习和借鉴国外 REITs 市场在组织形式、税收政策、监管模式、投资者权益保护等方面的成熟制度，更好推动我国 REITs 市场制度的建立健全。最后，国际投资者的加入可以改善国内 REITs 市场的投资者结构，增加市场投资人的多元化程度，提高市场的稳定性和成熟度。特别是我国 REITs 市场成立时间较短，吸引国外不同类型的投资者有利于提供丰富的投资理念、风险偏好，促进市场投资策略的多样化。

三、从全球范围看 REITs 国际化情况

从国际资本市场来看，与股票、债券相比，REITs 国际化的难度较高，主要原因在于 REITs 主要投资于基础设施和商业不动产，这些资产具有很强的地域特性，不同国家和地区的基础设施和商业不动产在土地制度、建筑法规、市场需求、生活习惯等诸多方面存在巨大差异，使得 REITs 在跨境投资时面临复杂的法律和政策环境。加之各个国家和地区对 REITs 的监管要求大不相同，许多投资者对本国的基础设施和商业不动产市场比较熟悉，但对国际不动产市场了解有限，对投资国际 REITs 持谨慎态度。然而，尽管难度较高，美国、日本、新加坡等主要 REITs 市场都走出了独具特点的 REITs 国际化之路。

美国 REITs 市场中，一些 REITs 的海外资产占比较高。据有关专业机构测算，美国前十大 REITs 中，Equinix 中海外资产占比达 61%，Digital Realty 海外资产占比达 49%，美国电塔 REITs 海外资产占比达 44%。相比之下，美国 REITs 投资人的国际化程度不高，总部设在美国之外的 REITs 投资人持有 REITs 市值占比仅为 17.3%。与美国相反，日本 J-REITs 持有的海外资产很少，但投资人的国际化程度较高。东京证券交易所数据显示，J-REITs 持有的海外资产占比仅为 0.4%，海外投资人持有 J-REITs 的市值占比达 50%。

国际化程度最高的 REITs 市场是新加坡。新加坡国土面积只有 728.6 平方公里，人口 592 万，限制了 REITs 市场发展，因此新加坡始终致力于向外拓展，吸引海外市场资产方和投资人，包括采取较低的量化准入门槛，较好的税收优惠政策，接受新加坡元、美元、人民币、港元、澳元、欧元、英镑等 7 种货币用于双币交易，帮助企业接触更广泛的投资群体。在不断努力下，新加坡 REITs 国际化程度不断提高。新加坡证券交易所数据显示，目前上市的 41 只 REITs 中，有 37 只 REITs 拥有海外资产，占比高达 90%。从 2016 年开始，新加坡 REITs 的底层资产都是全球资产，包括美国、欧洲、澳大利亚、中国、日

本等国家和地区的资产。相比之下，新加坡证券市场中，海外上市公司的比例是 32%。新加坡 REITs 市值占新加坡证券市场总值的 13%，但交易量占比 20%，二级市场交易活跃度高。

第二节　国际化条件分析

当前我国公募 REITs 市场可以分为两个市场、三个交易所，分别是上海证券交易所、深圳证券交易所组成的境内市场，以及香港联合交易所支撑起来的境外市场。截至 2024 年底，境内市场已发行 REITs 产品 58 只，在底层资产类型、投资者结构、监管政策等方面与香港联合交易所 REITs 发行有着显著区别。综合分析，香港联合交易所更具备推动中国公募 REITs 国际化的优势和条件。

一、中国香港 REITs 市场情况

2003 年 7 月，中国香港颁布《房地产投资信托基金守则》，标志着中国香港 REITs 市场正式诞生。截至 2024 年底，香港联合交易所上市的 REITs 共有 11 只，总市值 160 亿美元，底层资产主要分布在零售物业、写字楼、酒店、工业不动产等领域。

与内地上海和深圳证券交易市场相比。香港联合交易所在国际化方面具有多方面优势。一是香港联合交易所更具备国际知名度、认可度和影响力。香港联合交易所拥有更加成熟的国际金融生态体系、完善的法律法规框架、活跃的交易环境，以及丰富的专业人才储备，更容易获取国际投资人青睐。作为久负盛名的国际金融中心，中国香港可以提升中国 REITs 市场的影响力和认可度。二是香港联合交易所的 REITs 制度与国际更加接轨。与内地 REITs 采取"公募基金+ABS"的架构不同，中国香港 REITs 作为一种独立的金融产品，在立法和制度方面拥有更好的保障性。同时，中国香港 REITs 市场的监管模式、信息披露要求、资产配置和收益分配等基本制度更接近国际上其他成熟 REITs 市场，与国际化更加接轨。三是资金出入境更加自由。中国香港没有外汇管制，

港币自由兑换并采取联系汇率制度，资金可以自由地流入和流出，这是香港作为国际金融中心的一个重要优势。无论是本地居民、企业还是外国投资者，都可以自由地将资金兑换成各种外币，进行跨境投资、贸易结算或其他金融交易，这为吸引国外投资人参与 REITs 市场投资提供了极大便利。

与此同时，香港联合交易所在 REITs 国际化中也存在一些不足。一是 REITs 市场规模相对较小。截至 2024 年底，中国香港 REITs 市场规模为 160 亿美元，远低于美国、澳大利亚、日本、英国、新加坡 REITs 市场规模，数量仅有 11 只，远低于中国内地 REITs 市场的 58 只。较小的市场规模意味着可投资机会相对较少，难以吸引大量国际投资者的广泛关注和大规模资金投入。二是大量的内地资金难以直接投资中国香港 REITs 市场。根据我国金融监管要求，内地投资人无法直接投资香港资本市场产品，需要通过 QDII 基金等间接投资。加之投资过程中可能存在汇率风险，以及交易规则不熟悉等，内地投资者投资中国香港 REITs 的成本显著高于内地 REITs。三是中国香港 REITs 市场表现不理想。主要是 REITs 估值相对偏低、交易流动性相对欠缺。长期以来，中国香港 REITs 都处于折价状态，市净率小于 1 倍。戴德梁行统计，截至 2024 年 11 月，中国香港 REITs 平均的市净率为 0.45 倍，显著低于中国内地、日本和新加坡的 1 倍、0.74 倍、0.82 倍。

二、上海、深圳 REITs 市场情况

2020 年 4 月，中国证监会、国家发展改革委发布《关于推进基础设施领域不动产投资信托基金（REITs）试点相关工作的通知》，标志着中国内地 REITs 市场诞生。截至 2024 年底，内地上市的 REITs 共有 58 只，发行规模 1660.29 亿元，分布在产业园、仓储物流、保障房、消费基础设施、新能源、生态环保、交通、水利等领域。

与香港资本市场相比，沪深证券交易所在 REITs 市场发展上具备一定的优势。一是潜在资产规模巨大、类型丰富。经过多年投资建设，我国形成了大量的优质存量资产。国家统计局数据显示，过去 20 多年里我国固定资本形成超 400 万亿元，其中蕴含着大量潜在的 REITs 发行项目，为内地 REITs 市场的发

展壮大提供了坚实基础。同时，相对于香港以商业地产物业为主的 REITs 项目类型，内地存量资产广泛分布于各领域、各行业，有助于丰富 REITs 市场底层资产类型。截至 2024 年底，已发的 58 只 REITs 就包含了 8 个领域，再加上未来准备发行的文化旅游、数据中心、轨道交通等领域，内地 REITs 产品多样化在全球处于领先水平。二是内地投资人能够直接参与。上海、深圳证券交易所已经成立了 30 余年，在投资开户、交易等方面形成了一整套流程和规则。内地投资人也已适应这套规则。内地投资人对购买上海、深圳证券交易所产品较为熟悉，且不存在汇率风险。三是市场表现相对较好。发行与二级交易的估值相对较高，中国内地 REITs 市场市净率在日本、新加坡、中国香港等亚洲主要 REITs 市场中名列前茅。

与此同时，沪深证券交易所在推动 REITs 国际化方面也存在一些短板。一是国际影响力和认可度相对较低。与香港国际金融中心地位相比，沪深证券交易所成立时间相对较短，与国际接轨程度相对较低，知名度和影响力不足。加之内地 REITs 市场发展仅有 4 年多的时间，在制度规则、市场交易等方面仍处于摸索阶段，与国际 REITs 市场接轨仍有不小差距。国外投资人对中国内地 REITs 市场了解不多，参与较少。二是产品结构相对复杂。为了更有效地推动 REITs 落地，中国内地 REITs 市场选择了"公募基金＋ABS"的架构，发行成本相对较高。三是跨境投资受限。一方面，境外投资人投资境内资产需要满足合格境外机构投资者（QFII）和人民币合格境外机构投资者（RQFII）要求。境外机构投资者需要通过申请获得相应的投资额度，并且投资范围也有一定限制。另一方面，中国内地 REITs 也要通过 QDII 制度投资收购境外资产，投资额度是由国家外汇管理部门审批，而且对于投资产品的范围也有规定。

三、中国内地与香港 REITs 市场国际化的条件对比

相比之下，香港联合交易所在 REITs 国际化方面的主要优势包括更加具备国际影响力和认可度，REITs 底层资产类型和规则制度与国际更加接轨，跨境投资和资金流动更加自由、便捷；劣势是当前香港 REITs 市场规模相对较小、内地资金投资不便、估值相对不高。沪深证券交易所在 REITs 国际化方面的主

要优势是潜在资产规模较大、类型丰富，更便于内地投资人参与，以及估值相对较高；劣势是国际影响力不够，产品结构复杂，制度规则与国际不够接轨，跨境投资和资金流动自由度不够。

从海外资产发行效率上看，中国香港 REITs 市场具有优势。香港市场建立之初就发布了海外投资的应用指引，允许中国香港 REITs 投资于香港地区以外的资产，并经过多年的实践，具有相对完整的海外资产发行制度体系。而内地 REITs 市场目前仍未放开海外资产的发行上市，相关政策制定需要一定的时间。

从海外资金供给效率上看，中国香港 REITs 市场的优势亦较为明显。中国香港的国际金融中心地位积攒了国际影响力和认可度，而且 REITs 制度规则与国际接轨度是内地 REITs 市场短期内无法比拟的。更为重要的是，REITs 国际化意味着大量的跨境投资和资金可自由出入，中国香港在这些方面限制很少，资金供给效率高。而内地 REITs 市场限制较多，主要是 QFII 等渠道，相对较为狭窄，国际资金进出的效率较低，且短期内很难有所改变，难以满足 REITs 国际化的要求。

内地 REITs 市场的优势是具备更多潜在资产，且更便于内地投资者参与，估值相对较高，但这些优势并不是长期且难以超越的。当前内地资产赴香港发行 REITs 并不存在过多限制，因此内地大量的潜在资产也完全能成为香港 REITs 市场国际化的支撑。内地投资人参与香港 REITs 市场也拥有较为成熟的渠道，虽然成本相对高一些，但不构成特别大的实质性影响。最后，估值也是在不断变化之中，不是硬性限制或障碍。

综上所述，相较于内地市场，依托香港资本市场推进中国 REITs 国际化具备更加有利的条件。

第三节　国际化推进路径

结合我国基本国情和 REITs 发展实践，以中国香港 REITs 市场为切入点推进中国 REITs 国际化具备较好优势。具体而言，可以按以下路径尝试推进。

一、REITs 国际化的基本原则

（一）真正吸引国际资产和投资人参与

REITs 国际化的核心在于吸引国际资产和投资人，打破地域限制，在全球范围内对资产资源进行整合，实现 REITs 市场在全球的资源配置。真正吸引国际资产和投资人，能够显著增加我国 REITs 市场的规模和深度，增强与其他国家和地区 REITs 市场的竞争力。在全球金融市场竞争日益激烈的背景下，吸引国际资产和投资人是衡量一个 REITs 市场国际化程度和竞争力的重要指标。与新加坡、纽约、伦敦等成熟的金融中心相比，中国香港若想在 REITs 领域脱颖而出，必须积极吸引国际资产和投资人。

（二）紧紧依靠和发挥中国内地力量

我国 REITs 的国际化离不开内地资产发行和内地投资人参与。首先，要鼓励境内企业的海外资产，尤其是"一带一路"建设资产通过发行 REITs 形式在中国香港上市，夯实我国国际化 REITs 市场基础。其次，要加快推进内地 REITs 市场与香港 REITs 市场的互联互通机制建设，促进资金的双向流动，简化内地投资者投资香港 REITs 的手续和流程，降低投资门槛，提高投资的便利性，加大 REITs 投资双向融合。最后，时机成熟后，积极推动有需要的内地优质资产赴香港上市，提升资产的价值和流动性，为中国香港 REITs 市场提供更多优质的投资标的，促进中国香港 REITs 市场发展壮大。

（三）推动形成优势互补、合力发展的 REITs 市场

中国香港和内地在资产资源和市场资源方面具有很强的互补性。香港作为国际金融中心，拥有成熟的金融市场体系、丰富的金融专业人才以及先进的金融基础设施，但在资产供给规模和多样性上有一定的局限。内地则有庞大的基础设施、商业地产等资产资源，如高速公路、工业园区、大型购物中心等。充分调动中国香港和内地各方积极性，形成合力共同推进 REITs 国际化，能够将内地的资产优势与香港的金融市场优势相结合，为 REITs 市场提供丰富的资产供给，打造更具吸引力的投资产品，助推更好实现 REITs 国际化。

二、组建独立、专业的国际化 REITs 市场

为更好推动我国 REITs 国际化，可以探索在中国香港组建独立、专业的国际化 REITs 交易平台，同时全面加强与内地平台合作。

（一）成立独立、专业的国际化 REITs 交易平台

目前，国际上还没有独立、专业的 REITs 交易平台，REITs 产品发行交易大多依托股票、债券等证券交易所。然而，REITs 与股票、债券所依托的底层资产不同，金融属性相对独立，具备成立独立、专业的 REITs 交易平台的条件。可考虑在中国香港组建独立、专业的 REITs 交易所，这将对我国 REITs 国际化发展发挥极其重要的推动作用。

首先，独立交易所有利于提升定位并促进 REITs 市场建设。独立场所可为 REITs 产品的发行、交易、管理等提供专业的服务和先进的设施，满足投资者对高效、透明、规范市场的要求，提高交易效率，降低交易成本，从而促进市场的活跃度和流动性；可针对 REITs 特点制定专门的交易规则和机制，如更灵活的涨跌幅限制、交易时间安排等，使投资者能够更便捷地买卖 REITs 产品，有助于吸引国际投资人更积极地参与中国香港 REITs 市场，快速推动中国香港 REITs 市场发展。

其次，组建专门的 REITs 交易所有助于极大提高我国 REITs 市场的国际影响力。成立国际上首个独立、专业的 REITs 交易市场，将极大提高国际资本市场对我国 REITs 市场的关注度，有助于更有效地吸引国外资产和国际资金进入我国 REITs 市场，提高国际化水平。

最后，组建独立的 REITs 交易所有助于巩固和提升香港国际金融中心地位。专业 REITs 交易所的建立将使香港的金融产品体系更加多元化，有助于吸引全球范围内的金融机构、人才和资金汇聚香港，进一步巩固和提高香港作为国际金融中心的地位，增强其在全球金融市场的竞争力。

（二）全面加强与境内外相关平台合作

香港 REITs 交易所可采取公司制模式组建，充分发挥市场化机制，并可通过多元化股权结构，全面加强相关平台合作。

一是加强境内境外两个市场合作。从股权结构上，可考虑引入沪深证券交易所作为香港 REITs 交易所的股东，在利益上实现境内境外一体化。从业务协同上，在股票沪港通、深港通的基础上，进一步深化合作，推动 REITs 投资的境内境外联通，破除投资资金进出限制，探索内地资产在香港上市的便捷做法。

二是推动粤港澳大湾区 REITs 国际化的深化合作。充分发挥粤港澳大湾区改革先锋优势和体制机制基础，全力打造支撑香港 REITs 交易所的资金、人才、机构综合环境。吸引澳门、广州等大湾区城市作为香港 REITs 交易所的股东，推动粤港澳金融协同。探索在广州成立 Pre-REITs 资产交易平台，作为中国内地资产赴国际化 REITs 交易平台发行上市的储备库，实现专业培育。

三是积极开展国际合作。与新加坡、东京、纽约、伦敦等国际知名证券交易所建立战略合作关系，借助海外证券交易所在国际 REITs 市场的长处，促进交易所的治理机制、监管水平和业务模式国际化，实现高质量发展。

最终，形成香港 REITs 交易所与国内外相关平台的利益共同体，充分发挥各方优势，共同推进 REITs 国际化。

三、建立既符合中国国情，又满足国际化要求的制度规则体系

首先，要遵守国际上 REITs 发行、交易的惯例。对接国际 REITs 市场实践拓宽 REITs 底层资产类别，研究国际上成熟 REITs 市场（如美国、新加坡等）的底层资产构成，将养老社区、医疗设施、通信等多种资产类型纳入 REITs 体系，不断丰富和扩大 REITs 资产规模和类别。结合 REITs 产品的特点，按国际化的要求来建立健全 REITs 发行、上市、交易、信息披露等规则、制度。在交易制度上实现创新，如多币种交易、双柜台交易等，强调与内地资本市场的互联互通。借鉴国际产权保护惯例，参考国际通行的产权登记制度，建立清晰、透明的资产产权登记系统，确保资产产权的真实性和可追溯性。

其次，要兼顾我国经济社会发展特点。结合我国基础设施建设规模大、资产类型丰富的国情，继续加大对交通、能源、市政、生态环保、仓储物流、产业园、保障性租赁住房、消费基础设施发行 REITs 的支持力度，鼓励

条件成熟后在中国香港发行 REITs。在发行审核上既坚持合规底线，又强调效率。考虑我国社会主义市场经济制度特点，对投资管理、土地产权等有法律法规有明确要求的政策，保持必要的审核门槛。对国际上没有明确要求、但国内要求审核的其他方面标准，可适当放宽、简化，甚至取消一些不必要的审核要求，压实券商等中介机构责任，优化 REITs 审核机制和流程，提高发行上市效率。

第四节 国际化实施步骤

一是资产发行角度。根据发行上市难易程度和适合度，首先可先动员中国内地企业将"一带一路"共建国家和地区中符合条件的国外资产，到香港 REITs 市场发行，体现国际市场融资功能。其次，可鼓励境外企业的中国内地资产赴香港 REITs 市场上市，逐步扩大我国国际化 REITs 市场的规模。时机成熟后，推动符合条件的内地资产在香港 REITs 市场上发行，充分发挥国际 REITs 市场的海外融资功能。

二是投资交易角度。首先，积极吸引国际投资人，实现投资机构国际化。要建立透明、公正且与国际接轨的监管体系，按照国际财务报告准则（IFRS）披露财务信息，包括资产估值、收益情况、负债状况等详细内容，并且确保信息披露的及时性和准确性等。其次，完善资金跨境流程，便利内地投资人投资香港 REITs 市场的投资标的。

三是自身建设角度。国际化 REITs 市场也要通过一系列措施，不断提升竞争力，增强国际影响力。如加强国际交流与市场推广，开展国际路演与定向营销，加强与国际金融机构合作，开发创新型 REITs 产品以适应国际投资者的多样化需求，与国际信用评级机构合作，对中国 REITs 产品进行客观、公正的评级，提高产品的公信力，发布 REITs 指数、REITs-ETF 基金等，不断扩大影响力，形成国际 REITs 定价中心。

待香港 REITs 市场发展到一定程度，实现制度规则成熟、底层资产丰富、投资人结构合理，形成全球影响力后，可推动境内、境外两个市场融合，最终形成整体的中国国际化 REITs 市场。这不仅有利于巩固香港国际金融中心地位，也是中国 REITs 做大做强的重要路径，进而充分发挥国际化 REITs 市场对新时代全面深化改革，扩大高水平对外开放，推动国际国内双循环，提高中国国际金融影响力的积极作用。

附　录

附录一　拾慧集

中国 REITs 可否在基础设施领域迈出第一步？

（韩志峰，2019 年 6 月 27 日中国 REITs 论坛 2019 年年会）

REITs 的主要应用领域，一个是房地产，还有一个就是基础设施。虽然从国外情况来看，基础设施 REITs 的市场规模小于房地产，但也是一个非常重要的组成部分。我想借今天这个机会，结合中国基础设施建设状况，和大家探讨一下 REITs 在中国基础设施领域的发展前景。

一、推动基础设施 REITs 正逢其时

目前，中国经济进入了存量时代。经过改革开放 40 多年的发展，我们的家底已经非常殷实，有了很多的存量基础设施，尤其是在交通、能源、环保、市政等领域，有大量的优质资产。这些优质资产的形成需要大量的资金投入，承担这些基础设施建设的各类经营主体，形成了大量的债务。要进一步加强基础设施建设，更好满足高质量发展需要，这些基础设施的建设经营主体就面临一个非常现实的问题，即资金从哪儿来，尤其是资本金从哪儿来。

现在，一方面新建项目投资需要大量的资本金，另一方面已经形成的大量优质资产在沉睡。我认为这既是问题也是机遇，正是中国基础设施 REITs 的发展机遇所在。

我们说中国基础设施进入了存量时代，来看一下"存"是什么情况。以铁路为例，2002 年以来中国铁路累计完成投资约 9 万亿元，运营里程突破 13 万公里，其中高铁运营里程接近 3 万公里。很多铁路项目的经济效益并不差，

比如京沪高铁，是第一条盈利的高铁线路，正在酝酿上市。从公路来看，2001年以来中国公路建设累计完成投资约 20 万亿元，通车里程约 500 万公里，其中收费公路里程超过 16 万公里。现在中国老百姓已经进入了车轮上的时代，每到黄金周、小长假，高速公路堵得水泄不通，许多高速公路的收费经营状况也非常理想。从机场来看，目前中国民用航空机场达到了 235 个，2018 年全年旅客吞吐量超过 12 亿人次，其中北京首都机场旅客吞吐量超过了 1 亿人次，成为世界上第二繁忙的机场。以前去机场给人的感觉是高大上，现在是人很多，找一个坐的地方都难。出行的舒适度下降了，但从机场经营角度、从发行 REITs 角度，这恰恰是好事。

另外，伴随着城镇化的迅猛推进，建设了大量的市政基础设施。以地铁为例，全国共有 34 个城市开通了城市轨道交通，投入运营的线路 155 条，运营总里程达到了 4642 公里，正在建设的还有很多。地铁的特点是造价非常高，每公里大概是七八亿元，北京可能每公里超过 10 亿元。当我们乘坐地铁时，是否想过这地下埋着大量的沉淀资金。此外，与城镇化密切相关的城市供水、污水垃圾处理等项目建设，也取得了快速发展。

大量的存量资产怎么盘活？很重要的一个手段就是推行基础设施 REITs。盘活存量有多种方式，比如 PPP（大家熟知的 TOT 就是存量资产的转让），ABS 也是盘活存量资产的方式。为什么要推行 REITs？我个人觉得相比其他盘活存量的方式，REITs 有其独特的特点，包括权益性、公募、标准化。这三个特点，PPP、ABS 等都不完全具备；PPP、ABS 可能各自具有其中某一方面的特点，但是能集这三点于一身的，只有 REITs。

基础设施 REITs 有利于防范债务风险、降低企业杠杆，对地方政府和从事基础设施建设、运营的企业来说，这一点非常重要。对地方政府来说，有利于盘活公共资源、降低负债水平；对从事基础设施建设、运营的企业来讲，有利于实现轻资产运营、降低财务风险。现在很多企业要搞轻资产运营，怎么才能真正实现轻资产运营？我觉得必须要有制度创新、金融创新。只有通过金融创新、制度创新，引入更广大的投资者，把资产分散化，才能真正实现整体的轻资产、降杠杆的目的。

基础设施 REITs 有利于落实中央部署、推动重大战略实施。党中央、国务院推出了一系列重大战略，如粤港澳大湾区、雄安新区等，这些地方都要承担新的历史使命，要加强创新发展，一个很重要的内容就是要进一步提升基础设施建设的质量和水平。比如说粤港澳大湾区，大家觉得珠三角是中国最早改革开放的地方，经济基础很好，但是如果去珠三角看看，会发现很多基础设施也是不足或者相对落后的。如果再对照建设粤港澳大湾区一个更高的标准来讲，建设任务更是非常重。再比如雄安，大家知道雄安的基础比较薄弱，但它要为中国的城市发展树立一个标杆，雄安的城市规划标准非常高，毋庸置疑需要大量的资金投入。但是资金投入又不能走传统的老路，必须走出一条基础设施投融资的新路径。基础设施 REITs 在这方面可以大有作为。

还有一点很重要的是，基础设施 REITs 有利于提高股权融资比重，促进中国资本市场发展。大家都知道要降杠杆，要真正降杠杆就必须改变我国资本市场的融资结构。我国直接融资占比低于 15%，其中股权融资的比重更低，这样的融资结构不改变，很难降低宏观杠杆率。基础设施 REITs 是一种重要的权益融资工具，发行基础设施 REITs 能够有效缓解直接融资特别是股权融资占比过低的问题。另外，发行 REITs 有利于吸引更广泛的社会资金参与基础设施建设，为保险资金、社保基金等机构投资者提供长期稳定的投资标的，也有利于丰富广大个人投资者的投资品种。

二、哪些基础设施项目适合发行 REITs

发行 REITs 的基础设施项目至少应该满足四个条件。第一，要合法合规。REITs 相当于项目的上市，对规范性要求很高。但是很多基础设施项目的手续完备性不够。2017 年初我们和证监会曾经联合开展过 PPP 项目资产证券化的试点，当时特别深刻地感受到这一点。许多项目很想发 ABS，但是经过审查，项目的规范性欠缺较多。所以合法合规非常重要，而且是各个方面都要合法合规。

第二，资产的产权或权益要清晰，要能够合法转让。无论是项目公司的股权还是收费权、特许经营权等，只有能够清晰地转移到 REITs 产品中，才可以发行。目前来看，收费权和特许经营权转让在现实当中受到了很多限制，比如有的 PPP 项目明确约定特许经营权在若干年内不许转让。因此，以项目公司股权为底层资产转让面临的障碍可能会小一些。

第三，现金流稳定。如果没有稳定的现金流，既不符合市场的需求，也不会受到投资人欢迎，所以项目的收益水平要与市场的回报要求基本匹配。

第四，原始权益人要具有发行意愿。如果原始权益人没有意愿，再好的资产也发行不了 REITs。我们了解到很多中央企业、地方国有企业，尤其拿了大量 PPP 项目的企业，为防范企业债务风险、降低资产负债率，发行 REITs 的意愿是比较强的。

关于适合发行 REITs 的具体领域，我觉得至少有六类。

第一类是铁路、收费公路、港口等交通基础设施。这些项目的投资规模大、收益稳定，发行 REITs 的潜力大。比如，东部地区某高速公路项目资产估值超过 20 亿元，未来剩余经营年限中年均净运营收入增长率预计可超过 15%。

第二类是供水供热供气等市政基础设施。这一类项目有个特点，即具有很强的排他性。排他性意味着什么？意味着市场竞争相对较小，项目收益比较稳定。近些年 PPP 项目多集中在这一领域。

第三类是电力、石油天然气等能源基础设施，特别是一些新型能源项目。这些项目的收益率较高并且稳定性较好，也属于国家重点支持的领域。比如，国外某海上钻井平台日租金高达 20 万美元，年收入 7000 多万美元，这样的项目如果发行 REITs，我相信很多投资者会非常感兴趣。

第四类是一些产业园区和仓储物流基础设施。这类项目具有资产成熟、权属清晰的特点，也是比较理想的 REITs 底层资产。比如，某仓储物业均位于一线城市、成熟运营多年，出租率达到了 99%，估值超过 50 亿元，从首年开始现金收益率可超过 4.5%。

第五类是污水垃圾处理、固体废物治理等生态环保基础设施。这个领域跟供水、供热有相似的特点，也是排他性比较强、现金流稳定、项目收益较好。

第六类是科技基础设施。科技基础设施有一定公共性和外部性，属于新型基础设施，其中一部分项目也符合 REITs 发行要求。

三、推动基础设施 REITs 发展的建议

第一，聚焦重点区域和重点领域，包括粤港澳大湾区、海南自由贸易试验区、京津冀、长三角地区等。这些区域基础设施比较好、人口净流入、有政策支持，思想观念更开放一些，管理水平比较高，总体来讲比较适合做 REITs。

第二，选择合适的底层资产。既要看项目现在的收益，更要看其未来的收益。有时候并不是项目真的不行，可能是项目本身的潜在商业价值没有被挖掘出来。

第三，坚持权益融资。如果做不到权益性融资，刚才分析的去杠杆等很多作用都发挥不出来，做 REITs 的意义就不是很大。

第四，坚持公募发行。只有充分提高二级市场流动性，改善基础设施项目资产的流动性，才能吸引更广泛的投资者参与。

第五，培育专业的运营机构，改变传统的基础设施运营方式。

第六，构建中国特色的基础设施 REITs 制度。既要从金融产品角度去研究 REITs，更要结合中国基础设施的投融资现状，从资产属性和资产端去研究 REITs，从而设计出符合中国实际的基础设施 REITs 规则体系。

公募 REITs 的探讨，在中国已有很多年，很多人望眼欲穿。那么，有没有可能在基础设施领域，中国 REITs 迈出它的第一步？

（本文根据录音整理，有删改）

基础设施 REITs 试点是我国资本市场改革的重大举措

（张峥，2020 年 4 月 30 日北京大学光华管理学院微信公众号）

2020 年 4 月 30 日，中国证监会、国家发展改革委联合发布《关于推进基础设施领域不动产投资信托基金（REITs）试点相关工作的通知》（以下简称《通知》），正式启动基础设施领域的公募 REITs 试点工作。《通知》对基础设施 REITs 试点的意义进行了全面阐释，对具体工作进行了细致的部署。《通知》的发布是中国公募 REITs 市场建设的一个里程碑式的事件，公募 REITs 试

点对于中国不动产投融资体制改革具有重大意义，其重要性可以比肩注册制试点对于 A 股市场改革的意义。

公募 REITs 市场建设是中国金融供给侧结构性改革的重要抓手。2007 年至今，学术、政策和实务界在中国 REITs 市场的功能定位、运作模式、产品设计、监管规则等方面进行了深入研究，也作出了诸多尝试，目前法律框架、监管环境、市场准备等条件已基本成熟，进行公募 REITs 试点具有可行性。今年以来，新冠疫情对宏观经济增长、中小微企业以及就业等方面的影响不容低估，为了应对疫情的负面影响，需要推出有针对性的经济政策。我们做过深入的研究分析，在全球 42 个具备 REITs 制度的经济体中，大部分是在经济低迷、经济危机、经济增长动力不足时推出 REITs，其目的是激发经济活力，为经济发展提供动力。短期来看，为应对疫情影响和经济下行压力，通过 REITs 市场可以盘活存量资产，支持经济重启；长期来看，REITs 市场建设将成为解决中国不动产投融资体制诸多结构性问题的破题之作，能有效填补中国资产管理市场的产品空白，拓宽社会资本的投资渠道，满足居民理财、养老金、社保资金的投资需求，推动经济高质量发展，助力中国经济转型升级。因此，这个时点推出 REITs 试点，正当其时！

根据《通知》的部署，中国将率先在基础设施领域推进公募 REITs 试点。基础设施与持有型房地产是 REITs 的两类基础资产。从全球 REITs 的发展经验来看，这两类资产的 REITs 市场均运行良好，发展成熟。REITs 最早集中在持有型房地产领域，现已广泛应用于无线通信设施、港口、收费公路、电力设施、物流仓库、数据中心等基础设施领域。截至 2019 年 6 月 30 日，美国共有 220 只上市 REITs，总市值达 1.27 万亿美元，其中投资于基础设施领域的产品数量占比为 22%，市值占比为 31%；新加坡发行了 8 只基础设施 REITs，市值约 80 亿美元；印度还制定了独立的基础设施 REITs 规则体系，已推出 4 只、市值 36 亿美元的基础设施 REITs，用于交通、能源项目。

应该说，无论从哪个领域开始试点，理论上均具备可行性。从基础设施领域启动试点工作，主要有两个原因：第一，基础设施投融资领域的改革尤为迫切。REITs 可以盘活大量的存量资产，有利于防范地方债务风险、降低杠杆率，为新建项目提供资本金，是稳投资、补短板的工具，同时有助于通过市场化吸引社会资本参与基建项目，借助资本市场公开透明的定价机制，推动基础设施建设高质量发展。第二，针对中国的实践，应选择成本最低、最为有效的政策试点方式，还需要考虑到与国家其他相关政策（如房地产政策）的协同与协调。在基础设施领域进行试点，可以降低试点工作的复杂性。从基础设施领域起步，是经过大量调研、深入研究，广泛听取各方意见，依照现行法律法规框架并参照境外成熟市场经验的稳妥、合理选择。

《通知》详述了基础设施公募 REITs 的试点方案。首先，该试点方案体现了中国公募 REITs 的重点发展方向。中国公募 REITs 将依据全球标准化 REITs 基本特点，以公开发行、公开交易方式，坚持权益型导向，实现 REITs 穿透持有不动产权益，其中收入结构要求、分红比例、杠杆率及治理结构等具体规则参考成熟市场规则制定，按照有助于实现降低主体杠杆率、盘活存量资产、完善不动产资产定价机制的方向推动实施。

其次，《通知》明确了公募 REITs 试点的产品模式，即由符合条件的、具有公募基金管理资格的证券公司或基金管理公司设立封闭式公募基金，公开发售基金份额募集资金，并通过购买基础设施资产支持证券（ABS）的方式完成对标的基础设施资产的收购。这种模式，市场中称之为"公募基金+ABS"模式。上市载体的选择是推出公募 REITs 的重要问题。REITs 按组织结构分为公司型和契约型两种模式。在我国境内，公司型 REITs 面临《证券法》关于股票发行上市的严格限制，且《公司法》当前关于公司设立、股份转让及利润分配等规定与 REITs 运作也不相适应。"公募基金+ABS"模式充分运用了现有制度框架，具有可操作性。公募基金投资 ABS 证券有效避免了公募基金投资未上市公司股权或不动产可能存在的法律争议，同时借助企业 ABS 的成熟机制与模式进行合理估值，降低交易成本。该模式应用公募基金作为载体实现公开募集和公开上市，以此来降低不动产投资门槛，使得广大公众投资者配置不动产资产成为可能，为居民提升财产性收入提供高质量的大类资产。

再次，《通知》确定了推进基础设施 REITs 工作的基本原则。《通知》中表明，推进基础设施 REITs 的基本原则是：符合国家政策，聚焦优质资产，坚持市场化原则，坚持权益导向，稳妥开展试点工作，推动长期健康发展。其中，坚持市场化原则是保证中国 REITs 市场长期健康发展的核心。中国 REITs 市场的最终目标是建设一个公开、透明、有效的市场，保护投融资双方的利益，为投融资双方创造价值。

最后，《通知》列示了基础设施 REITs 试点的项目要求，具体要求包括三个方面，即聚焦重点区域（优先支持京津冀、长江经济带、雄安新区、粤港澳大湾区、海南、长江三角洲等重点区域，支持国家级新区、有条件的国家级经济技术开发区开展试点），聚焦重点行业（优先支持基础设施补短板行业，包括仓储物流、收费公路等交通设施，水电气热等市政工程，城镇污水垃圾处理、固废危废处理等污染治理项目。鼓励信息网络等新型基础设施，以及国家战略性新兴产业集群、高科技产业园区、特色产业园区等开展试点），聚焦优质项目。《通知》中强调"优质"项目。所谓优质项目，核心在于权属清晰，具有市场化经营模式，具有持续、稳定现金流，发起人及运营企业具备持续经营能力。在市场化原则下，优质项目最终要得到投资人的认可。

试点项目要求的设定，有两个重要的出发点：一是为 REITs 长期健康发展开创一个良好的开端，二是服务于国家发展战略。2017 年以来，中央先后确定了雄安新区、海南自由贸易试验区、粤港澳大湾区、长江三角洲区域一体化等重大战略，明确要求大力实施一批重大基础设施工程，加快构建现代基础设施体系，在金融创新等方面探索更加灵活的政策体系。要进一步提升基础设施建设的质量和水平，必须逐步摆脱靠各类杠杆融资来支撑投资的传统逻辑，发展建设理念的落地应依靠一个多层次、市场化的投融资体制。作为不动产资产定价的"锚"，REITs 对于提升不动产投资的投资效率、优化资源配置至关重要。

需要特别说明的是，新型基础设施投资具有规模大、回报期长的特点，技术研发和应用商业模式具有不确定性。新型基础设施建设不应过度依赖信贷融资，而要重点运用权益性融资工具，实现真正的多层次市场化投融资体制。新型基础设施中有众多不动产属性的资产，如 5G 领域的铁塔、数据中心等。对于新基建项目的前期投资，无论采取何种退出方式，新一轮的资金供给均应来源于市场，形成良性循环的投融资链条。REITs 可以成为新基建投资链条的最后一环，助力形成循环可持续的投融资生态体系。

2019 年 3 月以来，国家发展改革委、中国证监会联合上海证券交易所、深圳证券交易所、北京大学光华管理学院、中国国际工程咨询公司等，先后赴雄安新区、海南自由贸易试验区、粤港澳大湾区、长三角地区，对运用 REITs 盘活基础设施存量资产开展了跨地区、跨部门、跨领域专题调研，召开了多场座谈会，听取了地方政府、企业、金融机构、科研院所等单位的意见；实地调研了多个园区以及十几家中外企业。调研为基础设施 REITs 试点的规划提供了有力支撑。同时，在整个过程中，各部门也形成了有效的合作机制。随着试点工作顺利推进，在试点基础上，不断积累经验、完善制度规则之后，REITs 市场建设应逐渐向其他领域推广。

做好基础设施 REITs 试点工作的思与行

（韩志峰，2020 年 9 月 27 日中国 REITs 论坛 2020 年年会）

基础设施公募 REITs 试点工作，从最初的酝酿到今年 4 月 30 日正式推出，是大家共同努力、共同奋斗的结果，来之殊为不易。

为何中国的 REITs 首先聚焦基础设施，并且以试点形式进行探索，试点过程中应该关注和解决哪些问题，这是我今天想跟大家分享的内容。主要包括六个方面。

一、基础设施资产是 REITs 市场的重要组成部分

首先，从定义和内涵来看。大家知道，REIT 是英文 real estate investment trust 的缩写，关键是如何理解 real estate。real estate 翻译成中文有两种含义：一是房地产，二是不动产。不动产所涵盖的资产范围和种类要比房地产更广泛、更丰富，天然地包含了基础设施。这一名词最早引进我国时，被翻译成"房地产投资信托基金"，这可能与当时主要引进者的从业背景有关，但也在相当长时间内让很多人认为 REITs 就是一种房地产融资工具。希望今后再谈到

REITs 时，大家的第一反应是不动产，而不应该再是房地产。

其次，从资产特性来看。发行 REITs 最关键的是要有成熟的底层资产和稳定的现金流。大部分基础设施非常符合这一要求，甚至比很多商业地产质地更优良。商业地产受市场环境变化的影响较大，市场不好的时候回报率可能会下降，但基础设施满足的是老百姓的刚需，受市场波动的影响较小。比如，今年商业地产 REITs 受到较大冲击，但是基础设施 REITs 则表现得较为坚韧。因此，从发行 REITs 的资产属性来看，基础设施具备独特的优势。

再次，从国外经验来看。REITs 最早诞生于 20 世纪 60 年代的美国，如今美国 REITs 市场中基础设施类资产占比非常高。美国的基础设施定义和中国不同，范围较为狭窄，主要包括铁塔、通信、能源等，中国的基础设施还包含了一些美国所不包含的资产类型，比如大数据中心、仓储物流以及产业园区项目等。如果用中国此次试点的基础设施口径去看美国 REITs 市场的资产构成，我们会发现，美国 REITs 市场中的基础设施资产占比至少达到了 43.6%。如果我们把基础设施的口径再扩大延伸到医疗健康、林业等领域，美国基础设施资产在 REITs 市场的占比达到 55% 左右，已经超过了传统的房地产。

最后，从中国基础设施的发展前景来看。经过改革开放 40 多年的建设，中国在交通能源、生态环保、农林水利、教育卫生、城市建设等领域形成了大量的优质资产。按照项目建设总投资估算，基础设施资产规模已达到 100 多万亿元。如果考虑到资产升值因素，这一规模还要更为庞大。将来，中国还要继续推动京津冀协同发展等国家重大发展战略，加快 5G、数据中心等新型基础设施建设，加强基础设施领域补短板建设，推动新型城镇化等，这都将为基础设施 REITs 持续提供优质资产。因此，基础设施 REITs 在中国的发展潜力非常广阔，其市场规模至少以万亿元为单位来计算。

二、开展基础设施 REITs 试点是一个必经过程

目前阶段，基础设施 REITs 还不具备大规模推行的条件，先行开展试点是一个必经阶段。我个人认为，这至少有三个方面原因：

首先，REITs 是一个舶来品。把一个国外的金融工具引入中国，肯定有个

探索落地的过程，不可能照搬照抄国外的制度设计、产品方案与交易规则等，而是要根据中国的经济制度、发展阶段、现实情况等来设计适应中国国情的REITs 制度。

其次，REITs 是金融和产业、资本市场和实体经济结合最密切的一种金融工具，二者间如何更好地结合，需要持续探索和磨合。对于债务融资，如银行贷款、企业债、ABS 等，一般都会有增信措施保证本金和利息的安全偿还。只要企业能够按期还本付息，资金提供方一般不会过多干预企业的日常经营。至于企业 IPO，通常情况下不会改变原主要股东对企业的实际控制权。但 REITs却有很大的不同，它要求把底层资产的所有权或者运营收益权转移到 REITs 管理人手中，这是一个非常重要的权利转变。而 REITs 管理人无论是直接管理，还是委托第三方运营，只有把底层资产经营管理好，才有可能使 REITs 投资人获取更高的回报，基金本身也才能有更好的发展前景。这一运作过程决定了REITs 是产业和金融结合最密切的金融工具，这是它独特的特点。

再次，我国现行证券市场的法律法规体系中没有关于 REITs 的具体规定，没有能够直接引用的法律条文，只能"摸着石头过河"，试探着向前走，所以才采取了"公募基金+ABS"的特殊架构。因此，公募 REITs 以试点方式推出符合国内市场现状。我们需要在试点阶段发现问题、研究问题，找到解决问题的方式方法并形成共识，这样中国的 REITs 市场才能够实现稳步健康的发展。

三、做好基础设施 REITs 试点需要各方紧密合作

首先，沟通主体多。发行基础设施 REITs 涉及监管部门、原始权益人、基金管理人、投资人、中介机构等多主体、多层次的沟通工作，只有相关各方形成了对 REITs 的普遍共识，并在稳定的共识框架内，结合不同项目的具体情况，做个性化的设计和调整，才有可能适应不同领域、不同行业的实际情况，推动试点工作的顺利开展。

其次，解决问题多。随着首批试点项目的探索不断深入，除了大家经常讨论的税收、国资转型等问题外，一些想象不到的问题也逐步浮现出来。比如，一些行业管理部门由于担心项目发行 REITs 后的经营管理问题而不愿意放行；

由于发行 REITs 会将外资转为内资，影响地方吸引外资考核目标的完成，一些地方政府也不太情愿同意当地的外资项目发行 REITs。此外，产品投资定性、市场流动性、杠杆率设置等，均是试点推进中不断发现的新问题。这些问题不解决，势必影响试点的顺利推进和预期效果。

最后，准备资料多。REITs 被称为资产的上市。既然是上市，就必然要全面核查项目合规性、资产优质性等多方面的内容。尤其在试点过程中，由于没有先例可循，更需要准备尽可能详细的材料，让监管部门、投资人等对项目具有更加全面的了解，这是一个必要的过程。

四、推行基础设施 REITs 试点工作，要规范与创新并举

首先，坚持规范是前提。REITs 的规范性至少需要考察以下三个方面：一是符合国家的法律法规、方针政策；二是符合基础设施项目投资管理的相关规定；三是符合资本市场的相关规章制度。

其次，要坚持创新。长期来看，推动发展最重要的动力就是创新。REITs 试点过程中我们要坚持以下三个方面的创新：

一是思维理念要创新。一定要改变把 REITs 当成简单的金融产品、金融工具、融资手段的思维模式。REITs 在中国的出现和发展，将在很大程度上改变传统的基础设施投融资观念和逻辑，我们需要学习如何运用这一金融工具，加强实体经济与资本市场的衔接、缩短投资回收周期、提高资金周转效率、获取更高投资收益等。在这一探索过程中，只有始终秉持创新的思维和理念，才能全面深入地理解 REITs，才有可能高效合理地运用这一金融工具，才会让更多原始权益人、投资人、金融机构等积极投入中国 REITs 市场的发展。

二是推进方式要创新。试点过程中肯定会遇到各种各样的问题，如果墨守陈规，只从现有的法律法规、政策文件里面找依据和解决问题的方案，可能永远都无法找到。这就需要在坚持规范的前提下，创造性地解决问题。

三是运营管理要创新。发行 REITs 后要实现投资人和发行人的共赢，核心是把资产运营管理好，提升资产的运营效率与收益，获得更高的市场认可。这就需要通过商业模式创新、管理创新、技术创新等多种方式，提高运营管理效

率，降低运营管理成本，获取多种运营收益。

五、基础设施 REITs 试点成效需要在实践中检验

实践是检验真理的唯一标准，这句话同样适用于 REITs 试点工作。在 PPP 领域，有一句话很流行：PPP 是一次婚姻，而不是一场婚礼。其含义是，政府和社会资本方签了 PPP 合同，并不意味着 PPP 模式的成功，关键是要看项目是不是能真正建设运营好。我想，REITs 也是如此。判断 REITs 试点成功的标准，不是看发行了多少单、多大规模的 REITs 产品，这只是第一步。究竟是不是成功，是要看 REITs 发行之后，资产的运营管理效率有没有提升，给投资人的分红是不是不断增加，相关参与方之间的矛盾是否得到合理的解决等等，这才是判断试点是否真正成功的关键标准。所以，基础设施 REITs 试点是否成功，要在实践当中检验。

六、试点最终目的是要找到适合中国国情的基础设施 REITs 发展道路

基础设施 REITs 在中国还是新生事物，需要通过试点协调解决的问题非常多。比如目前市场上至少有三个热点问题：

首先，管理费问题。现在许多机构都想做第一单、第一批项目，为了争取项目而出现恶性低价竞争的情况，管理费价格越报越低，部分机构甚至直接免费，引起业内的广泛关注。管理费的高低，看似是市场主体之间的自发行为，但很可能会影响甚至决定中国 REITs 市场未来的发展，很重要的一点就是它会决定 REITs 管理人在市场当中的地位和作用。按照国际经验和试点政策的初衷，REITs 管理人要发挥主动管理作用，提升基础设施运营管理的质量和水平，从而获得应得报酬。如果费率过低，管理人根本实现不了主动管理。一些机构报的管理费过低，所收获的只是今天或明天发行了一两单产品，但可能把整个 REITs 市场的定位、方向带偏，对 REITs 的发展非常不利。

目前，很多基金还没有丰富的 REITs 管理经验，可能想做主动管理却暂时做不到，但这个方向是不能变的。如果各方都把 REITs 当成通道的话，REITs

的作用根本无法体现，最终只能变成一个普通的融资工具。因此，管理费的问题，看似小事，其实不然，其影响非常关键。

其次，基础设施 REITs 商业性和公益性的协调问题。基础设施是公共产品或者准公共产品，具有较强的公益属性。很多时候，公益性和商业性之间可能存在矛盾。投资人的收益与社会公众使用成本可能是天平的两端，怎么处理和协调两者之间的关系非常重要。

其实不仅在基础设施领域，商业地产领域也可能存在类似的问题。香港领展是香港第一单 REITs，底层资产为香港政府手中的公屋服务设施，包括超市、餐饮、商场、停车场等。目前领展已成为亚洲最大的 REITs，从商业运作来说是很成功的，但市场也有一种质疑声音，即领展会不会为了获得高收益而提高底层资产的租金标准。在基础设施领域这个问题更要引起高度关注。

最后，REITs 的管理人问题。到底什么样的机构有资格、有条件管理好 REITs？将来是"金融+产业"，还是"产业+金融"？应更注重其金融属性还是产业属性？这些问题都需要在试点中不断探索。如果能够找到好的解决方案，将极大有利于中国 REITs 市场的长远发展。

试点工作正在紧锣密鼓地推行，今天大家相聚在上海证券交易所交易大厅，很多机构肯定对敲响 REITs 大钟充满着憧憬。衷心希望这一天能够尽快到来，更希望通过本轮试点能够探索出一条卓有成效、行稳致远的中国特色 REITs 之路。

坚持"五心"原则，做好 REITs 试点

（韩志峰，2021 年 7 月 23 日中国 REITs 论坛 2021 年年会）

一、信心

第一个"心"是信心。我们对中国基础设施 REITs 市场的未来发展要充满信心。

站在今天这个时点，我们大部分同志对中国 REITs 的发展肯定都是信心满

满，但在 2019 年 3 月、4 月我们组织专项调研的时候，在 2020 年 40 号文件发布之后，甚至在今年上半年首批基础设施 REITs 试点项目挂牌之前，我们听到过不少怀疑，甚至是质疑的声音——能不能在基础设施领域做 REITs、基础设施 REITs 的市场规模能不能做大、试点对底层资产合规性的严格要求能不能得到满足、没有主体增信的权益型产品能否受到市场欢迎、能不能有效盘活存量带动实体经济发展，等等。

（一）能不能做

"能不能在基础设施领域做 REITs"，现在其实已经不再是个问题。截至目前，已成功发行 9 只基础设施 REITs 产品，发行规模合计 314.03 亿元，行业范围涉及产业园、高速公路、污水处理、仓储物流、垃圾处理及生物质发电等多个领域。首批项目的问世是对"能不能做"的最好回应。

（二）能不能做大

这个问题，我想从两个方面来讲：一方面，从逻辑上看，基础设施领域已形成大量存量资产。随着经济社会由高速增长向高质量发展迈进，今后相当长一段时期，基础设施仍有较大投资需求。基础设施 REITs 恰恰是连接存量资产、权益资金和新增投资不可或缺的一条纽带，可以说，基础设施 REITs 发展壮大是顺势而行的。另一方面，从效果上看，基础设施 REITs 的社会认可度日益提升，无论是原始权益人、基金管理人，还是投资人，都在越来越多、越来越深入地关注基础设施 REITs 进展，想积极参与基础设施 REITs 试点。7 月 2日，我们对外发布 2021 年 958 号文件后，很多地方、企业、机构都来咨询某条政策怎么理解、某类项目是否符合要求、什么时候可以申报，这也反映出市场对基础设施 REITs 的积极态度。因此，我们对基础设施 REITs 市场的发展壮大应该充满信心。

（三）底层资产合规性要求能否满足

在评估推荐过程中，我们对项目合规性非常关注。当时市场上有些声音："是不是需要有这么多要求？是不是必须这么严格？按这么严格的标准能否筛选出足够多的项目参与试点？"我们认为，"没有规矩，不成方圆"，基础设施项目合规性把关是非常必要的。我们把 REITs 称作底层资产的上市，上市后将由投资者承担底层资产的合规性风险，对底层资产合规性严格把关可以为公开市场投资者排除很多风险，有利于为基础设施 REITs 市场的长期稳定发展打下坚实基础。现在实践也证明，相关合规性要求是可以通过多方努力、积极协调予以满足的。2021 年 958 号文件也对相应要求进行了进一步明确，得到了各方的认可、理解和支持。

（四）发行时是否需要增信

在 2020 年 40 号文件发布后，许多业内人士认为，中国市场上的主流投资机构都偏好固定收益产品，都喜欢投资有增信、有保障的产品，基础设施 REITs 如果没有主体增信，发行可能会比较困难。但我们认为，如果将基础设施 REITs 定位于一种需要主体增信的产品，那和此前发行的其他类型产品除了投资者范围存在差异外，还有什么本质区别？因此，我们在试点工作中始终坚持权益导向。首批项目的发行情况也对我们此前的判断形成了良好印证——9个项目的公开询价结果显示，网下投资者平均认购达 7 倍以上。基础设施 REITs 是新产品，新产品呼唤投资者用新的投资逻辑进行研判和决策，我们要对 REITs 产品的权益属性有信心，要相信投资机构通过逐步参与、亲身实践必将能够充分理解 REITs 这一权益型产品的投资逻辑。

（五）能否有效带动实体经济发展

我们一直强调基础设施 REITs 是连接资本市场和实体经济的一类重要产品，对实体经济发展具有重大促进作用。首批项目发行后，资本市场对实体企业的支持作用非常直观地展现出来。以首批上市的某一项目为例，该项目发行成功后，原始权益人的资产负债率可以下降约 5 个百分点，进而可以增加 200 亿元左右的融资空间，这对企业的长远健康发展将发挥非常重要的支撑作用。

基础设施 REITs 上市以来走势总体平稳，关注程度越来越高，各方信心越来越足。随着试点进一步深入推广，肯定还会遇到一些新情况、新问题，但试点本来就是在"摸着石头过河"，只要各方齐心协力，共同建设，就能够应对各种新情况、解决各种新问题，进而推进基础设施 REITs 市场平稳健康发展，为金融服务实体经济发展贡献力量。对此，我们要充满信心。

二、耐心

第二个"心"是耐心。参与试点的各个方面一定要对基础设施 REITs 的长远发展有足够耐心。

（一）要对基础设施 REITs 投资收益的长期性有耐心

基础设施 REITs 底层资产是运营成熟稳定的基础设施项目，其收益的主要来源是相对稳定的分红，不适合短期炒作，适合有耐心的长期资金参与。

基础设施 REITs 投资收益包括股利分红收益和资本利得收益两部分，前者来源于稳定的分红，后者来源于价格的波动。底层资产的价值主要来源于基础设施的稳定运营，二级市场的短期波动并不会影响底层资产的价值，运营良好的基础设施将产生可观的现金流收益，进而可以为"有耐心"的投资者提供合理的回报。

以美国市场为例，虽然部分年份，如 1973—1974 年石油危机期间、2007—2008 年次贷危机期间，市场波动剧烈，REITs 价格下跌显著，但整个 REITs 市场长期向好的走势并没有受到根本性影响，有耐心的长期投资者都能够从 REITs 市场的发展中得到良好回报，如图 1 所示。

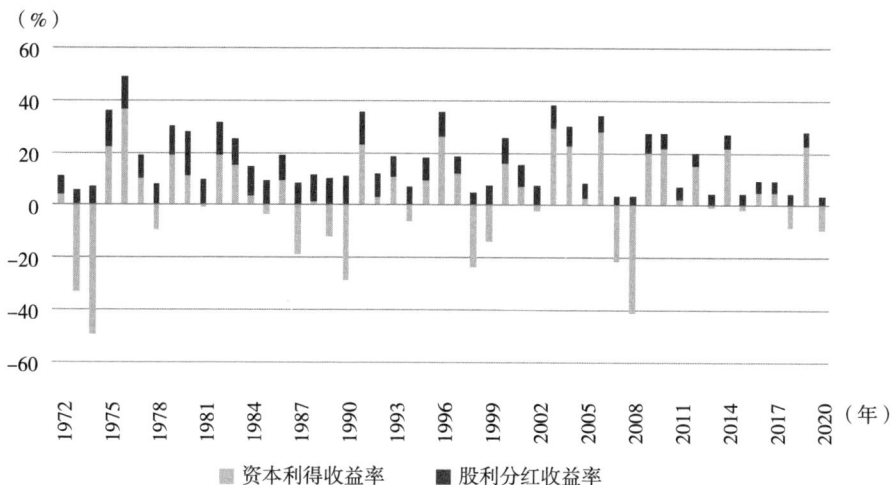

图 1 1972—2020 年美国 REITs 市场投资收益率情况

（二）要对基础设施 REITs 市场规模的壮大有耐心

任何新事物的发展都有一个从小到大的过程，美国 REITs 市场诞生于 20世纪 60 年代，产生之初市场规模也很小，经过数十年的发展才成长为万亿美元级的市场规模，如图 2 所示。

（万美元）

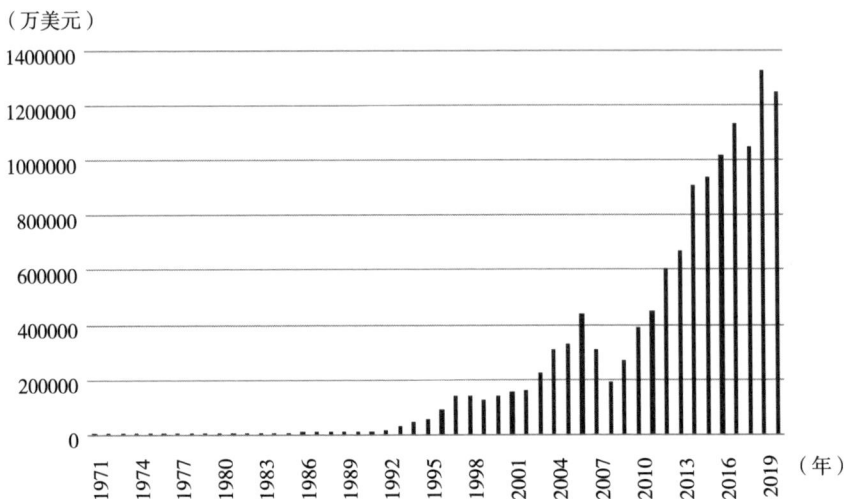

图 2　1971—2020 年美国 REITs 市场总市值情况

我们国家优质基础设施很多，资金的配置需求也很旺盛，但基础设施 REITs 市场需要在试点中稳步成长、不断规范。如果重规模、轻质量，最终必将不利于市场的健康发展。因此，大家要对基础设施 REITs 市场规模的逐步壮大具有耐心。

（三）要对投资者准确认知基础设施 REITs 有耐心

就机构投资者而言，愿意"吃螃蟹"并且最终"吃到螃蟹"的机构是少数，很多投资机构还没有参与进来。我们也听到一些反映，有投资者希望在资产包中装入一些未来成长性较强的资产，实际上也就是运营还不够成熟的资产，他们的理由，是这样可以留给投资者更多想象空间。我们觉得这种对基础设施 REITs 的认知是不够准确的。基础设施 REITs 是一类底层资产成熟稳定、收益相对明确、风险相对较低的产品，投资 REITs 正是对未来稳定性预期的投资，如果过于关注成长性而忽视其稳定性，这与 REITs 产品的本质属性不符，产品风险也会随之增强，并将模糊 REITs 和其他类型金融产品的风险收益特征，与基础设施 REITs 试点的初衷也是不一致的。和机构投资者相比，普通公众投资者可能对产品的认知更为欠缺，我们了解到一些投资者对产业园区等非特许经营类项目和高速公路等特许经营类项目在年度分配性质上的差异都不甚了解，完全通过比较产品预计现金流分派率高低来申购产品。因此，我们在做好投资者保护的同时，一定要有足够耐心，要多措并举，帮助各类投资者尽可能在较短时间内能够全面、准确、科学、客观地认知基础设施 REITs 的产品特性和投资价值。

（四）要对配套政策的出台有耐心

市场一直非常关注 REITs 产品的金融监管、税收缴纳、国资转让等配套政策的出台情况。坦率地讲，相关配套政策出台确实有利于基础设施 REITs 的长期发展，但政策出台一定是一个循序渐进、逐步进行的过程，出台的快慢也和基础设施 REITs 市场本身的发展有一定关系。很长一段时间，市场上曾有一种声音，说某某政策不出台，REITs 就没法推出和进行。但实践证明，相关配套政策如果能够及时出台，肯定会有利于试点工作的顺利推进，但如果由于种种原因短期内暂时不能出台的话，也不会对试点工作造成实质性障碍，首批 9 个项目的成功上市也充分证明了这一点。根据我们了解的情况，涉及相关政策的各方面正在积极努力，总体来看事情是在向好的方面发展，大家不要操之过急，对此一定要有耐心。

三、诚心

第三个"心"是诚心。基础设施企业参与试点一定要具有诚心。

（一）要认真选择优质资产

基础设施 REITs 试点相关政策明确要求，要选择成熟稳定的基础设施项目参与试点，对运营时间、现金流回报情况、现金流稳定性、资产规模等方面均有明确要求。原始权益人绝对不能有"甩包袱"的心态，不能有"套现离场"的思维，应该结合企业情况，选择符合条件的成熟稳定项目参与试点。

（二）要如实客观反映项目合规性

在试点推进过程中，有些项目方和我们沟通，说项目已经运营很多年了，手续有些缺陷但也一直没出问题，能否在某些方面适度放宽。我们认为，投资管理等相关手续合规，有利于减少产品风险，保护投资者利益，是参与试点的基本要求，缺失的手续该披露得披露、该说明得说明、该补充得补充。如果不发行基础设施 REITs，资产都是原始权益人自己的，风险由企业自身承担，并未对社会暴露和向投资者转移；但如果在资本市场上公开发行而合规性不够的话，相当于将风险转移给了 REITs 产品，转移给了市场，这不利于市场的长期健康发展。因此，要如实客观说明项目的合规性情况。

（三）要客观公允进行项目估值

资产估值是第三方专业评估机构对基础设施资产的客观评价，是公开市场投资者进行投资的重要参考，估值原则应该清晰明确，估值方法应该科学合理，估值结果应该客观公允。市场在资源配置中起决定性作用，市场有助于促进基础设施资产价值的发现。但我国的基础设施 REITs 市场刚刚起步，还是一个尚在襁褓中的婴儿，各方对基础设施 REITs 的认知很不完善，各种不同类型的基础设施项目情况也千差万别，原始权益人和投资者之间信息不对称还比较普遍，投资者对资产价格的判断很难基于涉及资产的全部可用信息，而是主要依靠评估报告的明确结果。所以，资产估值的公正客观尤为重要，基于真实全面的信息进行客观公允的估值，是基础设施企业参与试点诚心的重要体现。

（四）要注重运营管理

基础设施资产价值源于基础设施资产产生现金流的能力，运营管理越好，现金流产生能力越强，基础设施资产价值就越高。基础设施企业要高度注重运营管理，无论在发行前的筹备期作为原始权益人，还是发行后的存续期作为运营管理机构，都要注重运营管理，致力于为投资者提供优质资产，创造良好稳定可持续的运营收益。好的运营管理才能带来好的投资收益，好的投资收益才能促进 REITs 市场的良性运转。因此，运营管理是基础设施 REITs 长远发展的基础和关键所在。

四、匠心

第四个"心"是匠心。做项目一定要有匠心，不能浮躁。

（一）底层资产要符合基本条件

底层资产质量直接影响基础设施 REITs 试点推荐情况，必须要认真选择符合条件的资产参与试点。申报要求中对项目可转让性、项目运营时间、资产规模等方面都有明确规定。但有些企业或机构经常抱着打擦边球的心态做项目，明知道不完全符合要求，还希望我们去评估、去推荐，这样只会浪费时间，无益于项目的实质推进。项目参与方要把心思放在严格按照申报要求筛选符合条件的优质项目上，不要一门心思想着打擦边球。

（二）合规手续要认真落实

基础设施 REITs 相关政策文件，包括我们最新出台的 958 号文件都对底层资产合规性提出了明确要求，哪一类项目需要哪些材料，规定都很明确。各方应该全面理解申报要求，认真落实合规手续，不要一遇到问题就想通过沟通解释绕开问题。特别想和大家说的是，我们的标准是明确的，所有合规风险都必须一一落实，我们不只是要求项目方在申报材料中予以说明，还会逐一核对法律法规、政策文件、项目合同文本、取得的证明文件中的具体表述，因此千万不要抱着侥幸心理。把基础工作做扎实，严格按照申报条件要求准备申报材料、证明文件，才是加快项目进展的最好方式。

（三）关键问题要全面研究

基础设施 REITs 是新事物，推进过程中遇到新情况新问题很正常，很多关键问题需要大家一起来研究，不能说遇到搞不清楚的问题就放到一边，后续交给市场投票解决，这种态度是不负责任的。这次 958 号文件把有利于实现碳达峰碳中和目标的绿色能源项目，以及有利于解决好新市民、青年人等群体住房困难问题的保障性租赁住房项目纳入试点范围，市场对此反响很好。但我们也清晰地知道，在这些新领域推进试点面临的问题非常多。例如，国内租赁住房市场情况非常复杂，不同用地性质的保障性租赁住房如何评估、土地如何处理？不同建设主体和运营管理机制的项目如何把关？不同收益水平的租赁住房如何筛选判断？清洁能源项目专业化程度也很高，光伏、风电、生物质发电等领域面临的问题有共性也有个性，如国补不到位对现金流预测和项目估值影响等问题。上周初，我们组织相关企业、行业专家进行专项座谈，会上有人提出，国补问题可以在履行信息披露程序后交给投资者自行判断，让市场定价。这话似乎有道理，但我们仔细想想，专业性和政策性这么强、对项目收益影响非常大的一个问题，一屋子行业专家、龙头企业都找不出妥善解决方案，如果交给一个刚刚起步的市场，让许多对 REITs 还不甚了了的普通投资者去甄别去解决，这会有多大风险？因此，相关参与方一定要有"匠心"，一定要把关键问题研究清楚，尽最大努力给市场提供逻辑最清晰、手续最合规、现金流预测和估值最合理的优质项目。

（四）申报材料要细致准备

前一阶段试点过程中我们看了很多项目的申报材料，坦率地讲，水平差距比较大。有些材料条理清晰、表达准确、形式简洁、重点突出，把项目情况讲得很清楚；有些材料则是逻辑混乱、词不达意、重复颠倒甚至前后矛盾，给推荐工作造成了极大不便。即便我们通过格式文本等多种形式进行了规范，但收到的材料还是需要反复沟通、多轮完善。申报材料是我们了解项目的第一途径，再优质的资产，也需要通过高质量的申报材料呈现出来，申报材料很大程度反映了原始权益人和相关中介机构的专业水准和业务能力，也能反映他们对这件事情的认真和重视程度。因此，希望各方都能抱着"匠心"好好准备申报材料，交好这张非常重要的答卷。

五、恒心

前途是光明的，道路是曲折的，这是一切新事物发展的途径，几乎没有任何一件重要的事情会一帆风顺、一蹴而就。

影响 REITs 市场发展的因素很多，经济周期、市场波动、流动性和货币供给的变化、替代性金融产品的出现等，都会影响 REITs 市场的变动。

我国推进基础设施 REITs 符合经济社会高质量发展的方向，是顺应宏观经济形势的创新举措，生逢其时，大有可为。习近平总书记说："我们要有钉钉子的精神，钉钉子往往不是一锤子就能钉好的，而是要一锤一锤接着敲，直到把钉子钉实钉牢，钉牢一颗再钉下一颗，不断钉下去，必然大有成效。"① 我们推进基础设施 REITs 试点，也必须要有钉钉子精神，持之以恒，久久为功，促进市场长远健康发展。

首批基础设施 REITs 项目挂牌上市，只是试点工作的真正开始，更多的困难和问题在等待着我们去克服和解决。"道阻且长，行则将至，行而不辍，未来可期。"让我们齐心协力、攻坚克难，共同促进中国公募 REITs 市场健康发展、行稳致远，为我国经济社会的高质量发展贡献力量。

坚持六个"必须"，促进中国 REITs 健康发展

（韩志峰，2022 年 12 月 8 日中国 REITs 论坛 2022 年年会）

党的二十大报告在第二部分"开辟马克思主义中国化时代化新境界"中提出，要把握好新时代中国特色社会主义思想的世界观和方法论，坚持好、运用好贯穿其中的立场观点方法，总结了六个"必须坚持"，即必须坚持人民至上、必须坚持自信自立、必须坚持守正创新、必须坚持问题导向、必须坚持系统观念、必须坚持胸怀天下。对照党的二十大报告和中国基础设施 REITs 发展历程，我非常深刻地体会到，中国基础设施 REITs 的启动和发展，在相当程度上与六个"必须坚持"的要求高度契合。

一、必须坚持人民至上

在推行基础设施 REITs 过程中，我们始终坚持人民至上，把人民放在首位。突出体现在以下三个方面：

一是严把资产质量关。保障资产质量就是保障 REITs 投资收益，就是对广大公众投资人负责，也就是对人民负责。我们要求基础设施项目成熟稳定，投资管理手续依法合规，预计未来 3 年净现金流分派率原则上不低于 4% 等，都

---

① 《习近平谈治国理政》第一卷，外文出版社 2018 年版，第 400 页。

是为了严把资产质量。

二是在 REITs 的制度设计上，要求收益分配比例不低于基金年度可供分配金额的 90%，这可以让社会公众更好地分享我国基础设施建设的丰硕成果，贯彻落实"创新、协调、绿色、开放、共享"的新发展理念，促进共同富裕。

三是要求处理好基础设施 REITs 商业性与公益性的关系，努力做到商业价值和公共利益的对立统一。基础设施为社会经济发展提供公共产品、公共服务，天然具有公益性，保障公共利益就是保障人民利益。不能过于强调基础设施 REITs 的商业属性，而忽视其公共属性。

二、必须坚持自信自立

回首过往，如果不坚持自信自立，就不可能推出中国版的基础设施 REITs。

首先，从底层资产角度来看，如果简单照搬国外 REITs 的做法和经验，没有对中国经济的深刻了解，没有对中国经济发展前景的高度自信，就不可能选择从基础设施作为底层资产切入来推进中国的公募 REITs。

其次，从产品结构设计角度来看，我们坚持道路自信和制度自信，根据中国资本市场的实际状况，创造性地采取了"公募基金+ABS"模式，搭建了现有法律法规条件下的有效 REITs 载体，从而实现了中国 REITs 零的突破，也为全球 REITs 市场发展提供了中国模式。

此外，在影响 REITs 发展的一些关键问题上，我们坚持自信自立，实现了有效突破。比如，没有盲从国外经验，过度强调税收优惠政策对于 REITs 发展的影响，而是先把事情做起来。实际上，随着中国 REITs 的发展，REITs 的税收问题也得到了较好解决。想，都是问题；做，才是答案。

三、必须坚持守正创新

基础设施 REITs 工作中的"守正"，至少包括三个方面：一是守国家法律法规、政策方针之正。推行基础设施 REITs，必须遵守国家的法律法规、大政方针。具体到项目层面，就是要严格遵守投资、土地、环保等方面的法律法规，切实履行投资管理、土地出让、环境影响评价等程序。二是守服务国家重大战略、支持实体经济发展之正。REITs 不仅是一个金融产品，更重要的是它把资本市场与实体经济紧密结合，为金融服务实体经济提供了良好路径。因此，发展中国 REITs，必须坚持支持实体经济、服务国家重大战略。三是守 REITs 基本理念之正。REITs 的基本理念，是国际通行和公认的。发展中国 REITs，既要符合中国国情，也要遵循国际公认的 REITs 基本理念，不能闭门造车、完全另搞一套。

"创新"，则体现在很多方面，特别是要依法合规创造性地解决重点难点问题。比如，在相关配套规则尚未明确的情况下，请有关部门就发行 REITs 时遇到的特许经营、土地管理、手续合规、国资转让等问题出具无异议函，就是一种创新性地解决问题的方式。通过与有关部门事先沟通，争取理解和支持，既能有效避免 REITs 发行之后的潜在风险，也可以为今后有关部门出台相关配套规则奠定基础。

四、必须坚持问题导向

中国基础设施 REITs 自诞生之日起，就一直面临各种各样的问题。比如，一些项目由于建设年代久远而导致的手续缺失较为严重问题，高速公路等项目的特许经营权转让问题，风电光伏项目的国补问题，房地产企业发行保障性租赁住房等基础设施 REITs 的回收资金监管问题等。在推进过程中，我们直面问题、主动出击、认真研究，直至找出妥善解决问题的方法和路径。

在这一过程中，曾经有一种观点，认为可以把这些问题交给市场去解决。我们认为，在中国 REITs 的起步阶段，在各方面对这一产品尚不熟悉、配套规则很不完善的情况下，简单地把这些问题推给市场，很可能导致中国 REITs 难以顺利推出，即使推出也会举步维艰、困难重重。因此，必须坚持问题导向，从切实解决好每一个重点难点问题入手，锲而不舍、攻坚克难，推动中国 REITs 市场良性健康发展。

五、必须坚持系统观念

发行基础设施 REITs 涉及的因素很多，很多环节环环相扣、很多问题相互关联，在某种程度上是牵一发而动全身。所以必须坚持系统观念，统筹考虑，综合研判。比如，我国的土地管理制度与资本主义国家有很大区别。从土地所有权归属来看，有国有土地、集体土地；从土地使用权的获取方式来看，有划拨、出让、转让、出租等多种方式，出让方式又包括招拍挂和协议出让等；从城镇建设用地的用途来看，有商服、住宅、工业、仓储用地等；从基础设施项目发行 REITs 的种类来看，又可以分为产权类项目和收益权类项目。这几个因素以不同的方式排列组合、互相交织，可以想见，发行 REITs 时面临的土地问题确实十分复杂。这就要求我们一定要有系统化的思维方式，统筹研究和分析，找出既符合法律法规要求又稳妥可行的解决方案。

六、必须坚持胸怀天下

对基础设施 REITs，从微观和宏观两个角度来看，有很大区别。从微观角度来看，原始权益人、基金管理人、中介机构等完成一个 REITs 项目的发行，是完成了一项具体工作，各有所得，各有所获。从宏观角度来看，基础设施 REITs 是贯彻新发展理念、构建新发展格局、促进高质量发展的一个重要抓手，对于实现经济社会发展目标、促进基础设施高质量发展、防范债务风险、提升居民财产性收入、深化金融供给侧结构性改革、提高直接融资比重等，都有十分重要的意义。因此，开展基础设施 REITs 工作，必须坚持胸怀天下，从全局角度充分认识其重要意义，为中国高质量发展贡献力量。

前不久在北京展览馆举办的"奋进新时代"主题成就展中，基础设施 REITs 有幸入选，说明这项工作得到了有关方面的高度认可。这既是肯定，更是鞭策与鼓励。我们将以此为契机，认真贯彻落实党的二十大精神，知难而上、积极作为，切实推动中国基础设施 REITs 健康发展、行稳致远。

消费基础设施 REITs：中国 REITs 市场建设的重要一步

（张峥，2023 年 3 月 24 日新华财经）

2023 年 3 月 24 日，国家发展改革委发布了《关于规范高效做好基础设施领域不动产投资信托基金（REITs）项目申报推荐工作的通知》（发改投资〔2023〕236号）（以下简称《通知》），这是我国公募REITs试点的又一份重要政策文件。我们看到，《通知》将消费基础设施纳入基础设施REITs的试点资产范围，这是继2021年国家发展改革委958号文件之后，我国公募REITs试点在底层资产范围上的又一次扩容，在REITs市场建设的道路上又迈出了重要的一步。

《通知》指出，优先支持百货商场、购物中心、农贸市场等城乡商业网点项目，保障基本民生的社区商业项目，以及以公共交通为导向的开发（TOD）项目发行基础设施REITs。实践中，这些不动产项目的用地性质多元，包括商业用地、住宅用地、工业用地等，《通知》没有对用地性质做具体限定，但提出用地性质应符合土地管理相关规定。《通知》要求发起人（原始权益人）应当是持有消费基础设施开展相关业务的独立法人主体，不得开展商品住宅开发业务。《通知》对回收资金使用也提出了鼓励的方向，即支持企业利用回收资金加大便民商业、智慧商圈、数字化转型投资力度，不断提升运营水平，更好满足居民消费需求。

消费基础设施是消费支撑体系的重要组成部分，为广大城乡居民创造消费条件，提供消费场景，具有一定的公共属性。我们看到，《通知》提出优先支持发展的不动产项目，以及鼓励的回收资金投资方向，均侧重于服务社会民生，这体现了基础设施REITs推动国家重大战略实施，服务实体经济，支持重点领域的推进原则。

《通知》提出，"支持消费基础设施建设。贯彻党中央、国务院关于把恢复和扩大消费摆在优先位置的决策部署，研究支持增强消费能力、改善消费条件、创新消费场景的消费基础设施发行基础设施REITs"。"便民"和"提质"是夯实消费的重要支撑。首先，不动产营造的空间是线下消费活动的载体，位置选择精准、空间规划得当、商户布局合理是增强"便民"效能的关键点。其次，我国的线下消费需求已经从纯商品购物需求升级到购物、餐饮、娱乐、运动、健康、美容、文化等多元消费需求，"沉浸式"已成为消费者追逐的一种消费方式，消费基础设施则须提供与之相适配消费场景。最后，数字化时代，线上线下消费场景的深度融合已经成为发展方向，消费基础设施应为消费者提供一体化、无缝衔接的全渠道购物体验。推出消费基础设施 REITs，有助于扩大投资规模，提升投资质量，改善运营水平，通过着力于"便民"和"提质"来促进消费。

近年来，中国经济面临需求收缩、供给冲击、预期转弱的三重压力。去年12 月中央经济工作会议提出，要优化政策举措，充分发挥消费的基础作用和投资的关键作用，着力扩大国内需求，把恢复和扩大消费摆在优先位置，通过政府投资和政策激励有效带动全社会投资。以 REITs 为政策抓手，支持消费基础设施建设，有助于形成需求牵引供给，供给创造需求的更高水平动态平衡。一方面，REITs 可以盘活存量资产，带动新增投资，形成投资的良性循环，有助于吸引社会资本参与支持消费基础设施和服务保障能力建设，发挥投资的乘数效应；另一方面，借助 REITs 市场定价的激励约束机制，提升投资质量和运营水平，推动消费基础设施建设高质量发展，支持消费的新业态、新模式、新品牌加快发展，从而推动消费扩容提质，从而发挥消费增长拉动经济的乘数效应。

我们关注到，《通知》延续了保障性租赁住房试点发行 REITs 的做法，在发起主体、回收资金用途等方面构建了有效的隔离机制，严格落实房地产市场调控政策。隔离机制的设计，一方面，保证了 REITs 试点政策不影响现有房地产金融政策；另一方面，也是探索房地产新发展模式的内在需求。传统的房地产经营模式有两个特点：一是采取开发—销售的"快周转"模式，二是多种业务（销售型和持有型）混合在一个主体之下。通过对全球市场的观察，我们发现房地产行业有两个发展趋势：第一，随着从增量阶段逐渐进入存量阶段，持有型房地产业务将越来越重要；第二，房地产行业将向专业化、精细化方向发展。REITs 无疑是支持持有型业务的最重要金融工具之一。《通知》有关独立主体的要求，既符合专业化和精细化发展的方向，同时也解决了多业务混合之下融资结构的选择难题，避免企业聚集财务风险。在保障性租赁住房领域，华夏基金华润有巢 REIT 是目前的一个典型案例。从保障性租赁住房到消费基础设施，基础设施 REITs 试点将带动房地产新发展模式的探索。

消费基础设施纳入公募 REITs 试点范围，将进一步推动公募 REITs 市场规模扩大，拓展投资者的 REITs 投资可行集，提升 REITs 市场的流动性，对我国 REITs 市场建设具有重要意义。展望未来，我国公募 REITs 市场的重点发展领域在什么地方，取决于需要解决什么样的问题。从 GDP 结构上看，我国居民消费占 GDP 的 38% 左右。根据北大光华课题组的测算，到 2035 年基本实现社会主义现代化，人均 GDP 达到中等发达国家水平，居民消费率很可能比当前高 20 个百分点，服务消费占比也将大幅提高。未来的消费领域将带动相关产业的变革，也需要大量与之相匹配的消费基础设施投资，这一领域高质量发展所需的投融资体制需要公募 REITs 市场。

如何认识公募 REITs 的投资价值

（韩志峰，2023 年 7 月 6 日民生、消费、产业 REITs 发展峰会）

REITs 是一种在公开资本市场发行和流通的金融产品，能否正确认知和判断其投资价值，对于中国 REITs 市场平稳健康发展，至关重要。自 2021 年 6 月 21 日首批 9 只基础设施 REITs 产品上市以来，已有 28 只产品成功发行，4 只产品完成扩募，REITs 市场具备了一定的数量和规模，资产类型逐步丰富。经过两年多的市场实践，我们对其投资价值的判断可能会更加准确。我们通常从收益性、风险性、流动性三个方面来判断一个金融产品的投资价值，下面我就想从这三个方面、八个维度来谈一谈我的一些粗浅看法。

一、从收益性来看

一是项目运营相对稳定。我们常讲，REITs 是成熟稳定的底层资产的上市，因此其运营稳定性如何，直接影响其投资价值。在产业园区租金和高速公路通行费减免等情况下，基础设施 REITs 项目的运营，仍然取得了较好成绩。从 2022 年运营指标完成情况（2022 年实际完成指标/招募说明书预测指标）来看，12 只产权类 REITs 中，7 只营业收入完成率超过 100%，3 只营业收入完成率超过 90%，其余 2 只分别是 81% 和 76%。特许经营/收益权类项目中，能源和市政环保类完成较好，深圳能源、首钢绿能、首创水务的年营业收入完成率分别为 120%、135% 和 100%，仅收费公路项目收益水平不及预期，营业收入完成率位于 77%—86% 之间。但今年以来，高速公路类 REITs 的营业收入情况明显改善。今年一季度，广州广河、沪杭甬、越秀高速的营业收入同比增长 14.6%、13.8%、15.4%，恢复良好。

二是分红情况良好。鼓励或强制分红是 REITs 的一大特色。根据中国证监会的《基础设施基金指引》，REITs 应当将 90% 以上年度可分配金额以现金形式分配给投资者。因此，能不能分红、分多少红，是判断 REITs 投资价值的一个极其重要的指标。截至 2023 年 6 月底，已有 22 只基础设施 REITs 发放分红，这 22 只 REITs 的发行规模是 757.5 亿元，由于上市时间等原因，这其中又有 10 只 REITs 只分了一次红，在这种情况下，两年内已向投资者累计分红金额 58.56 亿元。其中，广州广河、沪杭甬、首钢绿能、首创水务、深圳能源 5 只 REITs① 基于发行规模的分红比例在 10% 以上，首钢绿能的分红比例高达 22.8%。应该说，在分红方面，中国 REITs 交出了一份出色的答卷。

三是投资回报率相对较高。经过前段时间的市场调整后，部分 REITs 的投资回报指标明显提升。以高速公路为例，当前市场估值水平下，高速公路 REITs 的全周期内部收益率（IRR）水平整体在 6.6%—12.5% 之间，其中，平安广交投广河高速 REIT 约为 12.5%、华夏中国交建高速 REIT 11.0%、中金安徽交控 REIT 9.8%，明显高于监管规则中关于收益权类项目基金存续期 IRR 原则上不低于 5% 的要求，同时也高于高速公路新建项目企业内部决策时所要求的 5%—6% 的门槛要求。

二、从风险性来看

一是合规性较好。同样的资产，其合规性瑕疵越少，风险就越小。在推荐审核过程中，我们和中国证监会严格把关，基础设施 REITs 试点两年来，已上市产品未发现有明显的手续不合规现象，为降低项目风险奠定了基础。

---

① 指平安广交投广河高速 REIT、浙商沪杭甬 REIT、中航首钢绿能 REIT、富国首创水务封闭式 REIT、鹏华深圳能源 REIT。

二是信息披露充分全面。为保护投资者的合法权益，有关 REITs 规则明确规定，在 REITs 产品存续期间，以季度、半年度和年度报告形式定期披露财务报告、运营情况、业绩表现等内容。信息披露可以让市场投资者更加全面、及时地了解资产运营情况，降低投资风险。

三是治理结构科学合理。发行基础设施 REITs 后，形成原始权益人、基金管理人、运营管理人等共同参与的项目运营管理机制，相比以前完全由原始权益人自己运营，治理结构更加科学合理，可以更好地防控运营风险。

四是发行主体信用良好。已发行 REITs 的主体大多为行业龙头企业，主体信用良好。目前已发行的 28 只 REITs 产品中，除一家评级为 AA、一家没有评级外，其他所有发起人或原始权益人的主体信用评级均为 AAA。虽然说 REITs 的价值主要基于底层资产质量，不依赖发起人或原始权益人的主体信用，但在资产质量基本相同情况下，发起人或原始权益人的实力更强、信用更好，其资产的风险也相对更小。

三、从流动性来看

同样的资产，流动性越好，投资人越方便退出，投资风险就越低，投资价值相应越高。截至 6 月 30 日收盘，整个 REITs 市场日均换手率（剔除首日）约 1.31%，与沪深 300（1.3%）换手率接近，高于新加坡（0.2%—0.3%）和美国（1%以下）REITs 市场。

我想请大家思考一个问题，现在中国的资本市场上，同时具备以上特征的金融产品，还有哪些？

前段时间 REITs 二级市场有所波动，原因是多方面的。对于如何解决市场波动，建议之一是注入流动性，流动性如何才能顺利注入，需要各方共同努力。

对于机构投资者，一是要设立专业的研究和投资团队。面对 10 万亿级的市场应尽早布局。二是基于 REITs 是具有长期投资价值、股债结合的权益性产品这一特点，制定合理的投资策略。REITs 不是股，更不是债，有其特有的投资逻辑。三是改进和完善内部考核机制，形成正向激励。四是优化内部决策流程，提高投资决策效率。

对于原始权益人和基金管理人，要加强管理、做好运营、提升回报，这是根本；同时还要在出现特殊情况时积极应对、妥善处理，与投资人加强沟通交流，减少因信息不对称而引发的误判、误伤。

对于监管机构，要保持合理的发行节奏，压实资产估值，引入更多资金（如 FOF 可投 REITs），要求加强信息披露，适时改进相关规则，如合理确定保险资金投资 REITs 的风险因子计提标准。

事物的发展，总是否定之否定的过程，是螺旋式上升或波浪式前进，是前进性与曲折性的统一。纵观世界各国 REITs 市场，无一不是在波动中向前发展。中国 REITs 市场一路走来，就是一个不断把不可能变成可能、把可能变成现实的过程。我们坚信，中国 REITs，一定会有一个光明的未来，一定会为中国的高质量发展贡献应有的力量。

（本文有删节）

坚持行稳致远，全面推动 REITs 常态化发行

（张峥，2024 年 7 月 26 日新华财经）

2024 年 7 月 26 日，国家发展改革委发布了《关于全面推动基础设施领域不动产投资信托基金（REITs）项目常态化发行的通知》（发改投资〔2024〕1014 号）（以下简称《通知》），这是全面推动我国公募 REITs 项目常态化发行的重要政策文件。

基础设施 REITs 试点工作自开展以来，市场建设成绩斐然，在促进资本市场服务实体经济、优化资源配置、支持国家重大战略、服务经济社会重要需求等方面的成效逐步显现。这三年，基础设施 REITs 的基础制度加快建立，监管框架基本构建，为市场长期健康发展提供了制度保障。基础设施 REITs 丰富了投资者的可投资资产类型，扩展了投资者的资产配置空间，受到各类投资者的高度认可。基础设施 REITs 以服务国家重大战略和解决经济发展节点问题来规划资产范围，试点领域稳步扩容，充分回应了市场的投融资需求。基础设施

REITs 有效盘活存量资产，推动形成投资良性循环，降低实体经济杠杆、化解债务风险，并提升基础设施的专业化管理水平。基础设施 REITs 形成了不动产项目定价的"锚"，在市场价格的引导下，对活跃不动产投资市场，提高投资效率的作用明显。

基础设施 REITs 的常态化发行指的是将基础设施 REITs 的发行过程制度化、规范化，形成一种定期、有序、可预期的发行机制。2022 年 8 月底，中国证监会联合国家发展改革委制定加快推进基础设施 REITs 常态化发行的十条措施，明确提出要进一步推进常态化发行。2023 年初，中国证监会发布《关于进一步推进基础设施领域不动产投资信托基金（REITs）常态化发行相关工作的通知》，进一步完善基础制度和监管安排，推进常态化发行。

目前，全面推动基础设施 REITs 常态化发行的条件已逐渐成熟。首先，国家发展改革委和中国证监会等部门已发布多项政策和通知，明确了基础设施 REITs 试点的重要性，提出了推进常态化发行的措施，并不断完善相关业务规则，为 REITs 的常态化发行提供了政策基础和制度保障。第二，试点启动以来，基础设施 REITs 运行平稳，得到了市场认可，已上市的 REITs 数量和募集资金规模均达到了一定水平，显示出市场对 REITs 产品的需求和接受度。第三，已上市 REITs 涵盖多种资产类型，如产业园区、物流仓储、收费公路、清洁能源、保障性租赁住房等，形成了一定的规模效应和示范效应，为常态化发行奠定了项目基础。第四，通过试点阶段的实践，市场各方积累了宝贵的经验，对 REITs 的监管机制、市场运作等有了更深入的理解和掌握，为常态化发行提供了实践经验。

全面推动常态化发行的核心目的是通过 REITs 市场的高质量发展，更好发挥 REITs 市场功能，以服务国家重大战略和推动经济社会高质量发展。

《通知》进一步拓宽了行业范围。在能源基础设施领域，将储能设施项目，清洁低碳、灵活高效的燃煤发电项目纳入试点范围；在租赁住房领域，将市场化租赁住房项目纳入试点范围；将养老设施纳入试点领域。基于行业发展现状，在园区基础设施领域、文化旅游基础设施领域和消费基础设施领域，满足《通知》相关要求的关联资产可纳入项目底层资产。

　　高质量发展是全面建设社会主义现代化国家的首要任务，发展新质生产力是推动高质量发展的内在要求和重要着力点。新质生产力是以全要素生产率提升为核心标志，当前中国经济社会发展最大挑战在于保持全要素生产率增速。全要素生产率的增速和投资率之间有着正向相关关系。与发达国家普遍面临的大规模投资机会缺乏不同，中国仍然拥有大量的潜在投资机会。我国人均资本存量仅为德国的 42% 和美国的 55%，还有对关键领域大量投资的空间，这些领域既包括以科技创新为突出特征的战略新兴产业和未来产业，也包括针对解决制约我国结构性问题的传统产业，如碳中和、数字经济、新型工业化、医疗养老、生育福利等。无论是传统产业、战略新兴产业还是未来产业，都需要相关基础设施作为产业发展的支撑，在这些领域中需要大量的基础设施投资。我们知道，基础设施投资项目的基本特征是，初期投资规模较大、回报期长，因此，基建领域的可持续投资运营需要规模化的长期资金，需要适配的金融安排。针对原有基建投融资体制的问题，我们需要提高权益资金的比重，而 REITs 则是权益融资的重要工具。

　　能源转型是实现碳中和目标的重要路径，其重点是搭建新型电力系统。我们测算，2050 年前我国在源网荷储领域需要百万亿量级的基建投资，这一领域的投资将带动上、下游众多相关行业的发展，形成对总体经济影响的乘数效应，成为经济动能转化的推动力之一。2021 年 6 月，发改投资 958 号文件①将能源基础设施纳入试点范围，此后天然气发电、风电、光伏、水力发电 REITs 产品陆续上市。《通知》明确将储能设施项目，清洁低碳、灵活高效的燃煤发电项目纳入试点范围。一方面，使得 REITs 对搭建新型电力系统的服务作用更加完整；另一方面，也为"非绿资产"提供绿色低碳转型的金融支持。事实上，广义的绿色金融既包括支持"纯绿"的经济活动，即资金流向从事零碳、近零碳的绿色环保产业领域，也包括支持高碳行业的绿色低碳转型，即资金流向从高碳走向低碳的过程（也被称为转型金融）。转型金融在一定程度上补充了狭义绿色金融的不足，针对我国当前的能源结构和产业结构特征，转型金融

---

　　① 指《国家发展改革委关于进一步做好基础设施领域不动产投资信托基金（REITs）试点工作的通知》（发改投资〔2021〕958 号），下同。

的作用不容忽视。做好绿色金融这篇大文章，基础设施 REITs 将发挥重要的作用。

解决大城市中新市民和青年人的居住问题是我国住房市场高质量发展的重要问题。我们知道，租赁住房的保障属性和长期属性是影响租住体验的两个重要维度：新市民和青年人既期待能够满足基本居住要求、租金成本较低的保障性租赁住房，也期待合同租期较长、租赁关系较为稳定的长期租赁住房。目前，我国租赁住房的供应主体是散户家庭，租赁期限一般不超过一年。这种以散户短租为主的供应结构，容易产生承租人合法权益得不到保障的问题。另外，房屋质量参差不齐、缺乏好的运营管理，难以满足长期居住需求。2021年 6 月，发改投资 958 号文件将保障性租赁住房纳入试点范围，此后多只保障性租赁住房 REITs 产品陆续上市。《通知》明确将市场化租赁住房项目纳入试点范围，将助力住房租赁企业形成可持续发展的业务模式，吸引社会资本投资于长租公寓市场，对于建设高质量的长租房体系意义重大。住房问题是民生问题，做好普惠金融这篇大文章，基础设施 REITs 将发挥重要的作用。

人口老龄化成为我国长期面对的社会性问题。老年人口比例不断上升，给社会保障体系、医疗资源分配带来了挑战。发展养老产业不仅能够满足老年人口日益增长的服务需求，还能促进就业，推动经济增长，实现社会资源的合理配置。与养老产业相关的基础设施投资，需要适配的投融资体制，REITs 无疑是支持规模化养老设施建设的重要金融工具。REITs 的引入能够促进养老产业的市场化和专业化发展，提高养老服务的质量和效率，满足老年人多样化的养老需求。《通知》将养老设施纳入试点领域，将进一步提升金融服务养老产业能力。做好养老金融这篇大文章，基础设施 REITs 将发挥重要的作用。

我们关注到，在 REITs 项目申报基本条件方面，《通知》将项目内部收益率（针对收费收益权项目）和未来 3 年每年净现金流分派率（针对产权类项目）的相关要求，改为"最近 3 个会计年度的平均息税折旧摊销前利润（或经营性净现金流），不低于未来 3 个会计年度平均预计息税折旧摊销前利润（或经营性净现金流）的 70%"。这一变化是全面推动常态化发行的重要举措。市场建设初期，将内部收益率和分派收益率作为申报条件中资产质量的指标，有助于投融资双方正确形成 REITs 市场认知。不足之处在于，作为发行条件的分派收益率，市场天然的会将它和发行定价来挂钩，发行条件则可能变成一个价格信号。而长期来看，有效的市场定价对于 REITs 市场的健康发展尤为重要。

建设高质量的 REITs 市场，需要认同 REITs 投资价值的资金和优质资产的高效互动和相互培育。随着市场发展，投融资双方的成熟度提升，市场逐渐形成了 REITs 投资收益率的一致预期。从投融资双方相互培育的角度，在坚持市场化的原则下，推动投融资双方基于资产质量，形成对资产未来经营现金流的合理预测则成为有效定价的关键点。《通知》对于项目申报条件的调整，将有助于进一步健全市场化定价机制，实现投融资双方利益的高水平平衡，形成投融资双方可持续的创造价值。

中国 REITs 市场创新，选择了既遵循市场基本规律，又符合中国国情的做法，坚持行稳致远。我们看到，REITs 市场建设在持续迭代，高质量的 REITs 市场在优化金融结构、提升金融服务质量、助力经济高质量发展等方面必将发挥重要作用。

附录二 中国公募 REITs 发展大事记

2003 年

7 月，台湾地区颁布《不动产证券化条例》，为不动产投资信托与不动产资产信托提供法律依据。

8 月，香港证监会公布《房地产投资信托基金守则》（REITs CODE），香港 REITs 政策正式出台。

2005 年

11—12 月，香港首批三只 REITs 先后发行上市，包括领展 REIT、鸿富 REIT 和越秀 REIT。其中越秀 REIT 是首只以内地资产为主发行上市的 REITs。

2006 年

12 月，首只以国内资产为主的凯德商用中国 REIT 在新加坡交易所发行上市，首发主要资产为位于国内六个城市的购物中心。

2008 年

12 月 8 日和 23 日，国务院办公厅分别印发《关于当前金融促进经济发展的若干意见》《关于促进房地产市场健康发展的若干意见》，提出要开展房地产信托投资基金试点，拓宽房地产企业融资渠道。

2009 年

4 月，中国人民银行联合银监会、证监会等 11 个部门成立"房地产投资信托基金试点工作小组"，开展房地产投资信托基金政策研究。

2010 年

6 月，住房城乡建设部、国家发展改革委等七部门联合发布《关于加快发展公共租赁住房的指导意见》，提出"探索运用保险资金、信托资金和房地产信托投资基金拓展公共租赁住房融资渠道"。

2015 年

3 月，香港领展 REIT 首次收购内地资产，标的为位于北京的欧美汇购物中心；7 月，香港领展 REIT 收购上海企业天地 1 号及 2 号项目，首次涉足内地办公物业。

2016 年

6 月 3 日，国务院办公厅印发《关于加快培育和发展住房租赁市场的若干意见》，提出要稳步推进房地产投资信托基金（REITs）试点。

12 月 21 日，国家发展改革委、中国证监会印发《关于推进传统基础设施领域政府和社会资本合作（PPP）项目资产证券化相关工作的通知》，明确将共同推动不动产投资信托基金（REITs）。

2018 年

6 月 21 日，国家发展改革委投资司、中国证监会债券部召开座谈会，就基础设施领域推行 REITs 的可行性进行研讨，基础设施 REITs 研究工作正式启动。

2019 年

2 月 20 日，国家发展改革委投资司、中国证监会债券部联合召开基础设施 REITs 试点研究工作启动会，成立基础设施 REITs 试点调研组。

3 月 24 日—4 月 11 日，基础设施 REITs 试点调研组先后赴海南、广东、上海、江苏、浙江开展调研，深入了解资产情况，广泛听取各方意见。

4 月 17 日，基础设施 REITs 试点调研组在北京召开座谈会，对发行基础设施 REITs 的重点问题进行深入研讨。

5 月 21 日，国家发展改革委投资司、中国证监会债券部联合成立的基础设施 REITs 试点文件起草小组在北京大学光华管理学院启动试点文件起草工作。

2020 年

4 月 30 日，中国证监会、国家发展改革委联合发布《关于推进基础设施领域不动产信托投资基金（REITs）试点相关工作的通知》，境内公募 REITs 试点工作正式启动。

7 月 31 日，国家发展改革委办公厅印发《国家发展改革委办公厅关于做好基础设施领域不动产投资信托基金（REITs）试点项目申报工作的通知》，明确申报条件、要求和程序。

8 月 6 日，中国证监会出台《公开募集基础设施证券投资基金指引（试行）》，明确 REITs 的产品结构、尽职调查、募集申请、发售方式、信息披露、运营管理等。

10 月 11 日，中共中央办公厅、国务院办公厅印发《深圳建设中国特色社会主义先行示范区综合改革试点实施方案（2020—2025 年）》，提出支持深圳依法依规开展基础设施领域不动产投资信托基金试点。

2021 年

1 月 29 日，中国证监会指导沪深证券交易所制定发布基础设施 REITs 业务办法、审核关注事项指引、发售业务指引等多项规则，明确基础设施 REITs 的业务流程、审核标准和发售流程等。

2 月 8 日，中国证券投资基金业协会发布《公开募集基础设施证券投资基金尽职调查工作指引（试行）》和《公开募集基础设施证券投资基金运营操作指引（试行）》两项 REITs 配套自律规则。

3 月 12 日，《中华人民共和国国民经济和社会发展第十四个五年规划和

2035 年远景目标纲要》对外发布，明确提出"推动基础设施领域不动产投资信托基金（REITs）健康发展，有效盘活存量资产，形成存量资产和新增投资的良性循环"。

6 月 21 日，首批基础设施 REITs 上市仪式在沪深证券交易所举办，境内 REITs 正式诞生。首批共上市 9 只 REITs，其中上海证券交易所 5 只、深圳证券交易所 4 只。

6 月 29 日，国家发展改革委发布《关于进一步做好基础设施领域不动产投资信托基金（REITs）试点工作的通知》，将能源基础设施、保障性租赁住房等纳入基础设施 REITs 试点范围。

10 月 27 日，首批 REITs 完成第一次季度报告发布。

11 月 12 日，中金普洛斯 REIT 和中航首钢绿能 REIT 发布分红公告。这是中国 REITs 首次分红。

11 月 17 日，中国银保监会办公厅发布《关于保险资金投资公开募集基础设施证券投资基金有关事项的通知》，支持保险资金参与公募 REITs 投资。

2022 年

1 月 26 日，财政部、税务总局发布《财政部　税务总局关于基础设施领域不动产投资信托基金（REITs）试点税收政策的公告》，明确企业所得税税收递延等 REITs 税收政策。

5 月 16 日，国务院国资委发布《关于企业国有资产交易流转有关事项的通知》，明确国家出资企业及其子企业通过发行基础设施 REITs 盘活存量资产，涉及国有产权非公开协议转让按规定报同级国有资产监督管理机构批准。

5 月 19 日，国务院办公厅印发《关于进一步盘活存量资产扩大有效投资的意见》，提出推动基础设施领域 REITs 健康发展，建立健全扩募机制，研究推进 REITs 相关立法工作等。

5 月 31 日，中国证监会指导沪深证券交易所制定发布新购入基础设施项目指引，支持已上市 REITs 通过扩募等方式收购资产。

7 月 7 日，国家发展改革委办公厅印发《关于做好基础设施领域不动产投资信托基金（REITs）新购入项目申报推荐有关工作的通知》。

7 月 15 日，中国证监会指导沪深证券交易所制定发布保障性租赁住房指引，明确保障性租赁住房 REITs 的参与机构、回收资金使用、运营管理、信息披露等要求。

7 月 26 日，鹏华深圳能源 REIT 在深圳证券交易所上市，为全国首只清洁能源领域 REITs。

8 月 31 日，红土深圳安居 REIT、华夏北京保障房 REIT、中金厦门安居 REIT 首批三只保障性租赁住房 REITs 上市。

9 月 27 日，为迎接党的二十大胜利召开而举办的"奋进新时代"主题成就展在北京展览馆开幕，基础设施 REITs 入选展览内容。

10 月 29 日，国家发展改革委发布《关于进一步完善政策环境加大力度支持民间投资发展的意见》，提出支持民间投资项目参与 REITs 试点、加快推出民间投资具体项目。

12 月 15 日，中证 REITs 指数发布，选取沪深市场中满足一定流动性条件和上市时间要求的 REITs 作为指数样本，以反映上市 REITs 的整体表现。

2023 年

2 月 8 日，嘉实京东仓储物流 REIT 在上海证券交易所上市，为首只民营企业公募 REITs。

2 月 20 日，中国证券投资基金业协会发布《不动产私募投资基金试点备案指引（试行）》，允许符合要求的私募股权基金管理人设立不动产私募投资基金，投资特定居住用房、商业经营用房和基础设施项目等，推动了 Pre-REITs 业务发展项目。

3 月 1 日，国家发展改革委发布《国家发展改革委关于规范高效做好基础设施领域不动产投资信托基金（REITs）项目申报推荐工作的通知》，将百货商场、购物中心、农贸市场等消费基础设施纳入 REITs 试点范围。

3 月 3 日，沪深证券交易所发布保险资产管理公司开展资产证券化业务相关要求（试行），支持保险资产管理公司作为资产支持专项计划管理人参与

REITs 业务。

3 月 7 日，中国证监会发布《关于进一步推进基础设施领域不动产投资信托基金（REITs）常态化发行相关工作的通知》，提出拓展试点资产类型、分类调整项目收益率和资产规模等十二条措施。

3 月 29 日，中航京能光伏 REIT、中信建投国家电投新能源 REIT 在上海证券交易所上市，分别为全国首只光伏发电 REITs 和海风发电 REITs。

5 月 12 日，中国证监会指导沪深交易所修订发布审核重点关注事项指引，进一步明确产业园区、收费公路的审核和信息披露要求。

6 月 16 日，首批基础设施 REITs 扩募项目在沪深证券交易所上市，中金普洛斯 REIT、华安张江产业园 REIT、博时招商蛇口产园 REIT、红土创新盐田港 REIT 实现扩募。

9 月 10 日，国家金融监督管理总局发布《国家金融监督管理总局关于优化保险公司偿付能力监管标准的通知》，将保险公司投资 REITs 的风险因子从 0.6 降低为 0.5。

10 月 20 日，中国证监会修订发布《公开募集基础设施证券投资基金指引（试行）》，在监管制度上将百货商场、购物中心、农贸市场等消费基础设施纳入底层资产范围，并为后续拓宽资产类型预留制度空间。

10 月 27 日，中国证监会指导沪深证券交易所发布临时报告指引，规范 REITs 临时信息披露行为。

2024 年

2 月 8 日，中国证监会出台《监管规则适用指引——会计类第 4 号》，明确 REITs 权益属性。

3 月 12 日和 14 日，华夏华润商业 REIT、嘉实物美消费 REIT、华夏金茂商业 REIT 首批 3 只消费基础设施 REITs 在沪深证券交易所上市。

3 月 28 日，嘉实中国电建清洁能源 REIT 在上海证券交易所上市，为全国首只水电 REITs。

4 月 12 日，国务院印发《关于加强监管防范风险推动资本市场高质量发展的若干意见》，提出推动不动产投资信托基金（REITs）市场高质量发展，研究制定不动产投资信托基金管理条例等。

4 月 19 日，中国证监会公布了加强中国内地与香港资本市场融合与发展的五项重要举措，扩大沪深港通标的，将香港和中国内地的 REITs 纳入其中。

6 月 24 日，中证 REITs 全收益指数实时行情正式上线运行。

7 月 6 日，国家发展改革委发布《国家发展改革委关于全面推动基础设施领域不动产投资信托基金（REITs）项目常态化发行的通知》，我国公募 REITs 常态化发行加速推进。

7 月 23 日，中信建投明阳智能新能源 REIT 在上海证券交易所上市，为全国首只陆上风电 REITs。

10 月 18 日，中国人民银行和中国证监会正式启动"证券、基金、保险公司互换便利（SFISF）"，明确将 REITs 纳入可用质押品范围。

11 月 8 日，银华绍兴原水水利 REIT 在深圳证券交易所上市，为全国首只水利 REIT。

11 月 29 日，中国证监会指导沪深证券交易所制定发布年度报告指引、中期报告和季度报告指引，规范 REITs 定期信息披露行为。

12 月 26 日，平安宁波交投 REIT 在上海证券交易所上市，为全国首只跨海大桥 REITs。

12 月 27 日，证监会指导沪深证券交易所修订发布《审核关注事项指引》，明确一般规定和产业园区、收费公路、租赁住房、仓储物流、消费设施等五类资产的审核和信息披露要求。

12 月 31 日，国内首只科创孵化器 REITs——招商科创 REIT 在上海证券交易所上市。

2025 年

1 月 24 日，中航易商仓储物流 REIT、易方达华威市场 REIT 分别在沪深证券交易所上市，我国境内公募 REITs 市场上市 REITs 数量达到 60 只，从上市产品数量上，成为全球第二、亚洲第一的 REITs 市场。

后　记

本书写作过程中，来自中国公募 REITs 一线的多位专家和资深人士，以及有关专业机构，给予了大力支持和帮助，在此谨向他们表示衷心感谢。

由衷感谢中国工商银行投资银行部、华夏基金，以及河北省发展改革委段占东、孟军平、郝雪薇，国家电力投资集团何召滨，中粮大悦城控股吴立鹏、刘佳，新华社中国经济信息社余蕊，京能国际刘东升，张江高科赵海生、陈晨，越秀交通潘勇强，河北高速集团高峰、赵志发，合肥高新控股汤仁勇，普洛斯中国王敏思、李渊俊、黄思川，戴德梁行胡峰、张骞，泰康资产张钰才、欧阳智鹏，银华基金许梁，中信证券王焱，华夏基金刘京虎，金锝基金叶挺，天达共和律所翟耸君、张璇，北京大学赵秋运、蒋美，中国社会科学院吴立元，辽宁大学万岑，认真总结和精心提炼公募 REITs 的实践经验、研究心得和亲身体会，形成了本书的实悟篇。

由衷感谢中咨公司伍迪、张雪飞，中信证券俞强，深创投罗霄鸣，首钢基金刘权峰、张宝强，嘉实基金魏晨熙，上海睿投私募基金杜鹏、杨超，瑞思研究院王煜昊、杨成琳，华安基金杨扬，泰康资产雷佳，在初稿撰写、素材提供、修改完善等方面提供的有力支撑，使本书内容更加鲜活、资料更加翔实。

由衷感谢电力规划设计总院王霁雪，交通运输部科学研究院翁燕珍，国铁集团赵杰，中金公司任意，北电数智冀菲，国信咨询集团李媛，对本书提出的宝贵修改意见。

由衷感谢国家发展改革委投资研究所王超、韩轶之，河北省发展改革委孙杰，诚通建投高远，中国工商银行投行部张潇雨，为本书内容核校付出的辛苦努力。

　　特别感谢人民出版社对本书的大力支持，感谢责任编辑曹春的严谨态度、敬业精神和无私帮助，使本书得以高质量出版。

责任编辑：曹　春
封面设计：汪　莹

图书在版编目（CIP）数据

REITs：中国实践 / 韩志峰等著. -- 北京 ：人民出版社，
2025. 8. -- ISBN 978－7－01－027428－7

Ⅰ. F832. 49

中国国家版本馆 CIP 数据核字第 2025FB3444 号

REITs：中国实践
REITs：ZHONGGUO SHIJIAN

韩志峰　张　峥　等　著

人民出版社 出版发行
（100706　北京市东城区隆福寺街 99 号）

北京汇林印务有限公司印刷　新华书店经销

2025 年 8 月第 1 版　2025 年 8 月北京第 1 次印刷
开本：710 毫米×1000 毫米 1/16　印张：31. 5
字数：467 千字

ISBN 978－7－01－027428－7　定价：128. 00 元

邮购地址 100706　北京市东城区隆福寺街 99 号
人民东方图书销售中心　电话（010）65250042　65289539